近世ベトナムの
地方支配と
北部山地

吉川和希

関西大学出版部

【本書は関西大学研究成果出版補助金規程による刊行】

目　　次

写真・図・地図・表一覧 ………………………………………… *vii*

凡例 ……………………………………………………………… *ix*

序章 ……………………………………………………………… *1*

　第1節　研究の背景 ………………………………………… *1*

　　（1）ベトナム王朝の領域統合や地方支配に関する研究　*3*

　　（2）インドシナ半島北部山地に関する研究　*6*

　第2節　対象地域 …………………………………………… *10*

　　（1）諒山鎮／省の概要　*10*

　　（2）諒山鎮／省の在地首長　*12*

　第3節　使用史料 …………………………………………… *13*

　　（1）黎鄭政権期の行政文書　*14*

　　　　〈中央〉

　　　　〈地方〉

　　（2）阮朝期の行政文書　*19*

　　　　〈阮朝初期〉

　　　　〈中央〉

　　　　〈地方〉

　　（3）金石史料　*25*

　　　　〈収集の経緯〉

　　　　〈ランソン省における金石史料の概要〉

　　（4）家譜　*28*

　第4節　本書の構成 ………………………………………… *28*

i

目　次

第1章　18世紀の諒山鎮における黎鄭政権の地方支配 ······ 30

はじめに ··· 30

第1節　18世紀の黎鄭政権の外鎮統治と諒山鎮の在地首長 ········· 31

（1）18世紀以前の黎鄭政権の外鎮統治　31

（2）18世紀の諒山鎮における在地出身者の肩書　34

（3）18世紀の諒山鎮における文書行政　37

第2節　諒山鎮の在地首長による徴税、徴兵 ····················· 41

（1）禄平州率礼社韋氏の事例　41

（2）脱朗州有秋社阮廷氏の事例　49

（3）管轄の継承　53

第3節　18世紀の諒山鎮における文書行政と対清関係 ············· 55

（1）清朝への文書送付と諒山鎮の在地首長　55

（2）咨文の送付過程　59

（3）清朝・黎鄭政権間の犯罪者・漂流者の引き渡しと諒山鎮の首長　62

おわりに ··· 65

第2章　18世紀の諒山鎮における黎鄭政権の
　　　　軍政と在地首長 ····································· 66

はじめに ··· 66

第1節　18世紀の諒山鎮における動乱と軍政 ····················· 66

（1）18世紀半ばの諒山鎮における動乱　66

（2）18世紀における諒山鎮の軍事状況　69

第2節　18世紀の諒山鎮における軍政と在地首長 ················· 72

（1）18世紀半ばの動乱と首長への官職授与　72

（2）部隊内の序列　76

（3）諒山鎮官の影響力　78

第3節　流民の発生と在地首長 ······························· 80

目　　次

　　第4節　他の北部山地諸鎮における地方支配 · *86*

　　おわりに · *89*

第3章　18世紀の諒山鎮における在地首長の動向 · · · · · · · · · · *91*

　　はじめに · *91*

　　第1節　禄平州屈舎社韋氏 · *92*

　　第2節　禄平州率礼社韋氏 · *99*

　　　（1）管轄の社の削減　*99*

　　　（2）韋廷偵の主張　*103*

　　第3節　文蘭州周粟社何氏 · *105*

　　おわりに · *110*

第4章　19世紀初頭のベトナム北部山地における
　　　　阮朝の支配の変遷 · *113*

　　はじめに · *113*

　　第1節　阮朝初期の諒山鎮における統治 · *114*

　　第2節　阮朝初期の行政文書用語の検討 · *117*

　　第3節　阮朝初期の北部山地における在地首長の動向 · · · · · · · · · · · *124*

　　　（1）太原・宣光2鎮　*124*

　　　（2）諒山鎮　*131*

　　第4節　阮朝初期における北部山地支配の変遷 · · · · · · · · · · · · · · · · · *140*

　　　（1）北部ベトナム掌握直後の阮朝と北部山地の在地首長　*140*

　　　（2）首長の申告　*142*

　　　（3）高平鎮上琅州綺貢社農益氏の事例　*146*

　　　（4）朝廷、総鎮、鎮官　*150*

　　おわりに · *154*

目　次

第5章　19世紀前半〜半ばのベトナム阮朝による
　　　　支配の変遷と土司··· *156*

はじめに·· *156*

第1節　19世紀前半における阮朝の地方支配の変遷と土司・土官·· *159*

第2節　農文雲勢力と諒山省の土司 ··· *164*

第3節　明命年間末〜嗣徳年間初期の諒山省における阮朝の支配··· *165*

（1）旧土司の登用　*165*

（2）人丁の把握　*171*

おわりに·· *181*

第6章　19世紀前半〜半ばの諒山省における税課 ········· *183*

はじめに·· *183*

第1節　18〜19世紀の諒山鎮／省における税課················· *185*

（1）19世紀初頭の諒山鎮における税課　*185*

（2）嗣徳年間初期の税額　*188*

第2節　鉱山税··· *190*

（1）諒山省における鉱山開発の概要　*190*

（2）同僕金礦と憑暌鉄礦の事例　*192*

（3）福旺・農屯2金山の事例　*198*

第3節　関税··· *208*

（1）巡司／税関の概要　*208*

（2）税額と納税請負　*211*

（3）嗣徳3年の事例　*214*

おわりに·· *218*

iv

目　次

第7章　19世紀後半の阮朝による地方支配の変遷と社会変容 ………………… 219

はじめに ……………………………………………………………………… 219

第1節　1850年代前半の諒山省における支配の変遷 ………………… 220

（1）武装集団の到来　220

（2）土司の復活　224

（3）試差千戸・権充百戸の設置　229

第2節　1850年代における土官復設をめぐる議論 ……………………… 236

（1）議論の萌芽　236

（2）宣光省按察使裴維琦の上奏　238

（3）諒平巡撫潘克慎の覆奏　240

（4）興化省官の上奏　245

第3節　19世紀後半の諒山省における現地住民の動向 ………………… 249

（1）土司以外の現地住民　249

（2）19世紀後半の諒山省における土司の動向　253

〈韋世（文）李〉

〈阮廷俊・阮廷豊親子〉

〈土司全体の状況〉

（3）『北圻経略衙』に見える19世紀末の現地出身者の経歴　261

おわりに ……………………………………………………………………… 266

補論　18〜19世紀の諒山鎮／省における首長集団の宗族形成
―禄平州屈舎社韋氏を中心に― ……………………………………… 268

はじめに ……………………………………………………………………… 268

第1節　家譜の編纂時期 ……………………………………………………… 269

第2節　韋氏の来歴 …………………………………………………………… 272

おわりに ……………………………………………………………………… 275

v

目　次

終章 ・・・ *276*

写真・図・地図・表 ・・・・・・・・・・・・・・・・・・・・・・・・・・・・・・・・・ *286*

参考文献目録 ・・・・・・・・・・・・・・・・・・・・・・・・・・・・・・・・・・・・・・・ *338*

初出一覧 ・・ *349*

あとがき ・・ *351*

索引 ・・・ *354*

写真・図・地図・表一覧

写真

【写真1】禄平州屈舎社韋氏家譜（【表2】No. 1）　*286*

図

【図1】18世紀の諒山鎮における文書体系　*287*

【図2】黎鄭政権期の文書運用と対清朝関係　*287*

地図

【地図1】インドシナ半島北部　*288*

【地図2】18世紀の諒山鎮周辺図　*289*

【地図3】禄平州周辺図　*290*

【地図4】1835年頃の諒山省周辺図　*291*

表

【表1】ランソン省に現存する金石史料一覧（17〜19世紀）　*292*

【表2】諒山鎮／省の首長集団の漢文家譜　*294*

【表3】申公才顕彰碑（【表1】No. 6）に記載される諒山鎮の在地首長　*295*

【表4】18世紀の諒山鎮で黎鄭政権から官職を授与された在地出身者一覧　*296*

【表5】「諒山省文淵州高峙衙高楼総各社古紙」中の文書一覧　*301*

【表6】黎鄭政権期における脱朗州有秋社阮廷氏関連の行政文書　*303*

【表7】黎鄭政権期〜阮朝初期の諒山鎮で守隘を帯びている首長一覧　*307*

【表8】「三教祠功徳碑」中の部隊と構成員　*308*

【表9】「韋家譜記」（【表2】No. 1）収録の公文の写し一覧　*308*

【表10】韋廷偵の景興39年6月二十某日付申（【表5】No. 10）
　　　　に記載される禄平州率礼社韋氏の功績　*309*

vii

写真・図・地図・表一覧

【表11】 文蘭州周粟社何氏の功績　*310*

【表12】 黎鄭政権から承認された何氏の管轄対象　*311*

【表13】 北城臣阮黄徳・黎宗質の嘉隆10（1811）年10月十某日付奏に挙がる
北部山地の首長　*313*

【表14】 禄平州錦段・屈舎2総における屈舎社韋氏の
「該管」「分管」の変遷　*314*

【表15】 阮朝初期における北部山地の在地首長宛て任命文書一覧　*315*

【表16】 『諒山団城図』に記載される「雄捷奇土兵及守隘各校」　*317*

【表17】 明命14（1833）年の諒山省の
土知州・土吏目・管奇・率隊・隊長・該隊　*317*

【表18】 農文雲勢力と諒山省の土司　*318*

【表19】 19世紀半ばの諒山省における流民の発生状況　*319*

【表20】 『諒山団城図』に記載される阮朝初期の税額　*320*

【表21】 『欽定大南会典事例』に記載される諒山鎮／省の鉱山　*320*

【表22】 清朝の領域から諒山省に到来した武装集団
（1850～1870年代）　*322*

【表23】 諒山省の土司の子孫の一覧（嗣徳5年）　*326*

【表24】 19世紀後半の諒山省で武装集団の鎮圧に当たった現地有力者　*327*

【表25】 高平省の権充千戸・権充百戸（嗣徳7年）　*331*

【表26】 韋世（文）李の経歴　*331*

【表27】 韋文李の嗣徳26（1873）年7月20日付稟に記載される
諒山七族土司リスト　*332*

【表28】 『北圻経略衙』に見える19世紀末の諒山省における
現地出身者の経歴　*333*

【表29】 禄平州屈舎社韋氏の各種家譜　*336*

【表30】 禄平州屈舎社韋氏家譜に記される先祖の代数　*337*

viii

凡　例

・研究文献の引用の典拠は参考文献目録に基づき、［上田 2019: 35］のように、著者名、出版年、引用ページの順で示した。なおベトナム人の文献を引用する際は同姓の著者が多いことを考慮し、［Nguyễn Minh Tường 1996］のようにフルネームを記した。

・史料は初出箇所に書誌情報を記し、原文の引用に際しては基本的に新字体を使用した。

・ベトナムの年代記には、繋月日が明記されていない記事がある。そこで、たとえば 3 月条と 9 月条のあいだにある記事は「3 ～ 9 月条」と記した。

・引用史料の原文および訳文中の□は一文字不読、［］は筆者による言い換え、（）は筆者による補足、四角囲み文字は同定に不安の残る文字、〈〉は割注、括弧内の数字は金石史料や文書史料の現物での行数をそれぞれ示す。

・現代ベトナムの人名・地名はカタカナで表記し、原則として初出箇所に原語表記を付記した。ただしハノイなど一般的なものや現代の最上級地方行政単位である省（ティン tỉnh）の名は検索が容易であるため省略した。また現代ベトナムの地名を記す際、ティンは省、フエン huyện は県、タインフォ thành phố は市、ティサー thị xã およびティチャン thị trấn は町、クァン quận は郡、フオン phường は坊、サー xã は社、トン thôn は村と記した。

・写真、図、地図、表には通し番号をつけ、巻末に一覧でまとめた。

序　章

第 1 節　研究の背景

　北部ベトナムで 15 世紀初頭に成立した黎朝（前期：1428 ～ 1527 年／後期：1533 ～ 1789 年）は、15 世紀後半に明朝の制度を模倣して官制改革を進めたが、16 世紀になると内乱が勃発し最終的に莫朝（1527 ～ 1592 年）によって帝位を奪われることになる。その後復興黎朝と莫朝のあいだで内戦が続いたが、最終的に黎朝が莫朝を駆逐して北部ベトナムを掌握する。しかしまもなくして中南部ベトナムで阮氏政権が自立化し、黎朝は事実上南北に分裂する。一方北部では黎朝朝廷が形骸化し、鄭氏が王府を開設して独自の政権を構築していた（以下、黎鄭政権）。18 世紀末には西山勢力により黎朝が滅亡し、西山勢力の阮恵が皇帝位について西山朝が成立するが（1789 年）、メコンデルタに拠った阮福暎が 1802 年に西山朝を打ち破って北部ベトナムを掌握し、阮朝（1802 ～ 1945 年）が史上初めて現代のベトナムの領土にほぼ相当する領域を支配下に置いた。しかしその支配下に多様な地域が存在し、国家統合の困難に直面したといわれる。また明命年間（1820 ～ 1841 年）に行政改革が実施される以前は[1]、北部と南部に半自立的な勢力（総鎮）が存在していた。明命年間の行政改革は、総鎮を廃止し全土で画一的な行政単位

---

1)　本書では、阮朝の北部掌握から明命帝による本格的な行政改革が始まる 1820 年代後半より以前を阮朝初期と呼ぶ。

1

序　章

（省）を設置することで、多様な地域が存在する支配地域の統合を進めるための施策だった[2]。

　国家の観点から見れば、本書で取り上げる北部山地（miền núi phía Bắc）は、黎鄭政権や阮朝が統治の困難に直面した地域の一つである。その北部山地の中でも、本書は諒山鎮／省[3]（ほぼ現ランソン省に相当）を中心に取り上げ、18〜19世紀にベトナム王朝の地方支配がいかなる変遷を遂げ、また地域社会がいかに変容し、在地住民がいかなる対応を採ったのかを論じる。現在のベトナムの地理区分では、北部山地は一般的に西北地域（vùng Tây Bắc）と東北地域（vùng Đông Bắc）ないし越北地域（vùng Việt Bắc）に分けられ【地図1】[4]、諒山鎮／省は東北地域に位置している。本書に関連する研究動向としては、ベトナム王朝の領域統合や地方支配に関する研究と、ベトナム北部山地が位置するインドシナ半島北部山地に関する研究とがある。両者は関連し合う部分もあるが、説明の都合上、以下個別に整理をおこなう。

---

2)　明命年間の行政改革全般については［Nguyễn Minh Tường 1996］参照。

3)　黎鄭政権期の最上級の地方行政単位は「承宣」「鎮」「処」「道」と呼ばれており、阮朝期の明命年間の行政改革によって「省」と呼ばれるようになったが、諒山はその一つである。明命年間の行政改革以前については、本書では煩雑を避けるため、最上級の地方行政単位は「鎮」で統一し、鎮レベルの地方官は「鎮官」と呼称する。また明命年間の行政改革以後について、省レベルの地方官は「省官」と呼称する。黎鄭政権期〜阮朝期の特定の最上級地方行政単位に言及する際は「〜〜鎮／省」と表記する。

4)　本書が分析対象とする18〜19世紀にこのような地理区分や行政単位は存在しないが、後述するように北部山地の歴史を東北方面と西北方面とで区別して論じる必要がある。そこで説明の都合上、本書では西北地域と東北地域という呼称を使用する。ただし18〜19世紀のベトナム北部山地を分析する際にどのような地域設定が妥当かはいまだ確定しておらず、上述の用語使用はあくまで便宜的なものであることをお断りしておく。なお黎鄭政権期〜阮朝期の北部山地諸鎮／省のうち、諒山・高平（現カオバン省中東部）・宣光（現トゥエンクアン省、ハザン省、カオバン省西部）・太原（現タイグエン省、バッカン省）各鎮／省は東北地域に、興化鎮／省（現ディエンビエン省、ライチャウ省、ラオカイ省、ソンラ省、イエンバイ省、およびフート省とホアビン省の一部）は西北地域に含まれる。

2

第 1 節　研究の背景

(1) ベトナム王朝の領域統合や地方支配に関する研究

　国家統合の観点からユーラシア規模の共時性を考察したリーバーマンは、15 世紀後半ないし 16 世紀から 18 世紀末ないし 19 世紀前半にかけて、日本・ヨーロッパおよび東南アジア大陸部諸国（シャム・ビルマ・ベトナム）において政治統合と領域拡大の面で共時性が見られたと論じたうえで、これらの諸現象が近代以降の諸傾向の先駆けであるとして当該時期を「近世（early modern）」と呼称した ［Lieberman 2003: 79-80; 2009: 67-77］。ベトナム史については、16 ～ 18 世紀にかけて南北分裂が続いたこともあり、リーバーマンの議論の中で注目されたのは明命年間の行政改革である ［Lieberman 2003: 427-445］[5]。後述するような様々な限界があったとはいえ、明命年間に構築された全国的に画一的な統治体制が、現代ベトナム国家の基盤となったのは疑い得ないであろう。明命年間への注目は北部山地側の研究についても同様であり、山地住民とベトナム王朝との関係性を論じる際にも、主に明命年間がその転換点として注目されてきた[6]。

　しかしながらこのような従前の研究においては、行政改革が実施される以前の黎鄭政権期～阮朝初期における北部山地統治はほとんど考察されてこなかった。とりわけ黎鄭政権期は、南北分裂や動乱頻発のために長らく否定的に評価されてきたこともあり ［Phan Huy Lê（biên soạn）1960］、支配体制の研究は遅れた。近年は黎鄭政権の統治機構の解明が進んだが ［上田 2019］、北部山地支配については依然としてほとんど解明されておらず、在地首長に藩臣・輔導・土酋などの称号を与えて在地首長[7]の自律的な統治を認可して

---

5)　リーバーマンは、ベトナムでは、チャオプラヤー河やエーヤワディー河のような単一の水系の欠如といった理由により、シャムやビルマと異なり政治統合が単線的ではなかったとしている ［Lieberman 2009: 20-22］。

6)　たとえば諒山鎮／省の脱朗州を中心に社会構造の変容過程を考察した伊藤正子は、1820 ～ 1830 年代の阮朝の行政改革によって首長集団の勢力が弱体化し、初めて東北地域が国家としてのベトナムに正式に組み込まれたと述べる ［伊藤 2022: 49-60］。

7)　本書で（在地）首長という語を用いる場合、黎鄭政権期～阮朝初期に藩臣・輔導・土酋、阮↗

3

序　章

いたことが言及されるのみであった［桜井 1987: 162-163］［古田 1991: 55-60］。また北部山地については一般的に西北地域では在地首長の自律性は高くベトナム王朝との結びつきは緩やかである一方、東北地域では在地首長とベトナム王朝との結びつきが比較的強いとされるが［古田 1984; 1991: 55-60］［桜井 1987: 162-163］、東北地域の首長層がベトナム王朝の地方支配において具体的にどのような役割を担ってきたのかも未解明である。黎鄭政権の山地統治の詳細を解明することで、黎鄭政権の支配体制をより全面的に復元できると共に、黎鄭政権期～阮朝期の地方支配を通時的に理解でき、黎鄭政権期の再評価および明命年間における改革の意義の十分な解明が可能となろう。また黎鄭政権では 17 世紀半ばから 18 世紀にかけて鄭氏による紅河デルタ文人層の大量登用や統治機構の拡充がおこなわれており［上田 2019: 35-144］、ビルマの第二次タウングー朝やシャムの後期アユタヤ朝との共時性が指摘されている［岡田 2022: 229-233］。今後東南アジア大陸部の近世国家の比較研究を深化させるためにも、黎鄭政権期の地方支配の解明は重要だろう。

　また、前述のように阮朝は史上初めて現代のベトナム国家の領土にほぼ相当する領域を支配下に置いて領域統合を進めた王朝であり[8]、同時代のシャムのラタナコーシン朝やビルマのコンバウン朝との類似性が指摘されている［Lieberman 2003: 433-435, 443-445］。明命年間の行政改革においては、北部山地では首長による官職の世襲の禁止、流官（中央から派遣された官僚）の派遣など在地首長層に対する権限削減政策が実施された［Nguyễn Minh Tường 1996: 164-171］。そのため、宣光省保楽州の農文雲が阮朝に反旗を翻すなど、首長たちと王朝権力との関係は急速に緊張度を増した[9]。また明命

朝明命年間以後に土司と呼ばれた者を指す。

8)　阮朝の統治体制については、包括的研究として［Woodside 1971］［嶋尾 2001］があり、また近年では物流や財政に注目した多賀良寛の研究がある［多賀 2017; 2018; 2020］。

9)　農文雲勢力の活動については［Nguyễn Phan Quang 1986］［Vũ Đường Luân 2014］などを参照。

第1節　研究の背景

年間の行政改革以後の北部山地における阮朝の流官統治については、一部の省で朝廷から派遣された地方官がマラリアの脅威や風土への不適応に苦しみ任地に赴任できないといった限界があった［武内 2003: 661］［Poisson 2004: 56-57］。加えて19世紀後半には太平天国を背景として清朝から北部ベトナムへ大量の武装集団が流入するようになり[10]、北部山地諸省は秩序の混乱に直面する。このように19世紀は明命年間の行政改革、農文雲勢力の活動、武装集団の到来というようにベトナム北部山地を取り巻く情勢は目まぐるしく変化していた。しかし、かかる状況下の北部山地における阮朝の支配の実態およびその変遷が十分に解明されたとは言い難い。明命年間以後の地方統治については、北部の沿海部に位置する広安省万寧州における統治の詳細が解明されるなど［嶋尾 2010］、地域の実情に合わせた柔軟な制度の運用実態が解明されつつある。しかしながら、地域ごとの詳細な検討は依然として不十分である。

　また近年では阮朝の地方支配に関して、仏領期との連続性に注目する研究が現れている。たとえばポワソンは19世紀末頃のフランス植民地支配の官僚制における阮朝期との連続性を論じ、その一環で北部山地では明命年間の行政改革以後も首長たちが阮朝やフランス植民地政府の地方統治を担ったことを論じた［Poisson 2004: 61-126］。またデーヴィスは19世紀～20世紀前半の政治権力が中越境界地帯の支配において武装集団を活用するなど暴力に頼っており、「暴力の文化」がベトナム王朝、抗仏運動、フランス植民地政府、ベトナムや中国のナショナリズムに通底していたと論じた［Davis 2017: 12-17, 148-152］。そもそも19世紀後半のベトナム史は長らく植民地化に至る時代として消極的に評価されてきたが、近年では多賀良寛がアヘン税の徴収や財政運営における洋式銀貨の本格的導入など阮朝の政策の画期性や仏領

10）19世紀後半に清朝から北部ベトナムに到来した武装集団に関する研究は枚挙に暇がないが、関連史料を網羅した近年の成果として［Davis 2017］を挙げておく。

5

序　章

期との連続性を指摘するなど［多賀 2020: 127-137］、当該時期の阮朝の再評価がおこなわれつつある。本書が黎鄭政権期から阮朝期にかけての北部山地支配を復元することで、このような研究潮流に貢献することも可能だろう。

(2) インドシナ半島北部山地に関する研究

　ベトナム北部山地は西南中国から東南アジア大陸部に及ぶインドシナ半島北部山地に含まれるが、近年の研究ではインドシナ半島北部山地とその在地住民が注目を浴びている[11]。その中で山地世界の歴史研究も進められつつあり、そこで注目されているのが中国内陸地域からの移住の波や内陸交易の活発化とそれにともなう社会変容である。

　18 ～ 19 世紀における中国内地の人口増と内陸地域への移住の波と連動して、西南中国や東南アジア大陸部へ大量の華人が流入したことは、つとに指摘されてきた［和田 1961］［鈴木 1975］［鈴木・荻原 1977］。近年では、内陸交易の実相をさらに解明する研究が現れている。たとえば 18 世紀における中国雲南省からベトナム北部山地にかけての鉱山地帯には大量の華人労働者が流入して鉱山採掘が進められ、その結果、内陸交易が活発化し各地にマーケットタウンが成立した［武内 2003: 663-666］。ベトナム西北地域では、雲南との経済的な結びつきが強まり、ライチャウやムオン・タインMường Thanh（ディエンビエンフー）が物産の集散・中継センターとして台頭した［岡田 2018: 249］。また、労働者の大量流入によって食糧や日用必需

---

11) 代表的論者が、山地を平野部国家による支配を逃れた人々が集う地域（ゾミア）と捉え、山地住民の独特な行動原理や生存戦略を論じたスコットである［Scott 2009］。またミショーも「東南アジア山塊」（Southeast Asian Massif）という表現を用いてインドシナ半島北部山地とその住民の特質に焦点を当て、言語・宗教・文化面での多様性、広域にわたる政治統合を欠いた歴史などを指摘する［McKinnon and Michaud 2000］［Michaud 2010: 202-206］。なおベトナム東北地域や隣接する広西チワン族自治区左江流域は、スコットの「ゾミア」に含まれていない（ミショーの「東南アジア山塊」には含まれている）。伊藤正子は、その理由をベトナム王朝の統治の末端に自らを位置付けてきたベトナム東北地域のタイー人が「ゾミア」の条件に合致していなかったからではないかと推測している［伊藤 2022: 83（注 1）］。

6

品の需要が高まったことで、鉱山近辺では綿花栽培など様々な副次的事業が
発展した［武内 2010b: 178-181］。ベトナム北部山地に到来した鉱山労働者
は、雲南・広西からのタイ系住民も相当な割合を占めており、彼らの移住に
ともない北部山地の火器普及が促進された［岡田 2016a: 172-179］。また19
世紀後半になると、太平天国を背景として清朝の領域から北部ベトナムへの
武装集団の流入が始まるが、これも西南中国から北部ベトナムへの移住の波
や内陸交易の活発化の一環とみなすことが可能である [12]。

　ベトナム東北地域については、とりわけ18世紀後半に太原鎮の送星銀山
の開発が活発化し、数万人規模の華人が鉱山採掘に従事していたことが知ら
れている。中国内陸地域への移住の波の延長として中国史研究者にもつとに
注目され［和田 1961: 121-126］［鈴木 1975: 430-434］、またベトナム史にお
いても注目されてきた［Phan Huy Lê（biên soạn）1960: 149-154, 455-461］。
近年では送星銀山などベトナム東北地域に流入した移民が主として広東・広
西方面の出身者であったことが明らかにされている［閻 2007: 161-173］。

　国家財政との関連について、内国関税の比重が海外貿易より高く、北部山
地の活発な経済活動が阮朝初期の財政を支えていたとされる［Li Tana 2012:
73-75］。また阮朝期の銀納制においては、銀建て人頭税を支払う非キン人や
広域流通に携わる華人が主たる課税対象となっており、銀へのアクセスが容
易な山地住民から銀を吸い上げる手段として銀納制が機能していた［多賀
2017: 93-97］。

　内陸交易の活発化や移住の波にともなう地域社会の変容については、18世
紀の内陸交易の活発化や阮朝の軍政を背景としたベトナム西北地域のムオ
ン・ロー Mường Lò 盆地社会における政治構造の変遷［岡田 2012］、綿花な
どの商品作物の栽培や漢人の進出にともなう雲南南部における山地民と盆地

12）黒旗軍が雲南・北部ベトナム間のアヘン交易の中心であるラオカイを掌握して利益を上げた
　　ことは有名だが［武内 2003: 667-669］［Davis 2017: 42-47］、近年では黒旗軍によるベトナム塩
　　の貿易も注目されている［望月 2022］。

序　章

民の関係の変容［武内 2010a］などが指摘されている。また、中国・ビルマ
の境界地帯に居住するラフのように、山地民のあいだでも政治統合の動きが
見られた［片岡 2007］［岡田 2022: 240］。以上のように、18〜19世紀がイ
ンドシナ半島北部の山地社会にとって重大な画期だったことが先学により明
らかにされつつある。

　上述の変動に対する在地首長や在地住民の対応や戦略について、ベトナム
西北地域については、ムオン・ドン Mường Động のムオン人首長丁功氏の動
向を論じた宇野公一郎の研究［宇野 1999］、18〜19世紀のタイ系首長が、複
数の政権への貢納や状況に応じた貢納対象の変更、交易活動の展開、有力武
装集団との提携など様々な手段を尽くして諸変動に対応しようとしたことを
論じた武内房司の研究［武内 2003］などがある。総じて、ベトナム西北地域
については如上の時代状況にともなう社会変容、およびその状況下での首長
層の生存戦略が解明されつつあるといえよう。

　しかしながら如上の研究で主に注目されてきたのは、盆地を中心に自律的
な政体が形成され、平野部の王朝権力から比較的高い政治的自律性を保持し
ていた地域であった。一方で山地世界の中でもベトナム東北地域のような、
平野部の王朝権力に対して比較的従順な態度を示してきた地域の在地住民に
焦点を当てた研究はほぼ皆無である。前述のように北部山地の地域性につい
ては、西北地域では在地首長の自律性は高くベトナム王朝との結びつきは緩
やかである一方、東北地域では在地首長とベトナム王朝との結びつきが比較
的強いとされる［古田 1984; 1991: 57-60］［桜井 1987: 162-163］。ただしこ
れらの研究では、歴史上東北地域の在地首長とベトナム王朝との関係がいか
なる変遷を辿ったかについては概括的にしか触れられていない。また、在地
首長側の視点に立った分析も十分ではなく、彼らがベトナム王朝との関係を
構築するに至った背景も未解明である。先述の山地研究の進展を踏まえつつ
東北地域の在地首長の動向を解明することで、山地世界内部の地域差もより
明確となろう。

8

第 1 節　研究の背景

　東北地域に焦点を当てたモノグラフとしては、諒山鎮／省における近現代のタイー人やヌン人といった民族アイデンティティの創生過程を中心に論じた伊藤正子の著作があり、明命年間の行政改革以前には首長層が王朝の権威を背景にした有力勢力であり、明命年間の行政改革や仏領期における新興地主層の勃興を背景に首長の勢力が弱体化したと述べる［伊藤 2022: 49-60］。しかしながら、前述の内陸交易の活発化や移民の流入、武装集団の到来といった各時代状況との関わりは考慮されていない。また近年では東北地域に位置する高平鎮／省（現カオバン省中東部）に関するグエン・ティ・ハイ Nguyễn Thị Hải の研究［Nguyễn Thị Hải 2018］により、19 世紀以降の政治変動・社会変容の中でベトナム王朝権力の支配に協力し官職を授与されることで勢力を維持・拡大していく在地首長の出現が明らかにされた。本書で諒山鎮／省に焦点を当て、地方統治の実情や首長集団の動向を可能な限り復元することで、東北地域の特色とその歴史的背景をより明確に描き出せるだろう。

　ベトナム北部山地の在地首長については、近年ではポワソンが、明命年間の行政改革の一環で在地首長層に対する権限削減政策が実施された以後も北部山地の首長たちは阮朝やフランス植民地政府の地方統治を担い、勢力を保持していたことを論じ［Poisson 2004: 120-128; 2009］、またヴ・ドゥオン・ルアン Vũ Đường Luân が 18 世紀〜 19 世紀前半の中越間の領域紛争における在地首長の重要性を指摘する［Vũ Đường Luân 2016］など、国家権力にとっての山岳地帯の在地首長の重要性も注目されつつある。しかしこれらの研究では在地首長側の視点に立った分析は十分ではなく、山地内部の地域差についても注意が払われていない。また従前の研究では宣光省保楽州農氏、諒山省禄平州屈舍社韋氏のような一部の著名な事例が取り上げられることはあっても、網羅的・体系的な分析は皆無であり、特に東北地域の研究は手薄だった。近年ではグエン・ティ・ハイの研究により、阮朝期の高平省における首長間の権力構造の解明が進み、明命年間の行政改革後に農文雲が阮朝に

9

序　　章

対して反旗を翻した際には農文雲勢力に従った者と阮朝側に与した者とがおり、農文雲勢力が鎮圧されたことで後者が阮朝から続けて官職を授与されて勢力を拡大したこと、また19世紀後半に清朝から武装集団が到来した際には、打撃を受けた首長もいれば、武装集団の鎮圧に貢献して阮朝から官職を授与され勢力を保持した首長もいたこと、などが明らかにされた［Nguyễn Thị Hải 2018: 137-227］。このように首長を網羅的に取り上げて彼らの権力構造の変遷を復元することは、当時の社会変動の全貌を描き出すことにもつながるだろう。

第2節　対象地域

(1) 諒山鎮／省の概要

　諒山鎮／省はほぼ現在のランソン省に相当し、ベトナムの東北の端に位置しており、中国広西省と接している。この地域の山々は北部山地の他地域に比べれば標高が低く、海抜300〜700mの土地が70％近くを占め、700m以上は約4％に過ぎない［Ủy ban nhân dân tỉnh Lạng Sơn 1999: 9］。居住民の多くは盆地空間で水稲耕作に従事するタイ系住民（現在の民族分類ではタイー人やヌン人）で、黎鄭政権期〜阮朝期には、税制上のカテゴリーに対応して、土着住民は「土人」や「土民」、新来の移住者は「儂人」と呼称されていた[13]。黎鄭政権期〜阮朝初期には藩臣や輔導（明命9（1828）年に土司と改称）と呼ばれる在地首長を通して統治がおこなわれていた［Nguyễn Quang Huynh (chủ biên) 2011］［伊藤 2022: 49-54］。交通面では、東南から西北へと流れるキークン河が歴史的に水路交通の中心であり、下れば珠江水系の西江の支流である左江に出ることができた。また内陸交通の面では、諒

---

13) 岡田雅志が論じるように、18世紀に海陸から大量の移民が到来する中で、黎鄭政権は土着住民と華人・その他異民族のあいだに位置する「比較的順応度の高い移住者」として、儂人という新しいカテゴリーを創出した［岡田 2016b］。

第 2 節　対象地域

山鎮／省は歴史的に中越間の使節往来のルートであり、17 世紀後半には広西省からベトナム東北地域にかけて中国商人が活動を拡大し始める［吉川 2017］。諒山～広西の中越境界地帯は、山の切れ目や川沿いの道が無数の出入り口になっており、18 世紀に入ると民間の往来が絶えなかった［蓮田 2005］。

　行政面では[14]、諒山鎮は光順 10（1469）年に承宣として独立し、黎鄭政権期に諒山鎮と呼ばれるようになった。阮朝初期までは 1 府 7 州（長慶府、および温州・脱朗州・文淵州・禄平州・安博州・七泉州・文蘭州[15]）が存在していた【地図 2】。明命年間の行政改革により諒山省に改められ、一部の州が県に改められると同時に長定府が新設されたが（本章注 15 参照）、全体として鎮／省内の行政区分に大きな変化はなかった。

　諒山鎮／省の社級単位数を概観すると、15 世紀後半の数値を記録したとされる『官制典例』[16] では 231（うち社数 204）、17 世紀中葉の数値を記録したとされる『洪徳版図』[17] では 223（うち社数 210）で、1659 年にベトナム人カトリック教徒のベント・ティエンが記した手紙では 157 である［蓮田 2015: 50］。また、19 世紀初頭の数値を記録したとされる『歴朝憲章類誌』では社数が 195 である[18]。次に諒山鎮／省の丁数については、『諒山団城図』[19] の 19 世紀初頭に増補された箇所で土民の丁数 5,363[20]、『大南一統志』によれば

14）以下の記述は『大南一統志』巻 41、諒山省、建置沿革（東洋文庫所蔵 X-2-28）による。

15）七泉州は明命 15（1834）年に七泉県に、紹治元（1841）年に七（渫）渓県に改称された。また文蘭州は嘉隆年間に文関州に改称され、明命 15 年に文関県となった。明命 15 年には、安博州も県となっている。なお明命 17（1836）年に長定府が設置され、文淵・文関・七泉（渓）・脱朗 4 州県が属すことになった（『大南一統志』巻 41、諒山省、建置沿革）。

16）『官制典例』巻 6、天下版図総率目録（漢喃研究院所蔵 A. 56）。

17）東洋文庫所蔵 X-2-24。

18）『歴朝憲章類誌』巻 4、諸道風土之例、諒山、第 14 葉裏～15 葉表（東洋文庫所蔵 X-2-38）。

19）『諒山団城図』は景興 19（1758）年の序を持つが、後に様々な情報が増補され、最終的に 1820 年代に成立した可能性が高い。詳細は［吉川（近刊）］参照。

20）『諒山団城図』第 7 葉裏（漢喃研究院所蔵 A. 1220）。

11

序　章

嘉隆 18（1819）年で 5,300 あまり、嗣徳年間（1848 ～ 1883 年）初期で 7,491 という数字が記されている[21]。また兵部の嗣徳 4（1851）年 10 月 21 日付奏に引用される経略使阮登楷の摺では諒山省の丁数が 7,927 名と記されている[22]。ここから、黎鄭政権期から阮朝初期においては、おおよそ人丁 5,000 あまり、社級行政単位 200 ～ 300 あまり、社は 200 前後存在したと考えて良いだろう。よって平均的には 1 社当たり 20 ～ 30 の人丁が登録されていたことになる[23]。

　また、諒山鎮／省では行政村落である社の下に複数のバーン bản と呼ばれる自然集落が内包されるのが一般的であった[24]。伊藤正子が聞き取りをおこなった 20 世紀末の時点では、高齢者を中心に出身地をサー xã（社）ではなくバーンで説明することが多かったという［伊藤 2022: 26］。植民地期以前においては、基本的に彼らの帰属意識はバーンにあったと考えて良いだろう。

（2）諒山鎮／省の在地首長

　ベトナム北部山地の中でも諒山・高平などの東北地域は、1930 ～ 1940 年代に「民族の結集」にある程度成功し、独立運動を展開するインドシナ共産党の党組織が形成されたため、ベトナム民主共和国期から現地のタイ系住民、中でもタイー人の「キン人（ベトナムの多数派民族集団）との親和性」が注目されてきた。特に諒山鎮／省について注目を浴びたのが、始祖が黎利の明朝軍駆逐と黎朝の創建に貢献し、黎朝皇帝の命令によって辺境防備を命

21）『大南一統志』巻 41、諒山省、戸口。なお『大南一統志』に記載される人丁数・田土面積・税額は、嗣徳年間初期の情報である可能性が高いとされている［嶋尾 2001: 29］［多賀 2020: 114］。

22）『阮朝硃本』嗣徳第 34 集、第 144 葉表～ 145 葉裏（国家第一公文書館所蔵）。

23）なお仏領期の 1921 年に実施された調査によれば、ランソン省の人口は土人 43,700 人、儂人 47,900 人、蛮人 2,200 人、北客（華人）1,780 人、漢人（キン人）3,000 人だったという［岡田 2016b: 23］。

24）西北地域のターイ人は複数のバーンがまとまった単位であるムオン mường を形成したが、東北地域のタイ系住民はムオンを形成しなかった［伊藤 2022: 36-37（注 16）］。

12

じられたため現住地に移住してきたとする伝承が 19 世紀末〜 20 世紀前半に編纂された首長集団（現在の民族分類ではタイー人）の各家譜に記録されていることである。この事実はベトナム民主共和国期の民族学者によって発表され [Lã Văn Lô 1964a: 51-52] [Lã Văn Lô & Đặng Nghiêm Vạn 1968: 73-74]、近年の網羅的な史料調査により、阮朝期の首長集団が広くこの類の伝承を持っていることが明らかとなった [Nguyễn Quang Huynh（chủ biên）2011] 25)。

　また高平鎮／省の首長集団の家譜でも、平野部出身の始祖が 17 世紀後半における黎朝の莫朝残党に対する遠征の際に功績を立てて高平鎮／省に移住したと記載されているという [Nguyễn Thị Hải 2018: 103-134]。このように、平野部起源やベトナム王朝への貢献を家譜の中で主張し、自らの権威の源泉をベトナム王朝との結びつきとみなしている点で諒山・高平両鎮／省の首長集団は共通している。

第 3 節　使用史料

　ドイモイ政策以降近世ベトナムに関する史料が量・質共に劇的に増加したことは有名だが、本書でも年代記などの基本史料のほかに、行政文書、金石史料、家譜などを使用する。とりわけ黎鄭政権と阮朝の地方支配の変遷が主な考察対象の一つである本書にとっては、行政文書が重要である。従前の研究が十分に考察できなかったテーマに本書が取り組めるのも、近年文書館で公開が進んだ行政文書群を利用できたことが大きい。ただしベトナムの行政文書の研究は、フエ近郊村落文書といった新史料の発見、『阮朝硃本』といった文書館史料の閲覧の容易化により、近十数年で飛躍的に進んだ。そこで現

---

25) 伊藤正子が調査をおこなったヴァンラン Văn Lãng 県タンラン Tân Lang 社（脱朗州檳榔社）では、この類の伝承を家譜に記録しているのは土司の末裔グエン・ディン（阮廷）氏のみだったという [伊藤 2022: 61-66]。

序　章

時点までの研究成果を簡単に整理しておく。

　また本書で使用する金石史料と家譜の大半は、筆者が自身のランソン省での調査[26]を通じて収集したものである。地方に現存する史料について、現在もベトナム各地には金石史料や私文書など大量の歴史史料が眠っているが、その情報が地方に留まりハノイの研究機関にも集約されないため、外国の研究者にとってはなおさら情報収集が困難である。ランソン省の史料状況については、一部の現地の人々を除けば筆者しか把握していない情報も多く存在するため[27]、ここで概略をまとめておくことで、筆者以外の研究者が現地の史料にアクセスするための一助としたい。

(1) 黎鄭政権期の行政文書

〈中央〉

　18 世紀には黎朝朝廷が形骸化し、鄭氏が王府を開設して独自の政権を構築していた。官職も黎朝系統官職と鄭王府系統官職とがあり、鄭王府系統の行政組織で勤務する官僚たちも、実際の職掌をともなう鄭王府系統官職だけでなく黎朝系統官職も帯びていた［上田 2019: 117-144］。そのため、文書行政も黎朝朝廷と鄭王府とで区別する必要がある。黎鄭政権期には、一般的に黎朝皇帝宛ての上行文書は奏、黎朝皇帝名義で発給される下行文書は勅と呼ば

---

26) ベトナムの地方で外国人が現地調査をおこなうためには、ベトナム側の研究機関を受入機関とし、その機関を通じて調査先の省の文化局に申請書類を送付し調査許可を得る必要がある。本書の内容に関連する筆者の現地調査においては、ハノイ国家大学に属すベトナム学開発科学院（Viện Việt Nam học và Khoa học Phát triển）や学際科学芸術学院（Trường Khoa học liên ngành và Nghệ thuật）を受入先として手続きをおこない、調査に当たってはド・キエン Đỗ Kiên 氏やヴ・ドゥオン・ルアン氏に同行して頂いた。ここに記して感謝申し上げる。

27) ランソン省に現存する漢文史料の状況については、元ランソン省博物館資料管理室職員チュ・クエ・ガン Chu Quế Ngân 氏（2023 年 6 月退職）が精通しており、調査に当たって多大なご教示を頂いた。またランソン省の首長関連史料については、［Nguyễn Quang Huynh（chủ biên）2011］の編纂者でもある郷土史家のグエン・クアン・フイン Nguyễn Quang Huynh 氏が広い人脈を有しており、調査に当たって事前の史料所持者への連絡など様々な便宜を図って頂いた。ここに記して感謝申し上げる。

れた。勅は、各地の神々に対して発給される神勅の現存数が最も多く、その
ほか人事関連文書もわずかながら残存している[28]。一方鄭王宛ての上行文書
は啓、鄭王名義で発給される下行文書は令旨や令諭と呼ばれた[Lê Kim
Ngân 1974: 160-165][上田 2019: 131]。また、節制（鄭王の後継者）名義で
発給される下行文書は嘉旨、節制宛ての上行文書は稟と呼ばれた[吉川
2021a: 74]。官職授与については、鄭王府系統官職は黎朝朝廷を介さず鄭王
が直接任命文書を発給しており、黎朝系統官職についても鄭王の裁可を得て
黎朝皇帝の勅が発給されていた[上田 2019: 130-136]。また啓や稟について
は、一般的に考えれば上奏の発出主体が一部の官僚に限定されるのが一般的
だと思われるが、黎鄭政権期には平野部の村落が直接啓や稟を発出している
事例が存在した[吉川 2021a: 73-76]。

　先行研究でも言及されてきたこれらの文書とは別に、鄭王の命令を五府・
府僚官（鄭王府に仕える官僚）が伝達する「奉伝」と呼ばれる文書がある。
発信者は五府・府僚で、受信者は各種官僚から「天下官員百姓」まで多様で
ある。書き出しは「発信者。（計。一、）奉伝＋受信者」ではじまり、末尾は
「茲奉伝。年月日」である。この類の文書は、同時代史料では「奉伝」と呼ば
れることが多く、原義としては「（鄭王の命令を）奉じて伝す」という意味
だったと思われるが、同時代史料に「奉奉伝」（奉伝を奉ず）という表現があ
ることからも、「奉伝」が一語であるかのように使用されている[29]。ただし

---

28) 黎鄭政権期の勅式人事文書 81 道が[蓮田 2022]に収録されている。

29) 一例として、第 3 章第 1 節注 2 で取り上げる禄平州屈舎社韋氏の家譜（【表 2】No. 1）に収録
　される韋福琴の景興 6（1745）年 4 月十某日付申に「諒山処禄平州屈舎社藩臣・防禦僉事・ 保 寿
　侯申。為陳由来歴及己身功績事。…（中略）…至於辛酉年九月日、恭奉奉伝、属随前奉差督鎮官
　泰嶺侯、先鋒攻討本処賊徒瓊基、与賊交攻各陣、率先鋒、斬得四十五馘・挾銃四十四口・馬弐
　匹、日者納在前督鎮官連納。奉陞防禦僉事職、再承奉伝、刪給旧管兵民、禄平州・安博州錦段・
　靖茄・三弄・安快・永康・恒産・延楽・太平・麗遠・福勝等社兵民、許韋世琴与前親兄冠寿□
　兄弟、同為該管、随本処応務、並無毫爽。」（【表 2】No. 1「韋家譜記」第 12 葉裏〜13 葉裏）と
　ある。また当該家譜に収録される韋福（世）琴の景興 11（1750）年 5 月二十某日付申式文書に
　「諒山処禄平州屈舎社藩臣韋世琴申。…（中略）…於辛酉・壬戌・癸亥・乙丑・丙寅等年、賊〆

15

序　章

「前伝」（以前の（奉）伝）[30] という表現もあり、また黎鄭政権と対峙する中南部ベトナムの阮氏政権における伝式文書の存在［Lê Nguyễn Lưu & Huỳnh Đình Kết 2011: 111, 124-126, 131-132］も明らかになっている。黎鄭政権の「奉伝」の現物が現存する事例はなく、現在に伝わるものは写しのみなので詳細不明だが、ひとまず「奉伝」も伝という文書形式であると想定しておく。

　以上の黎鄭政権期における中央レベルの行政文書のうち、特に鄭王府系統の文書については実物が現存する事例は稀少で[31]、現在その内容が伝わるものの大半は後世の写しである[32]。

――――――――

徒相継。其韋世琴期累期承督鎮官及恭奉〇奉伝功［攻］討、頗有功績、奉蒙〇朝廷職次。及奉管禄平州錦段社原續造丁口、累被兵火狂徒再三、経承督鎮官便減、只受十二率、兵率共三十六人、安快社率兵十一人、只受十率。三弄社兵率十八人、只受八率。安博州太平社兵率六人、只受一率、存当招集未回復薬。石岩社兵率一人、為該管。再累有恭奉〇奉伝、撫用遺民、練［揀］取兵丁、属本鎮応務□、並無毫爽。其功陳各跡、計開于后。計。…（中略：功績の列挙）…景興十一年五月二十　日、申詞。韋世琴記。」（【表2】No. 1「韋家譜記」第20葉裏～24葉表）とある。また第1章第1節で引用した諒山督鎮黎端愷らの景興20（1759）年12月十某日付啓（第1章注26）も参照。なお原文中の「〇」は空格と同じ機能を持つ敬意表現で、ベトナムの近世文書や石刻によく見られる（以下同じ）。

30）原文は以下の通り（『北使通録』巻1、第87葉表～裏（漢喃研究院所蔵 A. 179））。

　五府・府僚等官

　　計

　一、奉伝奉差諒山処督鎮官肅城侯黎端愷、督同官翰林院校討阮宗珵等。係前期奉伝査替将冠服、従前貢部有附告哀礼当用某色。茲有啓備謂「壬子貢部替将朝衣用緑色緞、朝帽無有金餙［飾］」等因。応照前伝内開替将朝服・冠帯・鞋対并行儀等物件、依壬子貢部色様預造及期応用、以済公務。茲奉伝。

　景興二十年十二月十八日

31）令旨については、藤田励夫が研究を進めている日越外交文書の中に令旨の原本2通が含まれている［藤田 2021: 43-49］。

32）黎鄭政権期には法令集が多く編纂されており、『正和詔書』（漢喃研究院所蔵 A. 256）などに奉伝が多く収録されている。令旨については、『平安王令旨』（漢喃研究院所蔵 VHv. 2489）、『清都王令旨』（漢喃研究院所蔵 VHv. 2490）など。また『北使通録』は黎貴惇の出使に関わる80点あまりの行政文書を収録しており、啓や奉伝も多く含まれる。そのほか家譜に族人関連の文書が収録される事例（［上田 2019: 130-136］が取り上げた『黎族家譜』（漢喃研究院所蔵 A. 2807）など）、村落で保管されていた村落住民宛ての令旨や勅などの文書をフランス極東学院が収集・書写し、漢喃研究院に写しが伝わる事例（一部は［吉川 2021a］で取り上げた）などがある。

〈地方〉

　黎鄭政権支配下の北部ベトナムにおける地方レベルの文書行政について体系的に論じた先行研究はほぼ皆無だが、中部ベトナムのフエ近郊村落で発見された村落文書には、阮氏政権期の行政文書が多く含まれている。阮氏政権は実質的に独立政権だが、形式上は黎朝皇帝を戴いており、文書行政は黎鄭政権のものと一定程度類似していると考えられる。そこで、まずは先行研究に依拠して阮氏政権における地方レベルの文書行政を概観する。

　フエ近郊村落で発見された阮氏政権期の行政文書には、示式文書、伝式文書、付式文書、繳式文書、申式文書などがある。示は上級衙門が提示したなんらかの任務の遂行を命令する際に発給される下行文書、伝は政策や命令を通告する際に発給される下行文書、付は受信者に対してなんらかの恩恵を与える際に発給される下行文書、繳は税課や徭役、兵役の納入・徴発に関連する下行文書であり、申はなんらかの事柄を官に対して報告・要請する際に民が発出する上行文書である [Lê Nguyễn Lưu & Huỳnh Đình Kết 2011: 111]。このうちハータイン Hà Thành 集落に現存する示式文書と繳式文書については蓮田隆志の論考があり、各文書に共通する基本的な書式として、①文書形式名（冒頭の一文字）、②発信者、③受信者、④内容、⑤文書形式名、⑥年号（と朱方印）、⑦文書形式名の大字・横線と書き込み・花押印が挙げられている [蓮田 2012: 166]。これらの特徴は藤田励夫が紹介する日越外交文書（書、示、暁示、憑、給憑、繳、令旨）でも同様である [藤田 2016]。すなわち書き出しや末尾の文書形式名、および奥上の大字が文書形式分類の指標となる。

　一方黎鄭政権の支配地域では以下の文書形式が確認されている。

　示式文書については、[蓮田 2017: 41] が清華鎮宋山県光朗社頼氏家譜に収録される示式文書4通を分析しており、発出者はいずれも清華鎮官、内容は頼氏に対して近隣地域の治安維持の継承を認めるものである。また藤田励夫が紹介する日越外交文書の中に5通含まれており、いずれも阮氏政権の示

序　章

式文書と同様になんらかの命令を伝達する機能を持っているという［藤田 2016: 37-39］。

　付式文書については、蓮田隆志が清華鎮宋山県光朗社頼氏家譜に収録される付式文書２点を紹介しており、発出者はいずれも清華鎮官、内容は近隣村落における民丁の動員や徴兵を認めるものである［蓮田 2017: 45-46］。

　以上の文書形式のほか、黎鄭政権下では鎮官を発出者とする派という形式の文書も存在した。清華鎮宋山県光朗社頼氏家譜に収録される派式文書４道を考察した蓮田隆志によれば、いずれもなんらかの任務に人を派遣する内容を持っているという［蓮田 2017: 43-44］。

　これらの形式の文書は、鎮以下においては基本的に鎮官を発出者とする下行文書であった。一方上行文書としては申式文書がある。申式文書については、黎鄭政権期の平野部では村落や承政使司提吏が発出主体となっている事例があり［吉川 2021a: 77-78］、様々なケースに使用可能な上行文書だったと考えられる。

　これらの研究は平野部を対象としており、北部山地においてどのような文書行政がおこなわれたのかを論じた研究は皆無である。そこで本書は主にハノイの漢喃研究院（Viện Nghiên cứu Hán Nôm）[33] に所蔵される「諒山省脱朗州有秋総有秋社古紙」[34]、および「諒山省文淵州高峙衛高楼総各社古紙」[35]を使用する。これらはフランス極東学院が現地（ランソン省）で収集した文

33）漢喃研究院はベトナム最大の漢文史料所蔵機関かつ研究機関である。漢喃研究院が所蔵する文献史料には、フランス極東学院から継承したもの（所蔵番号がＡで始まる史料）、漢喃研究院設立（1979 年）後に他機関から移管されたもの（所蔵番号がＶで始まる史料）、近年になって漢喃研究院が収集したもの（所蔵番号がＳＴで始まる史料）が含まれる。このうち所蔵番号がＳＴで始まる史料については、本書脱稿時点（2024 年 4 月）で外国の研究者は利用不可能である。

34）漢喃研究院所蔵 AH. a4/6

35）漢喃研究院所蔵 AH. a4/7

書の写しであり[36]、一部が［Nguyễn Quang Huynh（chủ biên）2011: 138-150]［伊藤 2022: 54]で紹介されている。ただし極東学院の書写事業の際に生じたと思われる誤字が散見される。たとえば「諒山省文淵州高峙衙高楼総各社古紙」に収録される文書の中には光中年間（1788 ～ 1792 年）の紀年を持つものがいくつかあるが、光中年間は 5 年しか存在しないにもかかわらず、光中 6 年や光中 17 年の年代を持つ文書があり、誤写であることが明白である（【表 5】No. 15-18)[37]。漢喃研究院が所蔵するフランス極東学院によって書写された史料を使用する際には慎重な史料批判が必要不可欠である。

(2) 阮朝期の行政文書

阮朝期の行政文書については、ハノイの国家第一公文書館（Trung tâm lưu trữ Quốc gia một)[38] に所蔵される『阮朝硃本』を主に使用する。『阮朝硃本』は『大南寔録』など編纂史料のもととなった行政文書であり、史料的価値の高さはいうまでもないが、1990 年代から公開が進んだ史料群であるために体系的な分析はいまだかつて存在しない。『阮朝硃本』を正確に活用するためには背景となる阮朝の行政文書制度を理解しておく必要があるが、明命年間の行政改革で大きく変化したため、その前後に分けて概観する。

〈阮朝初期〉

嘉隆年間（1802 ～ 1820 年）の各種行政文書については、ゴ・ディン・ジ

---

36) これらの史料のタイトルに含まれる「古紙」は、漢喃研究院に所蔵される漢文やチュノムで記された行政文書群（の仏領期の写し）を指す。これらの 2 史料のようにタイトルに「古紙」という語が含まれているものもあるが、ベトナムの研究者はそれ以外の神勅なども含めて「古紙資料」と呼称している［Vũ Thị Lan Anh 2018]。

37) 光中 17 年正月 14 日付の文書（【表 5】No. 18）については、筆者が収集した嘉隆 18 年付の文書と内容が酷似している。そのため、証明しようがないことではあるが、筆者はフランス極東学院が写しを作成した際に年号が嘉隆から光中とされた可能性が高いと考えている（第 4 章第 1 節）。

38) 国家第一公文書館が所蔵する漢喃史料の概要については［桜井 1994: 158-161]も参照。

序　章

エム政権下で『阮朝硃本』の整理事業に携わった陳荊和による簡にして要を得た紹介 [Trần Kinh Hòa 2010] がある。陳荊和によれば、嘉隆年間の文書行政の特徴は、公同（廷臣の会議）が発出した文書が一定の割合を占めることであり、公同伝（各種命令）、公同差（派遣を命じる文書）、公同付（命令や承認）、公同移（下級機関に対する伝達）などの種類がある [Trần Kinh Hòa 2010: 31-32]。

　嘉隆年間の奏は「稽首頓首百拝謹奏為由茲」という書き出しで始まり、末尾は「謹具奏文＋年月日＋謹奏」となっており、「奏」の字の下に「某月某日欽奉旨敆…」という形で御批が書き写される [Trần Kinh Hòa 2010: 33]。

　陳荊和によれば、『阮朝硃本』には嘉隆年間の文書として以上の上奏などのほかに、申（各種報告）、計（リストや列挙）、啓（皇太子宛ての上行文書あるいは上奏のための六部への報告）、咨呈（下級衙門が上級衙門に宛てて発出する文書）、札（外国の官員が阮朝の官員に対して送付する文書）などがあるという [Trần Kinh Hòa 2010: 33]。

　地方に目を移すと、前述のように黎鄭政権や阮氏政権でも使用されていた申式文書が、阮朝初期にも村落が発出する上行文書として使用されていた。たとえば嘉隆4（1805）年に全国的に作成された地簿は、各村落が申式文書で申告するという形式を採っている [桜井 1987: 299-306]。フエ近郊の村落[39] についても、阮朝初期には申式文書で各種の報告や申告をおこなっている [Lê Nguyễn Lưu & Huỳnh Đình Kết 2011: 338-349, 370-376]。広徳営肇豊府富栄県茂材総徳郵社（承天府香茶県富春総徳郵社）に現存する徴税・徴兵関連文書を考察した嶋尾稔も、納税額を確定するために村落が発出する執憑簿が嘉隆～明命年間は申式文書であり、紹治年間（1841～1847年）に入って後述する稟式文書に転換したという [嶋尾 2012: 255-256]。また『阮朝硃

39）なお西山期も同様に申式文書が使用されていた [Lê Nguyễn Lưu & Huỳnh Đình Kết 2011: 193-197, 201-208]。

本』にも北城総鎮の上奏に諒山鎮官の申が引用される事例があることから、鎮官から北部諸鎮を統轄する総鎮官への上行文書も申式文書が使用されていたことがわかる[40]。阮朝初期においても、申式文書は地方における様々なレベルの上行文書として使用されていたと考えられる。

　阮朝初期の地方官が発出した下行文書については、先行研究はほぼ皆無だが、[Lê Nguyễn Lưu & Huỳnh Đình Kết 2011: 401-404] が北城総鎮の嘉隆3 (1804) 年2月2日付の付式文書を紹介している。また八尾隆生氏を研究代表者とする2005～2007年度科学研究費補助金（基盤研究（B））「文献・碑文資料による近世紅河下部デルタ開拓史研究」の調査によってナムディン省で収集された村落文書にも、嘉隆13 (1814) 年2月27日付で欽差山南下鎮鎮官が天長府に宛てて発出した伝式文書が含まれている [蓮田・嶋尾・松尾 2008: 130（史料番号18・19）]。このような阮朝初期の文書行政は、公同や総鎮を発出者ないし受信者とする文書の存在が前後の時代と異なるが、おおむね黎鄭政権期や阮氏政権期の制度を継承しているといえる。

　明命年間になると、全国的な行政改革の一環で文書行政にも変化が生じた。以下、明命年間の改革以降の文書行政を中央レベルと地方レベルとに分けて概観する。

〈中央〉

　明命10 (1829) 年に行政文書保管機関の文書房を改編して設立された内閣が、以降の文書行政の要となる[41]。先行研究によれば、各地方官の上奏は通政司を経由して関連衙門に送付され、当該衙門から内閣に伝達される [Trần Kinh Hòa 2010: 19]。『欽定大南会典事例』によれば、このような制度が確立

---

40)『阮朝硃本』明命第8集、第161葉表～裏および明命第8集、第175葉表～176葉裏。

41) 内閣の成立および概要については [Woodside 1971: 83-91] [嶋尾 2001: 27] [Trần Kinh Hòa 2010: 13-19] [Vũ Đức Liêm 2016: 62-63] などを参照。

序　章

したのは明命 19（1838）年である。内閣設置翌年の明命 11（1830）年にすべ
ての上奏（奏摺）は内閣を経由することが決定され[42]、明命 18（1837）年に
は、翌明命 19 年から内閣の専権を防ぐために通政司を経由することが決定
されている[43]。

　上奏が届くと票擬がおこなわれる。票擬について「意見の具申」[Trần
Kinh Hòa 2010: 20]［Nguyễn Thu Hoài 2016: 6］とする先行研究が多いが、
後述するように諭旨の文言の起草も含まれている。票擬の主体として、先行
研究では内閣が挙げられることが多いが、『欽定大南会典事例』によれば、明
命 14（1833）年に上奏に対して六部と内閣が票擬することが定められる[44]な
ど、内閣および当該事案を担当する部が票擬している。また明命 12（1831）
年に「先頃六部が擬した旨の文章で、ただ奉じて草本を作成した部司の姓
名・官銜を記していても長官が署名しておらず、なおも周到・精緻ではな
い。その後およそ旨を擬して進呈させる際に、紙の末尾にはっきり「部司の
どの員が奉じて草本を作成し、長官のどの員が奉じて閲した」などの字を記
述せよ。」という旨がくだされている[45]ように、「擬」という語は旨の文言を
起草するという意味で使用されている。またある部の官員が票擬した際に
は、必ず長官が「閲」すなわち確認することが定められている。また同年に
は、部が擬した場合は内閣が「閲」し、内閣が擬した場合は当直が「閲」す
ることも定められ[46]、紹治 2（1842）年に六部の票は当直・内閣・科道が、
内閣の票は当直・科道が、それぞれ調査することが定められている[47]。

42）『欽定大南会典事例』巻 226、内閣、職掌、票擬、第 2 葉表〜裏（西南師範大学出版社、2015 年）。

43）『欽定大南会典事例』巻 226、内閣、職掌、票擬、第 5 葉裏〜 6 葉表。

44）『欽定大南会典事例』巻 226、内閣、職掌、票擬、第 3 葉表〜裏。

45）『欽定大南会典事例』巻 226、内閣、職掌、票擬、第 2 葉裏に「十二年旨、向来六部所擬旨語、
　　但著奉草部司名銜而堂官無有署名、猶未周密。著嗣凡擬旨呈進、須於紙尾明叙「部司何員奉草、
　　堂官何員奉閲」等字様。儻其中事理有未合処、即照軽重分別懲辨［辦］、以昭核寔。著為例。」と
　　ある。

46）『欽定大南会典事例』巻 226、内閣、職掌、票擬、第 2 葉裏〜 3 葉表。

47）『欽定大南会典事例』巻 226、内閣、職掌、票擬、第 7 葉裏〜 8 葉表。

22

第 3 節　使用史料

　『阮朝硃本』には多数の上奏が含まれるが、阮朝の地方支配や地域社会を分析対象とする本書が主に使用するのは、各地域の地方官の上奏、および地方官の上奏をうけた内閣や六部の上奏（票擬含む）である。前者の地方官の上奏がおおむね「発出者（地方官など）＋謹奏。～～～年月日題。臣Ａ記、臣Ｂ記」という構造になっているのに対して、後者の内閣や六部の上奏は「年月日＋内閣／某部奏／覆＋地方官の奏（摺）などの引用＋内閣や部の意見など＋上奏を考案（攷）・執筆（草）・確認（閲）した人物の姓名」という構造になっている。「覆（奏）」は返答（の上奏）の意である。

　地方官の上奏がおこなわれると、皇帝は内閣や六部の票擬に基づいて各奏に意見や命令（御批）を書き込む。御批には、硃批（皇帝が書き込む「知道了（わかった）」や「依奏（奏に従え）」などの文言）、硃点（重要でない事案で特に意見がない場合に「奏」の字につける点）、硃圏（複数の選択肢から一部を選択する際に選択対象につける丸印）、硃抹（反対や不満を持つ箇所につける朱印）などがある［Trần Kinh Hòa 2010: 22-23］。皇帝が意見を書き込んだ奏は内閣にくだされ、内閣が正本に書き込まれた御批を副本に書写し、その際には「奉…欽此」の文言を書き加える[48]。副本の末尾には「内閣恭録」と書き加えたうえで内閣の印を押す。上奏現物の「題」の下に「（至）某月某日内閣臣某奉」と記す［Trần Kinh Hòa 2010: 23-24］[49]。『阮朝硃本』に収録される地方官の奏には、皇帝が直接硃批を書き込んだ正本、および内閣や六部の官僚が硃批を書き写した副本の双方が含まれる。もし六部の官僚が皇帝の諭旨を奉じる場合は、当該部の長官が内閣にやっ

48）なお明命年間の行政改革以前は、上奏現物に書き込まれる硃批には「欽此」が含まれていた。たとえば北城総鎮黎宗質の明命5（1824）年6月19日付奏（『阮朝硃本』明命第8集、第161葉表〜裏）には、「知道了。欽此」という硃批が書き込まれている。

49）『欽定大南会典事例』巻226、内閣、職掌、批奏、第14葉表にも、上奏原本の「題」の字の下に「某月日内閣臣某奉」と書き押印すること、年や月を越えて初めて批がくだされた場合は、「至」一字を加えること、などが記述されている。

23

序　章

てきて確認し押印する［Trần Kinh Hòa 2010: 24］[50]。

〈地方〉

　明命年間の行政改革により、「省―府―州／県―総―社」という地方行政単位が全国的に設置された。阮朝期に関する従前の研究では、皇帝を発出者／受信者とする奏・詔・勅といった中央レベルの文書や、村落が保管していた村落文書が長らく使用されてきたが、中央と村落のあいだの地方行政文書が存在しなかったため、地方支配の解明が困難であった。近年フランスのギメ美術館図書館で大量の阮朝地方行政文書が発見された。武内房司によれば、これらは南部ベトナムに位置する永隆省の布政使衙門で作成・保管されていた文書が中心であり［武内 2019: 27-28］、①阮朝皇帝宛て上行文書である奏、②省官宛て上行文書である呈・稟・単詞、③平行文書である咨、④省官から県官などへ発給される下行文書の札、⑤任命文書の憑給、⑥徴税のための台帳である簿、⑦土地調査の報告である勘冊が含まれているという［武内 2019: 28-39］。

　これらのうち本書で使用するものを取り上げる。まず稟については、承天府香茶県富春総徳郵社においても、納税額を確定するための執憑簿が紹治年間以降は稟式文書で作成されていたという［嶋尾 2012: 255-256］。本書で使用する『阮朝硃本』収録の上奏において、省より下の行政単位の地方官の上申文書が引用されていることがあるが、その多くも稟や呈である。

　次に単詞について、武内は「村レベルのリーダーや民間人から提出される上申書を指す用語」と説明している［武内 2019: 32］。『阮朝硃本』において

---

50)『欽定大南会典事例』巻226、内閣、職掌、批奉、第14葉表〜裏にも「明命十年議準凡有頒出御製諭旨、属何衙門恭奉者、転報該堂官一員、親就恭閲訖、取具該堂官印結留閣存照、該衙門敬謹抄写、由閣呈覆。仍請精繕用宝施行。如由内閣臣恭奉者、遵例抄写呈覆。」とあり、六部が奉じる事案の場合は当該部が内閣に至って確認（閲）して書き写すことが明命10年に定められている。

第3節　使用史料

も、鉱山税や関税の請負を要請する際の文書が「単」と呼ばれるなど（第6章）、様々な場面で単が使用されていることが窺える。ただし、この単が文書の一形式なのか、あるいは単に書面や申請書を指す一般名詞[51]なのかは不明である。

また憑給は地方官が官職を任命する際に発給する文書であり、先行研究では該総を任命する憑給が発給される過程が詳細に解明されている［蓮田 2008］［武内 2019: 32-33］。憑給が被任命者の子孫によって保管され現存している事例があり、本書では高平省上琅州綺貢社農益氏関連文書（第4章第4節（3）参照）や諒山省脱朗州阮廷氏関連文書（第7章第3節（2）参照）を使用する。

(3) 金石史料

　現在のランソン省に現存する17 ～ 19世紀の金石史料は、筆者が確認し得た限り【表1】の通りである（原碑が失われ拓本のみ残るものも含む）[52]。これらの収集機関はハノイの研究機関や現地（ランソン省）の機関に大別できる。

〈収集の経緯〉

　ベトナムの金石史料を体系的に収集した最初の機関はフランス極東学院（1898年にサイゴンに設立され、1900年にハノイに移転）である。極東学院は各地方で史料調査をおこない、碑文11,651基、拓本20,980枚を収集した［Trịnh Khắc Mạnh 2008: 9］。これらの拓本は、1979年に設立された漢喃研究院に継承され、現在も漢喃研究院で所蔵されている[53]。1992年から漢喃研

51）現代ベトナムで、「単」（đơn）は行政機関などに提出する書類や申請書の意味で使用されている。

52）20世紀にも漢文で金石史料が作成されているが、すべてを網羅するのは困難であるため省略した。

53）極東学院所蔵の金石史料の所蔵番号は収集順に付されたが、漢喃研究院も同様の方式を踏襲しており、漢喃研究院が新たに収集した金石史料の拓本は極東学院作成の拓本に続けて所蔵番号が付されている。そのため、現在の漢喃研究院が所蔵する拓本で所蔵番号が2万ほどまでの↗

25

序　章

究院も各地で史料収集をおこなっており、ランソン省でもすでに調査が実施
されているが[54]、漢喃研究院の調査によって網羅的に収集されたわけではな
い[55]。なお現時点で漢喃研究院に所属される拓本は約6万点にのぼり、うち
極東学院の収集資料を中心に2万点あまりが出版済みである[56]。

　ハノイの研究機関とならんで、ドイモイ政策以降は各地で文化局（Sở Văn
hóa）や博物館、図書館といった現地の機関による現地史料の収集・調査が
進められた。これは、ドイモイ政策以降各行政単位レベルの地誌の編纂が活
発化したことと関係している。ランソン省では、ランソン省博物館によって
拓本の作成・保存が進められると同時に、1993年に文化局によって一部の碑
文のベトナム語訳を掲載した資料集［Ủy ban Nhân dân thị xã Lạng Sơn &
Sở Văn hóa Thông tin Thể thao tinh Lạng Sơn 1993］が出版され、1999年
に省レベルの地誌［Ủy ban Nhân dân tinh Lạng Sơn 1999］が出版された。
ランソン省の金石史料の中には、原碑が失われ漢喃研究院にも拓本が所蔵さ
れておらず、ランソン省博物館所蔵拓本のみ残っているもの（【表1】No. 31
の「重修北鎮寺碑」など）もある。

　　ものが極東学院の収集資料であり、それ以降のものが漢喃研究院により新たに収集された資料
　　である。
54)　［Trịnh Khắc Mạnh 2000］によれば、1992 ～ 1993年にはハイフォン・ハイズオン・フンイエ
　　ン・タイビン・バクニン・バクザン・ハタイ・ナムディン・ハナム・ニンビン各省で調査をお
　　こない、1,200冊の漢喃書籍などを収集し、碑文6,700基・鐘680点の拓本を採取したという。ま
　　た1994 ～ 1996年には北部平野の6省26県337社で調査をおこない、碑文2,876基・鐘502基の
　　拓本を採取し、1,120冊の漢喃書籍を購入し、1997 ～ 1999年にはバクザン・バクニン・ナムディ
　　ン・ヴィンフク・ニンビン・ハイフォン・タイビン・ハタイ・フンイエン・ハイズオン・ラン
　　ソン・タインホア各省で調査をおこない、8,000枚以上の碑文の拓本を採取したという。これら
　　の新規に採録された拓本の目録は出版されず、省単位にまとめられたベトナム語の小冊子が閲
　　覧室に設置されるのみである［八尾 2012: 384］。
55)　漢喃研究院の調査ではフランス極東学院の収集資料も対象としているため、同一の碑文が極
　　東学院・漢喃研究院によって拓本が作成された事例も多い。2種類の拓本が存在する場合は、可
　　能な限り両方を掲げた。
56)　Trịnh Khắc Mạnh, Nguyễn Văn Nguyên, Philippe Papin（biên tập）, *Tổng tập thác bản văn
　　khắc Hán Nôm*, 22 tập, Nhà xuất bản Văn hóa thông tin, 2005-

〈ランソン省における金石史料の概要〉

17～19世紀の諒山鎮／省で多くの金石史料が現存しているのは17世紀後半（【表1】No. 1-7）、18世紀後半～19世紀初頭（【表1】No. 10-30）、19世紀末（以降）（【表1】No. 31-33）であり、過半が寺院や神祠・橋梁などの建造・重修や寄進の際に作成されたもの（【表1】No. 1-8, 10-13, 15, 21-26, 31, 33）、および文人の詩賦を刻んだものである（【表1】No. 14, 16-20, 27-30）。北部山地では平野部のような自律性の高い村落は形成されず、儒教的価値観に基づく宗族形成も遅れたため、村落や宗族を単位として作成された金石史料は僅少である。

17世紀後半に多くの金石史料が作成されたのは、中国商人の活動地域の拡大と内陸交易の活発化により経済力をつけた首長層が出現したためだろう。17世紀後半は広東～広西～ベトナム東北地域にかけて中国商人の活動が拡大し、現ランソン市に中国商人の居留区が形成された時期だが［吉川2017］、当該時期の金石史料もキークン Kỳ Cùng 河や昇龍（現ハノイ）～鎮南関の交易ルート沿い（【表1】No. 1-2, 5）や現ランソン市近辺（【表1】No. 3-4, 6-8）で作成されている。ただし17世紀後半における金石史料の増加は、内陸交易の活発化だけでなく、黎鄭政権の地方官や軍隊との接触も一因だったと考えられる。第1章で述べるように、17世紀後半には少なくとも東北地域では半自立勢力が征討され、ある程度黎鄭政権の支配が及ぶようになったと思われる。

18世紀前半の金石史料がほぼ現存していないのは、当該時期に動乱が多発して地域社会に余裕が存在しなかったためと思われる（第2章第1節（1）参照）。18世紀後半～19世紀初頭には治安回復を背景として再び金石史料が作成されたが、それ以後19世紀末までの金石史料が現存していないのも、農文雲勢力や武装集団の活動により治安が再び不安定化したのが主な理由だろう（第5章第2節および第7章第1節参照）。

序　章

(4) 家譜

　北部山地の現地住民はもともと漢文や儒教の素養を有していなかったはず
だが、諒山鎮／省では 18 世紀末に入ると一部の首長集団が祖先祭祀や家譜
編纂をおこなうようになり（補論参照）、また 19 世紀末〜 20 世紀前半には他
の首長集団からも先祖代々の系譜や功績を記録する集団が出現した。このよ
うな宗族関連の史料で筆者が収集し得たものをまとめたのが【表2】である。
これらのうち【表2】No. 6-13 は、[Nguyễn Quang Huynh（chủ biên）2011]
に記載される情報をもとに首長の末裔の私宅で収集したものである。

第4節　本書の構成

　本書はベトナム北部山地の中でも諒山鎮／省に焦点を当て、18 〜 19 世紀
におけるベトナム王朝の地方支配の変遷および地域社会の変容を論じる。ま
ず第1〜3章は黎鄭政権期に焦点を当てる。第1章および第2章では従前の
研究ではまったく考察されてこなかった 18 世紀の諒山鎮における黎鄭政権
の支配およびそこにおける首長の役割を考察する。第1章では文書行政や徴
税・徴兵の制度、第2章では黎鄭政権の軍政を取り上げる。ついで第3章で
は、首長から黎鄭政権に宛てて発出された文書を検討することで、在地首長
の動向を考察する。

　続いて第4〜7章は阮朝期に焦点を当てる。阮朝は、史上初めて現代のベ
トナムの領土にほぼ相当する領域を支配下に置いた王朝である。第4章では
明命帝による行政改革が実施される以前の阮朝初期における北部山地統治の
実態および在地首長の動向を解明する。次に第5章および第6章では明命年
間の行政改革が実施された以後の地方支配の実態を考察する。第5章では首
長の世襲禁止→農文雲勢力の活動→流官統治の実施とベトナム北部山地を取
り巻く情勢が目まぐるしく変化する 19 世紀前半〜半ばにおいて、北部山地
における阮朝の支配はいかに変化し、在地首長はいかに対応したのかを考察

する。第6章では、明命年間の行政改革後の諒山省における商業流通や鉱山開発に対する課税を切り口に、諒山省の地域的特性や地域社会の実相を考察する。第7章では、太平天国を背景として清朝から北部ベトナムへの武装集団が流入する19世紀後半における阮朝の地方支配の変遷および社会変容を考察する。19世紀後半のベトナム史は、長らく植民地化に至る時代として消極的に評価されることが一般的だったが、近年では仏領期との連続性に光が当てられるなど、当該時期の阮朝の再評価が進みつつある。本章で19世紀後半における阮朝の地方統治の変遷を考察することで、このような研究潮流とも接続が可能となろう。

補論では、諒山鎮／省の首長集団の中でも比較的史料が豊富に残っている禄平州屈舎社韋氏に焦点を当て、18〜19世紀の諒山鎮／省における首長集団の宗族の形成過程を解明する。

以上を通じて、諒山鎮／省を中心に取り上げつつ、18〜19世紀の北部山地においてベトナム王朝の支配がいかなる変遷を遂げ、また地域社会がいかに変容し、在地住民がいかなる対応を採ったのかを論じる。黎鄭政権期〜阮朝期を通時的に考察することで、個々の時代の位置付けや再評価、近現代史研究との接続を目指す。

第1章　18世紀の諒山鎮における
黎鄭政権の地方支配

はじめに

黎鄭政権期の地方行政単位[1]は「承宣／鎮／処／道－(府)－県／州－(総)－社」という構造になっていた。また、紅河デルタ地域とそれ以外の地域とを区別する観念があり、紅河デルタ4鎮が内鎮（山西・山南・京北・海陽）、その周辺の山岳地帯や沿海地帯の6鎮が外鎮（興化・宣光・太原・高平・諒山・安広）と呼ばれていた。

序章で述べたように、黎鄭政権期は、南北分裂や動乱頻発の理由で長らく否定的に評価されてきたうえに、史料的制約もあって研究が遅れてきた。近年は黎鄭政権の統治機構の解明が進んだが［上田 2019］、外鎮の支配については藩臣・輔導・土酋などの称号を与えられた首長を通じて支配されていたと記されるのみで［古田 1991: 55-60］［桜井 1987: 162-163］、その実態は解明されていない。そこで本章では諒山鎮を中心に、行政文書を用いて黎鄭政権の支配およびそこにおける首長の役割を考察する。

---

1)　黎鄭政権期の地方行政単位について詳細な考察を加えた論考として［蓮田 2015］がある。

第1節　18世紀の黎鄭政権の外鎮統治と諒山鎮の在地首長

第1節　18世紀の黎鄭政権の外鎮統治と諒山鎮の在地首長

(1) 18世紀以前の黎鄭政権の外鎮統治

　15世紀初頭の北部ベトナムで成立した黎朝では、15世紀後半に明朝の制度を模倣した官制改革がおこなわれ、中央集権的な統治体制が構築された。北部山地においてどれほど実効的な支配がおこなわれていたかは不明だが、西北地域のムオン人首長が黎朝の年号を書き入れた嘱書を作成するなど［八尾 2009: 313-372］、一定の影響はあったようだ。しかし16世紀に、黎朝内部の政治的混乱や黎朝・莫朝間の内戦によって昇龍の政治権力の支配が北部山地にまで及ばなくなったことは間違いない。1592年、黎朝は莫朝から京師の昇龍を奪還する。しかしこれ以後も各地で莫朝の残党勢力が活動しており、最終的に諒山鎮の北隣の高平鎮を本拠として黎朝への抵抗活動を展開していた［牛 2012: 45-55］。また同時期には宣光鎮にも半自立勢力の武氏政権が存在していた［Vũ Đường Luân 2016: 50-53］。少なくとも17世紀半ばでは、このように当時の北部山地には黎鄭政権に抵抗する半自立政権が存在していたため、依然として黎鄭政権の支配が貫徹していたとは言い難い状況だった。

　1677年、黎鄭政権が完全に高平鎮から莫氏勢力を追放する［牛 2012: 120-124］。ほぼ同時期には宣光鎮の武氏勢力も征討され、1689年に黎鄭政権への貢納品リストも作成されている［岡田 2016b: 21-22］。このように17世紀後半には、少なくとも東北地域では半自立勢力が征討され、ある程度黎鄭政権の支配が及ぶようになったと思われる[2]。ただし後述するように、外鎮にお

---

[2]　序章第3節（3）で述べたように、諒山鎮では17世紀後半から現在に伝わる漢文の金石史料が作成され始めている。これも同時期における中国商人の活動地域の拡大だけでなく黎鄭政権の鎮官や軍隊との接触も一因だったと考えられる。外鎮の鎮官が任地に赴任し始めるのは18世紀初頭だが、諒山鎮の場合は正和4（1683）年の莫氏残党引き渡しの際に鎮官が直接諒山鎮に赴↗

第 1 章　18 世紀の諒山鎮における黎鄭政権の地方支配

いて税額が定められたのは 1720 年代であり、それ以前は首長に対して官職を授与し貢納をおこなわせることで、名目的な支配下に置くのみだったと思われる。

　古田元夫が論じるように、東北地域では 17 世紀後半から、黎鄭政権への忠誠を示す東北地域の首長が藩臣と呼ばれ始める［古田 1991: 58］。実際、これ以降の諒山鎮で藩臣の称号を与えられた首長が史料上に登場する[3]。ただし現ランソン省に現存する 17 世紀後半の金石史料では「藩将」と呼ばれることが多い[4]。典型例が 17 世紀後半に馱驢庸を開設したとされる申公才の顕彰碑「宗師父碑」（正和 4（1683）年立碑、【表 1】No. 6）であり、本石碑の立碑者として「天朝（清朝）十三省の商客」や「安南国諒山処各州の藩将・輔導・官・民」の姓名が列挙されている。このうち前者は中国商人、後者は主に在地首長である[5]。本碑文は 17 世紀後半の諒山鎮の在地首長に関する情報をまとまった形で得られる点で貴重である。そこで本碑文に姓名が記されている在地首長を列挙したのが【表 3】である。

　ここには禄平州屈舎社韋氏[6]や脱朗州阮廷氏[7]ら諒山鎮の有力首長が名を連ねている。後述する 18 世紀の首長と比べると、都総兵使司都総兵使（正三

　いており（『大越史記全書続編』巻 1、正和 4 年正～6 月条。なお本書では、『大越史記全書』および『大越史記全書続編』については陳荊和編校『大越史記全書』（上・中・下）東京大学東洋文化研究所附属東洋学文献センター、1984～1986 年を使用した）、在地首長が鎮官と接触する機会もあったのだろう。

3)　諒山鎮における藩臣の初出は『大越史記全書』巻 19、景治 3（1665）年 4 月条の「加諒山藩臣阮廷継爵弘郡公。以其諭得土酋閉公亮・閉国済帰命故也」という記述である。

4)　以下で取り上げる申公才顕彰碑以外に、「重修清禅」（【表 1】No. 4）など（原文は本章注 12 参照）。

5)　申公才および彼の顕彰碑については［吉川 2017: 46-49］参照。

6)　本碑文に名を連ねる韋徳勝と韋福安は、禄平州屈舎社韋氏の有力者である（【表 30】）。なお屈舎社は現ランソン省ロクビン Lộc Bình 県ァャトサ Khuất Xá 社に比定される。

7)　本碑文に名を連ねる阮廷継は脱朗州阮廷氏の有力者である（グエン・ディン・バオ Nguyễn Đình Bao 氏所蔵の「阮廷族家譜」（【表 2】No. 8）による）。

32

第 1 節　18 世紀の黎鄭政権の外鎮統治と諒山鎮の在地首長

品）[8] や都督僉事（従二品）[9] を帯びている韋徳勝をはじめ、ほかの首長も宣
慰使司系統の宣慰同知（正四品）や宣慰使（従三品）[10] を帯びるなど全体的
に授与される官職のランクが高い。また 18 世紀のように号を冠する官職は
授与されておらず、現地民部隊の組織化はおこなわれていない。

　また【表 3】の冒頭に記される韋徳勝は、他の首長が帯びる官職よりも品
階が高く、当時諒山鎮での最有力人物だった可能性が高い。また、韋徳勝は
少なくとも 5 点の金石史料に登場し、仏寺の建造や重修をおこなってい
る[11]。金石史料中の肩書を見ると、たとえば「重修清禅」や「母山禅寺」（【表
1】No. 4, 5）では「諒山処長慶府禄平州屈舎社都総兵使司都総兵使・北軍都
督僉事・雨郡公韋徳勝」とあり、申公才顕彰碑と同様の官名が記されるほか、
禄平州屈舎社を貫としていたこともわかる。それらの金石史料では先祖代々
王朝に仕えてきたことが主張されており[12]、韋徳勝の頻繁な仏教寺院の建造
や重修とそれにともなう石碑の建立は、自らの首長としての政治的正統性と
経済力を誇示する目的があったことは間違いない。また「顕慶寺洪鐘」（盛徳
5（1657）年製造、【表 1】No. 1）には韋徳勝の妻妾 7 名が記されているが、
その中に「天朝龍州潘氏意」が含まれており、清朝広西省龍州の潘氏とも婚
姻関係を持っていたことがわかる[13]。このように 17 世紀後半の中越境界地帯

---

8)　『官制典例』巻 2、第 9 葉表、都総兵使司（漢喃研究院所蔵　A. 56）。

9)　『官制典例』巻 2、第 14 葉表、五府都督。

10)　『官制典例』巻 2、第 10 葉表〜裏、軍民宣慰使司。

11)　本章で引用した申公才顕彰碑、後に言及する「顕慶寺洪鐘」のほか、現ランソン省ロクビン県
　　トゥドアン Tú Đoạn 社の忠天寺（chùa Trung Thiên）に残る「母山禅寺」【表 1】No. 5）、現ラ
　　ンソン市タムタイン Tam Thanh 坊の三青洞（Động Tam Thanh）に残る「重修清禅」【表 1】
　　No. 4）、同じく三青洞に残る永治 2（1677）年の碑文（【表 1】No. 3）がある。

12)　「重修清禅」（【表 1】No. 4）では冒頭から「(1) 諒山処長慶府禄平州屈舎社・都総兵使司都総
　　兵使・(2) 北軍都督僉事・雨郡公韋徳勝、原 前 曽祖父 □ 輔導 官 (3) 継 世子孫 為 臣、尽忠尽節、
　　恩命 (4) 国王、為藩将 □ 再 奉勅□、守内城外 市 、制禦辺陲、看守 隘 (5) 関 、応対天朝使命、
　　安靖地方、強国脈。…（後略）…」（漢喃研究院所蔵拓本 No. 15886）と記されている。

13)　鐘の第一面の冒頭には「(1) 諒山処長慶府禄平州屈舎社新 (2) 造顕慶寺洪鍾序并銘」とあり、
　　この鐘が禄平州屈舎社の顕慶寺において製造されたことがわかる。ただしこの鐘は磨滅が激↗

33

第1章　18世紀の諒山鎮における黎鄭政権の地方支配

において、韋徳勝は政治的・経済的に大きな基盤を持っていたことが窺える。

　また、『大越史記全書続編』には、「禄平州藩目」韋徳勝が清朝広西省の思陵州8村を占領したという記事が見られる[14]。ヴ・ドゥオン・ルアンが述べるように、当該時期の国家間の領域をめぐる紛争の背景には在地のアクターの利害対立が存在していたと思われる［Vũ Đường Luân 2016］。おそらくは韋徳勝と思陵州土官とのあいだに管轄下の集落をめぐる対立があり、それが黎朝・清朝間の境界紛争として記録されたのだろう。いずれにしても当時の中越境界地帯において韋徳勝は間違いなく複数存在する政治中心の一つであり、17世紀後半の諒山鎮では在地首長が大きな権威を持っていたといえよう。

(2) 18世紀の諒山鎮における在地出身者の肩書

　1710年代、内鎮と同様に外鎮についても鎮官が任地に直接赴任することが決定される[15]。言い換えれば、これ以前の外鎮には地方官が必ずしも直接赴

しく、その経緯などはわからない。第四面には以下の如く出資者が刻まれている。「(4)　一、会主 (5) 守将城治官・都督・雨郡公韋徳勝字万寿。同妻妾 (6) 光邸社正夫人韋氏玉、禄亜夫人何氏玉治、次夫人韋氏冷、(7) 妾韋氏玉春・阮氏福・黄氏□、天朝龍州潘氏意。(8) 親母正夫人莫氏玉満、閉氏秋、黄氏蘿、黄氏玉蘿。(9) 親男参督・禎祥侯、正妻黎氏玉、黄氏錫、楊氏。(10) 次女韋氏蘭。又会主掌奇朝良侯□鄧朝。(11) 盛徳万万年□五歳丁酉弐月拾壱日、仏弟子字真祥撰写。(12) 禄安社廊陳村韋氏花、阮氏□□、妻黄氏新。(13) 一、信施功徳掌奇揚勝侯楊進財。(14) 文蘭州周粟社康勇侯何世禄、范文班、阮氏宜。(15) 又安処該庫黎□。錦段社拈村黎公徳」。

14)『大越史記全書続編』巻1、正和10 (1689) 年10月条。この事件については［Vũ Đường Luân 2016: 57-59］参照。

15)『大越史記全書続編』巻2、永盛8 (1712) 年3～5月条には「参従阮貴徳・阮世播等啓言「今之鎮官、即古制都司之任、治所城廓、宛然猶存。往者、宣・興・太・諒諸鎮、或委兼領、或差近臣為之。兼領者、囑於内鎮、近侍者、恋於留京。苟得従便遥制、循習為常、雖有武臣替代、亦援此例。毎以山川嵐瘴、兵士不便為辞、不知京藩之勢、内外懸隔、疆場之間、彼此何常。卒然有急、安能即救。至於詞訟勾送、行程索頓、民之煩費愈滋。請茲後諸辺鎮官、各令赴任、与四鎮同。其安広原許海陽兼領、然此処海瀕逈遠、請別差能臣、専擒制之任。又宣・諒二司、亦宜各許赴、一遵旧制、以昭太平制度。」従之。令外鎮鎮守並赴鎮莅事。」とあり、阮貴徳・阮世播らの上啓によって宣光・興化・太原・諒山各鎮における遥領の廃止と鎮守の任地への直接赴任が要請され、裁可されている。

34

第 1 節　18 世紀の黎鄭政権の外鎮統治と諒山鎮の在地首長

任していなかったことになる。諒山鎮の場合は保泰 2（1721）年に督鎮官が派遣されており[16]、これ以降在地首長と王朝権力とが直接的かつ長期的な接触を持つようになったといえよう。また 1720 年代に税制改革がおこなわれた際に、外鎮の住民にも税課・兵役の双方が課されている[17]。

　景興元（1740）年頃から、諒山鎮の在地出身者に関する史料、とりわけ行政文書が激増する[18]。これらの史料から黎鄭政権期に王朝権力から官職を授与されたことが判明する諒山鎮の在地出身者を列挙したのが【表 4】である[19]。【表 4】を見ると、彼らが帯びる肩書は①藩臣／輔導、②号を冠する武職、③爵号、④宣慰使司・招討使司・防禦使司系統の官職、⑤その他（守隘など）に分けられる。①については、17 世紀後半の首長の肩書と比べると藩臣が首長に授与される称号となっていることがわかる。②の号を冠する武職は 17 世紀後半の首長の肩書には見られず、18 世紀になって新たに授与されるようになった官職である。後述するように 18 世紀初頭から諒山鎮で徴兵がおこなわれ、現地民部隊が編成されるようになったことにともない、現地民部隊を統率させる役割を持つ肩書がこれらの武職である（第 2 章）。③については、17 世紀後半と同様に大半の首長が爵号を持っている。④の官職は防禦使司系統が中心となり、17 世紀後半と比べると品階が低下している[20]。鎮官が任地に直接赴任するようになったことで首長の官職を鎮官より低く設定

16）諒山鎮については『大越史記全書続編』巻 2、保泰 2 年 10 ～ 12 月条に「命陪従丁輔益督鎮諒山。諒山以文臣為督鎮、自此始。」とあり、少なくともこれ以後は督鎮官に文臣が充てられ、本官が直接赴任したようである。

17）『大越史記全書続編』巻 2、保泰 5（1724）年 12 月条に「定外鎮租庸調及揀兵法。」とあり、この時点で外鎮の編籍民が納付すべき税額（租庸調）と兵数が設定されたと思われる。1720 年代の税制改革については［吉川 2024］参照。

18）これは、第 3 章で論じるように、1730 年代末以降動乱が頻発する状況下で在地首長の側が黎鄭政権とのあいだで交わされた行政文書を自身の権益の証拠として認識するようになり、これらの文書を保管するようになったことを示唆する。

19）記述の信憑性に配慮して、編纂史料、行政文書（の写し）、金石史料に限定して事例を抽出した。

20）防禦使が従六品、防禦同知が正七品、防禦僉事が従七品である（『官制典例』巻 2、第 10 葉裏、軍民防禦使司）。

第1章　18世紀の諒山鎮における黎鄭政権の地方支配

すると同時に、後述するように動乱が頻発する状況下で軍事的功績に基づいて首長に官職が授与されるようになったことで（第2章）、首長たちを階層化する必要が生じ、それにともない下位の官職が多く首長たちに授与されるようになったと考えられる。またこの防禦使司系統の官職は黎朝の官制に記されているものの、平野部の官僚にはほとんど授与されていない。黎鄭政権期には平野部の官僚と北部山地の首長に授与される官職は区別されていたといえる。

　また【表4】を見る限り、首長集団が固定化されていなかった可能性が高い。そもそも黎鄭政権期～阮朝初期に藩臣や輔導の称号を授与された首長の総数を記した史料は存在しない。阮朝期の土司については、第7章第1節(2)で論じるように19世紀半ばには「七族土司」という呼称が史料中に登場するが、この表現は19世紀半ばまで現れないうえ、そもそも18世紀～19世紀前半に彼らが族結合を有していたことを示す証拠もない（それ故、本書では単に首長集団、土司集団などと呼ぶ）。実際、【表4】を見る限り、七族のみだったとは考え難い。たとえば現在のランソン市に位置する三教祠（chùa Tam Giáo）を建造した際の功徳碑文である「三教祠功徳碑」（景興40（1779）年立碑、【表1】No. 15）には、当時の首長がまとめて列挙されているが、そこでは脱朗州有秋社阮廷氏11名、禄平州の屈舎社韋氏3名、陸村庄黄氏5名、率礼社韋氏1名、文淵州の淵汨社阮廷氏1名、水湾社黄氏1名、永逸社の阮氏1名や黄氏1名、文蘭州周粟社の何氏6名や黄氏2名、七泉州花山社阮克氏6名が挙がっている（【表4】No. 91-131）[21]。

21）有秋社は現ランソン省ヴァンラン Văn Lãng 県ホアンベト Hoàng Việt 社、陸村庄は現ランソン省ロクビン県ルクトン Lục Thôn 社、率礼社は現ランソン省カオロク Cao Lộc 県スァトレ Xuất Lễ 社、淵汨社は現ランソン省ヴァンラン県タンミ Tân Mỹ 社、水湾社は現ランソン省ヴァンラン県ホアンベト社東南部、永逸社は現ランソン省ヴァンラン県ホアンヴァントゥ Hoàng Văn Thụ 社、周粟社は現ランソン省ヴァンクアン Văn Quan 県チュトゥク Chu Túc 社、花山社は現ランソン省チャンディン Tràng Định 県フンソン Hùng Sơn 社に、それぞれ比定される。屈舎社は本章注6参照。なお脱朗州有秋社阮廷氏、文淵州淵汨社阮廷氏、七泉州花山社阮克氏については名前の一文字目（中字）が「廷」「克」で固定化しているので、それぞれ「阮廷氏」「阮克氏」と記す。

36

第 1 節　18 世紀の黎鄭政権の外鎮統治と諒山鎮の在地首長

　ただし、黎鄭政権期から阮朝期にかけて、藩臣や輔導、ないし土司と呼ばれる首長集団がある程度固定化しているのは事実である。嗣徳 35（1882）年に作成された『大南一統志』では、禄平州を藩臣韋氏および黄氏が、安博県を藩臣韋氏が、文淵州を藩臣阮廷氏が、文関県を藩臣「缺名」が、七渓県を藩臣阮克氏が、脱朗州を藩臣阮廷氏が、それぞれ統治していたとする[22]。文淵州の藩臣阮廷氏と脱朗州の藩臣阮廷氏は同じ阮廷姓だが、家譜（【表 2】No. 8, 10）に記される始祖および系譜は異なっており、現代の人々（首長集団の末裔）も別々の一族であると認識しているため［Nguyễn Quang Huynh（chủ biên）2011: 220-233］、本書でも別集団として扱う。

(3) 18 世紀の諒山鎮における文書行政

　次に脱朗州有秋社阮廷氏関連文書および禄平州率礼社韋氏関連文書の分析を通じて、黎鄭政権の外鎮統治とその中での首長の役割を復元していく。これらの史料の大半はフランス極東学院が現地で収集・書写した各種資料の一部である（序章第 3 節（1）参照）。黎鄭政権（ないし鎮官）と外鎮の在地首長とのあいだに交わされた文書（の写し）がまとまって現在に伝わる稀有な事例であり、18 世紀の諒山鎮における地方支配を知るうえで貴重である。そこでこれらの文書を列挙したのが【表 5, 6】である。

　次に【表 5, 6】の文書を形式ごとに考察していく。まず鎮官から首長に対してくだされる下行文書として、示式文書と付式文書がある。示は主に号を冠する武職（第 2 章参照）の授与（【表 5】No. 8;【表 6】No. 2, 9, 10, 13, 16, 17, 20, 26, 42, 50, 51, 52, 53）や兵・民の管轄・慰撫の命令（【表 5】No. 1, 2, 7, 9, 11, 12;【表 6】No. 29, 30, 31, 41）、付はなんらかの承認をおこなう際にそれぞれ発給されているが（【表 5】No. 3, 5, 6;【表 6】No. 4, 6, 7, 24, 25, 28, 32, 33, 35, 43, 55）、兵・民の管轄を承認する際にも発給されており、示と付の機能

---

22)『大南一統志』巻 41、諒山省、建置沿革。

第1章　18世紀の諒山鎮における黎鄭政権の地方支配

の相違は不明である。同様の鎮官からくだされる文書の形式としてはほかに
差があり、派遣などの任務を命じるものが多い（【表6】No. 1, 3, 5, 12, 14, 21,
22, 23, 27, 36, 37, 39, 40, 44-48）。鄭王や黎朝皇帝から直接首長に令旨や勅が
くだされる場合もあり、勅は黎朝系統官職の授与の際に発給されており（【表6】
No. 15, 18, 54）、令旨は兵・民の管轄を承認する際に発給されている（【表5】
No. 4, 22）。また五府・府僚から伝がくだされることもある（【表5】No. 13,
23）。【表5, 6】の中で、阮廷璿宛て景興6（1745）年8月10日付勅（【表6】
No. 18）は現物が現存している貴重な事例である。以下に全文を掲げる[23]。

　　果敢将軍・軍民防禦使司防禦僉事・下班阮廷璿に勅す。藩臣として□号の
　　兵丁を率い、端賊を征討し、諒山鎮所を奪還し、多大な功績があったため
　　に、すでに（鄭王の）旨によって防禦同知の職にのぼすことを許可した。
　　果敢将軍・軍民防禦使司防禦同知・下聯[24]とする。故に勅す。景興6年8
　　月10日。

　黎鄭政権期の勅形式の辞令書は、おおむね「受信者に勅す。任命理由＋鄭
王の旨により…の職にのぼす。…とする。年月日」という構成である。勅は
黎朝皇帝により発給されるものだが、黎鄭政権期には鄭王の裁可を得て発給
されていた［上田 2019: 131］。黎鄭政権期の勅式人事文書81道が［蓮田
2022］で収録されているが、おおむね同様の構成である。本勅の年月日の箇

---

23)「(1) 勅果敢将軍・軍民防禦使司 (2) 防禦僉事・下班阮廷璿。為 (3) 以藩臣率□号兵丁、進
　　討 (4) 端賊、克復諒山鎮所、頗有功 (5) 績、已経旨準応陞防禦同知 (6) 職。可為果敢将軍・
　　軍民防 (7) 禦使司防禦同知・下聯。故 (8) 勅。(9) 景興六年八月十日」。本勅は2015年10月
　　14日にグエン・ディン・トム Nguyễn Đình Thơm 氏宅（【表2】No. 7参照）で収集した。筆者
　　の調査より前に伊藤正子が本史料を実見して写真を著書に掲載しており［伊藤 2022: 47］、録文
　　作成の際にはこの写真も参照した。
24) 下班と下聯は共に通資の一で、それぞれ従七品・正七品。黎朝期の通資制度については［八尾
　　2021］参照。

第 1 節　18 世紀の黎鄭政権の外鎮統治と諒山鎮の在地首長

所には年号の 2 文字目の「興」から「月」にかけて「勅命之宝」印が押されている。ベトナム王朝の「勅命之宝」印の規格や字体は時期により変化しているが[25]、本勅の印影の規格や字体も黎鄭政権期のそれに合致している。

　一方首長を発出主体とする上行文書としては、申（【表5】No. 10）が収録されているが、充所が記されていない。一般的に黎鄭政権では、鄭王に宛てる上行文書は啓が使用されたため、首長が発出した申式文書は鎮官宛てだった可能性が高い。それを裏付けるのが、『北使通録』巻1に収録される諒山督鎮から鄭王に宛てた景興20（1759）年12月十某日付啓である。本啓には諒山鎮の首長6名の申が引用されており、諒山鎮における文書行政を理解するうえで貴重な事例であるため、以下に全文を掲げる[26]。

　奉差諒山処督鎮後内水隊都指揮同知粛城侯黎端愷、督同阮宗珵が謹んで啓します。

---

25) 勅の規格は黎鄭政権期に 11 × 11 cm、西山期に 15.2 × 15.2 cm、阮朝期に 13 × 13 cm であり［Nguyễn Hữu Mùi 2015: 35］、本勅の印影も約 11 × 11 cm である。また勅の字体については［Phạm Văn Tuấn 2017: 82-86］参照。

26) 原文は以下の通り（『北使通録』巻1、第88葉裏～90葉表）。
　奉差諒山処督鎮後内水隊都指揮同知粛城侯黎端愷、督同阮宗珵等謹啓。
　　計
　一、茲期恭奉奉伝、詳査替相［将］冠服、備開節次逓達。奉査本処藩目幹寿侯韋世藩等備謂「壬子年貢部有告哀礼、其替相［将］朝衣用緑色緞、（朝）帽無有金餙［飾］。其貢部礼亦只用這緑色、一体行礼」。為此備因洞達、并将韋世藩等申詞逓納。茲謹啓。
　景興二十年十二月十　日
　諒山処藩臣中一号首号宣慰使幹寿侯韋世藩、正前号首号宣慰大使鵬武侯阮克台、正左号首号宣慰大使環寿侯黄廷逞、正右号首号宣慰使姜宝侯阮廷禄、正後号首号防禦使伝基伯何国纉、守隘号副号招討同知瑆仲侯阮廷璿全本処等申。
　　計
　一、茲期承査壬子年貢使部有告哀礼、其替相［将］朝衣用緑色緞、冠無金餙［飾］。其貢部礼或有別換某色、或只用這緑色、応備節次詳悉待憑逓達。其藩臣韋世藩等奉見壬子年貢部、某［其］告哀礼・貢部礼替相朝衣一体用緑色緞、冠並無金餙［飾］。茲承査及。因此茲申。
　景興二十年十二月十　日

第 1 章　18 世紀の諒山鎮における黎鄭政権の地方支配

　このたび奉伝を奉じ、替将の冠服について詳細に調査し、つぶさに報告して順序立てて上達致します。奉じて調べたところ本処（諒山鎮）藩目幹寿侯韋世藩らがつぶさに「壬子（1732）年の朝貢には告哀の儀礼があったが、替将の朝服は緑色の緞子を着用し、朝帽に金の装飾はありませんでした。朝貢の儀礼もまた緑色のみを使用し、一緒に儀礼をおこないました」と言っております。このため事情をしたためて上達し、ならびに韋世藩らの申を提出致します。ここに謹んで啓します。

景興 20 年 12 月十某日

諒山処藩臣中一号首号宣慰使幹寿侯韋世藩、正前号首号宣慰大使鵬武侯阮克台、正左号首号宣慰大使環寿侯黄廷逞、正右号首号宣慰使姜宝侯阮廷禄、正後号首号防禦使伝基伯何国纘（ママ）、守隘号副号招討同知提仲侯阮廷璿、本処一同が申します。

一、このたび頂いた（命令に）壬子年の使部（清朝に派遣された使節）は告哀の儀礼をおこなったが、その際替将の朝服は緑色の緞子を着用し、冠に金の装飾はなかった。朝貢の儀礼をおこなう際には（朝服を）別の色に換えたのかあるいは緑色の緞子のみを着用したのか、詳細に順序立てて報告し（鄭王への）上達の証拠とせよ（とありました）。藩臣韋世藩らが壬子年の朝貢を調べたところ、告哀の儀礼と朝貢の儀礼において替将の朝服は緑色の緞子を使用し、冠に金の装飾はありませんでした。調査が終わりましたので、申で申し上げます。

景興 20 年 12 月十某日

　黎貴惇を含む使節団を清朝へ派遣する際に、朝貢や告哀の儀礼における替将（使節団の派遣に先立って黎鄭政権から鎮南関へ派遣される候命官の一員［多賀 2021: 24］）の冠服を調べているのがこれらの文書である。これらの文書の発出に先立ち、五府・府僚が景興 20 年 11 月 8 日付奉伝で諒山鎮官に対

40

して替将の冠服を調査するよう命じており[27]、同年11月二十某日に一度諒山鎮官から啓により報告がなされたが[28]、その報告では朝貢の儀礼（貢部礼）で用いる冠服について記載がなかったため、同年12月2日付奉伝で諒山鎮官に対して再度替将の冠服を調査するよう命じている[29]。前掲の啓の冒頭で引用される奉伝はこの景興20年12月2日付奉伝であり、これを踏まえて発出されたのが前掲の申および啓である。この啓での報告をうけ、景興20年12月18日付で奉伝が諒山鎮官に発給され、替将の朝服や冠服の準備が命じられている（序章注30）。清朝への使節派遣に際する鎮南関での儀礼について、五府・府僚が諒山鎮官を通じて諒山鎮の在地首長から情報を収集しているのも興味深いが（本章第3節を参照）、文書行政を考えるうえで注目すべきは諒山督鎮から鄭王に宛てた啓の中に首長6名の申が引用されていることである。韋世藩ら6名（【表4】No. 64-69）は「諒山処藩臣」と記されていることから諒山鎮の首長であり、ここから黎鄭政権期に諒山鎮の首長が発出した申式文書が諒山鎮官宛てだったことがわかる。

　以上の考察から18世紀の諒山鎮における文書体系を復元したのが【図1】である[30]。このように18世紀の諒山鎮では、在地首長を組み込む形で文書行政が確立していた。

第2節　諒山鎮の在地首長による徴税、徴兵

(1) 禄平州率礼社韋氏の事例

　ここでは、【表5, 6】の文書群のうち黎鄭政権の外鎮統治における首長の役

---

27)『北使通録』巻1、第70葉表～裏。
28)『北使通録』巻1、第86葉表～裏。
29)『北使通録』巻1、第86葉裏～87葉表。
30) 禄平州屈舎社韋氏の家譜（【表2】No. 1）に首長らが発出した啓が収録されているため（【表9】No. 3）、首長が直接鄭王に対して上啓する事例の存在が看取できる。ただし、かかる事例は動乱が多発した1730年代末～1740年代に限られると思われる（第3章第1節も参照）。

第1章　18世紀の諒山鎮における黎鄭政権の地方支配

割に言及されている【表5】No. 1-4 の文書を分析する。まず文書の発給に至るまでの経緯が判明する【表5】No. 1 の景興7（1746）年7月22日付示式文書を掲げる[31]。

　　奉差諒山道督鎮・殄寇将軍・正首号・前翊奇該奇官[32]・都指揮使・潘派侯が本処（諒山鎮）の藩臣・防禦僉事[33]・條忠伯韋仲容に示す。（韋仲容の）前祖父[34]はささやかながら功労があった。いま黄歯寇が禄平州の民を苦しめた際に、彼（韋仲容）は強い義心を持って（黎朝の）臣となり、国家に忠誠を尽くし、（命を）奉じて征討に従い、何度も交戦し、諒山鎮城を奪還し、賊寇を平定した。その功績は特別であるので、褒賞を加える。さらに奉伝に照らし、旧来通り5社・庄を該管（後述するように当該の社級行政単位における徴税・徴兵の管轄を意味する。以下管轄と訳す）とし、息子の珣武伯韋廷貞を補佐とするのを許可し、優れた功労に報いる。以下に照らし、兵を徴発し、旧例に従って軍門（諒山鎮官か）に従って任務に当たり、その管轄もまた部隊を訓練して居民を慰撫し、みなに一致団結して敵

31）原文は以下の通り（「諒山省文淵州高峙衙高楼総各社古紙」第1葉表〜裏）。
　　奉差諒山道督領［鎮］・殄寇将軍・正首号・前翊奇該奇官・都指揮使・潘派侯示本処藩臣・防禦僉事・條忠伯韋仲容。係乃前祖父顔有[微]労。茲黄歯寇残破州民、民［伊？］能堅義為臣、尽忠為於国、奉随攻討、累累戦陣、収復鎮城、掃清賊寇。其功績殊事、加奨賞。仍照奉伝内、仍旧五社庄為該管、及許男子珣武伯韋廷貞為同管、以答殊労。合照計開、練［揀］取兵率、依例属随軍門応務、其所管又当操率伍、存撫民居、俾咸有同仇敵愾之忠、趨事赴功之楽。敵［倘？］或懈怠不勤、臨敵畏縮、及滋事擾民、有公法在。茲示。
　　奉仍給為該管共五社庄。其令旨待後洞達頒給。許率礼社従前。
　　景興四［七］年七月二十二日
32）奇とは軍隊の部隊であり、統率する兵数は200〜500人ほどである。前翊奇は奇の一つであり、500人を統率していたとされる（『歴朝憲章類誌』巻39、兵制誌、設置之額、中興後兵籍総数、外兵各営奇隊）。該奇官とは奇の指揮官であり、おそらくは諒山鎮で徴発された部隊ではなく潘派侯が諒山鎮に赴任する際に引き連れてきた部隊だろう。
33）防禦僉事は従七品である（本章注20）。
34）ここでの「前祖父」という語は、祖先を漠然と指すと思われる。

42

第 2 節　諒山鎮の在地首長による徴税、徴兵

に憤る忠誠心、任務を成就して功績を上げる喜びを持たせるべきである。もし怠慢で尽力せず、敵と対峙する際に萎縮し、事件を起こし民を騒擾したならば、公法（による処罰）があるだろう。ここに示す。

（命を）奉じて旧来通り支給して管轄とするのは合計 5 社・庄である。令旨は後に（諒山鎮官が鄭王に）上達して発給されるのを待つように。率礼社が前項に従うのを許す[35]。

景興 7 年 7 月 22 日

　本文書は「発信者が受信者に示す」という書き出しで始まっており、示という形式の文書であることがわかる。文書の発信者は諒山督鎮の潘派侯阮潘[36]、受信者は藩臣韋仲容である。本文書の主旨は、韋氏が動乱の鎮圧と諒山鎮城の奪還に貢献したことをうけ、諒山督鎮が示式文書により彼らの管轄を承認したというものである。すなわち、率礼社韋氏は「黄歯寇」（第 2 章第 1 節参照）なる集団を討伐して諒山鎮城を奪還したことが記される。

　次に奉伝に照らして「旧来通り 5 社・庄[37] を管轄と」することが承認されている。おそらくは、事前に諒山督鎮が上啓によって首長の功績と管轄の承認を報告しており、それが鄭王により裁可されて五府・府僚官により奉伝がくだされたと考えられる。すなわち本文書では「（諒山督鎮の上啓→）鄭王の裁可→五府・府僚官が諒山督鎮に奉伝を送付→諒山督鎮が韋氏に示式文書を送付」という過程を踏んでいることになる。

　次に、【表5】の中で最も年代が古い No. 2 の景興 4 （1743）年 12 月 2 日付

---

35)「許率礼社従前」は前段の文脈に合致しないため、仏領期に誤写されたのかもしれない。

36)『大越史記全書続編』巻5、景興 40 年 7 月条に「潘派侯阮潘」とある。

37) 黎鄭政権期の庄は、低地においては権貴・高官・豪富が貧漂の民を招集し荒地を開いた庄寨を指すが［桜井 1987: 336-338］、山地においては移民集落を指す可能性が指摘されている［岡田 2016b: 37（注33）］。諒山鎮の庄がいずれを指すか判断するのは難しいが、どちらにしても王朝権力の把握度合いが低いことは疑い得ないだろう。諒山鎮の社は、史料によって庄と記されることがあり、王朝の把握度合いの低さが看取できる。

第1章　18世紀の諒山鎮における黎鄭政権の地方支配

示式文書について考察する[38]。本文書も「発信者が受信者に示す」という書き出しで始まっており、【表5】No. 1と同様の示式文書であることがわかる。文書の発信者は諒山督鎮の林峯侯で、受信者は韋廷𪘐（【表5】No. 1の韋仲容と同一人物だろう）および息子の韋廷偵である。彼らは藩臣や輔導と記されており、【表5】No. 1にも記される通り高楼総の率礼・高楼・禄安・海晏・平西5社[39]を管轄していたことがわかる。また、末尾で各社において韋氏が徴発を許可された兵の数が列挙されている。ここから、韋氏が社ごとの徴兵を担っていたことがわかる[40]。

　【表5】No. 2の内容を見ていくと、まずなんらかの文書の引用があり、そこでは「逆基」（藩臣鑽基、第2章第1節参照）の征討、ついで「端賊」（第2章第1節参照）の征討と団城（諒山鎮城）の奪還に言及されている。すなわち、ここで率礼社韋氏は反乱勢力を討伐して諒山鎮城を奪還したことによって「旧来通りに管轄の5社を褒賞として与える（依旧賞給該管五社）」ことが承認されていることがわかる。本文書の内容だけでは、ここで引用され

38）原文は以下の通り（「諒山省文淵州高峙衙高楼総各社古紙」第2葉表～裏）。

奉差諒山・安広等処兼督鎮官・副首守号・右捷奇兵該管［該奇官？］・添（差）府潦［僚］・東閣各大学士林（峯）侯示轄内藩臣・輔導條忠伯韋廷𪘐・男子珦武伯韋廷偵。「為上上年攻討逆基、茲年又挙兵丁、与環忠侯并各号兵等協力攻破端賊、収復団城、累号殊労、可加奨賞」等因。応許仍依旧賞給該管五社、以表殊労。合照計開、依如例、練［揀］取兵率、留随兵軍門応務、又当操練率伍撫居民、俾成有同仇敵愾之忠、趨事赴功之楽、以便差撥清辺方。倘或懈怠不勤、臨事畏縮、及藉端滋事擾民、有公法在。茲示。

　一、仍給該管五社

　率礼社〈兵率二十人〉。高楼社〈兵率十一人〉。

　禄安社〈兵率六人〉。海晏社〈兵率三人〉。

　平西社〈兵率三人〉。

　景興四年十二月初二日

39）19世紀末に作成された『同慶御覧地輿誌』諒山省、禄平州によれば、高楼総に高楼社、率礼社、禄安社、海晏社、平西庄が属している。これらの社の位置については【地図3】を参照。『同慶御覧地輿誌』については、本書ではNgô Đức Thọ, Nguyễn Văn Nguyên & Philippe Papin, ed., *Đồng Khánh Địa dư chí*, 3 tập, Hà Nội, Nhà xuất bản Thế giới, 2003を使用した。

40）実際に軍事行動の際に韋氏が5社から徴発した兵を統率していたか否かまでは断定できない。

第2節　諒山鎮の在地首長による徴税、徴兵

るのがいかなる形式の文書か不明だが、前述のように本文書と同じ示式文書で類似した内容を持つ【表5】No. 1では、首長の管轄を承認する際に奉伝に言及されていた。そこで、ひとまず【表5】No. 2でも同様の過程を経たと考え、奉伝が引用されていると考えておきたい。

続いて【表5】No. 3[41]は、本文書は「発信者。計。一、奉じて受信者に付す」という書き出しで始まっており、付形式の文書と判断できる。文書の発信者と受信者は【表5】No. 1と同様、諒山督鎮の潘派侯阮潘と韋仲容であり、内容は【表5】No. 1, 2と同様、韋氏が反乱鎮圧に貢献があったため韋氏による5社の管轄を承認する内容である。このように諒山鎮官は韋氏が軍事的功績を上げるたびに5社の管轄を承認しているが、動乱が多発する状況下で首長を支配下に留めておく意図があったと考えられる。

最後に【表5】No. 4の景興11（1750）年7月2日付令旨を掲げる[42]。

---

41) 原文は以下の通り（「諒山省文淵州高峙衙高楼総各社古紙」第3葉表〜4葉裏）。
奉差諒山処督鎮・山西道兼管督嶺［鎮］・平寇将軍・正首号・前翊・中勝・中奮等奇該奇官・太保・藩派使［侯］
　計
一、奉付轄内藩臣中左号副号・防禦使・條忠伯韋仲容。係乃前祖父、于国有功。及黄歯称兵、伊能将率兵丁、聴随分撥、累陣衝突、收復団城、掃清賊党、現有功績。間已恭奉奉伝、刊給兵民。自此至茲、頗能専勤官役、功在優思［恩］、再奉許訂功冊給、仍較量約寔、奉給五社民為該管、及親男珣武伯韋廷偵為同管、以表殊労。合照計閱后練［揀］取兵率、属聴軍門応務。其所属当、操練卒伍、存撫居民、俾咸有同仇敵懍之心、趨事赴功之楽。其令旨待後洞達、奉有敂許。若懈怠不勤、及藉端滋事擾民、有公法在。茲奉付。
… （中略：5社の兵数を列挙） …
景興十年十一月十七日

42) 原文は以下の通り（「諒山省文淵州高峙衙高楼総各社古紙」第5葉表〜6葉裏）。
大元帥総国政尚国師明王令旨。諒山処禄平州率礼社藩臣・防禦使・條忠伯韋仲容、親男輔導・珣武韋廷偵等係爾祖父継襲藩臣已経世代。頒因地方有警、乃能伝率家丁討賊、累効勤労、預賞職爵、経本鎮官給該管兵民各社［各社兵民？］。茲有啓、乞仍継襲。経付査寔、応許為継襲輔導・藩臣。照鎮官所給、共五社、兵率共四十三人、准許同該管、随管督鎮・督同官、差撥討賊、以靖地方。其内該等社全年祖［租］税庸兵［共？］銭壱百捌拾弐貫参陌参拾文捌分、分為夏冬二務、差収足例、除取寅禄毎率古銭壱貫、共古銭肆拾参貫、止存古銭壱百五拾玖貫参拾文捌分、遙将進納官庫。其木牌・示派・筆墨・猪椰・銭飯［飯銭］等、遵依準定例内、毋得索濫［濫索］。其↗

45

第1章　18世紀の諒山鎮における黎鄭政権の地方支配

大元帥総国政尚師明王（鄭楹）の令旨。諒山処禄平州率礼社の藩臣・防禦使・條忠伯韋仲容、親男輔導・珣武韋廷偵らは彼の祖父（祖先の意か）より藩臣を受け継いですでに世代を経ている。地方が侵略を受けた際、そこで家丁を率いて賊を討ち、かさねて尽力したため、職と爵を与え、すでに本鎮官は各社の兵や民を管轄させた。いま（諒山鎮官の）上啓があり、依然として（管轄の各社の兵や民を）受け継ぐことを願っている。すでに調べさせたところ事実であり、輔導・藩臣を受け継ぐのを許可すべきとした[43]。（諒山）鎮官の支給したところによると、合わせて5社、兵の割り当ては計43人で、共同で管轄するのを許可し、督鎮・督同官につき従って、派遣されて賊を征討し、地方を平穏にせよ。内該（管轄の意か）の社の毎年の租・庸は合計で銭182貫3陌30文8分で、夏冬の二務に分け、（人を）つかわして徴収し慣例の額を満たせば、寅禄は割り当て（の兵1名）ごとに古銭1貫、合計で古銭43貫を除くと、古銭159貫30文8分だけが残るので、（その額を）逓送して官庫に納入せよ。木牌・示派（承示および承派銭か）・筆墨銭・ブタや檳榔・飯銭などは、決定された慣例を遵守し、不法徴収しないように。管轄下の兵もまた紀律をかさねて厳格にし、訓練して熟達させ、派遣に備えるべきである。もし派遣された際、地域の民を騒擾したならば、公法（による裁き）があるだろう。ここに令す。
一、管轄計5社、兵計43人を支給するのを許すべきである。

管兵亦当申厳把〔紀？〕律、操練精熱、以備差行。倘或差行、若煩擾方民、有公法在。茲令。
一、応准給該管兵共五社、兵率共四拾参人。
禄平州五社
高楼社〈兵率十一人〉全年祖〔租〕・庸、古銭参拾五貫壱陌五拾弐文捌
率礼社〈兵率二十人〉全年祖〔租〕・庸、古銭七拾捌貫参陌陸文捌分
禄安社〈兵率六人〉全年祖〔租〕・庸、古銭参拾陸貫陸拾陸文
平西社〈兵率三人〉全年祖〔租〕・庸、古銭弐拾弐貫五陌肆拾文弐分
海晏社〈兵率三人〉全年祖〔租〕・庸、古銭拾五貫陸陌拾五文
景興十一年七月初二日
43)【表5】No. 3に対応すると思われる。

禄平州5社

高楼社〈兵11人〉毎年の租・庸、古銭35貫1陌52文8（分）

率礼社〈兵20人〉毎年の租・庸、古銭78貫3陌16文8分

禄安社〈兵6人〉毎年の租・庸、古銭30貫6陌26文

平西社〈兵3人〉毎年の租・庸、古銭21貫5陌40文2分

海晏社〈兵3人〉毎年の租・庸、古銭15貫6陌15文

景興11年7月初2日

　本文書は鄭王が発給した令旨であり、主旨は5社の管轄の保証である。これまでに検討した【表5】No. 1-3はいずれも示・付形式の文書であり諒山督鎮が発給主体であったが、それらに比して鄭王の令旨は重要性が高いと想定される。おそらくは諒山鎮における動乱の鎮圧が一段落ついた頃に、督鎮の報告をうけて鄭王が韋氏に令旨をくだしたのだろう。

　本文書の下線部で徴税の任務について記されている。黎鄭政権下では、保泰3（1722）～4（1723）年以降租庸調制と呼ばれる税制が実施されており、税課は租（土地税）・庸（人頭税）・調（各種徭役系統の負担）に区分されていた［竹田 1969: 128］［藤原 1986d: 400］［吉川 2024: 92-97］。本文書の末尾に記される社ごとの税額もこの制度に則っており[44]、ここから韋氏が5社の税課を管轄していたことがわかる。さきに韋氏が社ごとの徴兵を管轄していたことを指摘したが、本文書の末尾にも社ごとの兵数が記されている。以上から、黎鄭政権の支配体制下における首長の任務が社ごとの徴税と徴兵だったといえよう。黎鄭政権期の史料では、諒山鎮の首長が「～～社の兵・

---

44) 古銭とは納税などの国家的支払いに使用される良質な銅銭を指し、黎鄭政権期には60文＝1陌であった［桜井 1987: 219（注4）］。なお5社の税額を合計すると181貫3陌30文8分となり、1貫の誤差がある以外は史料中の数字と一致する。また、この5社の税額から後述の寓禄43貫を除いた額（計算上は139貫3陌30文8分）も史料中の数字と異なっており、仏領期に誤写された可能性もある。

第 1 章　18 世紀の諒山鎮における黎鄭政権の地方支配

民を該管」していたと記されることがあるが、この表現は当該の社における
徴税と徴兵の管轄を意味していると考えられる。本文書で彼らは「諒山処禄
平州率礼社の藩臣」などと記されているため、率礼社を貫としていたと考え
られるが、率礼社だけでなく高楼社など近隣の 4 社における徴税と徴兵を
担っていたのである（第 3 章第 2 節も参照）。

　また注目すべきは、下線部で「寓禄は割り当て（の 1 名）ごとに古銭 1 貫」
とすると記されていることである。「寓禄」とは俸給であり[45]、すなわち、韋
氏が税収の一部を俸給として獲得できたということである。また「木牌・示
派・筆墨銭・ブタや檳榔・銅銭や飯など」は、いずれも平野部では鄭王府系
統の徴税者が各村落から徴収していた各種経費である［吉川 2024: 94-
96］[46]。諒山鎮で各社での徴税を担う首長も、これらの各種経費の徴収が認
められていたことがわかる。これらの各種経費の計算方法は、保泰 3 年 10 月
に租法・庸法が施行されると同時に再規定されている[47]。上掲の景興 11 年
7 月 2 日付令旨では慣例の範囲内であれば徴収が容認されているが、おそら
くはこの保泰 3 年 10 月の規定を指すのだろう。このように、黎鄭政権の支配
体制のもとで各社の徴税と徴兵を管轄することで、首長の側も利益を享受で
きたのである。これは、黎鄭政権から徴税と徴兵を承認されていた各社が、
彼ら首長にとっての権益になっていたことにほかならないだろう[48]。

---

45) 黎鄭政権期には、官僚や軍隊に対し俸給として村落を割り当て、そこでの税収を受給者の俸給
　とする禄社制が採られ、寓禄とは黎朝系文班官職に対する職秩とされる［上田 2019: 80-85］。諒
　山鎮の首長に対しては各社の税収の一部が寓禄とされており、これも禄社制の一環と考えられ
　よう。

46) 属吏が税の徴収や督促の際に得る臨時の給与が承示および承派銭である。また「飯銭」は村落
　に出張勤務する官吏に対して村落の側が支払う礼銭の一種と考えられる［桜井 1987: 198-199］。
　また「木牌」は官府による告知を名目とした経費、「筆墨」は村落に対して発給する納税証明書
　の作成に必要な筆・墨（という名目）の経費と思われる［吉川 2024: 82, 94-96］。

47) 『歴朝雑記』巻 3、保泰 3 年 10 月初 6 日条、第 16 葉裏～ 17 葉裏（漢喃研究院所蔵 VHv.1321）。
　この記述の分析は［吉川 2024: 94-96］参照。

48) 『大越史記全書続編』巻 3、永佑 5（1739）年 4 月条には「執政議処置外藩六條。大約以為太
　原・高平・宣・興・諒山諸鎮、乃国家藩維。宜随方処置、以固辺圉。一條、藩臣・輔導、多倖↗

48

以上、諒山鎮禄平州率礼社韋氏の事例の考察を通じ、黎鄭政権の外鎮統治とそこにおける在地首長の役割を考察した。18世紀半ばの諒山鎮では社ごとに供出すべき税額や兵数が設定され、藩臣や輔導の称号を与えられた首長が各社の徴税と徴兵を担っていたこと、一方で首長の側にも寅禄や各種経費を獲得できるというメリットがあったこと、黎鄭政権は行政文書によって頻繁に管轄対象を承認していたなどを明らかにした[49]。なおここで税や兵役の賦課対象となったのは、基本的に同時代史料中で「土民」「土人」と記されるタイ系の土着住民と考えられる。岡田雅志が述べるように、外鎮の土民に対して18世紀から阮朝初期には平野部の一般正丁の半額負担が定められていた［岡田2016b: 36（注29）］。本文書で記される税額もこの規定に則ったものだろう。

(2) 脱朗州有秋社阮廷氏の事例

　次に脱朗州有秋社阮廷氏について考察するが、大半の文書ではいかなる社での徴税・徴兵の管轄が承認されたのか、記載されていない。唯一管轄対象が明記されているのが、景興元年3月21日付の阮廷埼[50]宛て付式文書（【表6】No. 4）である。本付式文書を以下に掲げる[51]。

　求該管兵民、宜委鎮官簡択可者、乃授。…（後略）…」とあり、藩臣や輔導の中に「兵・民を該管」することを求める者がいたことがわかる。黎鄭政権から承認をうけて各社での徴税と徴兵に当たることは、彼らの利益獲得につながっていたのだろう。

49) 宇野公一郎は、ムオン・ドンのムオン人首長丁功氏の家譜を分析して彼らの動向を論じる中で、丁功氏が管轄下の各社の税課と兵役を管轄していたことを述べるが、この部分は聞き取り調査で得られた情報に依拠している［宇野 1999: 158, 162］。本書はこの事柄を、同時代の行政文書というより信頼度の高い史料を用いて、より詳細に解明したことになる。

50) 阮廷埼は、脱朗州有秋社阮廷氏の家譜「禄命之書」第18葉表（【表2】No. 7）では第15代と記されている。なお以下の引用文で阮廷埼が「藩臣支派」と記されているのは、長男の家系ではない（阮廷埼は阮廷珍の三男）ためだろう。

51) 「諒山省脱朗州有秋総有秋社古紙」第7葉表〜裏に「欽差諒山鎮鎮官。計。一、差藩臣支派誉慶伯阮廷埼。係近来追随戎役、頗有功績。現鎮務浩繁、不容曠忝。因応給許付詞該管旧兵民慶門・光貴等社、隷随本鎮官、奉行公務。俟能実力承行清平之後、即具奏聞、稟請放賜敕命。若恪守不虔、有條章在。茲付。景興元年三月二十一日」とある。

49

第1章　18世紀の諒山鎮における黎鄭政権の地方支配

欽差諒山鎮鎮官（が以下の文書を送付する）

一、藩臣支派誉慶伯阮廷琦に差す。近頃戎役に従い、多大な功績があった。いま鎮務は膨大であり、怠惰であることは認められない。そのため付詞（付式文書か）によって旧来の慶門・光貢などの社[52]の兵・民を管轄し、本鎮官につき従い、奉じて公務に当たることを認める。もし尽力して平定することができた後、ただちに詳細に上奏し、敕命を支給して頂くことを要求する。もし遵守が敬虔でなければ、規定によって処罰する。ここに付す。

景興元年3月21日

　本文書は冒頭に「発出者。一、受信者に差す」とあり差式文書の書き出しだが、末尾では「ここに付す」とあり、文中にも「付詞によって…を認める」とあるため、付式文書だと思われる。本文書では「戎役」に従い功績があったため慶門・光貢2社の「兵・民の該管」すなわち徴税・徴兵の管轄を許可されている。軍事的功績によって管轄対象が鎮官から承認されるのは、前述の禄平州率礼社韋氏の事例と同様である。また、本付のほかにも【表6】の中には軍事的功績によって管轄対象が承認される事例が見られる（No. 7, 24, 25, 33, 35）。

　【表6】には、諒山処・副守隘・防禦僉事・璟武侯阮廷瑛[53]に宛てた景興2（1741）年2月1日付奉伝（No. 8）が収録されている。本文書は黎鄭政権の地方支配において阮廷氏（阮廷瑛）が担っていた役割に関する重要な情報を含むため、以下に全文を掲げる[54]。

52）阮朝初期に編纂された『各鎮総社名備覧』諒山鎮（漢喃研究院所蔵 A. 570）によれば慶門社は脱朗州安化総に属し、現在のランソン省ヴァンラン県チュンカイン Trùng Khánh 社に比定される。『各鎮総社名備覧』によれば光貢社は文淵州光貢総に属し、現在のランソン省ヴァンクアン県ダイアン Đại An 社に比定される。

53）脱朗州有秋社阮廷氏の家譜（【表2】No. 7）では、阮廷瑛は第15代（第19葉表）、生年は丁丑（1697）年（第8葉表）と記されている。

54）「諒山省脱朗州有秋総有秋社古紙」第11葉表〜裏に「五府・府僚等官。計。一、奉伝諒山処↗

50

第2節　諒山鎮の在地首長による徴税、徴兵

五府・府僚等の官（が以下の文書を送付する）

一、奉じて諒山処副守隘・防禦僉事・璟武侯阮廷珉に伝す。「「家丁を集めて統率し、州兵に諭し、先導して討伐することを（許可して頂くよう）お願い致します」という（阮廷珉の）上啓があった。恭しく（鄭王の）御許可を奉じた」とのことである。本処（諒山処）の脱朗・文淵・七泉・文蘭・温州など5州の民を招撫し、有秋・渾山・茶岩・琦羅・楽壚・黄同・儲峙・石碑・洛陽・丕美・永逸・先会・花甲・仁里・均労・石□・厳粟・平陵・茂□・武牢・臼揚・会歓・嘉勉・義烈・博義・枚坡・雲農・広仁・安宅・雲梯・禄揚・平西などの社・庄・谷（において）、（規定に）照らして兵を徴発し、手下・家丁を同伴するのを許可し、事前に軍事的機宜や武器を整え、本処の安博州輔導黄廷這らに通達して知らしめ、高平処の輔導廷郡公と協力し、兵を分けて駐屯・防禦し、太原処の留守官委住侯が迅速に報告するのを待ち、ただちに属下の兵を率いて、先頭部隊として先導し、力を合わせて進攻し、必ず賊徒を捕らえ、地方を安定させるべきである。もし対処する際に違反があれば（？）、法として軍法により処罰する。ここに奉じて伝す。

景興2年2月1日

「太原処の留守官委住侯が迅速に報告するのを待ち…」とあるのは太原鎮官が援軍を率いて諒山鎮に到来した際に先導を命じたものだと思われる。諒

付守隘・防禦僉事・璟武侯阮廷珉。係「有啓「編乞糾率家丁、諭州兵、向導攻討」等情。恭奉準元 [允] 等因。応許招撫本処脱朗・文淵・七泉・文蘭・温州等五州民、有秋・渾山・茶岩・琦羅・楽壚・黄同・儲峙・石碑・洛陽・丕美・永逸・先会・花甲・仁里・均労・石□・厳粟・平陵・茂□・武牢・臼揚・会歓・嘉勉・義烈・博義・枚坡・雲農・広仁・安宅・雲梯・禄揚・平西等社庄谷、照取兵率、双手下・家丁、預整軍機・器械、通暁本処安博州輔導黄廷這等、協与高平輔導廷郡公、分兵屯禦、待太原処留守官委住侯飛報、即率所属兵、為先鋒嚮道、併力進討、務在擒獲賊徒、以靖地方。若借 [措] 置乖双迶、惟法有軍應 [憲？] 在。茲奉伝。景興二年二月初一日」とある。

51

第 1 章　18 世紀の諒山鎮における黎鄭政権の地方支配

山鎮官ではなく諒山鎮安博州輔導や高平鎮輔導との協力が命じられているのは、諒山鎮城が陥落していたためだろう。黎鄭政権に反旗を翻した藩臣鑽基（第 2 章第 1 節参照）は永佑 5 （1739）〜 6 （1740）年頃に諒山鎮城を攻略し、その際には諒山鎮総撫呉廷碩が死亡している[55]。となると上述の阮廷珙宛て奉伝で記される「賊徒」はおそらく鑽基を指すと思われる。

　また本奉伝は上啓をうけて発出されており、啓の発出主体は明記されていないが、おそらく鑽基の反乱と鎮城の陥落をうけて阮廷珙が反乱鎮圧のために州兵の徴発を認めるよう黎鄭政権に要請したものと思われる。通常在地首長がなんらかの要請や報告をおこなう際に発出する上行文書は鎮官宛て申式文書だが（本章第 1 節）、諒山鎮城が陥落した際などの緊急事態に在地首長が上啓をおこなう事例は、ほかの首長集団にも見られる。たとえば禄平州屈舎社の韋福琴は、景興 6 年に作成した諒山督鎮宛て申で動乱鎮圧の際の功績を述べる中で、永佑 5 年に鑽基が反乱を起こした際に「赴京して謹んで上啓し、恭しく奉伝を奉じ、督領官の先頭部隊に属することを許され」たことを記している（第 3 章第 1 節 92 ページ）。この時に韋福琴が発給された奉伝は、前掲の阮廷珙宛て奉伝とも類似した内容だったに違いない。

　前掲の奉伝からは、阮廷珙が 30 あまりの社級行政単位（社・庄・谷[56]）において「兵を取る」すなわち徴兵を管轄することを許されたことがわかる。むろん 30 あまりの社級行政単位における徴兵を 1 人で担当することは不可能であるため、同じ血縁集団に属す成員と共同で管轄しており、阮廷珙はその代表者として黎鄭政権に把握されていたと思われる。前述のように脱朗州有秋社阮廷氏関連文書群には諒山鎮官が阮廷氏のほかの人物に号を冠する官職を授与して軍事協力を命じる文書が収録されているが【表6】、彼らも上述の各社級行政単位から徴発した兵を統率する形式だったのかもしれない。

55）『大越史記全書続編』巻 3、永佑 6 年 2 月条。
56）黎鄭政権期の庄については本章注 37 参照。谷は詳細不明である。

第2節　諒山鎮の在地首長による徴税、徴兵

（3）管轄の継承

　前述のように禄平州率礼社の韋仲容は高楼社や率礼社など5社の徴税と徴兵を担っていた。その韋仲容が死亡すると、息子の韋廷偵が5社における徴税と徴兵の管轄を継承することになるが、禄平州率礼社韋氏関連文書にはその際の文書が残っている。それが【表5】No. 23である。以下に本文書を掲げる[57]。

　五府・府僚等の官が以下のように（伝す）。
一、（鄭王の）封子を奉じて諒山処藩臣輔導・珣武伯韋廷禎に伝す。本該民（管轄対象の民か）の禄平州高楼総高楼・率礼・禄安・海晏・西平5社庄など（の人々）から上啓があり、「もともと鄭王からの命令をうけて藩臣の故條忠伯韋仲容・珣武伯韋廷禎らに支給し、本総の兵や民を共同管轄するのを許可しておりました。昨年に條忠伯が死去し、恭しくなおも韋廷禎に支給して管轄するのを許可して頂くようお願い致します」と述べている。すでに要請の通りになおも以前発給した令旨に従って従来通り管轄すべきであると決定した。また督鎮・督同官の分遣に従い、もし派遣されたにもかかわらず恐れて留まり、および地域の民を煩わせたならば、公法（によ

57）原文は以下の通り（「諒山省文淵州高峙衙高楼総各社古紙」第34葉表〜35葉表）。
　五府府僚等官
　　　計
一、奉封子伝諒山処藩臣輔導珣武伯韋廷禎。係本該民禄平州高楼総高楼・率礼・禄安・海晏・西平五社庄等有啓、備軍「原奉准給藩臣前條忠伯韋仲容・珣武伯韋廷禎等、同該管本総兵民。於上年條忠伯逝没、恭乞仍給許韋廷禎該管」等情。経議応依所乞、仍照遵前期奉給令旨内該管如原。仍随督鎮・督同官調撥、若差行逗留恇怯、及煩擾方民、有公法在。茲奉封子伝。
一、仍旧給該管共五社庄
　高楼社〈禄平州五社庄、兵率得十一率〉全年租庸古銭参拾五貫壱陌五拾弐文捌分
　率礼社〈兵率弐拾人〉全年租庸古銭柒拾捌貫参陌陸文陸分
　禄安社〈兵率六人〉全年租庸古銭参拾壱貫陌弐拾陸文
　西平社〈兵率三人〉全年租庸古銭弐拾壱貫五陌拾文弐分
　海晏社〈兵率三人〉全年租庸古銭拾五貫陌陸拾五文

53

第1章　18世紀の諒山鎮における黎鄭政権の地方支配

り処罰する）。ここに封子を奉じて伝す。

一、旧来通り管轄計5社を支給する。

…（後略）…

本文書の発出時期は記載されていないが、第3章第3節で取り上げる景興
39（1778）年に韋廷偵が発出した申に韋仲容が壬申年すなわち景興13（1752）
年に死去したことが記されている[58]。上掲の【表5】No. 23には「昨年に條
忠伯が死去し」と記されているので、景興14（1753）年に発出されたと推測
できる。また本文書の冒頭や末尾に「封子を奉じ」とあるが、封子は鄭王の
命令文書を収納した封緘である。「奉じて…伝す」という書き出しや鄭王の命
令を伝える内容であることから、本文書は奉伝に当たることは間違いない。
上述した韋廷偵の景興39年の申にも「奉伝を奉じ…」とあることがこれを裏
付ける（本章注58）。社級行政単位の住民が直接上啓するのが一般的だった
かは不明だが、いずれにせよ前掲の奉伝から、韋仲容が徴税・徴兵を管轄し
ていた各社の住民の要請をうけて、鄭王が裁可をくだして韋廷偵の継承を認
める形を採っていることがわかる。このように、外鎮の在地首長が父から子
へ管轄を継承する際も、行政文書の発給を通して黎鄭政権が承認していた。

　なお韋廷偵は同年に潘派侯の付（【表5】No. 5）[59]によって正左号属号に任
命されており、爵号を除けば初の官職任命だが、これも韋仲容が統率してい
た現地民部隊を継承させる意味合いがあったのかもしれない（号を冠する官
職については第2章を参照）。また景興24（1763）年には鄭王の令旨（【表5】

---

58)「諒山省文淵州高峙衛高楼総各社古紙」第15葉裏〜16葉表に「（前親父）不幸壬申年命故。間
　者恭奉奉伝、准許韋廷偵続守父業応務」とある。

59)「諒山省文淵州高峙衛高楼総各社古紙」第7葉表に「諒山処督鎮・正首号・前翊奇該奇官・少
　傅・潘派侯。計。一、付轄内藩臣珣武伯。係茲期応暫許為正左号属号、仍率内該属員并兵、聴随
　本号長号官昱春伯韋福綿、隷随軍門応務。若懈怠不勤、遇事畏縮、及生弊擾民、有公法在。茲付。
　景興十三年十二月十八日」とある。

No. 22)[60] がくだされ、息子の韋廷鑑と共に各社の兵や民を共に管轄し任務に当たることを許可されている。これによって韋仲容が死亡する以前に韋仲容と韋廷偵が各社の徴税と徴兵を共同管轄していたのと同様の構図が出現したといえる。

以上のように、諒山鎮の首長が父から子へ管轄を継承する際も、行政文書の発給を通して黎鄭政権が承認していた。

第3節　18世紀の諒山鎮における文書行政と対清関係

(1) 清朝への文書送付と諒山鎮の在地首長

黎鄭政権の清朝との境界地帯は山岳地帯で外鎮に属しており、18世紀における清朝・黎鄭政権間の通交は、諒山鎮を経由しておこなわれていた。それでは、当該時期の清朝・黎鄭政権間の通交において、諒山鎮の在地首長はどのような役割を担っていたのだろうか。

清朝と黎鄭政権との関係については、1667年に清朝が黎朝皇帝を安南国王

---

60) 本令旨の発出時期は書かれていないが、景興39年に韋廷偵が発出した申に「癸未年、恭奉准許親男韋廷偵（ママ）［鑑］為同管各社兵民応務。」とあり、韋廷鑑が癸未年すなわち景興24年に共同管轄を許可されている（「諒山省文淵州高峙衙高楼総各社古紙」第15葉裏～16葉表）。本令旨の原文は以下の通り（「諒山省文淵州高峙衙高楼総各社古紙」第34葉表～35葉表）。

大元帥総国政尚父上師英断文治武公明王令旨。諒山処藩臣輔導珣武伯韋廷禎・親男仲寿韋廷鏗等応仍給禄平州率礼・高楼・禄安・西平・海晏等社兵率共四十三率為同該管、随本処督鎮・督同等官差撥。其内該等社、仝年租庸共古銭壱百捌拾弐貫肆陌弐拾玖文分（ママ）、為夏冬二務、差收足例、□取寓禄毎兵率古銭壱貫、共古銭肆拾参貫、照存古銭壱百参拾玖貫肆陌弐拾玖文、逓年進納官庫。其木牌・示派・筆墨・猪榔・餞飯等銭、並遵依準定例内、毋得索濫。其管兵当申厳犯律、操練精熟、以備差行。倘或逗留恇怯及煩擾方民、有国法在。茲令。

一、応仍給五社兵率共肆拾参率

率礼社〈禄平（マ）州五（マ）社、兵弐拾率〉仝年租庸古銭柒拾捌貫肆陌拾陸文

高楼社〈兵十一率〉仝年租庸古銭参拾五貫壱陌五拾弐文

禄安社〈兵六率〉仝年租庸古銭参拾壱貫陸陌弐拾陸文

海晏社〈兵三率〉仝年租庸古銭弐拾壱貫五陌拾文

西平社〈兵三率〉仝年租庸古銭拾五貫陸陌拾五文

第1章　18世紀の諒山鎮における黎鄭政権の地方支配

（清朝と交渉する際の名義）に冊封すると、同年に「六年両貢」（遣使は6年に一度で、その際に2回分の朝貢がおこなわれる）が決定され、以後黎鄭政権期には清朝へ合計25度の遣使がなされた［鈴木 1975: 405-406］［孫 2006: 69-79］。また外国国王は清朝の総督や六部と同格であり、平行文書たる咨文がやり取りされた。

　序章で述べたように近年の研究ではベトナム王朝にとっての山岳地帯の在地首長の重要性も注目されつつあるが［Poisson 2004; 2009］［Vũ Đường Luân 2016］。清朝との通交における在地首長の役割は解明されていない。そこで本節では主に『北使通録』を使用し、まず清朝との交渉の窓口だった諒山鎮に焦点を当てて、清朝・黎鄭政権間の文書のやり取りにおける在地首長の役割を明らかにする。

　まず黎鄭政権が遣使の通達のため清朝の左江道へ咨文を送付する際の過程を復元し、そこにおける諒山鎮の在地首長の役割を考察する。ここでは五府・府僚から諒山督鎮に宛てた景興20年3月5日付奉伝を掲げる[61]。

　五府・府僚等の官（が以下の文書を送付する）
　一、奉じて諒山処督鎮官香嶺侯枚世準に伝す。このたび公文1套があり、朝貢を報告する咨文を左江道官に送るとのことである。もし到着したら、ただちに守隘に送り、謹んで夾板の公文を内地（清朝）の龍憑守隘に送って受領させたうえで逓送させ、公務を完了せよ。ここに奉じて伝す。
　景興20年3月5日

　これによれば、清朝の左江道宛ての咨文を諒山鎮官から諒山鎮の「守隘」に送り、その「守隘」から清朝の「龍憑守隘」に受領させるよう指示して

───────────
61）「五府・府僚等官。計。一、奉伝諒山処督鎮官香嶺侯枚世準。係茲期有公文一套、内開咨報朝貢、投逓左江道官等因。如見通到、即刻付与守隘、謹将夾板公文、与内地龍憑守隘接領馳逓、以済公務。茲奉伝。景興二十年三月初五日」（『北使通録』巻1、第19葉表～裏）。

56

第 3 節　18 世紀の諒山鎮における文書行政と対清関係

いる。「龍憑守隘」とは、ベトナムと境界を接する清朝広西省の龍州や憑祥州の辺境防備に当たっている龍憑営守備を指すと思われる[62]。ここで咨文の送付過程が「五府・府僚→諒山督鎮→諒山鎮の「守隘」→龍憑守隘→左江道」であることがわかる。諒山鎮の「守隘」については、阮朝期に編纂された『大南寔録』嘉隆元（1802）年 8 月条に以下のように記されている[63]。

　諒山の隘目を置いた。諒山の南関および油村隘〈すべての使者の往来は、南関を経由する。犯人および風難（による漂流者）の解送は、油村隘を通過する。みな文淵州に属している〉において、故黎朝は守隘左右 2 号を置いていた〈正・副首号それぞれ 2 印あり、「文淵州広尉使司之印」と刻んでいた。すべての清人の公文を受け取る際に、押して信としていた〉。ここに至って、諒山鎮臣は旧守隘の阮廷銘・阮廷理をこれとすることを請うた。そこで阮廷銘を正首号として南関を守らせ、阮廷理を副首号として油村隘を守らせ、銅印を支給した〈「文淵州首号之章」と篆書で刻んだ〉

　これによれば、黎朝は守隘左右 2 号を置いており、阮朝は「旧守隘」らを正首号・副首号[64]とし、諒山鎮文淵州に属す南関（鎮南関）・油村隘（由村

62）嘉慶『広西通志』巻 56 〜 58、職官表 44 〜 46、国朝 21 〜 23（『中国辺疆叢書』台北、文海出版社、1966 年）に見える龍憑営守備ないし都司のことだろう。

63）「置諒山隘目。諒山南関及油村隘〈凡使部往返者、由南関。解送人犯及風難者、由油村隘。均属文淵州〉、故黎置守隘左右二号〈正副首号各二印、刻文淵州広尉使司之印。凡接領清人公文、押用為信〉。至是、諒山鎮臣請以旧守隘阮廷銘・阮廷理為之。乃授廷銘為正首号守南関、廷理為副首号守油村隘、給之銅印〈篆刻文淵州首号之章)」（『大南寔録』正編、第一紀、巻 18、嘉隆元年 8 月条、第 15 葉裏〜 16 葉表）。『大南寔録』は慶應義塾大学言語文化研究所影印本（1961 〜 1981年）を使用した。

64）18 世紀の諒山鎮では、鎮官が在地首長に「〜〜号」の肩書を授与して現地民部隊を統率させていた（第 2 章）。ただ本章で論じるように、「守隘号」は現地民部隊の統率や境界地帯の防備だけでなく、清朝との交渉の窓口としての役割をもともなうやや特殊な肩書だった可能性が高い。

57

第1章　18世紀の諒山鎮における黎鄭政権の地方支配

隘）を防備させたという。鎮南関は清朝との交渉の窓口、由村隘は清朝から商人の出国が可能な地点である［鈴木 1975: 435］。この記述から、黎鄭政権から清朝へ犯罪者や漂流者を送還する際も由村隘を経由していたことがわかる。黎鄭政権期にも守隘左号・守隘右号がそれぞれ鎮南関・由村隘を防備していたのだろう。このように清朝との外交交渉の窓口や交易路の守備の任務を負っていたのが守隘である。

　これに関連して、18世紀の諒山鎮では、在地首長が守隘なる肩書を帯びている事例が散見される。18世紀半ば〜後半の諒山鎮で黎鄭政権から官職を授与された在地出身者を網羅的に列挙した【表4】から守隘を帯びている者を抽出すると共に、阮朝初期までの事例も追加したのが【表7】である。以上から、清朝側への文書送付の役割を担っていた守隘とは、諒山鎮の在地首長であることがわかる。すなわち、前掲の咨文の送付指示は、「五府・府僚→諒山督鎮→守隘（在地首長）」という過程で伝達されていたことになる。おそらく諒山督鎮から守隘すなわち在地首長へは、前述のように示式文書や付式文書を通して命令がくだされていたのだろう。このように、清朝側への文書送付を、諒山鎮の守隘と呼ばれる在地首長が担っていた。以上をまとめたのが【図2】である。

　また【表7】によれば、守隘を帯びる首長の多くは脱朗州有秋社や文淵州の阮廷氏である。ただ前掲の『大南寔録』正編に記されていたように、清朝との交渉の窓口だった鎮南関は文淵州に属しており、清朝側と交渉する際にも「文淵州広尉使司之印」や「文淵州首号之章」という文淵州を冠した印を使用していたとされている[65]。実際、脱朗州有秋社阮廷氏の一員である阮廷

65）嘉隆元年に支給された「文淵州首号之章」印は明命10年に回収され、代えて文淵汛口（鎮南関）・油村汛口（油村隘）それぞれの印が支給されている。『阮朝硃本』明命第37集、第271葉表に「明命拾年拾弐月弐拾玖日、礼部覆。北城疏請換給印篆等絲、恭擬奉旨「着有司製造文淵汛口・油村汛口銅鈐記各壹、毎長壹寸弐分陸厘、横柒分肆厘、発交阮廷西・阮廷賦等、祇領均準用紅泥。其原給（文）淵州首号銅章、着由該城回納、会同内閣武庫銷鎔。」欽此」とあり、文淵汛口と油村汛口をそれぞれ管轄する阮廷西（第5章第3節（1）参照）と阮廷賦（第7章注14参↗

璿（【表7】No. 1, 5-8）は、両広総督李質穎の乾隆44（1779）年5月20日付
奏に引用される左江道徳坤の呈報で「文淵州守関夷目」として「安南国王」
名義の咨文を送付してきたと記されている[66]。

　また【表7】No. 4の韋福洪は、両広総督蘇昌の乾隆29（1764）年6月13
日付奏で「文淵州夷目」として登場する[67]。韋福某という名前からは、禄平
州屈舎社韋氏であることが推測されるが、禄平州屈舎社韋氏の家譜（【表2】
No. 1-6）には記載されていない。このように、文淵州の首長でなくても「文
淵州夷目」として清朝側と接触していた。清朝・黎鄭政権間の交渉において、
黎鄭政権側の窓口は文淵州であると認識されていたことが窺えよう。

（2）咨文の送付過程

　ここでは歳貢使の派遣を事前に通達する左江道宛て咨文の送付過程を考察
する。五府・府僚から諒山督鎮に宛てた景興19（1758）年12月22日付奉伝
に、以下のようにある[68]。

　照）に対して新しい印を発給することを認める旨が礼部によって起草されている。冒頭の「礼部
　覆」の「覆」の字に硃点が付されていることから、本旨の起草が裁可されたことがわかる。

[66] 『宮中档乾隆朝奏摺』第47輯（台北：国立故宮博物院、1984、pp. 793-795；故宮博物院統一編
　号故宮 064459）に「暫署両広総督印務広東巡撫臣李質穎謹奏。為奏聞事。五月十九日拠護理広西
　左江道徳坤呈報「五月初四日接准安南国文淵州守関夷目阮廷濬等送到該国王移咨督臣桂林曁雲
　貴督臣公文各一套。除将雲貴公文交広南府転逓外、所有原咨夾板専差齎繳」等因前来。…（中略）
　…乾隆四十四年五月二十日」とある。

[67] 『宮中档乾隆朝奏摺』第21輯（台北：国立故宮博物院、1982、pp. 766-771；故宮博物院統一編
　号故宮 043795）。

[68] 「五府・府僚等官。計。一、奉伝諒山処督鎮官香嶺侯枚世准［ママ］。係茲期歳貢、例有咨文投報
　天朝上司各衙門。応伝守隘詳査内地総督・巡撫・布政・按察・左江道及各府県州官、有預歳貢事
　者、官銜姓氏、幷買取己卯年北［ママ］暦壱本、限十五日内、迅即逓納、慎毋遅緩。茲奉伝。景興
　十九年十二月二十二日」（『北使通録』巻1、第12葉表〜裏）。原文では「己卯年北」の下に一字
　分の空白があるが、『北使通録』巻1、第14葉裏〜15葉裏に収録される諒山鎮官宛て景興20年
　2月4日付奉伝に「五府・府僚等官。計。一、奉伝諒山処督鎮官香嶺侯枚世準。…（中略）…応
　迅伝守隘作急再査内地総督・巡撫・布政・按察・左江道及各府県州官、有預歳貢事者、官銜姓
　氏、務在詳的、幷買取茲年北歴［ママ］壱本、限本月中旬、迅即逓納、毋得稽緩。景興二十二年↗

第1章　18世紀の諒山鎮における黎鄭政権の地方支配

五府・府僚等の官（が以下の文書を送付する）

一、奉じて諒山処督鎮官香嶺侯枚世準に伝す。このたびの歳貢では慣例として天朝（清朝）の各上級衙門に咨文を送付する。守隘に伝し、内地（清朝）の総督・巡撫・布政・按察・左江道、および各府・県・州官で歳貢に関わる者の官銜・姓氏を調べ、ならびに己卯（1759）年の北暦一本を購入し、15日以内に迅速に逓送し、遅滞がないように。ここに奉じて伝す。

景興19年12月22日

　ここでは、諒山鎮官を通じて、また守隘すなわち在地首長に清朝の各官の官銜・姓氏の調査、「北暦」すなわち清朝の暦の購入を命令している。清朝の各官の官銜・姓氏は文書の宛名を書く際に必要であり、また清朝に送付する公文は清朝側の年号・日付で作成する必要がある。すなわち、これらは清朝への文書の作成に必要な情報であり、その収集を諒山鎮の在地首長におこなわせている。中国とベトナムの暦の比較研究をおこなった岡崎彰によれば、黎鄭政権期にも双方の暦のあいだで食い違いが見られるという［岡崎 2010］。かかる背景で、黎鄭政権は清朝の暦を入手する必要があったのだろう。これらの情報は、「龍憑吏房」で書き写され、諒山鎮官が鄭王府に報告している[69]。

　『北使通録』によれば、景興20年3月2日に鄭王の裁可をうけ、咨文の最終版を書きあげている[70]。その後、同年3月5日、前掲の諒山督鎮への奉伝（本章注61）で咨文の逓送を命令し、3月6日には再度鄭王に上達して旨を請い、印璽をうけて駅伝で発送している[71]。おそらくこの時に諒山督鎮宛て3月5日付奉伝も合わせて送付されたのだろう。

　二月初四日」とあることから推察すると、「歴」が存在したと考えられる。

69)『北使通録』巻1、第16葉表に「二十八日、諒山督鎮枚世準逓所抄在龍憑吏房内地官銜姓氏、并北暦一本、奉納」とある。

70)『北使通録』巻1、第19葉表に「三月初二日、出納官逓東請旨御允、附写詳考訖。」とある。

71)『北使通録』巻1、第19葉表に「初六日、再逓入請旨用璽、即置入夾投附駅発行。」とある。

第3節　18世紀の諒山鎮における文書行政と対清関係

このように18世紀後半には、清朝の関係各官に関する情報収集、清朝の暦の購入、文書の送付などを諒山鎮の在地首長が担っていた。また前述したように、清朝への使節派遣に際する鎮南関での儀礼について、五府・府僚が諒山鎮官を通じて諒山鎮の在地首長から情報を収集する事例もあった（本章39～41ページ）。諒山鎮と広西省の土着住民については、現在も広西のチワン人とベトナム東北地域のタイー人やヌン人は言語面で同系統であり、前近代において日常的に境界を越えた往来が存在したことは想像に難くない。諒山鎮の在地首長も広西省側の住民と私的なつながりを有していたはずで[72]、清朝との境界地帯で在地首長を通じた統治がおこなわれている状況下では、そのような中越境界地帯の私的な通交が清朝・黎鄭政権間における文書のやり取りや朝貢関係の維持の基盤になっていたといえる。

清朝側の史料においても、黎鄭政権から清朝への公文の逓送を諒山鎮の在地首長が担っていたことが確認できる史料がある。たとえば前述した暫署両広総督印務広東巡撫李質穎の乾隆44年5月20日付奏では、国王すなわち黎朝皇帝名義で発出された両広総督や雲貴総督宛ての咨文を「安南国文淵州守関夷目阮廷瀋」（脱朗州有秋社の阮廷瀋）が送付してきたことを、護理広西左江道徳坤が呈によって報告してきたことが記されている（本章注66）。

諒山鎮の在地首長のかかる役割は、少なくとも阮朝の明命年間の行政改革までは継続したと考えられる。【表7】の通り、少なくとも1820年頃までは依然として諒山鎮の首長が守隘の肩書を持つ事例が散見される。彼らの任務について、『阮朝硃本』に収録される北城副総鎮黎文豊の明命元（1820）年12月25日付奏に、以下のようにある[73]。

72）たとえば本章第1節で述べたように、韋徳勝の妻妾7名の中に「天朝（清朝）龍州潘氏意」が含まれており、禄平州屈舎社韋氏は広西省龍州潘氏と婚姻関係を有していた。また19世紀半ばに守淵汛隊長の肩書で阮朝・清朝間の文書の取り次ぎを担っていた文淵州阮廷氏の阮廷西は、「清朝の言語に通暁していた」とされる（第5章注33）。

73）『阮朝硃本』明命1集、第102葉表〜裏に「欽差北城副総鎮臣豊黎文豊稽首頓首百拝謹奏。為由本月十壹日、奉公同伝、並奉発投遞内地礼部公文壹角、広西撫部院公文參角、並礼部公文草↗

第1章　18世紀の諒山鎮における黎鄭政権の地方支配

　欽差北城副総鎮臣黎文豊が額ずき額ずき百拝して謹んで奏します。本月11日、公同伝を奉じ、ならびに奉じて内地（清朝）の礼部に逓送する公文1角、広西巡撫の公文3角ならびに礼部の公文の草稿1角が、北城に到着致しました。臣は公同伝に従って奉じて検査し、夾板2セットを作成し、諒山鎮臣に送付し、慣例に従って稟をしたためさせ、（清朝の広西省）太平府に送付して転送させました。いま当該諒山鎮臣の申によれば、奉じてすでに慣例に従って稟をしたため、みな守隘阮廷銘に発し、すでに15日に内地の南関分府彭に送付し、受け取って転送させ、記結単（誓約書か）を作成したとのことです。そのため謹んでこの記結単ならびに諒山鎮の稟の草（写しか）を（送付し）、奉じて表によって申し上げます。臣は心から恐れかしこまり戦慄にたえません。謹んで奏します。明命元年12月25日。

　このように、阮朝初期にも守隘の肩書を持つ諒山鎮の首長が依然として清朝への文書送付の役割を担っていた。黎鄭政権期～阮朝初期の北部ベトナムでは鎮以下の統治体制に大きな変化がなかったため、清朝との文書のやり取りの方式や在地首長の役割も基本的には変わらなかったと考えられる。前掲の記述によれば、清朝へ文書を引き渡す際には記結単を作成していたというが、この慣行が18世紀まで遡るかは不明である。

(3) 清朝・黎鄭政権間の犯罪者・漂流者の引き渡しと諒山鎮の首長

　清朝の通交管理の変遷を概観すると、雍正年間（1723 ～ 1735 年）には平而・水口2関のみを開放し、その他の地点からの入出境を禁止していた。乾隆9（1744）年には新たに由村隘を開放したが、乾隆40（1775）年の送星銀

　壱角、到城。臣遵伝奉行検閲、繕具夾板弐副、発交諒山鎮臣、依例修稟、投逓太平府転逓。茲該鎮臣具申、奉已遵例修稟、並付守隘阮廷銘、已於十五日、通交内地南関分府彭、接収転逓、具取記結単。為此謹将此記結単並諒山鎮稟草、奉表以聞。臣誠惶誠恐不勝戦慄之至。謹奏。明命元年十二月二十五日」とある。

62

山の械闘事件を契機にこれらはすべて封鎖することになった［鈴木 1975: 430-432］［蓮田 2005: 78-79］［孫 2006: 166-168］。乾隆54（1789）年に西山朝の阮恵が安南国王に封ぜられた際に陸路貿易の再開が決定し、乾隆57（1792）年の「内地安南通商事宜十六条」で水口・平而2関と由村隘における出入、これらの関隘に対応するベトナム側の市場の設置や出入の期限、由村隘通過の者は龍州・寧明州の客長が発給する印照・腰牌を受領しなければならないことなどが規定された［鈴木 1975: 434-437］［蓮田 2005: 78-79］［孫 2006: 168-172］。

　清朝・黎鄭政権間の出入国地点のうち、諒山鎮に位置するのは由村隘、および黎朝の朝貢使節の入国地点である鎮南関である。前掲の『大南寔録』嘉隆元年8月条（本章注63）には、鎮南関は清朝・黎鄭政権間の使者の往来を管理する地点であり、由村隘は犯罪者や漂流民の送還をおこなう地点であること、犯罪者や漂流民の引き渡しの際にも黎鄭政権側では守隘の肩書を持つ諒山鎮の首長が窓口となっていたこと、などが記されていた。

　犯罪者・漂流者の引き渡しの際に諒山鎮の首長が窓口となっていたことを示す一例として、朝貢使節に紛れ込んで清朝に入国した「安南国夷犯」陳廷喧・阮文富を黎鄭政権側に引き渡す際の事例[74]がある。『史料旬刊』第18期に収録される広西巡撫呉虎炳の乾隆43（1778）年11月10日付奏によれば、広西巡撫から派遣された左江道王懿徳が、乾隆43年9月30日に龍州通判濮啓元・龍憑営都司李桑阿を帯同して鎮南関へ行き、陳廷喧・阮文富を「安南国守関夷目」阮廷璿・阮廷沛に引き渡している[75]。阮廷璿（【表7】No. 1,

---

74）この事例の詳細は［蓮田 2005: 81-85］を参照。

75）『史料旬刊』第18期、安南夷人陳廷喧・阮文富薙髪改装私越隘口案、呉虎炳摺四（台北：国風出版社、1963年、p. 344）に「広西巡撫臣呉虎炳跪奏。為奏聞事。竊照安南国夷犯陳廷喧・阮文富奉旨釈放回国、交該国王、自行懲治。臣当将派委左江道王懿徳、押送縁由具奏並声明、俟該道到関転行、再行奏聞在案。茲拠王懿徳稟称「督押陳廷喧・阮文富於九月三十日到関、率同龍州通判濮啓元・龍憑営都司李桑阿、即日開関伝喚安南国守関夷目阮廷璿・阮廷沛等進関、敬宣諭旨、後将陳廷喧・阮文富点交該夷目収領。」…（中略）…乾隆四十三年十一月初十日」とある。

第1章　18世紀の諒山鎮における黎鄭政権の地方支配

5-8) と阮廷沛（【表7】No. 10）はいずれも黎鄭政権側の史料においても守隘の肩書を帯びて登場する。由村隘ではなく鎮南関を利用していた点が、前掲の『大南寔録』嘉隆元年8月条の記事と食い違うが、いずれにせよ犯罪者の引き渡しの際に諒山鎮の首長が窓口となっていたことが確認できよう。

　この事例以外に、西山朝期の事例ではあるが、漂流者の送還の際に鎮南関を経由したと記す史料も存在する[76]。遅くとも18世紀末には中越間において諒山鎮の首長を経由した犯罪者や漂流者の引き渡しが慣例化していたと思われる。

　黎鄭政権・清朝間の日常的な咨文などのやり取りは、守隘の肩書を持つ諒山鎮の在地首長が清朝との窓口であった。その過程において、清朝の各官に関する情報収集、清朝の暦の購入、文書の送付、犯罪者・漂流者の引き渡しなどを守隘の肩書を持つ諒山鎮の在地首長が担っていた。すなわち、清朝との境界地帯で在地首長を通じた統治がおこなわれている状況下で、諒山鎮の在地首長による広西省側の住民との私的な通交が清朝・黎鄭政権間における文書のやり取りや朝貢関係の維持の基盤になっていたといえる。

　守隘の肩書は、明命年間の行政改革の後史料中から姿を消すが、代わって「守文淵汛隊長」という類の肩書を帯びた旧首長層が清朝から送付されてきた公文を地方官に逓送していた（第5章第3節 (1)）。このように18〜19世紀にかけて境界地帯の在地首長が中越間の文書の逓送を担う構図は変わらなかったと推測されるが、この点は今後の課題としたい。

76) たとえば『清高宗実録』巻1476、乾隆60（1795）年4月己丑（9日）条によれば、広東商民陳裕来が西山朝へ漂着した際に、諒山鎮から鎮南関へ送還されている。

おわりに

　本章では 18 世紀の諒山鎮における黎鄭政権の支配を考察してきた。外鎮では 18 世紀初頭に鎮官が任地に直接赴任することが決定され、また 1720 年代の税制改革の際に、外鎮の住民にも税課・兵役の双方が課された。諒山鎮では、遅くとも 1740 年までには在地首長を組み込む形で文書行政が確立すると同時に、末端の行政単位である社ごとに税額と兵数が設定され、藩臣や輔導などの称号を王朝権力から授与された在地首長が各社の税課と兵役を管轄するようになっていた。各社の徴税を管轄することは、各種経費の徴収など首長にとってもメリットがあった。外鎮の在地首長が父から子へ管轄を継承する際も、行政文書の発給を通して黎鄭政権が承認していた。やや時代を下った阮朝の 1820 ～ 1830 年代には明命帝による行政改革の一環で、首長の世襲廃止や流官の派遣など一連の改革が山岳地帯で実施され、平野部同様の官僚制が北部山地でも施行されるが、少なくとも諒山鎮においては、18 世紀はその先駆的段階といえよう。逆にいえば、黎鄭政権期には、首長に授与される官職が平野部の官僚とは異なっていた点、各社における徴税や徴兵の管轄を父から子へ首長集団内で世襲することが認められていた点などが、明命年間以降の状況と比べて異なっていた。

　また対外関係において清朝の広西省と境界を接する諒山鎮は清朝との交渉の窓口であった。18 世紀後半には、清朝の関係各官に関する情報収集、清朝の暦の購入、文書の送付などを諒山鎮の在地首長が担っており、諒山鎮の在地首長と広西省側の住民とのあいだに私的なつながりが清朝・黎鄭政権間における文書のやり取りや朝貢関係の維持の基盤になっていた。また、犯罪者・漂流者の引き渡しの際にも諒山鎮の首長が窓口となっていた。

第2章　18世紀の諒山鎮における黎鄭政権の
　　　　　軍政と在地首長

はじめに

　第1章では18世紀の諒山鎮における黎鄭政権の支配およびそこにおける
首長の役割を考察したが、以下では軍政に注目して黎鄭政権の支配を考察す
る。18世紀半ばには北部ベトナム全域で動乱が多発していたが、本章で述べ
るように諒山鎮でも同様であり、黎鄭政権の支配は不安定で、現地住民の動
員が重要だった。そのため黎鄭政権の支配の実態を知るうえで、軍政は好適
な題材である。一方山岳地帯の在地首長の上昇戦略においてもベトナム王朝
権力の軍政は重要であり、現に阮朝の地方官による現地民部隊の組織がおこ
なわれた19世紀前半の西北地域では、在地首長に私兵増強や勢力拡大の機
会をもたらしていた［宇野 1999: 179-185］［岡田 2012: 32］。そのため現地
住民の動向を知るためにも、軍政の実情を明らかにしておく必要がある。本
章は以上のような観点から18世紀の諒山鎮における軍政を考察し、それに
よって地方支配の実態を描き出す。

第1節　18世紀の諒山鎮における動乱と軍政

(1) 18世紀半ばの諒山鎮における動乱

　1730年代末から北部ベトナム全域で動乱が発生するが、それは諒山鎮も同
様であった。動乱鎮圧後少し経った景興38（1777）年末に諒山督鎮に任じら

第 1 節　18 世紀の諒山鎮における動乱と軍政

れた呉時仕[1] は、「請留京兵附鎮啓」と題された鄭王への啓の中で、藩臣鑽基、端賊、黄歯賊の反乱により諒山鎮城（団城）が 3 度陥落したと述べている[2]。また別の啓「再請移鎮啓」では、それらの反乱に現地の居民や新来の移民たる儂人が加わっていたと記されている[3]。

このうち藩臣鑽基は、清朝の史料では韋福瑁[4] と記され、永佑 3（1737）年頃に反乱を起こすと中越境界地帯を騒擾［鈴木 1975: 421］、永佑 5 ～ 6 年頃には諒山鎮城を攻略し[5]、その後景興 3（1742）年 2 月に捕縛されている[6]。脱朗州有秋社阮廷氏関連文書中の景興元年の各文書に見られる「戎役」・「戎務」・「寇」・「賊徒」（【表 6】No. 2, 4, 6, 7）は鑽基ないしその征討を指す可能性が高い。清朝の史料によれば彼の集団は広西崇善県の革生葉蓁なる人物が首謀者となり、広東人の周老六なる人物が鎗棒教師を務めていたとされる[7]。また前述した呉時仕の啓においても新来の移民である儂人が鑽基に従ったと記されており（本章注 3）、中国からの移民を勢力内に取り込んでいたことは間違いない。

次に端賊は、前述した【表 5】No. 2 の文書（第 1 章第 2 節）に端賊征討に

---

1)　『呉家文派』午峰文集、双仙山洞記（漢喃研究院所蔵 A. 117）に「景興丁酉冬十二月某奉旨出鎮、既到任、見城西南隅一山、号（禄）馬、有憑高拠勝之便。」とあり、景興丁酉すなわち景興 38 年 12 月に呉時仕が諒山鎮に赴任したことがわかる。なお双仙山洞は現ランソン市のティエン寺 chùa Tiên に当たる。

2)　『呉家文派』保障宏謨、請留京兵附鎮啓、第 34 葉裏に「昔者基・端・黄歯之変、団城三次失守。七州之民、陥於塗炭。朝廷命将出師、厪一番籌画、屈数年財力。」とある。なお「請留京兵附鎮啓」および後掲の「密陳捕賊事宜」「区処藩方啓」の年次は記されていないが、呉時仕が諒山鎮に赴任したのが景興 38 年末なので（本章注 1 参照）、その頃に作成されたと思われる。

3)　「昔逆基以藩目唱乱囲城、儂人相率影附。温州之民、導逆端従京北上。文蘭［蘭］・七泉之民、導黄歯従太原来。団城屢次失守、動労廟算。」（『呉家文派』保障宏謨、再請移鎮啓、第 21 葉表）。

4)　「韋福某」という名前から、禄平州屈舎社韋氏との関連が推測されるが、屈舎社韋氏の家譜には彼に関する情報は記されておらず、詳細は不明である。

5)　『大越史記全書続編』巻 3、永佑 6 年 2 月条。

6)　『大越史記全書続編』巻 4、景興 3 年 2 月条。

7)　『史料旬刊』第 16 期、安南土官韋福瑁滋擾諒山案、譚行義摺（台北：国風出版社、1963 年、p. 298）。

第2章　18世紀の諒山鎮における黎鄭政権の軍政と在地首長

ついて言及されているように、景興4年頃諒山鎮で活動していた。また第1章第1節（3）で取り上げた景興6年8月10日付勅（【表6】No. 18）で、阮廷璿が端賊から諒山鎮城を奪還したことで昇進しているため、諒山鎮城の陥落を記す『大越史記全書続編』景興4年2月条[8]の「諒山土賊」が端賊に当たると考えられる。

　また黄歯賊（寇）は、前述した【表5】No. 1の文書（第1章第2節注31）および脱朗州有秋社阮廷氏関連文書の【表6】No. 26で言及されているように、諒山鎮では景興6～7年頃に文蘭州や文淵州を騒擾している[9]。時期から考えると、『大越史記全書続編』景興6年12月条[10]で諒山を破った「賊」は黄歯賊である可能性が高い。【表6】No. 26は景興7年5月初頭の恩賞なので、恩賞が与えられた阮廷璿はこの時の軍事行動において功績があったのだろう。また黄歯賊は、莫氏の残党を自称していたとされる[11]。牛軍凱によれば、莫氏残党は当時広西省に逃れていたが、北部ベトナム各地で動乱が発生したことにより、高平鎮や太原鎮を騒擾し、当時ベトナム北部山地で鉱山採掘に従事していた華人集団も少なくない数が彼らに帰附したという［牛2012: 148-154］。ただし18世紀後半の官僚黎貴惇が記した『見聞小録』は、黄歯なる集団が広西省「向武州の人」により構成されていたと記す[12]。この2史料を整合的に解釈しようとすると、2つの可能性が考えられよう。第一に黄歯賊の統率者が莫氏残党でその配下が向武州の人々だった可能性、第二に

8）『大越史記全書続編』巻4、景興4年2月条に「諒山土賊陥鎮城、督鎮武佐詠、督同陳公昕死之。」とある。

9）【表6】No. 11のみ景興2（1741）年でありやや時期がずれるが、詳細不明である。

10）『大越史記全書続編』巻4、景興6年12月条に「賊復破諒山、督鎮阮潘撃敗之、復其城。」とある。

11）『欽定越史通鑑綱目』景興5（1744）年5月条の註に「莫氏遺孽号黄歯賊。是年寇高平、督鎮廷伯率兵進勦、大破之」とあり、彼らが莫氏残党を自称していたことがわかる。『欽定越史通鑑綱目』は影印本（台北：国立中央図書館、1969年）を利用した。

12）『見聞小録』巻6、封域、第40葉表～裏（漢喃研究院所蔵 VHv. 1322）に「宣光処有諸種人。…（中略）…一曰黄歯。多向武州人、好染歯。穿山渉水、甚捷、性悍無類、不治生業、只好漂掠。」とある。本史料については［岡田 2016b: 9-16］も参照。

68

実際には莫氏の血を引いていない向武州の人々が故意に莫氏の後裔を名乗った可能性である。後者の場合は、現地民のあいだで莫氏政権の記憶が残っており、莫氏の血統の主張が威厳の獲得につながったことを示すだろう。いずれにしても黄歯賊が中国広西省から到来した集団であることは疑い得ない。

このように1730年代末〜1740年代に、諒山鎮も頻繁に動乱に巻き込まれており、現地居民や広西方面からの移民も反乱勢力に参加していた[13]。桜井由躬雄が論じたように、同時期の北部ベトナムではほぼ全域で自然災害や流民の大量発生に起因する動乱が起こっていたが、中でも諒山鎮は逃散村落が多く発生していた［桜井 1987: 334, 347-348］。その背景として、戦乱や自然災害などのほかにも、南中国〜東南アジアのヒトの移動が活発化したことおよびそれにともなう流動性の高まりがあったといえよう。諒山鎮には大規模な鉱山も存在せず（第6章第2節参照）、流入する移民を吸収するための資源が十分だったとは考えづらい。現地居民や移民が広範に反乱勢力に参加していたとすれば、限られた資源をめぐる競争の激化も背景にあったと考えられる。

このように18世紀半ば以降は動乱が多発していたため、黎鄭政権の山地支配は不安定で、現地住民の動員が重要だった。以上のような観点から、以下18世紀の諒山鎮における軍政を考察していく。

(2) 18世紀における諒山鎮の軍事状況

まず諒山鎮における軍事状況の概要を知るため、1770年代に鎮官（督鎮）として諒山鎮に赴任した呉時仕が鄭王に宛てた「請留京兵附鎮啓」を見ると、呉時仕以前の鎮官が何度も部隊の駐屯を要請したが認められず、有事には諒山鎮に隣接する平野部の京北鎮からの派兵を待つよう指示が下ったと記され

---

13) 前述した呉時仕の啓においても、鑽基の活動に儂人が、端賊の活動に温州の民が、黄歯賊の活動に文蘭州・七泉州の民が、それぞれ参加していたと記されている（本章注3）。第3章で取り上げる各首長の上申文書からは、ここで取り上げた集団以外にも、小規模な動乱や暴動は無数に発生していたことがわかる。

第2章　18世紀の諒山鎮における黎鄭政権の軍政と在地首長

ている[14]。そのうえで呉時仕は改めて諒山鎮城における駐屯部隊の必要性を
訴えている。ここから1770年代において諒山鎮に常駐する中央派遣の部隊
は存在せず、諒山鎮における軍事力は現地で徴発された兵のみだったことが
わかる。呉時仕の述べる通りだとすれば、当該地域を統治するうえで編籍民
の徴発はきわめて重要だったといえるが、その実情について、呉時仕は「密
陳捕賊事宜」で以下のように述べる[15]。

　そもそも攻守や防備の事情については、本鎮はただ正兵100がいるだけで
あり、慣例では初冬に徴発し、春になって再び停止して農作業に戻らせて
おります。近年は（民が）飢餓に陥り流浪していたため、現在集まってい
る者はかろうじてその半分です。貢使の事案が終わり、また（彼らは）そ
れぞれ慣例を援用して帰還を要求しております。藩兵8号450人は、土人
（土着住民）と儂人（新来の移民）が混在しているので、紀律は疎略で、さ
らに逃亡者や雇われた代人が多く、官役を負担するのも輪番で、半分はい
ても半分は帰還しており、鎮城の中はかろうじて四門の宿直を備えている
だけです。

　ここでは諒山鎮における土着の軍事力が「正兵」と「藩兵」に分けて説明
されている。「正兵」とは呉時仕の別の上啓「区処藩方啓」で「諒山鎮兵の旧
額は100です。藩臣が選抜し納入した者に基づいて任務に当たらせておりま
した。近頃鎮臣は100を選び取り、内鎮の正兵としただけでなく、さらに増

14）本章注2の引用箇所に続けて「然後克平、事定之後、復不以為意、鎮臣屢有請兵、廷議輒以水
　土不便屯兵沮之。但敕令有事移報京北策応、姑以塞責而已。」とある（『呉家文派』保障宏謨、請
　留京兵附鎮啓、第35葉表）。

15）「若夫攻守防遏事宜、則本鎮只有正兵一百、例以冬初調集、至春復罷帰農。比年因饑饉流移、今
　見集者纔得其半。貢使事完、又各援例求帰。藩兵八号四百五十人、土儂相参、紀律疎鹵、又多逃
　廃傭人、以応官役亦輪番、半在半帰、城中纔備四門更直而已。」（『呉家文派』保障宏謨、密陳捕
　賊事宜、第31葉表～裏）。

70

第 1 節　18 世紀の諒山鎮における動乱と軍政

やして附兵 100 を取り、薪を採り水を汲むなどの雑役に供給しました。これ
から初めて正兵・附兵の名が生まれました。」と述べられており [16]、従来は
藩臣が鎮官に納めた兵によって鎮兵（鎮官が統率する部隊か）が形成されて
いたが、近年は鎮官が 100 を選び取って「内鎮の正兵」としたという。100
という数は諒山鎮全域で徴発される兵数にしては少なすぎるため [17]、「正兵」
はその中の諒山鎮官が直接指揮する部隊と考えられる。上掲の引用箇所から
は、「正兵」は農業にも従事しており農閑期のみ徴発されるのが慣例であるこ
と、貢使すなわち清朝に派遣される使節（如清使節）が清朝に赴く際にも動
員されていたことがわかる（如清使節の往来で諒山鎮の現地住民に負担がか
かっていたことについては、本章 81 〜 82 ページも参照）。

　一方の「藩兵」とは藩臣ら在地首長が統率する兵と考えられる。ここでは
「藩兵」が属す部隊が号と呼ばれ、計 8 号存在したと記されている [18]。450 人
という定数があるため、「藩兵」は丁簿登録者から徴発された兵であり、首長
の私兵はここに含まれていないと考えられる。ただし、流民の発生などの理
由で実際には定数の半数ほどしか徴集できていないという実情も記されてい
る（本章第 3 節で詳述）。まずは、この号の制度的側面を考察する。

---

16)「一條、鎮兵旧額一百。拠藩臣揀択填納応務。近来鎮臣既揀取一百、為内鎮正兵、復増取附兵
　一百、以供柴水雑使。自是始有正兵・附兵之名。」（『呉家文派』保障宏謨、区処藩方啓、第 10 葉
　表〜裏）。

17) たとえば阮朝初期における諒山鎮の土兵数は 718 人である。『欽定大南会典事例』巻 146、直省
　軍号、諒山、第 21 葉表に「嘉隆元年、揀点該轄土兵七百十八人、置為雄捷奇七校及守南関・油
　村関二校、校各二隊。」とある。

18) なお編纂史料中の黎鄭政権の軍事制度に関する記述において、号なる単位は出現しない。たと
　えば阮朝期に成立した『歴朝憲章類誌』巻 39、兵制誌、設置之額には黎鄭政権期の軍隊の単位と
　して営・奇・隊・船が挙げられているが、号は記されていない。黎鄭政権の統治体制における号
　とは通常徴税を担当する徴収号が想起されるが [上田 2019: 85-93]、少なくとも上述の事例では
　兵の指揮が職務として記されているため、徴収号とは別か、あるいは諒山鎮の徴収号が兵を指揮
　する機能をも有していたかのどちらかと考えられる。後者の場合は、徴税・徴兵の双方を在地首
　長に依存していたため、彼らに徴収号の肩書が授与されたのかもしれない。

第2節　18世紀の諒山鎮における軍政と在地首長

(1) 18世紀半ばの動乱と首長への官職授与

前述のように1730年代末～1740年代、諒山鎮は動乱に巻き込まれ、鎮城も3度陥落している。かかる状況下で、黎鄭政権は頻繁に軍事的な功績を理由として首長たちに管轄を承認していたが（第1章第2節 (1)）、同様に官職の授与も頻繁におこなわれていた。たとえば脱朗州有秋社阮廷氏関連文書では、首長に対する官職授与（【表6】No. 2, 6, 9, 10, 13, 15-18, 23, 26, 27, 52-54）や管轄の（再）承認（【表6】No. 4, 7, 24, 25, 33, 35）の理由として軍事的な功績が記載されている。

これらのうち官職を有していない在地首長を新たに官制内に取り込む際に軍事功績を理由として官職を授与している事例が、阮廷璿に宛てた景興4年12月28日付勅（【表6】No. 15）である。本勅では、脱朗州有秋社輔導官員子の阮廷璿を「随征有功」すなわち遠征につき従って功績があったことを理由として果敢将軍・防禦使司防禦僉事・下班に任命することが記されている[19]。脱朗州有秋社阮廷氏家譜（【表2】No. 7）によれば阮廷璿は辛丑（1721）年生まれで、本勅の発給時点で23歳である。本勅では官職授与前の阮廷璿が「輔導官員子」とだけ記されていることからも、これが初の官職授与の可能性が高い。黎鄭政権期において北部山地の在地首長に対しては一般的に宣慰使司・招討使司・防禦使司系統の官職が授与されたが、その中で防禦使司防禦僉事（従七品）は最も下級であり[20]、諒山鎮の在地首長に対して広範に授与

---

19) 「敕脱朗州有秋社輔導官員子阮廷璿。為随征有功、已経旨準応防禦萬職事。可為果敢将軍・防禦使司防禦僉事・下班。故敕。景興四年十二月二十八日」（「諒山省脱朗州有秋総有秋社神敕」第1葉表～裏）。なお脱朗州有秋社阮廷氏家譜（【表2】No. 7）にも本勅の写しが収録されている。

20) 『官制典例』巻2、第10葉表～裏に軍民宣慰使司・軍民招討使司・軍民防禦使司系統の官職が記載されており、防禦僉事は従七品である（第1章注20も参照）。

されている【表4】。このことから防禦僉事は、黎鄭政権（ないし鎮官）が官職を有していない在地首長を新たに官制内に取り込む際に授与した官職だった可能性が高い。

このように動乱が頻発する状況下で、黎鄭政権は在地首長を支配下に取り込み、また留め置くために頻繁に官職を授与していた。そこで【表4】を見ると、彼らの多くが正左号首号、中左号副号といった●●号■号という形式の肩書を与えられていることに気付く。そこで、この類の肩書の性格を考察するため、脱朗州有秋社阮廷氏関連文書【表6】の中から1740年代の事例を2例挙げる。まず諒山鎮官（督鎮）から有秋社の首長阮廷璿に宛てた景興元年の示式文書である（【表6】No. 2）[21]。

奉差諒山処督鎮諸衙門官が守隘・提忠侯の阮廷璿に示す。なんじは前年に何度も（鄭王の命令を）奉じて賊徒を撃破し、多大な功績があった。いま督鎮官は申[22]によってその員を内属の正号とすることを許すよう乞うた。（これまで）度々（鄭王の命令を）奉じて派遣されたが、みな過失はなく、かつさらに武芸は熟達している。そこで本号（守隘号か）の正号とし、首号官に従い、当該の（号に）属す員ならびに兵を統率し、衙門（諒山鎮官か）に従い任務に当たるのを許すべきである。もし怠慢で尽力せず、事に対処する際萎縮したならば、公法により処罰する。ここに示す。

景興元年3月3日

---

21) 「奉差諒山処督鎮諸衙門官示守隘・提忠侯阮廷璿。係爾於年前累奉攻破賊徒、頗有勲労。茲督鎮官申乞許伊員為内属正号。累奉差行、並無過失、且又武芸諳通。因応給許為本号正号、協随与首号官、唱率該属員并兵、隷属衙門応務。若懈怠不勤、及遇事退縮、有公法在。茲示。景興元年三月初三日」（「諒山省脱朗州有秋総有秋社古紙」第5葉表〜裏）。

22) ほかの文書では、申は在地首長から鎮官に対する上申の際に使用される文書形式であり、管見の限り鎮官が申によって上級衙門に要請する事例は存在しない（第1章第1節（3）参照）。あるいは「申」は「啓」の誤写かもしれない。

73

第 2 章　18 世紀の諒山鎮における黎鄭政権の軍政と在地首長

　本史料は冒頭に「発信者が受信者に示す」とあるため、示式文書である。前述のように 18 世紀の諒山鎮では、示式文書は鎮官から首長への下行文書である。阮廷璿は他史料で守隘号副号の肩書を帯びており（【表 4】No. 69）、引用史料中の「守隘」とは守隘号を指すと思われる [23]。本文書の内容は、動乱鎮圧に功績があった阮廷璿を守隘号正号とし、首号に従って管轄下の兵を指揮させるものである。「内属」はほかに用例が乏しく詳細不明だが、いずれにしても正号の任務が管轄下の兵の指揮だとわかる。

　続いて、同じ阮廷璿に宛てられた諒山督鎮からの示式文書（【表 6】No. 26）をもう 1 例挙げる [24]。

　奉差諒山道督鎮・殄寇将軍・垂督鎮・正首号・前翊奇 [25] 該奇官・指揮使・潘派侯が本処の藩臣・招討同知・提忠侯阮廷璿 [26] に示す。このたび（黎鄭政権の）大軍が黄歯賊を討伐した際、（阮廷璿は）つき従って派遣され、何度も各戦闘（を戦い）、多大な功績があった。正首校とし、長号の下に配属するのを許す。長号鵬武伯（阮克台？）に従い、適宜兵を派遣し、属号各員と（その配下の）兵を統率し、本鎮（諒山鎮官か）につき従って

23) 守隘（号）は清朝との交渉において窓口の役割も担っていた（第 1 章第 3 節）。
24) 原文は以下の通り（「諒山省脱朗州有秋総有秋社古紙」第 27 葉表〜裏）。
　　奉差諒山道督領・殄寇将軍・垂督鎮・正首号・前翊岳［奇］該奇官・指揮使・潘派侯示本処藩臣・招討同知・提忠侯阮廷璿。係（茲）期大軍進勦黄歯賊、属随差撥、累累各陣、頗有功労。応許為正首校、付長号。随与長号鵬武伯、随宜調遣、唱率属号属員各員官兵、属随本鎮応務、尚其厳加紀律、操揀［練］有方、碑［俾］感動、有尊君親上之忠、敵愾同仇之念、以済戎務。若懈怠不勤、遇事畏弱、有軍法在。茲示。
　　一、属号八員
　　　淳基阮勢任。幹武阮克継。瑞武阮克終。宣寿阮勢廉。海廷阮勢恵。携武阮勢訓。長武阮勢増。
　　　密燕阮勢兼
　　　景興七年五月初三日
25) 前翊奇については第 1 章注 32 参照。
26) 阮廷璿と阮廷璿は爵号が同じ提忠侯であり同一人物と考えられる。おそらくどちらか一方が仏領期の誤写だろう。

第2節　18世紀の諒山鎮における軍政と在地首長

任務に当たり、なおかつ紀律を厳しくし、適正に軍事訓練をおこない、（鎮官を）感激させ、主君を尊び目上の者に親しむ忠誠心、敵に憤る心を持って、軍務を成功させるべきである。もし怠慢で尽力せず、事に対処する際に萎縮すれば、軍法により処罰する。ここに示す。

一、属号8員

　淳基阮勢任。幹武阮克継。瑞武阮克終。宣寿阮勢廉。海廷阮勢恵。携武阮勢訓。長武阮勢増。密燕阮勢兼

景興7年5月3日

本文書の内容も、動乱鎮圧に功績があった阮廷璿を正首校とし（【表4】No. 33）[27]、長号に従って管轄下の兵を指揮させるというものである。

上掲の2例のような、諒山鎮官から首長に対し「動乱鎮圧に功績があったから●●号■号とする。首号／長号に従って任務に当たれ」と指示する内容の示式文書は諒山鎮の文書史料にしばしば見られる。これらの事例から、黎鄭政権は首長に●●号■号という肩書を与えて兵を指揮させていることがわかる。また、第3章で取り上げる禄平州率礼社の首長韋廷偵が諒山督鎮に対し先祖代々の功績を申告した申式文書（景興39年）において[28]、韋廷偵の父親韋仲容は1740年代に「中一号の官や兵」「後号の官や兵」[29]と協力して

---

27)「校」と「号」の関係は不明である。現代ベトナム語では同音（hiệu）のため音通の可能性があるが、断定は難しい。たとえば部隊名の「校」は右雄校にしか見られず、「号」と「校」が使い分けられているように見える。また本示式文書のように同一史料中に「号」と「校」が記される場合もある。なお本文書中の潘派侯のように、諒山督鎮はしばしば正首号の肩書を持っており、形式上は各号に属す首長を統率する立場だと考えられる。そのため首長の阮廷璿が正首校に任じられるのは違和感があるが、現時点ではこれ以上考察しようがないため、保留としておく。

28)「是年（甲子年）十一月日、黄歯賊徒侵破平嘉・純如・威猛等地面。承差協与中一号官兵、進戦大破賊徒、収俘無数投納。…（中略）…是月（丙寅年正月）二十二日、承差協与後号官兵、進抵北機社地面、設屯堵截。」（「諒山省文淵州高崎衛高楼総各社古紙」第12葉表～19葉裏）。

29) 上掲の示式文書にも記される通り、ある部隊（号）に属す指揮官と兵について、「首号官」「属号各員と（その配下の）兵」などと呼称している。ここから部隊内の指揮官を「官」「員」と呼び、配下の兵を「兵」と呼んでいると考えられる。そのためここでは「官兵」を官と兵の並列と解した。

75

第 2 章　18 世紀の諒山鎮における黎鄭政権の軍政と在地首長

反乱を征討している。さらに、第 3 章第 1 節で取り上げる禄平州屈舎社の首長韋氏の家譜（【表 2】No. 1）に収録される景興 6 年の申式文書において、癸亥（1743）年には韋世琴が「内該各社の兵丁」を統率していたが、同年正左号首号に任じられてからは、「本号の官・兵」を統率している[30]。つまり当初は自身が管轄する各社の兵を統率していたが、正左号首号となって以降は正左号に属す官や兵をも統率している。以上から、●●号■号のうち●●号は兵が属す部隊であることは疑い得ない。諒山鎮における号の初出時期は不明だが[31]、遅くとも動乱が多発した 1740 年代までには、鎮官は現地民部隊を号なる単位で編成し、首長に統率させていたといえよう。

(2) 部隊内の序列

　続いて首長が帯びる●●号■号といった肩書のうち■号を考察していくが、時期ごとの変化が見られるので、まずは 1740 年代の事例を中心に見ていく。諒山鎮官から在地首長に送付された行政文書の中には、首長の肩書の昇格に関する示式文書が含まれている。たとえば、景興 2（1741）年には脱朗州有秋社の阮廷琰が正号から首号へ（【表 4】No. 10）、景興 6 年には同じく脱朗州有秋社の阮廷質が属号から正号へ（【表 4】No. 25）、それぞれ昇格している。また、前掲の景興 7 年の示式文書は、動乱鎮圧に功績があった脱朗州有秋社の阮廷璿を正首校とし、長号に従って管轄下の兵を指揮させるとい

---

30)「于癸亥年四月日、賊徒自称[彊]郡及外国棍徒三衝[等]輩侵破団城、官軍被害。其世琴在屯、[忽]見急報、即刻斜率[内該各社兵丁]、[尽]率先鋒黄鋭基・阮儒琢攻破各陣、斬得賊馘、及生擒銃口・馬匹・旗鼓・器械等物。…（中略）…至九月日、再奉差官林岸矦赴任、復査功績、仍許韋世琴[正左号首号]、及給賞文淵州珠巻社兵民等、為該管属随本鎮、応務差撥。於[甲子]年八月日、再恭奉伝攻票鯑賊。日者韋世琴・黄鋭基斜率[本号官兵]、整備旗幟・器械・銃口・薬弾、進就嘉関、築塁[攔]截。」（【表 2】No. 1「韋家譜記」第 12 葉裏～ 17 葉表）。

31) 1720 年代の税制改革の際に外鎮の住民にも税課と兵役を課すことが決定されているが（第 1 章注 17）、同時期に紅河デルタ 4 鎮への徴兵を含む軍制改革もおこなわれている［上田 2019：74-75］。諒山鎮の現地民部隊は、この時期に軍制改革の一環として組織された（ないしそのことが決定された）可能性もある。

76

第2節　18世紀の諒山鎮における軍政と在地首長

う内容だった。ここから、正首校は長号の指揮下にあったと想定される。

　以上の事例から、●●号■号のうち■号が部隊内の序列であることは明白だろう。副号と正号、首号と正首校の関係など不明な点は多いが、「属号→副号（＝副首号？）／正号→首号／正首校→長号」という階梯の存在がひとまず推測される[32]。ただし動乱が多発した 1740 年代には様々な肩書が乱発され、序列が整序化されていない可能性が高いように思われる。

　次に時間を下り、1750 〜 1780 年頃の状況を考察する。1750 年代には諒山鎮における大規模な動乱はほぼ終息するが、【表4】を通覧すると、その頃から属号・副号・首号が過半を占めるようになり、正号・長号はほとんど出現しなくなる。また景興 40 年における在地首長の肩書をまとめて記した貴重な史料が「三教祠功徳碑」（【表1】No. 15）で、三教祠を建造した際の出資者を列挙している。その出資者の中に 40 名ほどの首長が名を連ねており、おおよそ首号→副号→属号の順に刻まれている（【表4】No. 91-131）。なお本碑文で最後に挙がっている内鎮は、鎮某号などの在地首長が首号を務める部隊とは別に存在しているため、諒山鎮官の直属部隊と思われる（本章第1節(2) を参照）。

　本史料については不明な点があるが[33]、少なくとも明白なのは、部隊内の序列について属号→副号→首号の3ランクしか記されていないことである。すなわち 1740 年代には正号や長号など部隊内の序列に様々な種類が存在していたが、大規模な動乱がほぼ終息した 1750 年頃以降徐々に号関連のランクの整序化が進み、「三教祠功徳碑」が立碑された景興 40 年までには「属号→副号→首号」の3段階の階梯に整理されたと考えられる。本章第4節で述べるように、諒山鎮の北隣に位置する高平鎮の場合も、嘉隆 9（1810）年の序を持つ『高平実録』に黎朝期には属号・副号・首号の3ランクが存在した

---

32) なお【表4】で散見される「付」は「副」と音通（共に phó）だと思われる。

33) 鎮某号なる名称の部隊は、管見の限り本碑文にしか出現しない。他史料で頻出する正某号に当たるのかもしれない。また「仍首号」の「仍」の意味も不明である。

77

第 2 章　18 世紀の諒山鎮における黎鄭政権の軍政と在地首長

こと、および軍号は改変が絶えず一定ではなかったことが記録されている（本章 88 ページ）。諒山鎮の場合も、当初の様々なランクの乱立状態が徐々に整理され、属号→副号→首号の 3 ランクに収斂したのだろう。

(3) 諒山鎮官の影響力

　次に諒山鎮官の在地首長に対する統制の程度を考察する。ここで興味深いのは、本章第 2 節 (1) で掲げた景興 7 年の示式文書である。本文書は、動乱鎮圧に功績があった脱朗州有秋社の藩臣阮廷璿を正首校とするものであり、同時に阮克氏・阮勢氏の属号 8 員（【表 4】No. 35-42）の統率を許可していた。阮廷璿は脱朗州有秋社阮廷氏の一員だが、阮廷氏は名前の一文字目（中字）が「廷」で固定されているため、阮克氏・阮勢氏とは別の血縁集団と考えられる[34]。すなわち阮廷璿が正首校として別集団の属号 8 員を統率しており、特定の部隊が特定の集団から構成されるのではなく指揮下の属号に別集団が配置されている。

　また、同一首長の所属する部隊が頻繁に変わる事例もある。禄平州率礼社韋氏の場合、韋仲容が中左号副号だったが（【表 4】No. 48）、息子の韋廷偵は正左号属号（【表 4】No. 53）→正後号属号（【表 4】No. 75）→正後号副号（【表 4】No. 78）→堅右号副号（【表 4】No. 82）→中左号副号（【表 4】No. 87）→勝前号副号（【表 4】No. 119）と属す部隊が頻繁に変わっている。

　さらに、前掲「三教祠功徳碑」に名を連ねる 40 名弱の首長を、部隊ごとに整理すると、【表 8】のようになる。鎮右号が文蘭州周粟社何氏（【表 4】No. 98, 103, 115, 126）、勝右号が禄平州禄村庄黄氏（【表 4】No. 107, 122）という

---

[34] 同族の男性がみな同じ中字を用いる習慣は、キン人の父系血縁集団によく見られるが、漢人やチワン人にはない。諒山鎮の首長が同じ中字を使っているのはキン人文化の影響だろう［伊藤 2022: 85（注 14）］。ただしナムディン省の旧百穀社では、中字で区別される小さな族の林立は 18 世紀末以降だという［嶋尾 2000: 229-243］［桃木 2022: 180-185］。諒山鎮／省における中字の用法およびキン人文化の影響については、今後の課題としたい。なお阮克某は七泉州花山社の阮克氏の可能性が考えられるが、阮勢某は不明である。

78

ように、一部隊が単一の血縁集団から構成される場合もあるが、その他の部隊では首号と副号が別集団である。たとえば鎮前号を構成するのは、仍首号韋福琴（禄平州屈舎社韋氏）、首号阮克鎮、副号阮克□、属号阮克琦（以上七泉州花山社阮克氏）、副号阮廷□（脱朗州有秋社阮廷氏）である（【表4】No. 93, 96, 110, 112, 113）。このように、鎮前号という一部隊に様々な首長集団の成員が属している。

　以上の事例を総合すると、諒山鎮官による首長の指揮命令系統の組み換え、作為的な配置がおこなわれつつあると判断できる。これら部隊内での序列や統属関係が実際の首長間の権力関係を反映しているか否か、および実際の軍事行動においてこれらの序列や統属関係が反映されているか否かは史料の制約により不明だが、少なくとも鎮官としては、首長集団間の勢力均衡に配慮しつつ、特定の集団が一部隊のポストを独占して独自勢力化するのを防止する意図があったのだろう。

　また諒山鎮における鎮官の影響力を考えるうえで興味深いのが、鎮官直属部隊の編成である。前掲呉時仕「密陳捕賊事宜」で記されていたように諒山鎮の編籍民から徴発された兵は「正兵」と「藩兵」に分けられるが、「正兵」は呉時仕「区処藩方啓」で言及されている「内鎮の正兵」と呼ばれる諒山鎮官の直属部隊に当たると考えられる。また第3章第2節で述べるように、景興29（1768）年に諒山督鎮が旧来率礼社韋氏が徴税・徴兵を担当していた禄安・海晏・平西（西平）3社を「内鎮」に編入し、韋氏が3社における税課や兵役の管轄を喪失するという出来事も発生している。おそらく「内鎮」に編入された社における徴税と徴兵は鎮官（ないしその属吏）が担当しており、それらの社から徴発される兵が鎮官指揮下の「内鎮」部隊に編入されていたと考えられる。「三教祠功徳碑」には「内鎮」に属す人物も刻まれているが（【表4】No. 130, 131）、配下として首号や副号ではなく随号が属していた点でも他の号と異なっている。

　総じて18世紀後半には、諒山鎮官による軍政における在地首長の作為的

第 2 章　18 世紀の諒山鎮における黎鄭政権の軍政と在地首長

な配置、首長管轄下の社の「内鎮」への編入と「内鎮」部隊と呼ばれる鎮官
直属部隊の編成というように、18 世紀以前と比べれば諒山鎮の在地首長に
対する諒山鎮官の影響力は増大している[35]。

第 3 節　流民の発生と在地首長

　これまで論じてきたように、在地首長は管轄の各社の編籍民から兵を徴発
して統率し、各号に属して軍事行動をしていた。それでは、この仕組みは実
際にどの程度機能していたのだろうか。先行研究では、18 世紀末〜 19 世紀
初頭の諒山鎮における流民の多さが指摘されている [桜井 1987: 347-348]。
つまり大量の農民が土地を捨てて流亡しており、かかる状況下では編籍民の
徴発が困難に直面したと想定できる。そもそも 18 世紀には、山地社会の人口
のうち土人（土着の定住農耕民）は平野部に居住する編籍民の半額の土地税
や人頭税、兵役が課されたが、儂人（新来の移民）や蛮人（焼畑耕作民）に
は産物税や銀税が課されるのみだった [岡田 2016b: 20-29]。一方、本章第
1 節 (2) で掲げた呉時仕の「密陳捕賊事宜」（本章注 15）に「藩兵」におけ
る土人・儂人の混在が記されており、18 世紀後半の諒山鎮では儂人にも兵役
が課されていたようである[36]。ただし儂人は移動性が高く特定の土地に留ま
ることはまれで、それ故王朝権力による把握は困難だった [岡田 2016b:

---

35) むろんこのことは王朝権力が社より下の社会の実情を把握していたことを意味するものでは
　ない。実際平野部においても、18 世紀には王朝が村落の把握が不可能になっていくとされる [桜
　井 1987]。まして山岳地帯において、社より下の社会を王朝権力が把握していたとは考え難い。
　岡田雅志も、山地地域における登録丁数の圧倒的な少なさなどを根拠に、同様の見解を示してい
　る [岡田 2016b: 注 30]。

36) もっとも岡田雅志も、同時代史料には儂人が土民同様の税・役負担者とする記述もあり、税制
　上の位置付けに揺れが見られると述べている [岡田 2016b: 22-24]。なお「密陳捕賊事宜」にお
　いて呉時仕は、土人と儂人の混在により「藩兵」の紀律が疎略であると記しているので、儂人は
　本来徴発すべきではないと考えていたのかもしれない。

80

第3節　流民の発生と在地首長

29]。呉時仕の「区処藩方啓」には以下の記述がある[37]。

　臣が命をうけて調べたところ本鎮は内地（清朝）と隣接し、重鎮と称されておりますが、山が多く田は少なく、民戸は非常に稀少で、四鎮（平野部の各鎮）と比べると、わずかに一つの大県に相当するのみで、耕作は一年でただ一務しかなく、秋稲が失われれば夏黍は頼ることができません。儂人は土人と共に役を負担しておりますが、（儂人は）速やかに集まってもたちまち離散してしまい、儂人が去れば土人は負担に耐えられず従って流亡してしまいます。かつ使節は三年に一度往来しておりますが[38]、夫駅（駅夫の意か）の煩雑さ、物資供出の経費（のために）、財力は今まで余裕があったことはなく、（内鎮の）正兵は十分に負担できず、徴発に苦しみ、附兵[39]は長期にわたる従軍に都合が悪く、雇用により困窮しております。…（中略）…ある者は税課と兵役をかさねて割り当てられて堪え切れず、逃亡・流亡して役を避け、加えて旱魃の年があったために、穀物は生産できず、民は菜や茹をなまで食べ、禹余糧（クナオ củ nâu と呼ばれるヤムイモの一種）を煮て食とするに至っていますが、続けることはできず、路上で助け合い、餓死者が折り重なって倒れております。

　これによれば、諒山鎮では土人だけでなく儂人にも労役を賦課した結果、

37）「臣奉照本鎮与内地鄰接、号称重鎮、而山多田少、民戸甚稀、較之四鎮、纔当一大県、耕植歳只一務、秋禾失則夏黍無所仰。儂人与土人受役、儂聚忽散、儂去則土不堪受而随漂。且使路往来三年一期、夫駅之煩、供応之費、財力未嘗獲舒、正兵不能足率、而苦於勾催、附兵不便長従、而困於備顧。…（中略）…或被戸率・兵率重補不堪、逃漂避役、加以歳旱、百穀不生、民至生嗽菜茹、及煮禹余糧為食、亦不能継、満路扶携、餓孳相枕。」（『呉家文派』保障宏謨、区処藩方啓、第8葉表～裏）。

38）実際には、6年1回の使節派遣の際に2回分の朝貢をおこなう「六年両貢」の方式が採られていた［鈴木 1975: 406］。

39）附兵の詳細は不明だが、前掲『呉家文派』保障宏謨、区処藩方啓、第10葉表～裏（本章注16）によれば、雑役に従事したようである。

第2章　18世紀の諒山鎮における黎鄭政権の軍政と在地首長

農人が離散し、土人に負担が集中して彼らも流亡してしまう状況が生じていた。加えて、諒山鎮は朝貢ルート上に位置しており、使節すなわち如清使節の往来の際には物品の供出や輸送などの負担が現地住民にかかっていた。招集に応じた流民に対する兵役の免除を要請する呉時仕の別の啓にも、依然として14社で民が流亡していたと記している[40]。かかる状況下で、兵数が充足されていたとは考え難い。本章第1節（2）で掲げた呉時仕の「密陳捕賊事宜」（本章注15）にも、「正兵」「藩兵」は共に定数の半数ほどしか徴集できていないことが記されていた。また第3章第1節で取り上げる禄平州屈舎社の首長韋氏も、景興11年の鎮官宛て申式文書（【表9】No. 4）で動乱による各社の兵数の減少を報告している[41]。

　このように流民の発生により編籍民の十分な徴発が困難だったとすれば、諒山鎮の軍政は実質的に首長たちの私兵に依存していた可能性が高い。実際、首長たちはしばしば「手下」や「家丁」と呼ばれる私兵を統率して動乱鎮圧に当たっている。たとえば禄平州屈舎社韋氏の家譜（【表2】No. 1）に収録される景興11年6月十某日付申式文書（【表9】No. 5）において、黄登楊（【表4】No. 50）なる首長が家丁・手下を率いて賊徒を鎮圧したことを申告している[42]。これら首長の私兵を考えるうえで興味深いのが、諒山督鎮か

---

40)「一日黜兵役以勧田戸。本鎮田雖少、而地力頗饒、無灌漑糞壌之労、有力少穀多之利。前年累被旱饑民有流移。臣奉宣示徳意、択委招集、次第回復、並已墾荒成田。惟磨儲・石邅・化仁・珍果・春院・博円・達信・雲石・厚農・珠巻・林柯・万本・苗裔・帰厚・肝渓十四社、累経招集未還。其田並留荒廃。…（後略）…」（『呉家文派』保障宏謨、條陳招墾事宜儲積方便啓、第22葉裏～23葉表）。

41)「諒山処禄平州屈舎社藩臣韋世琴申。…（中略）…於辛酉・壬戌・癸亥・乙丑・丙寅等年、賊徒相継。其韋世琴累期承督鎮官及恭奉○奉伝功［攻］討、頗有功績、奉蒙○朝廷職次。及奉管禄平州錦段社原績造丁口、累被兵火狂徒再三、経承督鎮官便［減］、只受十二率、兵率共三十六人。安快社率兵十一人、只受十率。三弄社兵率十八人、只受八率。安博州太平社兵率六人、只受一率、存当招集未回復［業］。石岩社兵率一人、為該管。再累有恭奉○奉伝、撫用遺見、練［揀］取兵丁、属本鎮応務□、並［無］毫爽。其功陳各跡、計開于后。計。…（中略：功績の列挙）…景興十一年五月二十　日、［申］詞。韋世琴記。」（【表2】No. 1「韋家譜記」第20葉裏～24葉表）。

42)「諒山処禄平州屈舎社鋭基黄登楊申。為陳由事。原黄登楊、於庚申・辛酉之年、屢率家丁・↗

ら脱朗州有秋社の藩臣阮廷彬に宛てられた以下の付式文書（【表6】No. 43）
である[43]。

奉差諒山処督鎮官（が以下の文書を送付する）
一、藩臣・正後号副首号・防禦同知・榜忠伯阮廷彬に付す。なんじの兵
は非常に少なく、派遣は行き届いていない。いま有している祖業田（先
祖代々の相続を許された耕地）が本州（脱朗州）檳榔社・歴山寺社（歴
山社か）[44]にあり、文書による懇ろな要請があったので、付式文書により
土戸（土人の戸）・儂人を招集してそれらの社に到来・居住させるのを許
す。黄更廷・黄日昆合計7人は、（祖業田の）田児耕作（直接耕作者か）
とし、長く手下・家丁とし、派遣に備えるのを許す。それらの社は（黄
更廷らに対して）ほしいままに兵役や税課を割り当ててはならず、各銭
（徴税の際の手数料などか）の徴収、公役への使役は、一律に事情を酌ん
で免除する。もし某社が軽んじて[45]従わなかったら、諒山鎮城に訴訟を
持ち込み取り調べ（を要請する）のを許可する。招集が慎重でなく、匪

手下、歴随高平道督領官泰領侯・賛理官阮世楷等、為先鋒嚮導、攻討七州賊徒、各陣並皆克勝」
【表2】No. 1「韋家譜記」第24葉裏）。なお「手下」とは、阮朝期の興化省の事例では特定の個
人の配下を指す［岡田 2012: 32-33］。

43) 原文は以下の通り（「諒山省脱朗州有秋総有秋社古紙」第44葉表～裏）。
奉差諒山処督鎮官
　計
一、付藩（臣）・正後号付首号・防禦同知・榜忠伯阮廷彬。係爾率兵頗少、差撥不敷。茲所有
祖業田在本州　檳（榔）社・歴山寺社、有詞懇乞、応給許付詞招集土戸・儂人来居伊等社。黄
更廷・黄日昆共七人、許為田児耕作、永為手下・家丁、以防差撥。共［其？］伊等社、不得
擅兵另［另兵］・丁率、与給斂各銭、使令公役、一皆酌免。若某社視常不拠、許投鳴在鎮城究
治。其招集不謹、及容養匪徒、以致声説、有公法在。茲付。
景興三十七年十月初四日

44)『同慶御覧地輿誌』諒山省によれば、脱朗州有秋総に檳榔社が、同州沖貫総に歴山社が、それ
ぞれ属している（Ngô Đức Thọ, Nguyễn Văn Nguyên & Philippe Papin, ed., *Đồng Khánh Địa dư
chí*, tập 2, Hà Nội, Nhà xuất bản Thế giới, 2003, tr. 635）。

45)「視常」は現代ベトナム語の xem thường（軽視する、見下す）に当たると思われる。

83

第2章　18世紀の諒山鎮における黎鄭政権の軍政と在地首長

徒を助長し、申し立てを引き起こしたならば、公法により処罰する。ここ
に付す。
景興37（1776）年10月4日

　これによれば、脱朗州有秋社の藩臣阮廷彬が、土戸・儂人を招集して、脱
朗州檳榔社・歴山社の祖業田で耕作させるのを許可されている。また、阮廷
彬が黄更廷ら7人を手下・家丁とすることを許可されているが、彼らもおそ
らくは招集に応じた土人ないし儂人であろう。ここから流民の招集が首長の
私兵増強につながっており、鎮官もそれを承認していたことがわかる。前節
で述べたように諒山鎮で鎮官の影響力が増大しつつある中、鎮官の認可は在
地首長にとっても権益保証の面で重要だっただろう。
　また誤字があるようで文意を汲み取りづらいが、一方の諒山鎮官は阮廷彬
が招集した黄更廷らに対し公役の賦課を免除している。当時多くの土人や儂
人が流亡している状況下で、鎮官は少しでも多くの軍事力と財政収入を確保
するため、流民の招集に努めていた。かかる状況下で、招集に応じた者に対
する優遇措置が採られたのだろう。鎮官の流民招集政策は首長にもメリット
があり、両者の利害が一致していたのである。
　脱朗州有秋社阮廷氏関連文書には、そのほかにも首長に流民の招集を認め
る文書が収録されている。景興20年3月15日付で左号属号珣武伯韋廷禎
（禄平州率礼社の韋廷偵）および「内属」阮廷田に宛てられた付（【表6】No.
32）に以下のようにある[46]。

　欽差諒山鎮鎮官（が以下の文書を送付する）

─────────
46）「欽差諒山鎮鎮官。計。一、付左号属号珣武伯韋廷禎・内属阮廷由。係本該率礼・高楼等社庄、
　土曠民稀、田地多有留廃、乞招土・儂人来居同受官役。因応許依所乞、糾筋各社庄長等、招集良
　善人民、分田樹里、均受徭役。其率礼社係近辺隘、応易入近民住量許駐採。倘或処置採宜致有疎
　惧、即咎在。茲付。景興二十年三月十五日」（「諒山省脱朗州有秋総有秋社古紙」第33葉表）。

84

第3節　流民の発生と在地首長

一、左号属号珣武伯韋廷禎・内属阮廷田に付す。管轄の率礼・高楼などの
社・庄は、土地は荒れており民は少なく、田地は多く荒廃しているため、
（韋廷偵と阮廷田は）土人・儂人を招いて到来・居住させ、共に官役を負担
させることを請うた。そこで要請に従い、各社長・庄長らを集めて命令し、
善良な民を招集し、田を分配して耕作させ、一律に徭役を負担させるのを
許可するべきである。率礼社は辺境の要害の地に近いので、近隣住民の居
住区に移入して滞在を許可すべきである。もし対処が不適当で粗忽や過失
があれば、ただちに処罰する。ここに付す。
景興20年3月15日

韋廷偵は禄平州率礼社韋氏の成員であり、率礼社や高楼社など5社におけ
る徴税・徴兵を担当していた（第1章第2節）。韋廷偵に脱朗州有秋社の阮廷
田が「内属」しているとあるのは、詳細不明だが、韋廷偵のもとで率礼社や
高楼社などにおける徴税・徴兵を担当していたのかもしれない。本付は韋廷
偵と阮廷田の要請をうけて率礼社や高楼社における土人・儂人の招集を許可
する形となっており、さらに流民招集に当たり各社長を協力させることも認
められている。

　上掲の付の発給対象は韋廷偵と阮廷田であったが、脱朗州有秋社阮廷氏関
連文書に収録されていることから、実際は阮廷田側が保管していたと思われ
る。一方禄平州率礼社韋氏関連文書では、景興20年10月12日付で韋廷偵に
対して本付とほぼ同内容の付（【表5】No. 6）が発給されており[47]、ここで
は韋氏が徴税と徴兵を管轄していた率礼・高楼・海晏・禄安・平西5社・庄

---

47)「諒山省文淵州高崎衛高楼総各社古紙」第8葉表に「奉差諒山処督鎮衛門官等。計。一、付正
左号属（号）・珣武伯韋廷禎。係本該率礼・高楼・海晏・禄安・安西［平西］等社庄、(土)曠民
稀、田地多有留廃、乞招儂人来居同受官役。因応許依所乞、糾筋各社庄長等、招集良善人民、分
田樹里、均受徭役。其率礼社礵薩・那悶二村、顔近辺隘、不宜独許儂人居住、応役入近民居処、
量許駐揷。倘或処置乖宜致有疎悞、即咎在。茲付。景興二十年十月十二日」とある。

85

第2章　18世紀の諒山鎮における黎鄭政権の軍政と在地首長

における儂人の招集を韋廷偵が要請して認められている。これらの付では首長の側が招集した土人・儂人に対して官役を負担させることを要請して認められているため、公的負担が課される通常の編籍民の増加が意図されていたと思われる。

第4節　他の北部山地諸鎮における地方支配

　以上、2章にわたって18世紀半ば～後半の諒山鎮における黎鄭政権の支配の変遷を考察してきた。諒山鎮では遅くとも1740年代までには在地首長を組み込む形で文書行政が確立すると同時に、末端の行政単位である社ごとの徴税・徴兵を在地首長が担うようになっていた。また軍事面でも、遅くとも1740年代までには、鎮官は現地民部隊を号なる単位で編成し、首長に統率させていた。このような統治は、同時期のほかの北部山地諸鎮ではどの程度見られるだろうか。

　第一に文書行政について、諒山鎮以外の外鎮では、管見の限り当時の行政文書の内容は現在に伝わっていない。そのため、在地首長を組み込む形で文書行政がおこなわれていたかを知る手掛かりはない。ただ第4章で取り上げる北城臣阮黄徳・黎宗質の嘉隆10（1811）年10月十某日付奏によれば、太原・宣光2鎮では嘉隆元年に首長たちが自身の管轄を申告する際に他人に代筆を依頼する事例が多く、諒山鎮ではそのような事例は少ない。諒山鎮に漢文文書作成能力を獲得している首長が多いとすれば、諒山鎮では遅くとも18世紀半ばから首長を組み込む形で文書行政がおこなわれていたことで、ベトナム王朝の支配に協力することで自身の権威を保持しようとした首長が漢文文書作成能力を獲得したと考えられる。逆に太原・宣光2鎮では多くの首長が他人に代筆を依頼しているため漢文文書作成能力を習得しておらず、諒山鎮のような文書行政はおこなわれていなかったのかもしれない。また高平鎮では、高平鎮石林州博渓社の首長集団阮祐（閉）氏の一員阮祐傛が、

86

第4節　他の北部山地諸鎮における地方支配

19世紀初頭の時点で『高平実録』（嘉隆9年序）[48]という書物を（おそらく自力で）執筆している。19世紀初頭の高平鎮において漢文で書物を執筆できるほどの漢文読み書き能力を習得した首長が存在したとすれば、その背景に首長を組み込む形で文書行政がおこなわれていたとしても不思議ではないだろう[49]。

　第二に社ごとの徴税・徴兵についても、諒山鎮以外の外鎮で諒山鎮のように各社における徴税・徴兵を在地首長が担っていたことを明記する史料は伝わっていない。ただし北部山地における税制の変遷を考察した岡田雅志によれば、宣光・興化2鎮を実質支配していた武氏政権崩壊後まもない17世紀末の宣光鎮では各地の産物の貢納のみが課されていたのに対し、黎貴惇が『見聞小録』を著した18世紀後半では土民に対する人頭税が課されていたという。また嘉隆年間の税制では、土地税・人頭税・兵役を課される実納民（土民）が外鎮全6鎮に登録されている（むろん徴税・徴兵がどの程度有効に実施されていたかは不明だが）［岡田 2016b: 20-29］。ここから、首長が社ごとに徴税・徴兵を担当する形式は外鎮全鎮で同様だったと思われる。また第4章で述べる高平鎮上琅州綺貢社農益氏関連文書（第4節（3））や北城臣阮黄徳・黎宗質の嘉隆10年10月十某日付奏（第3節（1））からは、阮朝初期までには高平鎮や宣光鎮においても首長が社ごとの徴税・徴兵を担当していたことが推測できる。

　第三に軍政について。1740年代の諒山鎮では正号や長号など部隊内の序列に様々な種類が存在していたが、大規模な動乱がほぼ終息した1750年代以降号関連のランクの整序化が進み、「三教祠功徳碑」が立碑された景興40年

48）漢喃研究院所蔵 A. 1129.

49）阮祐俵はもともと閉姓であり、18世紀末に西山勢力が昇龍を掌握し黎朝昭統帝が高平鎮から清朝へ逃れた際に昭統帝に従って清朝にわたり、嘉隆3（1804）年に帰国して阮祐姓を賜った人物である。阮祐俵が、山地住民にしては高度な漢文読み書き能力を習得した背景に、十数年に及ぶ清朝での生活があった可能性もある。詳細は［吉川（近刊）］参照。

第 2 章　18 世紀の諒山鎮における黎鄭政権の軍政と在地首長

までには「属号→副号→首号」の 3 段階の階梯に整理されたと考えられると
記した。諒山鎮の北隣に位置する高平鎮の場合も、『高平実録』に属号・副
号・首号の 3 ランクが存在したことが記録されている[50]。

（阮祐儔が？）命を奉じ（鎮官を通じ）上申して藩臣 8 名を置き、正前・正
後・正左・正右・中前・中左・中右・中後とし、能力ある者を推挙して首
号としてその長とし、その次は副号とし、属号とし、みな兵・民を管轄さ
せた。後になって軍号の名称は絶えず変更され、一定していなかった。兵
と民を管轄する者は、兵 400 を置いて一号とし、あるいは号の長でありな
がら兵数を満たさない者は、副号および属号が管轄する兵を増減させてこ
れに属させ、軍号の数を満たすようにさせた。あるいは 22 〜 23 率以上、
あるいは少なく 24 〜 25 率以下でもなおも軍号とし、慣例にとらわれな
かった。

　誤写があるのか文意を汲み取り難い箇所もあるが、高平鎮では 8 号が置か
れ、長官が首号であり、その下で副号、属号が兵の指揮に当たったと記され
ている。軍号は改変が絶えず一定ではなかったとも記されているが、その詳
細は記されていない。『高平実録』が編纂された阮朝初期に黎朝期の軍政を振
り返って記したものなので、属号・副号・首号の 3 ランクはすでに整序化さ
れた段階の制度に当たると思われる。このように高平鎮では黎鄭政権期の 18
世紀後半において諒山鎮と同じような軍政がおこなわれていたと考えて良い
だろう。

---

50)「奉開轉達置藩臣八、正前・正後・正左・正右・中前・中左・中右・中後、幹能者挙為首号長、
　其次為副号、為属号、皆管兵民。及後軍号之字、更改靡常、而無一定。該管兵民者、置兵四百為
　一号、或長号兵不充数者、則加刪副号及属号之分管兵隷之、以足号数。或二十二三率以上、或少
　二十四五率以下、亦仍成軍号、不勾其例。…（後略）…」（『高平実録』黎朝軍政、第 48 葉裏〜
　第 49 葉表）。

88

号を冠する官職を帯びた在地首長は、太原鎮通化府白通州にも見られる。たとえば白通州安盛社麻世氏については、バッカン省博物館に所蔵されている銅鐘（保泰4年7月鋳造）に「太原処通化府白通州安盛社那都寨正右号首号左校点韜寿侯」という肩書を持つ麻世伝が登場する[51]。また白通州楊光社何仕氏については、永盛2（1706）年鋳造の「花山寺鐘記」では何仕益が「本処首号官署衛事・香郡公」の肩書を帯びている[52]。この「花山寺鐘記」は、管見の限り外鎮の在地首長が号を冠する官職を帯びている最も早い事例であり、遅くとも18世紀初頭にはこのような事例が存在したことがわかる。

おわりに

本章では第1章に引き続き、18世紀の諒山鎮における黎鄭政権の支配の実態を考察した。18世紀半ばの北部ベトナムでは動乱が頻発していたが、諒山鎮も動乱に巻き込まれ、現地居民や広西方面からの移民も反乱勢力に参加していた。黎鄭政権は行政文書の発給を通して頻繁に管轄対象を承認していたが、その目的は動乱が頻発する状況下で首長による管轄を確認することによる税収の確保と考えられる。そのような状況下で、遅くとも1740年代までには、鎮官は現地民部隊を号なる単位で編成し、首長に統率させていた。現地民部隊を統率する在地首長に対しては号を冠する称号が授与されたが、1740年代には正号や長号など部隊内の序列に様々な種類が存在していた。大規模な動乱がほぼ終息した1750年代以降号関連のランクの整序化が進み、景興40年頃までには「属号→副号→首号」の3段階の階梯に整理された。

51）筆者は2014年12月25日に本鐘を実見した。本鐘は麻世伝が永福寺なる寺院に寄贈するために鋳造したものであり、2015年10月21日にバッカン省博物館でおこなった聞き取りによると、永福寺の跡がチョドン Chợ Đồn 県イェントゥオン Yên Thượng 社にあるという。

52）バッカン省バクトン Bạch Thông 県ヴィフオン Vi Hương 社ボリン Bó Lịn 村現存。筆者は2015年10月22日に実見した。

第 2 章　18 世紀の諒山鎮における黎鄭政権の軍政と在地首長

　18 世紀後半には、諒山鎮官による軍政における在地首長の作為的な配置、首長管轄下の社の「内鎮」への編入と「内鎮」部隊と呼ばれる鎮官直属部隊の編成というように、18 世紀以前と比べれば諒山鎮の在地首長に対する諒山鎮官の影響力は増大している。ただし流民の発生により編籍民の十分な徴発は困難であり、諒山鎮の軍政は実質的に首長たちの私兵に依存していた可能性が高い。脱朗州有秋社の藩臣阮廷彬の事例では、阮廷彬が、土人・儂人を招集して脱朗州檳榔社・歴山社の祖業田で耕作させるのを許可されており、流民の招集が首長の私兵増強につながっており、鎮官もそれを承認していたことがわかる。当時多くの土人や儂人が流亡している状況下で招集に応じた者に対する優遇措置が採られ、鎮官の流民招集政策は首長にもメリットがあった。

第3章　18世紀の諒山鎮における在地首長の動向

はじめに

　第1章および第2章では、18世紀半ば〜後半の諒山鎮を中心に黎鄭政権の地方支配の実情を考察した。本章では、同時期の諒山鎮における在地首長の動向を考察する。序章で述べたように18〜19世紀の北部山地の在地首長や在地住民の対応や戦略については、ベトナム西北地域におけるムオン人首長やタイ系首長の生存戦略を論じた先行研究は存在するが［宇野　1999］［武内　2003］、山地世界の中でも諒山鎮／省のような、平野部の王朝権力に対して比較的従順な態度を示してきた地域の在地住民に焦点を当てた研究は僅少であった。ベトナム北部山地の在地首長については、国家権力にとっての山岳地帯の在地首長の重要性に注目した研究も現れるようになったが［Poisson 2004; 2009］［Vũ Đường Luân 2016］、やはり在地首長側の視点に立った分析は十分ではなく、山地内部の地域差についても注意が払われていない。諒山鎮／省については伊藤正子の著作があり、本章の対象時期については明命年間の行政改革以前には首長層が王朝の権威を背景にした有力勢力であり、明命年間の行政改革や仏領期における新興地主層の勃興を背景に首長層の勢力が弱体化したと述べる。しかしながら、前述の動乱の多発や移民の流入といった18世紀の時代状況との関わりは考慮されていない［伊藤 2022: 49-60］。そこで本章では、とりわけ首長から黎鄭政権に宛てて発出された文書を検討することで、18世紀における諒山鎮の首長3集団（禄平州屈舎社韋氏・

第3章　18世紀の諒山鎮における在地首長の動向

禄平州率礼社韋氏・文蘭州周粟社何氏）の動向を分析する。

第1節　禄平州屈舎社韋氏

　現存する韋氏の家譜は6種類あるが（【表2】No. 1-6）、ここでは18世紀半ばの動乱に際する屈舎社韋氏の動向を考察するため、当該時期の文書を多く収録している【表2】No. 1を利用する。本家譜は表紙に「韋家譜記」と記され【写真1】、補論で論じるように18世紀末に編纂されたと考えられる。【表2】No. 1が収録する18世紀半ばの文書を列挙したのが【表9】である。

　このうち、最も発出時期が早い【表9】No. 3, 6は、いずれも景興4年に諒山鎮城が陥落した際に首長たちが自身の功績を申告した文書である。第2章第1節（1）で論じたように、これはちょうど端賊が諒山鎮城を陥落させた時期と合致する。【表9】No. 3では申ではなく啓を発出しているが、おそらく諒山鎮城が陥落し鎮官が機能していないため鄭王に直接上啓したのだろう。当時の諒山鎮における文書行政では、首長が発出する上行文書としては申が一般的であり、首長による啓の発出は例外的事例に属すと考えられる（第1章第1節（3）参照）。また【表9】No. 4, 5は動乱がある程度終息した時点で、その時点までの自身の功績を概括的かつ簡潔に報告した文書である。ここでは、18世紀半ばにおける屈舎社韋氏の動向を詳細かつ包括的に記述しているNo. 2の申式文書を掲げる。

　本文書は景興6年に作成された諒山督鎮宛ての申であり[1]、前半では景興4年までの動乱鎮圧の際の功績およびそれに対する論功行賞を列挙し、後半では景興5（1744）〜6年の動乱鎮圧の際の功績を報告したうえで、それに対する論功行賞および管轄してきた各社の兵や民の再承認を要求している。

---

1)　本申式文書には受信者が記されていないが、諒山督鎮宛ての上行文書と考えておく。第1章第1節（3）参照。

92

第 1 節　禄平州屈舎社韋氏

まず前半の冒頭を掲げる[2]。

　諒山処禄平州屈舎社の藩臣・防禦僉事・栄寿侯が申します。来歴および自身の功績を陳情致します。元来前祖祖父は代々臣となり、誠意を尽くし尽力し、王室を輔佐し、（黎朝皇帝の）命をうけて派遣されて（賊を）征討し、いくらか功労があり、辺境を守備し、群衆を安撫し、勅命を謹んでうけ、度々高位の官職を授かり、恭しく令旨を奉じ、兵と民を管轄しました。（この状況は）子孫にまで伝わり、功臣の家柄を継承してきました。己未（1739）年、突然卑賤な輩が反乱を起こし、この日高平に（逃れて）生活の途を求めました。赴京して謹んで上啓し、恭しく奉伝を奉じ、督領官（督鎮のことか）の先頭部隊に属することを許され、賊党を攻撃し、みなすでに平穏となりました。庚申（1740）年 3 月某日になって、再び恭しく奉伝を奉じ、前内水隊[3] 林武侯に従い、八位地方で賊の戸忠・儒逢一味を征討し、ならびにその地方の民を導いて、投降帰順させ、公務を輔佐致しました。辛酉（1741）年 9 月某日に至り、恭しく奉伝を奉じ、前奉差督領官泰嶺侯に従い、先頭部隊として本処の賊徒璝基を攻撃し、賊と何度か交戦し、先頭部隊を率いて 45 人の首を斬り、銃 44 口・馬 2 匹を獲得し、先日前督

---

2)　【表 2】No. 1「韋家譜記」第 12 葉裏〜 13 葉裏に「諒山処禄平州屈舎社藩臣・防禦僉事・栄 寿侯申。為陳由来歴及己身功績事。原於前祖祖父歴代為臣、竭節宣労、輔佐王室、奉差征討、頗有勲労、守禦辺方、鎮撫群動、祇受○勅命、累蒙寵秩、恭奉○令旨、該管兵民。垂及子孫、閥閲継襲。於己未年、忽将小醜唱為乱運〔逆〕、是日投生高平。赴京謹○啓、恭奉奉伝、許属督領官先鋒、攻敦賊党、並已清平。廼於庚申年三月日、再恭奉奉伝、属随前内水隊林武侯、攻討賊戸忠・儒逢等輩在八位地方、并誘導伊民、投降帰命、済其事務。至於辛酉年九月日、恭奉奉伝、属随前奉差督領官泰嶺侯、先鋒攻討本処賊徒璝基、与賊交攻各陣、率先鋒、斬得四十五馘・挾銃四十四口・馬弐匹、日者納在前督鎮官連納。奉陞防禦僉事職、再承奉伝、刪給旧管兵民、禄平州・安博州錦段・靖茄・三弄・安快・永康・恒産・延業・太平・麗遠・福勝等社兵民、許韋世琴与前親兄冠寿□兄弟、同為該管、随本処応務、並無毫爽。」とある。
3)　隊は奇と同様に軍隊の部隊であるが、奇よりも規模は小さい。内水隊はその一つで、統率する兵数は 15 人ほどだった（『歴朝憲章類誌』巻 39、兵制誌、設置之額、中興後兵籍総数、外兵各営奇隊）。

93

第 3 章　18 世紀の諒山鎮における在地首長の動向

鎮官に納めて（朝廷に）順次納めました。命をうけて防禦僉事の職に昇進
し、再び奉伝をうけ、以前から管轄している兵と民、禄平州・安博州の錦
段・靖茄・三弄・安快・永康・恒産・延業・太平・麗遠・福勝などの社の
兵と民を支給され、韋世琴と前親兄冠寿□兄弟と共同で管轄するのを許さ
れ、本処（の官）に従って任務に当たりましたが、みな小さな過失もあり
ませんでした。

　本申の発給者である栄寿侯は、本家譜の別の箇所によれば韋福琴という名
であり、宣慰大使（正三品）の職まで昇進したとされる[4]。「諒山処禄平州屈
舎社の藩臣」と記されているので、屈舎社を貫としていたと考えられる。
　己未すなわち永佑 5 年の反乱発生時に「高平に（逃れて）生活の途を求め
ました」と記されていることから、屈舎社韋氏は諒山鎮の北隣の高平鎮に逃
亡せざるを得ないほど甚大な被害を受けたと判断できる。この時反乱を起こ
した「卑賤な輩」は、永佑 5 ～ 6 年頃に諒山鎮城を陥落させた藩臣鑽基（第
2 章第 1 節（1）参照）を指すのだろう。
　韋福琴は辛酉すなわち景興 2 年に璠（鑽）基を攻撃した後に防禦僉事に昇
進しており、反乱鎮圧の功績によって黎鄭政権から官職を授与されたことが
わかる。また奉伝によって「以前から管轄している兵と民、禄平州・安博州
の錦段・靖茄・三弄・安快・永康・恒産・延業・太平・麗遠・福勝などの社
の兵と民を支給され」ている。社の兵と民の支給とは、第 1 章第 2 節で述べ
た各社の税課と兵役の管轄の委任を指すのだろう。ここから、屈舎社韋氏が
反乱鎮圧の功績によって従前の管轄（屈舎社などか）に加えて新たに 10 社の
管轄を許可されたことがわかる。
　また本申の続く箇所では壬戌すなわち景興 3 年に言郡なる人物の集団が禄

4)　「…（前略）…生下栄寿侯韋福琴、襲承父業該管兵民、恭奉勅命、為宣慰大使職、仍爵」（【表
2】No. 1「韋家譜記」第 5 葉表～裏）。なお韋福琴と引用箇所中の韋世琴は同一人物と考えられ
る。以下史料原文の引用を除いて韋福琴で統一する。

94

第 1 節 禄平州屈舎社韋氏

平州を侵略した際の様子が記される[5]。

　壬戌（1742）年 8 月某日に至り、賊徒言郡が棍徒 1,000 人以上を呼び集め、
禄平州各社の人民を騒擾し、残虐より甚だしいものでした。故親兄冠寿お
よび右捷奇[6]随号允忠、ならびに清乂優兵[7] 7 人は力不足で制圧すること
ができず、同時に被害を受けました。韋世琴は軍門（諒山鎮城か）で任務
に当たっておりましたが、鎮官嶺石矦の付をうけて派遣されて征討し、戦
闘で賊の首を斬り、銃・武器を獲得し、および言郡を捕獲し、諸府門（諒
山鎮官か）に送り（朝廷に）解送し納入致しました。近頃前鎮官が旧来通
りに伝を奉じ、以前のように各社の兵や民を支給し、韋世琴が管轄し、本
鎮（の官）に従って任務に当たるのを許可されました。

　ここでは言郡の禄平州侵略の際に文書作成者である韋福琴の兄である冠寿
（爵号か）が死亡している。韋福琴の兄であることから、相応の有力者と考え
て差し支えないだろう。かかる人物の死は、間違いなく屈舎社韋氏にとって
痛手だったに違いない。またこの時には、右捷奇随号允忠や清乂優兵など他
地域から諒山鎮に派遣された応援部隊も被害を受けており、被害の甚大さが
窺える。むろん本文書は諒山督鎮宛ての上申であるため誇張や脚色が含まれ
ている可能性もあるが、高平鎮への逃亡や構成員の死亡などの内容は完全な

---

5)　注 2 の引用箇所に続けて「迺於壬戌年八月日、賊徒言郡嘯聚棍徒外千余人、侵破禄平各社人
　民、甚於酷害。其前親兄冠寿及右捷奇随号允忠、并優兵七人力不能制、一時被害。其韋世琴在軍
　門応務、承鎮官嶺石矦付差攻勤、陣前斬得賊馘、收得銃口・器械、及浮［俘］獲言郡、通諸府
　門解納。間者承前鎮官依前奉伝、刪給付各社兵民如原、許韋世琴該管、随本鎮応務。」とある（【表
　2】No. 1「韋家譜記」第 13 葉裏〜 14 葉表）。
6)　奇については第 1 章注 32 参照。右捷奇は奇の一つであり、400 人を統率していたとされる
　（『歴朝憲章類誌』巻 39、兵制誌、設置之額、中興後兵籍総数、外兵各営奇隊）。
7)　「優兵」とは黎朝復興の主力となった清華・乂安出身の兵士のことで、黎鄭政権の軍隊の中心
　となっておおいに優遇されたので優兵と呼ばれた［藤原 1986c: 558］。おそらくは右捷奇随号允
　忠により統率されて諒山鎮の防備に当たっていたのだろう。

第3章　18世紀の諒山鎮における在地首長の動向

捏造とも考えづらく、18世紀半ばに禄平州は頻繁に動乱に巻き込まれる中で屈舎社韋氏が被害を受けたのは事実と考えて良いだろう。

また前述の如く景興2年には反乱鎮圧における功績をうけて黎鄭政権が奉伝を発給し、韋氏の管轄を承認していたが、それは景興3年の箇所でも同様であり、韋福琴が言郡を捕獲すると伝により従来通り各社の兵や民の管轄を承認されている。さらに本申の続く箇所[8]では、癸亥すなわち景興4年に端郡（端賊か）により団城すなわち諒山鎮城が侵略され諒山鎮官が死亡したことをうけ、端郡を征討して功績を奉差京北道統領官綿郡公に報告し（【表9】No.3の文書に対応）、鄭王の令旨により招討僉事（正六品）[9]に昇進、伯爵が授与され、同年6月新たに赴任した泰嶺侯によって旧来の管轄が承認されている（「依如原管」）。以上のように、屈舎社韋氏に功績があるたびに、黎鄭政権が文書の発給を通じて官職を授与すると同時に彼らの管轄を承認していることが看取できよう。

次に、本申の後半部[10]では、甲子すなわち景興5年に嘉関社（京北鎮保禄

8）　注5の引用箇所に続けて「于癸亥年四月日、賊徒自称端郡及外国棍徒三衝等輩侵破団城、官軍被害。其世琴在屯、忽見急報、即刻糾率内該各社兵丁、尽率先鋒黄鋭基・阮儒琢攻破各陣、斬得賊馘、及生擒銃口・馬匹・旗鼓・器械等物。間者備類功績、納在奉差京北道統領官綿郡公逓納。恭奉○令旨、准放陞招討僉事職・伯爵。於是年六月日、奉見奉差官督鎮前泰嶺侯、赴任本処。日者照査功績、憫有微労、依如原管、再示給賞先安州定立・丙舎・堅木等社民兵、許黄鋭基為該管、立屯禦在伊地方、制禦賊徒。□督鎮官、任未半年、忽被不禄。」（【表2】No.1「韋家譜記」第14葉表～15葉表）とある。

9）　『官制典例』巻2、第10葉裏、軍民招討使司に「招討僉事〈正六品〉」とある。

10）「於甲子年八月日、再恭奉伝攻禦鯑賊。日者韋世琴・黄鋭基糾率本号官兵、整備旗職・器械・銃口・薬弾、進就嘉関、築塁攔截。于是年十月初五日、賊徒侵破禄平州錦段・錦花・三弄等社、承票旋回攻勦。其韋世琴率本校差防禦僉事鋭基黄廷楊、星飛日夜、進回攻討、不旬日間、賊徒敗走、伊方復業如故。又是年十月二十六日、黄歯賊侵破攻文蘭・文淵等州地方人民、甚於残害。承付差攻勦、出疆入険、自十月至正月日、与賊交各陣、斬得賊馘、与俘獲生擒銃口・旗鼓。攻［功］績已有転○啓、未蒙斡。及旃於乙丑年二月初四日、賊徒□副仕社瑟等嘯聚、在東朝・陸岸等地方、侵破安博州。于時承付差率本号官兵、直抵陸岸県、攻討賊徒敗走、招撫万民、各復回生業、再訂期交攻与瑟賊。且聞鎮所被外国棍徒潜夜焼破、掠取財物。其韋世琴聴聞消息、忐忑中肝、日夜旋回鎮所応務。於是年三月十七日、賊徒□功厚嘯聚外国棍徒等輩、侵破先安州及安広州潯浚↗

県［吉川（近刊）］）を鯷賊なる集団の攻撃から守り、禄平州錦段社などを侵略した賊徒を征討したこと、同年に文蘭州・文淵州を攻撃した黄歯賊を征討したこと、以上の功績は「転啓」すなわち鎮官の啓により鄭王に転達されたもののまだ恩賞をうけていないこと、乙丑すなわち景興6年に安博州を侵略した瑟賊なる集団や、鎮の治所を攻撃した「外国」（国外から到来した者［吉川 2024: 78-79]）の暴徒を征討したことなどが記されている。鯷賊については、青池県盛烈社裴氏の『裴氏家譜』に「是後盗賊蜂起、西有庚五、東北有阮求〈辰人号鯷賊、貫清河県雷同社、並称勁敵〉。官軍討之、連年不克、京城騒動」[11] とあり、1740年代に黎鄭政権に対して反旗を翻していた阮有球を指していると考えられる。阮有球はもともと海陽鎮を拠点に活動していたが、景興5年頃から京北鎮で活動しており[12]、隣接する諒山鎮に接近することもあったのだろう。

　このように本申で韋福琴は景興5〜6年にも功績を上げたことを主張したうえで、末尾（本章注10の下線部）において、従来管轄していた各社の兵と民の管轄の再承認と、鄭王の令旨の発給を要請している。ここで韋福琴が最終的に鄭王の令旨を要求していることからも、彼らにとって示や付など諒山督鎮が発給主体の文書より鄭王の令旨のほうが重要性が高いと認識されていたと想定される。

　以上を総合すると、18世紀半ばにおいては諒山鎮城だけでなく禄平州も頻

地界、承付差糾□管兵丁□率、防禦劍事黄鋭基与百戸阮儒球、率先鋒直抵賊屯、交鋒各陣、奮力先鋒前斬得賊馘、及生擒銃口・器械等項、已備投納。為此備実来申、乞審実攻［功］績内、恤及微□、刪給旧管如原錦段・靖茄・三弄・安快・太平・福勝・珠巻等社兵民為該管、啓聞洞達、恭乞令旨、奉回敘賜、仰蒙万頼。景興六年四月十　日○申。」（【表2】No. 1「韋家譜記」第15葉裏〜17葉表）。

11)『裴氏家譜』第25葉表〜裏（漢喃研究院所蔵 A. 1002）。

12) たとえば『大越史記全書続編』巻4、景興5年5〜7月条に「黄五福攻塗山、克之。有求遁入京北、拠寿昌河」とある。なお【表11】No. 15で鯷賊が逃れた武崖や右隴は、それぞれ太原鎮・京北鎮に属す県名である（『大南一統志』巻38、北寧省、建置沿革、第7葉裏〜8葉表および同巻35、太原省、建置沿革、第52葉裏）。

第 3 章　18 世紀の諒山鎮における在地首長の動向

繁に動乱に巻き込まれ、屈舎社韋氏も高平鎮への逃亡や構成員の死亡など小さくない被害を受けており、首長の地位も不安定だったと思われる。かかる状況下で、韋氏に対し動乱鎮圧などの功績があるたびに、黎鄭政権は令旨や奉伝など文書の発給によって頻繁に首長に官職を授与し、各社の管轄を承認していた。前述の鑽基のように首長からも黎鄭政権に対し反旗を翻す者が現れるという流動的な情勢の中で、首長たちを自らの側につなぎ止めておこうという黎鄭政権側の意図の表れといえよう。

　第 1 章第 2 節で考察した禄平州率礼社韋氏の事例においても、彼らが藩臣鑽基、端賊、黄歯賊などの動乱を討伐すると、諒山督鎮や鄭王の名義で示・付・令旨などの文書が発給されていたが、これらの内容はいずれも高楼総 5 社における税課や兵役の管轄の承認であった。すなわち黎鄭政権は、禄平州率礼社韋氏に対し文書の発給を通じて頻繁に彼らの管轄を承認しており、その背景に、流動的な情勢の中で首長たちを通じた支配を機能させようとする黎鄭政権の意図があったことは間違いないだろう。

　また首長たちの側もかかる黎鄭政権の施策を利用している様子が窺える。前述の如く諒山督鎮宛ての上申文書の末尾において、屈舎社韋氏は従来管轄していた各社の兵や民の再承認を要請していた。第 1 章第 2 節で述べたように社ごとの徴税を担当することは首長たちにとっても寓禄の獲得や各種経費の徴収といったメリットがあったため、彼らはその権益を保持するために管轄の再承認を求めたのだろう[13]。いうまでもなく動乱が多発する状況下では、彼らが既得権益を保持するのは困難だっただろう。そこで彼らは黎鄭政権との関係構築を通して権益の獲得と保持を企図したのである。

---

13)　ただし、景興 2 年の際には黎鄭政権から韋氏に兵や民が支給された社として 10 社が挙がっているが、本章注 10 で掲げた史料の末尾（下線部）で列挙される再承認を要請する社の数は 7 であり、韋氏が徴税と徴兵を管轄する社の数が減少している。詳細な背景は不明であるが、おそらくは既述のように、動乱の多発や首長の地位の不安定さなどを原因として、首長が管轄する社も固定していたわけではなく、その数の増減が常態化していたのだろう。本章第 2 節で考察する禄平州率礼社韋氏の事例も参照。

第2節　禄平州率礼社韋氏

(1) 管轄の社の削減

　ここでは景興39年6月二十某日付で禄平州率礼社韋氏の韋廷偵が発出した申（【表5】No.10）を使用する。受信者は記されていないが、諒山督鎮と考えて良いだろう（第1章第1節 (3) 参照）。本文書においては、冒頭で始祖以来の系譜、ついで1730年代末以降の動乱鎮圧の際に発信者の父親（韋仲容）が上げた功績、文書発信者（韋廷偵）自身の功績や経歴、管轄社数の削減の経緯が記された後、最後に管轄社数の回復の請願で締めくくられている。このように全体として、管轄社数の回復のために自身の正統性や先祖代々の功績を申告する構図になっている。そこで最初に、管轄社数の削減の経緯を記した箇所を引用する[14]。

　戊子（1768）年、（韋廷偵は）前鎮官呉陳植の示[15]をうけ、息子の韋廷珠・韋廷隆らに5社の兵や民を共同で管轄することを許可されました。本年この官（呉陳植）は内該民[16]の海晏・禄安・西平3社を選び取って内鎮の兵・民とし、代わりに義泉・達信2社を支給することを決定して先例とされました。しかしながら義泉社は本社の立武伯が巡視しており、（韋廷偵たちは）粗忽にもその駐屯地（管轄？）を喪失しました。ほどなく、彼は再

---

14)「戊子年、承前鎮官呉陳植示、給親男韋廷珠・韋廷隆等為同管五社兵民。是年所被伊官創為始例、揀取内該民海晏・禄安・西平三社、[入]為内鎮兵民、而替給義泉・達信二社。然義泉社乃本社立武伯巡略、疎忽被失其営［管？］。未幾、伊復領得奉伝、撥回伊社該管。其達信社、由素貧漂、未幾亦漂失跡、間已承将納入、至茲未承替給。」（「諒山省文淵州高峙衛高楼総各社古紙」第16葉裏〜17葉表）。

15)「諒山省文淵州高峙衛高楼総各社古紙」第9葉表に収録される景興29年10月21日付の呉陳植の示（【表5】No.7）を指す。

16)「内該民」の意味は不明だが、管轄対象の民の意か。

第3章　18世紀の諒山鎮における在地首長の動向

び奉伝を受け取り、その社の管轄を支給されました。達信社は、以前から（民が）貧しく流亡しており、ほどなくまた流亡して失跡してしまったので、しばらくしてすでに（鎮官に）返納し、ここに至ってもまだ代替支給を頂いておりません。

　第1章第2節で述べた通り、18世紀半ばに置いて禄平州率礼社韋氏は高楼総の率礼・高楼・禄安・海晏・平西5社における徴税や徴兵を管轄していた。しかし本申によれば、戊子すなわち景興29年に諒山督鎮呉陳植[17]が旧来率礼社韋氏が管轄していた禄安・海晏・平西（西平）3社を「内鎮」に編入した後、韋氏には代わりに義泉社・達信社が支給されるが、これらの社は別の首長（立武伯）が巡視している、ないし民が流亡しているなどの理由で諒山鎮官に返納し、その後代替支給はなかったという。そもそも義泉社は七泉州、達信社は安博州にそれぞれ属しており、率礼社からは離れているため、韋氏が徴税・徴兵を管轄するのも困難だっただろう[18]。このように、景興29年に呉陳植が禄安社・海晏社・平西社を「内鎮」に編入したのを契機に、率礼社韋氏が徴税や徴兵を管轄する社の数が5から2に減少したことがわかる。「内鎮」とは、第2章70〜71ページで取り上げた「内鎮の正兵」すなわち諒山鎮全域で徴発される兵数の中の諒山鎮官が直接指揮する部隊と考えられる。また、前掲の韋廷偵の申では、禄安など3社が「内鎮」に編入されると藩臣である韋氏が3社における税課や兵役の管轄を喪失していた。これら

---

17)『大越史記全書続編』巻5、景興29年3月条には「令諒山沿辺、植木表以別北界。従督鎮呉名植之請也。」とある。呉名植は呉陳植に当たると考えられ、ここから呉陳植が督鎮であったことがわかる。

18) 阮朝初期に編纂された『各鎮総社名備覧』諒山鎮によれば、義泉社は七泉州南山総、達信社は安博州太憑総にそれぞれ属しているが、いずれも『同慶御覧地輿誌』では見当たらない。なお達信社は紹治元年にも丁数が2率のみであることが報告されている（【表19】No. 1）。農人など移動性が高い住民から構成されており、王朝権力が住民を把握するのが困難だったのかもしれない。なお義泉社を巡視していたという立武伯については詳細不明である。

100

を考え合わせると、「内鎮」に編入された社における徴税と徴兵は鎮官（ないしその属吏）が担当し、その社から徴発される兵は藩臣ではなく諒山鎮官指揮下の「内鎮」なる部隊に編入されたと考えるのが自然だろう。とすれば景興29年に諒山督鎮呉陳植が率礼社韋氏の管轄の3社を「内鎮」に編入した目的の一つは、諒山鎮官直属の「内鎮」部隊の増強（ないし結成）と考えられる。

　また、諒山鎮官が首長の管轄の社を「内鎮」に編入したことは、当時の首長の在地性を考えるうえで非常に興味深い。韋氏は、本文書の冒頭で自らを「長慶府禄平州率礼社の藩臣」と称し[19]、始祖以来の来歴を陳述する中で率礼社を本貫かつ居住地としてきたと述べている（本章注25）。また第1章第2節で掲げた鄭王の景興11年7月2日付令旨（【表5】No. 4）にも「諒山処禄平州率礼社の藩臣」とあり、率礼社を貫としていたことは間違いない[20]。当該令旨に記される率礼社の税額や兵数が他社よりも多いことからも、首長の貫であるが故に彼らの影響力によって住民の編籍が進み、それに応じて多くの税額や兵数が設定されたと考えられる。このように率礼社については韋氏の在地性が確認できる。

　一方禄安・海晏・平西3社については状況が異なる。これらの社が景興29年に「内鎮」に編入された後の経緯について、本文書では、先の引用箇所に続けて以下のように述べる[21]。

---

19)「長慶府禄平州率礼社藩臣・中左号副号・防禦僉事・珣武伯韋廷偵、男子韋廷鑑・韋廷珠・韋廷隆等申。為陳由先世譜係［系］、已身履歴。従来奉有差行、粗効微労、仰蒙照恤、奉敩敕令、継襲該管兵民。仍各具事跡、備実類計于后。」（「諒山省文淵州高峙衛高楼総各社古紙」第12葉表）。
20) 三教祠を建造した際の功徳碑である「三教祠功徳碑」（景興40年立碑、【表1】No. 15）においても、「禄平州率礼社勝前号副号珥武伯韋廷偵」として登場する。
21)「其禄安社、於壬辰年、承見旧鎮官慶川伯撥給守隘号琞忠侯該管。是則内該民三社、無故控失、只存高楼・率礼二社。父子四人同管、如有応務差行、難堪調撥。…（中略）…至丙申年、承旧鎮官黎仲信与前督同官李陳棟等照恤事情、仍還給旧令所管西平・海晏二庄。未幾、承前鎮官武基又拠鎮兵民復収入内。」（「諒山省文淵州高峙衛高楼総各社古紙」第17葉表～18葉表）。

101

第 3 章　18 世紀の諒山鎮における在地首長の動向

禄安社は、壬辰（1772）年に旧鎮官慶川伯が守隘号提忠侯に支給して管轄させました。これはすなわち内該民の 3 社が理由もないのに失われ、ただ高楼・率礼 2 社しか残っていないということです。父子 4 人が共同で管轄しており、もし任務や派遣があれば、分遣に堪え難いでしょう。…（中略）…丙申（1776）年に至って、旧鎮官黎仲信[22]と前督同官李陳櫑[23]らに事情を憐れんで頂き、そこで以前の命令によって管轄していた西平・海晏 2 庄を再び支給して頂きました。ほどなくして前鎮官武基はまたもや兵と民を安撫するという理由で（？）、再び（官に）収めて内（内鎮か）に入れました。

　これによれば、海晏・平西 2 社は「内鎮」に編入された後、丙申すなわち景興 37 年には鎮官黎仲信らによって再び率礼社韋氏の管轄とされた[24]が、まもなくして新たに赴任した鎮官によって再び「内鎮」に編入され、禄安社に至っては壬辰すなわち景興 33（1772）年に諒山鎮官慶川伯によって守隘号提忠侯すなわち脱朗州有秋社の阮廷璿（【表 4】No. 62, 69, 104 など）に支給されたという。このような徴税や徴兵の管轄者の度重なる変更は、禄安・海晏・平西 3 社において韋氏が在地性を有さない可能性を示唆しよう。少なくとも当時の諒山鎮官は、韋氏とこれら 3 社との結びつきは強くなく、ほかの首長や鎮官自身（ないし彼の属吏）であっても徴税や徴兵を管轄可能であると認識していたといえる。第 1 章第 2 節で取り上げた鄭王の景興 11 年 7 月 2 日付令旨（【表 5】No. 4）に記載されるこれらの社の税額や兵数が率礼社などに比べて極端に少ないことも、王朝権力や首長の影響力がほとんど及んでおらず、住民の編籍が進んでいないことの表れだろう。当時在地首長が税課

22）『大越歴朝登科録』巻 3、第 58 葉裏（漢喃研究院所蔵 A. 2752）によれば、景興 9（1748）年戊辰科進士。唐豪県遼舎社の人。

23）『大越歴朝登科録』巻 3、第 63 葉裏によれば景興 30 年己丑科進士。慈廉県雲耕社の人。

24）この時鎮官から発給された示式文書は【表 5】No. 9 に当たる。

や兵役を管轄する社には、自らが拠点とする社とそうではない社とが存在しており、在地首長が管轄下の全社に対し在地性を有するわけではなかったのではないだろうか。

話を率礼社韋氏に戻すと、鎮官からの圧力によって管轄の社が「内鎮」に編入され、彼らの管轄の社が5社から2社のみに減少してしまう。このような状況下で作成されたのが管轄社数の回復を要求する本申である。そこで、項を改めて彼らの主張を考察する。

(2) 韋廷偵の主張

本申の冒頭で記されるのが始祖韋世徳の功績と移住経緯である。該当箇所を引用する[25]。

> 始祖淶郡公韋世徳の本貫は乂安処天禄県髪舎社です。昔時に忠誠を尽くして義兵を起こし、国家において功がありました。聖徳を賜り、わずかな労苦を憐れんで頂き、（勅を？）賜って諒山処の藩臣となり、国家と苦楽を共にし、功臣の家柄を継承し、禄平州率礼社を本貫かつ居住地とし、令旨を発給され、高楼総5社・広儲総4庄を管轄しました。

ここでは始祖韋世徳の本貫は北中部の乂安鎮であり、功績を上げて諒山鎮の藩臣に任じられ、禄平州率礼社へ移住してきたと記されている。おそらくこれは現ランソン省で現存する首長集団の家譜の多くに見られる、「自らの始祖は乂安出身で、15世紀初頭の明朝軍駆逐と黎朝の創建に貢献し、黎朝皇帝（黎利）の命をうけて移住し諒山鎮を守備するようになった」とする祖先

---

25)「始祖淶郡公韋世徳貫乂安処天禄県髪舎社。昔時効忠起義、於国有功。奉蒙聖徳、軫籙微労、欽賜為諒山処藩臣、与国同休、閥閲継襲、以禄平州率礼社為貫居、奉給令旨、該管高楼総五社・広儲総四庄。」（「諒山省文淵州高峙衙高楼総各社古紙」第12葉表～裏）。

103

第 3 章　18 世紀の諒山鎮における在地首長の動向

移住伝承の一つで[26]、管見の限り本文書はかかる伝承を記す最も古い史料である。ここで韋氏は（内容の真偽は措くとして）始祖の功績や移住経緯を記すことで自身の藩臣としての正統性を主張しているといえよう。

　本申の続く箇所では、1730 年代末以降の動乱に際する父親韋仲容の功績、および文書発信者（韋廷偵）自身の功績が長々と記されている【表 10】。そして本申の末尾では「韋廷偵および息子たちは命をうけて任務に当たってから、みな過失はありません〈示・付・票・跡各道を所持しております〉。まことに隠蔽はありません。いま差をうけ（？）実情を記して申によって上申致します。その陳述した来歴を調べ、文書内（の内容）については前後で間違いないことを審査し、（本文書の内容を）上啓によって転達し（鄭王に）上達することをお願い致します。そうすれば（鄭王の）裁可を得て令旨がくだされ、以前のように管轄して継承することができるでしょう。…（後略）…」[27]とあり、諒山督鎮に対して「転啓」すなわち本申の内容の鄭王への上啓を要請し、鄭王の令旨による管轄回復の承認を請願している。このように本文書で韋廷偵は、自身の藩臣としての正統性や功績を主張することで諒山督鎮に対して旧来の管轄の回復を要求している。

　第 1 章で指摘したように社ごとの徴税を担当することは首長たちにとってもメリットがあったが、率礼社韋氏の事例が示すように、1760 ～ 1770 年代には王朝権力（地方官）からの圧力によって「内鎮」に編入される可能性があり、首長の権力基盤は一層不安定化していた。また、韋氏の管轄の禄安社

---

26) これらの祖先移住伝承については［Poisson 2004: 124-125; 2009: 17］［Nguyễn Quang Huynh（chủ biên）2011］［伊藤 2022: 49-51］などを参照。なお史料的な制約のため、この祖先移住伝承の真偽を論証することは困難である。

27) 「韋廷偵及親男等自承応務以来、並無事過〈具有示・付・票・跡各道〉。実無隠諱。茲承差及為備実来申。乞審其履由来歴、詞内照査前後的実、転啓洞達、庶得准敘令旨、該管継襲如旧。其憑拠各道若干、乞別計詞、逐一釘納。其田当管庶民、開列于后。…（中略：旧来の管轄 5 社の兵数を列挙）…景興三十九年六月弐拾　日申陳由詞。珣武伯韋廷偵記」（「諒山省文淵州高峙衛高楼総各社古紙」第 18 葉表～裏）。

第3節　文蘭州周粟社何氏

がほかの首長の管轄となったことは、ほかの首長との競争という側面もあったことを示唆する。その状況下で率礼社韋氏は、始祖の功績や黎朝に対する代々の功績や自身の正統性を主張することで鄭王の令旨による旧来の管轄の承認と復活を要求し、自らの権益の保持を企図したのである。

第3節　文蘭州周粟社何氏

　文蘭州周粟社何氏については、後裔のハ・ホン Hà Hồng 氏所蔵の申式文書を使用する[28]。ただし損傷がひどく、発出された年月日を記した箇所は欠落している。本申は以下のような書き出しで始まっている[29]。

　諒山処文蘭州周粟社の藩臣、正右号首号・招討使司・楊忠伯何国馱、親男輔……武何国馱らが申します。一族の事蹟および自身の功績を陳情致します。もともと何国馱らは前始祖の提督寧川侯何鶴……膠水県平居社（を貫としていました？）。折しも呉寇（明朝軍）が国を侵略し、黎太祖がおおいに義兵を起こして呉賊を撃退し、中興一……するのにつき従いました。順天元（1428）年、功臣に封じられ、印信を授与され、輔導となるのを許可され、南関（鎮南関）を守備し、文蘭州・文淵州を管轄し、周粟社を貫籍としました。

　本文書の発出された年月日は不明だが、発出者である何国馱らの肩書（藩

28）2016 年 9 月 22 日にヴァンクアン県スァンマイ Xuân Mai 社コンケ Khòn Khè 村のハ・ヴァン・ザン Hà Văn Giang 氏宅で撮影させて頂いた。

29）「諒山処文蘭州周粟社藩臣正右号首号・招討使司・楊忠伯何国馱・親男輔…（6 文字ほど欠）…武何国馱等申。為陳由宗跡及己身功績事。原何国馱等由前始祖提督寧川侯何鶴…（6 文字ほど欠）…膠水県平居社。于時呉寇侵国、奉随黎太祖大起義兵勦除呉賊、中興一一（7 文字ほど欠）…順天元年、大封功臣、欽授印信、許為輔導、守禦南関、該管文蘭州・文淵等州、以周粟社□貫籍」。

第3章　18世紀の諒山鎮における在地首長の動向

臣という称号、正右号首号という号を冠した官職など）が黎鄭政権期の官職
であること、文蘭州が黎朝期の名称であること[30]、申が黎鄭政権期〜阮朝初
期に一般的な文書形式であること（序章第3節）、18世紀半ばの功績が列挙
されていること（後述）などから、18世紀後半に発出された可能性が高い。
何氏の成員については、18世紀後半の他史料に何国驥ら数名の姓名が記され
ているが[31]、何国駃らの姓名は見当たらない。ただ後述【表11】No. 3で何
国驥がオイ（親侄）と記されており、何国駃は何国驥のオジであることがわ
かる。本申の充所は記されていないが、諒山鎮の在地首長が発出したほかの
申式文書（第1章第1節）と同様に鎮官宛てと考えて良いだろう。

　本申の冒頭では何氏の祖先移住伝承が記されており、始祖何鶴がもともと
山南鎮膠水県（現ナムディン省ザオトゥイ Giao Thủy 県）平居社[32]を貫とし
ていたとされている。「自らの始祖は15世紀初頭の明朝軍駆逐と黎朝の創建
に貢献し、黎朝皇帝（黎利）の命をうけて移住し諒山鎮を守備するように
なった」とする祖先移住伝承は、前述のように現ランソン省で現存する首長
集団の家譜の多くに見られるが、その大半は始祖の出身地を乂安（現ゲアン
省）とする［Poisson 2004: 124-125］［Nguyễn Quang Huynh（chủ biên）
2011］［伊藤 2022: 49-51］。管見の限り本申は、本章第2節で取り上げた景
興39年の韋廷偵の申と共に、上述の伝承を記す最も古い時期の史料である。
むろんこれらの伝承の真偽は不明だが[33]、韋廷偵の申と同様に何国駃の申も
始祖の功績や移住経緯を記すことで自身の藩臣としての正統性を主張してい

---

30)『大南一統志』巻41、諒山省、建置沿革、文関県、第69葉裏に「黎初置曰文爛州、藩臣〈缺
　　名〉世襲。本朝嘉隆改今県名、仍以藩臣襲管」とある。

31)『北使通録』巻1に収録される景興20年12月某日付申式文書（第1章注26）に「正後号首
　　号・防禦使・伝基伯何国𩃶」とあるのが初出である（【表4】No. 68）。また景興32（1771）年立
　　碑の「野岩石橋碑記」（【表1】No. 11）に記される何国賛（【表4】No. 79）も同一人物である。
　　18世紀後半の史料に記されるほかの何氏の成員については【表4】を参照。

32)『各鎮総社名備覧』山南鎮には、膠水県に平居社は見られない。

33) 黎朝の開国功臣に何鶴なる人物は確認できない。黎朝の開国功臣については［八尾 2009: 51-
　　81］を参照。

第3節　文蘭州周粟社何氏

るといえよう。何国騋の申の発出目的は損傷により不明だが、韋廷偵の申は
管轄社数の回復のために自身の正統性や先祖代々の功績を申告するものだっ
た（本章第2節）。何国騋の申も、同様の背景によって発出された可能性もあ
ろう。

　上掲の引用箇所に続く箇所では始祖以来の系譜および先祖代々の功績が記
されており、その後何国騋の功績が記されている[34]。

　何国騋ら（の代）になると、戊午（1738）年6月某日に、総撫官戸部尚書・
肇郡公の示をうけ、故オジ防禦僉事・璵禄伯何国騅と共に温州枝陵・芝関
2社を管轄し本処（諒山鎮）で任務に当たるのを許可されました。己未
（1739）年に至り、はからずも瓚基（鑽基）という名の逆臣が反乱を起こし
ました。何国騋は京師に赴き謹んで上啓し、忠誠を尽くして恭しく奉伝を
奉じ、先頭部隊として先導し、賊の集団を掃討し、この時から今まで何度
も従軍して戦いました。息子の輔導垣基（伯？）何国駬・檔武（伯？）何
国馘らは家丁・手下を招募し、従軍して（賊軍を）討伐し、わずかながら
功労がありました。3父子共に文蘭州の義烈・博浪［朗］・雲夢・陸奇・富
潤・永頼・兜藻・繁花［華］・芝蘭［関］・周粟、文淵州の安越・春院など
の総・社の兵や民を管轄し、従軍して任務に当たり、みな過失はありませ
ん。各期に督領・督鎮・督同などの官の命をうけて派遣され、先頭部隊と
して賊を破り防ぎ守った功績を、以下に記載致します。

34）注29の引用箇所に続けて「衍至何国騋等、於戊午年年六月日承総撫官戸部尚書・肇郡公示、給
　許同管与前父兄防禦僉事・璵禄伯何国騅、該牧温州枝梭［陵］・枝蘭［芝関］二社与本処応務。
　至己未年不意逆臣名瓚基猖乱。其何国騋赴京謹啓、効忠恭奉○奉伝、先鋒向導、勦除賊党、自此
　至茲累累随軍戦陣。及親男輔導垣基何国駬・檔武何国馘等招募家丁・手下、従軍攻討、少有寸
　労。庶三父子共承得該管文蘭州義烈・博浪・雲夢・陸奇・富潤・永頼・兜藻・繁花・芝蘭・周
　粟、文淵州安越・春院等総社兵民、随軍応務、並無差爽。所有各期承督領・督鎮・督同等官差撥、
　先鋒破賊・屯賊・禦賊功績、開列于后。」とある。

第 3 章　18 世紀の諒山鎮における在地首長の動向

　何国駬の功績として、まず 1730 年代末における鑽基との戦闘が記されている。鑽基の征討のみ後述する各種功績と区別して記されている理由は記されていないが、すでに鄭王府に報告されているためなのかもしれない。また鑽基が反乱を起こすと何国駬は京師に赴き上啓して報告したとあるが、前述の脱朗州有秋社の阮廷珧（第 1 章注 54）や禄平州屈舎社の韋福琴（本章注 2）と同様の行動である。何国駬らは鑽基の征討に際して功績があったようで、文蘭州 10 社、文淵州 2 社の「兵・民」すなわち徴税・徴兵の管轄が認められている。何氏も禄平州率礼社韋氏・禄平州屈舎社韋氏・脱朗州有秋社阮廷氏と同様に軍事的功績によって管轄対象が承認されていることがわかる。

　上述の引用箇所に続く箇所では景興 2 年以降の功績などが列挙されており【表 11】、1740 年代以降の各種功績を鎮官にまとめて報告するのが本申の主な目的だと思われる。かかる申を何国駬が発出した理由は、損傷のために読み取ることはできない。ただ禄平州屈舎社韋氏は管轄の再承認のために景興 6 年にそれ以前の功績を申でまとめて報告している（本章第 1 節）。また禄平州率礼社韋氏の場合も、減少した管轄対象の回復のために自身の経歴と功績を鎮官に申告していた（本章第 2 節）。何国駬の場合も禄平州屈舎社韋氏・禄平州率礼社韋氏と同様に、自身の功績を鎮官に申告することで自身の権益の維持・拡大を企図していた可能性はおおいにあるだろう[35]。

　何国駬らの各種功績は、大別して動乱の鎮圧（【表 11】No. 1, 2, 6, 8, 9, 10, 11, 12, 13, 15, 16, 18, 19, 21）と徴税と徴兵の管轄（【表 11】No. 3, 4, 11, 14, 19, 25, 28, 29）、対清朝関連（【表 11】No. 4, 5, 7）、木材の調達（【表 11】No. 17, 20, 22-24）[36]、流民の招集（【表 11】No. 28）に分けられる。

　動乱の鎮圧については、鎮圧対象が不明なものも多いが、景興 2 年頃の鑽

35）逆にいえば、1740 年代前半の動乱多発期には鎮官が首長への官職授与や管轄承認をある程度自由裁量でおこない、中央には事後報告するのが一般化していたのかもしれない。この点は今後の課題としたい。

36）木條は木材の一種と思われる［吉川 2021a: 72-73］。

基（【表11】No. 1, 2）、景興6年頃の黄歯賊（【表11】No. 13, 16）は他史料にも記載されている（第2章第1節参照）。また鯑賊（【表11】No. 15）は、禄平州屈舎社韋氏家譜に収録される行政文書でも景興5年頃に京北鎮保禄県嘉関社を騒擾している（本章95～96ページ）。

　何氏による徴税と徴兵の管轄について、【表11】では鎮官により何度か管轄を承認されている（No. 3, 4, 11, 14, 25, 29）。先述の1739年の事例と合わせて、その変遷を社ごとにまとめたのが【表12】である。【表12】を見ると同一の社の管轄が何度も承認されていることがわかる。禄平州率礼社韋氏の事例（本章第1節）と同様に、流動的な情勢のもとで黎鄭政権が首長たちを支配下に留めておこうとすると同時に、首長たちの側も自身の権益を保持するために管轄の再承認を黎鄭政権に求めたのだろう。また何国駟は景興2年11月にオイ何国驥らと共に約20社を共同管轄することを鎮官に認められているが（【表11】No. 3）、主に1739年に承認された管轄対象とは別の社であるため、本来は何国驥らの管轄だが、なんらかの事情により何国駟が暫定的に管轄することになったのだと思われる[37]。

　対清朝関連については、如清使節の行路の治安維持（【表11】No. 4）、鎮南関に至るルート上の橋梁や交通路の修築、および候命官[38]の迎接や鎮南関での任務（【表11】No. 5）、清朝への犯罪者の引き渡し（【表11】No. 7）などが記されている。前二者は景興2年の歳貢使派遣[39]の際の任務であろう。清朝への犯罪者の引き渡しも含め、清朝との交渉は守隘という肩書を帯びた諒山鎮の首長が担当していた（第1章第3節）。文蘭州周粟社何氏は、諒山鎮の中でも文淵州や温州といった内陸部に集住しているため、彼らの中に守隘

---

37) 推測できる事情としては、何国驥の父親が死亡し、何国驥が成人するまで何国駟が暫定的に管轄することになった、などが挙げられる。また阮朝初期には20社のうち10社の管轄が文淵州野岩社の正首校何国駝に継承されている（第4章第3節 (2)）。

38) 候命官は使節派遣に先立って鎮南関に派遣され、清朝側の応答を待つ、清朝側の動向を報告するなどの任務を帯びていた［吉川 2021b: 11］。

39) 『大越史記全書続編』巻4、景興2年11～12月条。

第3章　18世紀の諒山鎮における在地首長の動向

という肩書を帯びた者は管見の限り見当たらない。ただし鎮南関に至るルート上に位置しているため、如上の任務が命じられていたのだろう。

なお何国駼への官職授与については、景興7年5月に何国駼に正右号首号が授与されたことが記されるのみである（【表11】No. 26）。ただし首号は号という軍事単位の長官であり、首号の下に副号や属号といった下級官職が存在した（第2章第2節）。また本申の冒頭に「正右号首号・招討使司・楊忠伯何国駼」とあり、本申の発出までに招討使司系統の官職[40]を授与されていたことは間違いない。招討使司系統の官職は、諒山鎮の首長の肩書としては比較的ランクが高く[41]、何国駼はある程度黎鄭政権の地方支配に協力した経歴を持つといえよう。

おわりに

本章では、18世紀半ば～後半における禄平州屈舎社韋氏・禄平州率礼社韋氏・文蘭州周粟社何氏の動向を論じた。18世紀半ばの諒山鎮も動乱に巻き込まれ、現地居民や清朝広西省方面からの移民も反乱勢力に参加していた。かかる状況下で、構成員が死亡した禄平州屈舎社韋氏のように、首長も小さくない被害を受けたと思われる。鎮官が同一の社における徴税・徴兵の管轄を頻繁に承認していること（禄平州率礼社韋氏・文蘭州周粟社何氏）は、流動的な情勢下で首長を通じた支配を機能させようとする黎鄭政権の意図があったと考えられる。

また特に移民の流入や動乱の多発によって黎鄭政権の支配が不安定化する

---

40) 招討使が正五品、招討同知が従五品、招討僉事が正六品、輔導が従六品である（『官制典例』巻2、第10葉裏、軍民招討使司）。

41) 多くの首長に授与された防禦使司系統の官職は、防禦使が従六品、防禦同知が正七品、防禦僉事が従七品である（第1章注20）。招討使司系統の官職については本章注40参照。諒山鎮の首長の肩書については第1章第1節および【表4】も参照。

と同時に、首長の権益も動揺していたと思われる。禄平州屈舎社韋氏が諒山鎮官宛ての申の中で鄭王の令旨を要求した目的も、権益の保持と考えて間違いないだろう。また 1760 年代末〜1770 年代には督鎮の施策によって禄平州率礼社韋氏の管轄が減少したが、率礼社韋氏は始祖の功績や黎朝に対する先祖代々の功績を主張することで、自身の権益の保持を企図していた。また本章で取り上げた文蘭州周粟社何氏の申式文書は、破損が激しく発出時期や内容の一部が不明であるが、18 世紀後半に自身の功績を報告するために発出された上申文書だと思われる。禄平州屈舎社韋氏・禄平州率礼社韋氏と同様に何氏が自身の功績を鎮官に申告することで自身の権益の維持を企図していた可能性もおおいにあろう。史料の制約によりすべての首長集団の動向を詳細に解明することは不可能だが、諒山鎮の在地首長の一定数が 18 世紀半ば〜後半の流動的な情勢のもとで黎鄭政権の支配下に留まることを選択したことは間違いないといえよう。第 1・2 章で復元した黎鄭政権の統治体制も、在地首長側の協力なくしては機能し得なかったはずである [42]。

　以上を一言でまとめ直すならば、18 世紀の諒山鎮において第 1・2 章で明らかにしたような黎鄭政権の統治体制が構築されていく中で、黎鄭政権との関係構築を通して社会変動を乗り越えようとする在地首長が出現したということになろう。実際、禄平州率礼社韋氏・脱朗州有秋社阮廷氏の場合は 1740 年代以降に黎鄭政権が発給した示・付・勅・奉伝・令旨などの文書の現物が仏領期まで保管されており、禄平州屈舎社韋氏の場合は 1740 〜 1750 年頃に黎鄭政権に宛てた上申文書が家譜に収録されている。文蘭州周粟社何氏についても、18 世紀後半の申式文書の現物が現在まで保管された可能性がある。これは在地首長の側が、これらの文書を自身の権益の証拠として認識していたことを意味する。少なくとも彼らのあいだでは、黎鄭政権との関係構築が

---

42) むろん在地首長側の協力があったとしても、各社における徴税・徴兵が達成されていたかは疑わしい。北部山地における税制が実体を失っていたことについては［岡田 2016b: 20-29］参照。

第 3 章　18 世紀の諒山鎮における在地首長の動向

権益保持のための戦略として認識されているのである。

　現在のところ西北地域では 18 世紀にかかる事例は見られず、19 世紀前半になって阮朝の軍政に参入することで勢力拡大を目指す首長が出現している［宇野 1999: 179-185］［岡田 2012: 32-33］。そうだとすれば、諒山鎮では西北地域の状況が 1 世紀ほど早く出現したのかもしれない。

　もちろん、地域社会の変容の詳細やすべての現地住民の動向を解明するのは史料の制約のために困難である。また本章では漢文の上申文書が残る（内容が現在に伝わる）首長集団を分析対象としたが、そもそも漢文史料が残っていること自体がベトナム王朝権力との政治的距離の近さを反映しているという限界もあろう。とはいえ、18 世紀には動乱の多発、移民の流入とそれにともなう資源をめぐる競争の激化などによって、在地首長の権力基盤が打撃を受け、その状況下で自身の勢力と権威を保持するために黎鄭政権の地方支配への協力を選択する首長集団が現れたのは間違いない。

　次章以降で述べるように、ベトナム王朝権力が山岳地帯を直接支配に組み込もうとする中で諒山鎮の首長が王朝権力の地方支配に協力していく傾向は 19 世紀以降も継続しており、諒山鎮の在地首長とベトナム王朝との関係を考えるうえで、18 世紀は重大な画期だったと考えられる。諒山鎮の脱朗州を中心に社会構造の変容過程を考察した伊藤正子は、明命年間の行政改革や仏領期の新興地主層の勃興を背景に首長集団の勢力が弱体化したと述べるが［伊藤 2022: 49-60］、かかる社会変容は 18 世紀からすでに進行していたといえよう。

112

第4章　19世紀初頭のベトナム北部山地における
　　　阮朝の支配の変遷

はじめに

　1802年、メコンデルタに拠った阮福暎が西山朝を打ち破って北部ベトナムを掌握し、阮朝が史上初めて現代のベトナムの領土にほぼ相当する領域を支配下に置いた。しかしその支配下に多様な地域が存在し、国家統合の困難に直面したといわれる。北部山地は、阮朝が統治の困難に直面した地域の一つである。

　阮朝初期の北部では黎鄭政権期の最上級行政単位である鎮が存続し、北城総鎮が内鎮5鎮（山西・山南上下・海陽・京北）と外鎮6鎮（安広・諒山・高平・太原・宣光・興化）からなる北部諸鎮を統轄していた。阮朝初期には総鎮（北城・嘉定城）が大きな権力を持つと同時に、北部山地ではそれ以前の黎鄭政権期と同様、在地首長に藩臣・輔導・土酋などの称号を与えて在地首長の自律的な統治を認可していた［桜井 1987: 162-163］。1820年代後半から明命帝による行政改革が進められるが、それは総鎮や鎮を廃止し全土で画一的な行政単位（省）を設置することで、多様な地域が存在する阮朝の領域の統合を進めようとするものだった［Nguyễn Minh Tường 1996］。その一環で北部山地では、首長による官職の世襲の禁止、州・県への流官（中央が任命した官僚）の派遣などが施行された。しかしそれに先立つ阮朝初期の地方支配の実情が未解明であるため、明命年間の行政改革の意義が十分に解明されたとは言い難い。

113

第4章　19世紀初頭のベトナム北部山地における阮朝の支配の変遷

　阮朝初期における北部山地諸鎮の支配については、明命年間末すなわち1840年頃まで丁簿が更新されず、黎鄭政権期の丁簿を継続使用していたこと［桜井 1987: 393-395］［嶋尾 2001: 30］が指摘されている。しかし北部掌握直後の阮朝が北部山地の情報を入手できたのか、ないし阮朝がどの程度首長の情報を把握していたのか、などは未解明である。また阮朝初期の地方支配を考える際に考慮しなければならないのが、北城総鎮が強力な権力を有しているという阮朝内部の権力構造であるが、阮朝朝廷（中央）、北城総鎮、各鎮鎮官がそれぞれいかなる権限を有していかなる関係にあり、どのように地方支配が進められていたのか、明らかではない。

　そこで本章では、まず阮朝初期の統治体制を概観したうえで、『阮朝硃本』に収録される行政文書を分析し、他史料も組み合わせつつ、阮朝初期の北部山地支配の変遷や在地首長の動向を描き出したい。

第1節　阮朝初期の諒山鎮における統治

　まずは阮朝初期の統治体制における在地首長の役割を確認する。第1章および第2章で明らかにしたように、18世紀の諒山鎮の首長は社ごとの徴税・徴兵を担っていた。この状況は、阮朝初期に変化したのだろうか。これに関して、ここでは黎鄭政権期と同様の役割を担っていることが確認できる事例として禄平州率礼社韋氏を取り上げる。率礼社韋氏はもともと率礼社や高楼社など5社の徴税・徴兵を管轄していたが（第1章第2節）、18世紀後半に管轄対象が率礼・高楼2社に減少していた（第3章第2節）。阮朝初期の状況について、現在率礼社韋氏の末裔ヴィ・ヴァン・トン Vy Văn Thôn 氏が以下のような嘉隆17（1818）年正月14日付の伝式文書を所蔵している[1]。

---

1)　本伝式文書はヴィ・ヴァン・トン氏宅（現ランソン省カオロク県スァトレ社ザィン集落 Bản Ranh）で2016年9月21日に撮影した。また本伝式文書は「諒山省文淵州高峙衙高楼総各社古紙」第26葉表～裏（以下、本章では「古紙」と呼称）に収録される光中17年正月14日付の文書↗

第1節　阮朝初期の諒山鎮における統治

（1）　欽差諒山鎮鎮官[2]

　　（2）　計[3]

（3）　一、伝属鎮藩臣韋世珠。由[4] 茲到[5] 来公審[6]、拠徴収等員語開属轄各社寨[7] 庸館税 （4）例、積欠猶多。頗轄内税課不及中鎮小県。催科程式、豈容委欠。合伝照 （5）計、応[8] 本分管各社留欠銭粟[9] 若[10] 干、一一[11] 催収、期拾日内[12]、督筋社□[13] 職役、遥将 （6）銭粟及各年単憑、就在[14] 本鎮公場、便憑投納[15]。倘某社積欠所由、亦宜詢 （7）訪得[16]実[17] 具申。這関賦税、宜実力承行。若逾緩有咎。茲伝。

（8）　高楼社 〈欠丁丑年□粟拾肆斛拾柒鉢肆合。又欠□銭拾柒貫玖陌肆拾捌文〉[18]

（9）　嘉隆[19] 十七年正月十肆[20] 日

【表5】No. 18）と内容が酷似しており、同一である可能性が高い（序章注37参照）。そこで、原文を「古紙」と照合して字句の異同を付した。

2)　「古紙」は「欽差諒山鎮鎮官」を「諒山」とする。
3)　「古紙」は「計」を欠く。
4)　「古紙」は「由」を「田」とする。
5)　「古紙」は「刷」とする。
6)　「古紙」は「庫」とする。
7)　「古紙」はこの字を欠く。
8)　「古紙」は「后」とする。
9)　「古紙」は「銭粟」を「前票」とする。
10)　「古紙」は「若」を「各」とする。
11)　「古紙」は「一一」を「二」とする。
12)　「古紙」は「期拾日内」を「納十日」とする。
13)　「古紙」は「内」とする。
14)　「古紙」は「就□」を「並就」とする。
15)　「古紙」は「便俟納」とする。
16)　「古紙」は「間訪得」を「訪問得」とする。
17)　「古紙」は「貴」とする。
18)　「古紙」はこの一行を欠く。
19)　「古紙」は「嘉隆」を「光中」とする。
20)　「古紙」は「肆」を「四」とする。

第4章　19世紀初頭のベトナム北部山地における阮朝の支配の変遷

〈現代日本語訳〉

欽差諒山鎮鎮官が（以下のような文書を送付する）

一、属鎮藩臣韋世珠に伝す。ここに（現地に？）到来して公審（調査？）したところ、徴収官によれば、管轄（諒山鎮）の各社寨や庸館の税例について、累積の未納額がなおも多い。管轄内（諒山鎮）の税課は中鎮小県に及ばない。課徴の原則では、どうして未納が許されようか。伝して以下に照らし、本分管（社ごとの徴税・徴兵の担当を意味する。本章第2節参照）各社の未納の銭粟がどれだけかに応じ、逐一取り立て、期限を10日とし、社□の職役を監督し、銭粟および各年の単憑（毎年各村落が納税額の証明のために提出する執憑簿［嶋尾 2012: 251］のことか）を逓送して、ただちに本鎮の公場で納税の証拠とするのに役立てよ。もし某社の累積未納に事情があれば、訪問し事実を調べて報告すべきである。これは賦税に関わるので、尽力して遂行せよ。もし遅延があれば咎めがあるだろう。ここに伝す。

高楼社〈丁丑（1817）年の□粟 14 斛 17 鉢 4 合が不足している。また欠（未納？）の□銭 17 貫 9 陌 48 文が不足している〉

嘉隆 17 年正月 14 日

本文書は「発出者＋計。一、伝＋受信者。…茲伝。年月日」という構図であり、伝形式の文書である。本伝は発出者である鎮官が受信者である韋世珠に対して、高楼社における銭粟の徴収を催促する内容であり、このことから、韋世珠が属鎮の藩臣として嘉隆 17 年の時点で高楼社の徴税を担当していることが確認できる。本伝が禄平州率礼社韋氏関連文書に収録される文書（【表5】No. 18）に該当する可能性が高い（序章注 37 および本章注 1 参照）こと、韋世珠が本章第 4 節（2）で取り上げる率礼社韋氏の韋廷珠（第 3 章第 2 節で言及した韋廷偵の子）と同一人物であると考えられることから、阮朝初期においても率礼社韋氏が黎鄭政権期と同様の社における徴税を担当して

116

いたことがわかる[21]。本伝では徴兵については記されていないが、基本的に
阮朝初期の諒山鎮においても在地首長は黎鄭政権期と同様の役割を担ってい
たと考えて良いだろう。ただし、本文書が銭粟の未納分の納入督促であるこ
とから、山岳地帯での徴税が順調ではなかったことも窺える。

第2節　阮朝初期の行政文書用語の検討

　嘉隆9年に「外六鎮の藩臣・輔導の名冊」が作成されており[22]、阮朝初期
には在地首長の情報を列挙したリストが存在した。しかし同リストの詳細は
未解明であり、阮朝がどの程度首長の情報を把握していたのか、ないし北部
掌握直後の阮朝が北部山地の情報を入手できたのか、などは未解明である。
そこで以下では、『阮朝硃本』に収録される北城臣阮黄徳・黎宗質の嘉隆10
年10月十某日付奏（本章では、以下本文書と呼ぶ）[23]を取り上げる。本文書
は時期から考えて先述の嘉隆9年における「藩臣・輔導の名冊」の作成に関
連した史料であり、阮朝初期の北部山地支配や編纂史料に記載されない首長
集団について貴重な情報が含まれているが、先行研究では取り上げられてい
ない。そこで本章では本文書を用いて北部山地における阮朝の支配の変遷を
復元するが、本文書には阮朝初期独特の行政文書用語が頻出するので、まず
はそれらの考察をおこなう。

　本文書の発出者の阮黄徳・黎宗質は共に阮朝創建の功臣であり、嘉隆9年
正月にそれぞれ北城総鎮、北城協総鎮となっている[24]。まず本文書の概要を

21）嘉隆2（1803）年に成立直後の阮朝に対し韋廷珠が系譜や自身の経歴を上申しており（本章第
　4節（2）参照）、この時に藩臣として再認定されたと考えられる。

22）『大南寔録』正編、第一紀、巻40、嘉隆9年4月条、第21葉表。

23）『阮朝硃本』嘉隆第3集、第2葉表〜10葉裏。なお日付の一の位は空白になっている。

24）『大南寔録』正編、第一紀、巻40、嘉隆9年正月条、第11葉表〜裏。なお黎宗質（黎質）は嘉
　隆年間における有力者の一人であり、黎文閣と共に派閥を形成したことが知られている［Dương
　Duy Bằng & Vũ Đức Liêm 2018］。

第 4 章　19 世紀初頭のベトナム北部山地における阮朝の支配の変遷

把握するために、文書の冒頭部分を掲げる[25]。

　北城臣阮黄徳・黎宗質が額ずき額ずき百拝して謹んで奏します。いま臣ら
が諒山・宣光・太原などの鎮の鎮員の申を見たところ、「それらの鎮の藩
臣各員が壬戌（1802）年に事情を申告し貫址や土民を分管している社号を
誤って報告したもの、およびこの年に各員が事情を申告し他員の分民であ
ると偽って報告したものは、いま再び申によって以前から管していた者に
返還するよう要請しております。また（諒山などの）鎮員が簿を修正して
各員が（当該各社の）兵・民を分管していると誤って登録しました。甲子
（1804）年に至って謹んで詔を頂き、公同付を発給して頂きましたが、北城
の税額・兵数（「在城の戸額・兵額」[26]）と比較させると非常に相違があり
ますので、それらの員（藩臣たち）は詔文・公同付を逓送して納入し、修
正して頂くことを要請しております」とあります。そこで謹んで彼らの姓
名・貫址、分として管している某兵や知している某民、およびそれらの員
が偽って報告した事柄を、逐一註をつけ恭しく以下の通り明白に申し上げ
ます。謹んで奏します。

　これによれば、各鎮の藩臣たちが壬戌年すなわち嘉隆元年に貫址や「分管
の土民の社号」などを申告し、その際に社名を誤って報告した事例、ないし
他員の「分民」を偽って報告した事例があり、藩臣たちは旧来「管」してい

---

25)「北城臣阮黄徳・黎宗質稽首頓首百拝謹奏。為由茲臣等照見諒山・宣光・太原等鎮鎮員経申謂
　「伊等鎮藩臣各員於壬戌年投由謬開貫址与分管土民社号、及是年各員投由冒開他員分民、茲再申
　乞回旧管。与鎮員脩簿謬着各員分管兵民。迫甲子年欽蒙○詔、放公同付、令較与在城戸額・兵額
　頗有差殊、致伊等員乞逓納詔文・公同付、候蒙改写」。仍欽将伊等姓名・貫址与分管某兵知某民
　及伊等員謬開各理、逐一脚証明白恭陳于次。謹具奏聞。」（『阮朝硃本』嘉隆第 3 集、第 2 葉裏）。
26) 18 世紀後半の行政文書では、税課と兵役の割り当てを指して「戸率・兵率」という表現が出現
　するが、これと類似の用法だろう（第 2 章注 37）。

118

た者への返還を要請しているという。また鎮員による「簿[27]の修正」の際に各員の「分管」の兵・民を誤って登録し、その内容で甲子年すなわち嘉隆3（1804）年に詔や公同付を発給した事例もあり、北城が把握している税額・兵数とのあいだに相違が発生したため、藩臣たちは詔や公同付[28]を納入して修正を要請している。

　本文書では、上述の引用箇所の後に15の事例が列挙されているが、以下の4種類に分類されている。第一に、「壬戌年に事情を申告し分民の社号と貫址を誤って報告したもの、および鎮員が簿を修正して彼らが兵・民を分管していると誤って報告したもの」[29]である。これらはいずれも嘉隆元年に首長が「分管」対象を申告した際に社名などが誤記されて登録された事例であり、宣光鎮の事例5件（【表13】No. 1-5）と太原鎮の事例2件（【表13】No. 7, 8）が挙げられている。第二に、「壬戌年に事情を申告し他員の分民を開認したが、いますでに以前管していた者に返還し、以前管していた者が分民を認することを要請したもの」[30]である。これらはいずれも嘉隆元年に首長が「分管」対象を申告した際にほかの首長が「分管」する社についても自身が「分管」していると申告した事例であり、諒山鎮の事例4件が挙げられている（【表13】No. 9-12）。第三に、「壬戌年に事情を申告し他員の分民を暫管（暫定的に「分管」すること）を要請したが、鎮員が簿を修正する際に誤って彼らの本分管と登録し、いま旧来管する者に返還することを要請しているもの2員」[31]である。これらはいずれも嘉隆元年にほかの首長が「分管」する社を

---

27) この「簿」の詳細は不明である。鎮ごとに各首長の管轄をまとめた帳簿があったのかもしれない。

28) 公同は廷臣の会議で、公同付はなんらかの事項を承認する機能を持つ。序章第3節（2）参照。

29)「一、壬戌年投由謬開分民社号与貫址、及鎮員脩簿謬開伊等分管兵民柒員」（『阮朝硃本』嘉隆第3集、第2葉裏）。

30)「一、壬戌年投由開認他員分民、茲已交回旧管与旧管乞認分民。共五員〈由諒山鎮〉」（『阮朝硃本』嘉隆第3集、第6葉表）。

31)「一、壬戌年投由開乞暫管他員分民、鎮員修簿謬着為伊等本分管。茲乞交回旧管弐員〈由諒山鎮〉」（『阮朝硃本』嘉隆第3集、第8葉表）。

119

第 4 章　19 世紀初頭のベトナム北部山地における阮朝の支配の変遷

暫定的に「分管」すると申告した際に、正規の「分管」者として登録されて
しまった事例であり、諒山鎮の事例 2 件が挙げられている（【表 13】No. 13,
14）。第四に、「一、甲子年、公同付を奉じて管知する（ことを認められた）7
社のうち、すでに旧来管していた 2 社を返還し、ただ残っていた 5 社につい
ては負債を抱えて逃亡していたが、いま再び軍にやって来て自首し分民を認
することを要請しているもの 2 員」[32] である。これは首長が負債のために
「分管」を放棄して逃亡した後に帰還して再び「分管」することを要請してい
る事例であり、宣光鎮の事例が挙げられている（【表 13】No. 6）。

　ここで先行研究では説明されていない用語が多く出現するため、考察を加
えておく。最も重要なのが、「分民」「分管」である。特定の社の兵・民を「分
管」しているという表現から、想起されるのが黎鄭政権期の 18 世紀半ば～後半
の諒山鎮関連の行政文書に出現する「該管」という表現であり、これは諒山
鎮の在地首長が社ごとの徴税・徴兵を担当することを指して使用されていた
（第 1 章第 2 節）。阮朝初期の「分管」も黎鄭政権期の「該管」と関連してい
るという推測が生まれるが、まずは実例を踏まえて考察していく。ここで取り
上げるのは韋世堂（諒山鎮禄平州屈舎社）の事例（【表 13】No. 14）である。[33]

　藩臣堂すなわち韋世堂[34]〈長慶府禄平州屈舎社〉
　彼の申告によると、壬戌（1802）年に彼の父故韋阮順は北城に至り事情を

32）「一、甲子年奉公同付管知柒社内、已交還旧管弐社、只存五社伊等負債在迯、茲再就軍首伏乞
　　認分民弐員」（『阮朝硃本』嘉隆第 3 集、第 9 葉裏）。

33）「藩臣堂韋世堂〈長慶府禄平州屈舎社〉。由伊開謂壬戌年伊親父前韋阮順詣城投由拝謁、開認旧
　　分民禄平州錦段・三弄・安快参社、再開認屈舎・浄嘉・錦花参社着帰前韋世淳分民。間承旧総鎮
　　官付許仍旧管参社、再暫管前韋世淳分民屈舎・浄嘉・錦花参社、待韋世淳親子長成交来。甲子
　　年、伊鎮旧鎮守瑞・協鎮賣修簿、謬着伊分管陸社、無有顕着暫管参社。遁申旧総鎮官転奏。甲子
　　年、欽○詔敃前韋阮順為雄捷奇副管寄、亦拠這簿照写許伊父管知此陸社。」（『阮朝硃本』嘉隆第
　　3 集、第 9 葉表）。

34）名（堂）を記した後にフルネーム（韋世堂）を記している。当時のベトナムでは名で呼び合うのが
　　一般的だったためこのような記載方法が採られたのだろう。本文書のほかの箇所でも同様である。

120

第 2 節　阮朝初期の行政文書用語の検討

申告し拝謁して、旧来の分民である禄平州錦段・三弄・安快 3 社を開認（「分管」を申告すること）し、また屈舎・浄嘉・錦花 3 社を開認し故韋世淳の分民として登録しました。この間旧総鎮官の付[35]をうけ旧来通り 3 社を管し、また故韋世淳の分民である屈舎・浄嘉・錦花 3 社を暫管し、韋世淳の子が成人するのを待って返還することを許されました。甲子（1804）年、その鎮（諒山鎮）の旧鎮守瑞（阮文瑞）[36]・協鎮宣（黎維宣）[37]は簿を修正し、誤って彼（韋阮順）が 6 社を分管していると登録し、3 社を暫管していると明記せず、申を旧総鎮官に逓送して旧総鎮官が転奏（鎮官の申の内容を総鎮官が奏によって上達すること）しました。甲子年、謹んで詔を発給して頂き、故韋阮順を雄捷奇副管奇とし、同様にこの簿に基づき彼の父（韋阮順）がこの 6 社を管知するのを許したと照写（詔や公同付などの文書に記載することか）しております。

これによれば、嘉隆元年、韋世堂の父韋阮順が北城に至り旧来の「分民」である禄平州錦段・三弄・安快 3 社を「開認」し、屈舎・浄嘉・錦花 3 社を韋世淳の「分民」として「開認」したという。おそらく韋世淳はすでに死亡しており、韋阮順が代わりに「開認」したのだろう。これをうけて北城総鎮が付式文書を発給し、韋阮順に錦段・三弄・安快 3 社の「管」を許可、韋世淳の子が成人するまで韋世淳の「分民」である屈舎・浄嘉・錦花 3 社の「暫管」を許可した。しかし嘉隆 3 年、諒山鎮官が簿を修正し、韋阮順が 6 社を「分管」していると登録し、その内容を北城総鎮に申式文書で報告し「転奏」（北城総鎮が諒山鎮官の申の内容を奏で上達すること[38]）した。それにより

35）付は文書形式の一つで、18 世紀の諒山鎮では鎮官が在地首長に対してなんらかの承認や命令をおこなう際に用いられていた（第 1 章第 1 節）。

36）『大南寔録』正編、第一紀、巻 19、嘉隆元年 11 月条、第 12 葉表。

37）『大南寔録』正編、第一紀、巻 33、嘉隆 6（1807）年 10 月条、第 11 葉表。

38）黎鄭政権期にも在地首長が諒山鎮官に宛てた上行文書で「転啓」という表現が見られ、当該文書の内容を上啓によって鄭王に上達することを指して使用されている（第 3 章 97 ページ）。

第4章　19世紀初頭のベトナム北部山地における阮朝の支配の変遷

阮朝朝廷から詔が発給され、韋阮順を雄捷奇副管奇[39]に任命すること、および簿に基づき韋阮順が本来は「暫管」する予定だった屈舎・浄嘉・錦花3社を加えた当該6社を「管知」することが認められている。

「分管」の意味を解明するため、もともと韋阮順や韋世淳が「分管」していた6社について、時代を遡り黎鄭政権期の状況を調べる。禄平州屈舎社韋氏には家譜があり、先祖が管轄してきた社の変遷もある程度判明する。【表2】No. 1「韋家譜記」には、冒頭の先祖代々の功績を記述している箇所（【表9】No. 1）に、17世紀後半頃には韋徳（福）慶が禄平州屈舎・綿花・安快・静茄・錦段・三弄6社のほか、安博州14社、温州5社、計24社の兵・民を「該管」すなわち徴税と徴兵を担当していたと記されている[40]。また本家譜に収録されている諒山鎮官に宛てた韋福琴の景興6年4月十某日付申（【表9】No. 2）の中に、景興2年に韋福琴が禄平州・安博州の錦段・靖茄・三弄・安快・永康・恒産・延業・太平・麗遠・福勝10社における「該管」を認められたと記されている（第3章注2）。以上の「該管」／「分管」各社の変遷を、阮朝初期に韋阮順が「分管」ないし「暫管」していた6社についてまとめたのが【表14】である。ここから、阮朝初期に韋阮順が「分管」ないし「暫管」していた6社は、おおむね18世紀までに屈舎社韋氏が「該管」すなわち徴税・徴兵を担当してきたといえよう[41]。

ここから、黎鄭政権期の「該管」と阮朝初期の「分管」とが同義であることは間違いない。とすれば「分管」は社ごとの徴税・徴兵の担当を意味し[42]、

---

39) 奇は軍隊の単位であり（黎鄭政権期の奇については第1章注32参照）、阮朝期には奇の指揮官は管奇であった。第5章第1節注17も参照。

40) 「生下勇郡公韋徳慶、継襲父業、該管禄平州弐総屈舎・綿花・安快・静茄・錦段・三弄六社、安博州参総東閞・潺溪・不博・蘭本・春陽・太平・石□・達信・林柯・苗裔・麗遠・恒産・延楽・永康共拾肆社、枚坡総枚坡・雲農・広仁・広居・江漢五社、該共弐拾肆社兵民、存各総社民、分諸兄弟守禦辺方。」（【表2】No. 1「韋家譜記」第2葉表〜裏）。

41) 景興2年の屈舎社・錦花社は、屈舎社韋氏の別の人物が「該管」していたのだろう。また17世紀後半から18世紀半ば、阮朝初期にかけて「該管」／「分管」の社数が減少しているのは、男子均分相続がおこなわれたためだろう。

42) 本章第1節で取り上げた諒山鎮官の嘉隆17年正月14日付伝においても、高楼社の徴税を↗

122

第 2 節　阮朝初期の行政文書用語の検討

「分民」は「分管」対象の社民、また「暫管」は本来「分管」すべき者がほか
にいる社の徴税・徴兵を暫定的に担当することを、それぞれ指していると考
えられる。「分」は、本分、職分の意味かもしれない[43]。「管知」と「分管」
の違いは不明だが、「管知」は詔（や公同付）が発給された際にのみ使用され
ているため、正式な承認文書に記載される「分管」と同義の表現なのかもし
れない（以下、「管知」と「分管」は管轄と訳す）[44]。

　次に本文書に記されるほかの用語を考察する。上述の引用箇所に続き以下
の記述がある[45]。

　　乙丑（1805）年、韋阮順は病死しました。ここに彼の族の故韋世淳の子韋
　　世杜は単申（申式文書による申告か）して屈舎・浄嘉 2 社を開認し、韋世
　　来は単申して錦花社を開認しました。韋世堂は以前の付の文言に従って屈
　　舎・浄嘉・錦花 3 社を韋世杜に返還して認取（後述の「認管」と同義か）さ
　　せ、うち錦花社については韋世杜は再び韋世来に引き渡して認管（「分管」
　　を引き受けること）させ、ただ故韋阮順の分民の禄平州錦段・三弄・安快
　　3 社のみ残っております。韋世堂は申によって管轄を継承することを要請
　　し、また彼の父が本分として謹んで受け取った詔文一道を返納しました。

　これによれば乙丑すなわち嘉隆 4 年に韋阮順が病死し、韋世淳の子韋世杜
が屈舎・浄嘉 2 社を、韋世来が錦花社を、それぞれ「開認」した。そこで韋

　　担当している藩臣韋廷（世）珠に対して、「[応]本分管各社留欠[銭]粟若干、一一催収」すなわち
　　「本分管」各社における未納の銭・粟の催促を命令している。
43）阮朝地簿に記される「分耕」の「分」も同様の意味である可能性もある。
44）前掲（本章注 25）の引用箇所に「分管某兵知某民」という表現があるため、「管」が徴兵、「知」
　　が徴税を指すのかもしれない。
45）注 33 の引用箇所に続けて「乙丑年、韋阮順病故。茲伊族前韋世淳親子韋世杜単申開認屈舎・
　　浄嘉弐社。韋世来単申開認錦花社。其韋世堂照旧付詞交回韋世杜、認取屈舎・浄嘉・錦花参社、
　　内錦花社韋世杜再[領]交韋世来認管、只存前韋阮順分民禄平州錦段・三弄・安快参社。其韋世堂
　　申乞襲管、再将伊親父本分欽受〇詔文壱道繳納。」（『阮朝硃本』嘉隆第 3 集、第 9 葉表〜裏）とある。

第4章　19世紀初頭のベトナム北部山地における阮朝の支配の変遷

世堂は以前の嘉隆元年に発給されていた北城総鎮の付に従い、屈舎・浄嘉・錦花3社の管轄を韋世杜に返還して韋世杜が「認取」し、錦花社は韋世杜から韋世来に引き渡して韋世来が「認管」した。その結果、韋阮順の「分民」としては錦段・三弄・安快3社が残り、韋世堂が管轄の継承を要請した。

　これらの用例を踏まえると、「認管」は「分管」を引き受けることを意味し、新たに「分管」する場合や「分管」する者が変更する場合に用いられている。「認取」も同様の用法だと思われる。「認」は現代ベトナム語の「nhận」（受ける、引き受ける）に当たるのだろう[46]。また嘉隆元年に首長が自身の旧来の「分民」を継続して「分管」することを要請する場合や、他者の「分民」の「分管」を要請する場合に「〜〜社を開認す」という表現が使われ、「分管」者が変わる際に、新たに「分管」する者が「〜〜社を開認す」と記される用例も多い。「開認」は、「分管」を引き受ける（「認」）ことを申告（「開」）することを意味するのだろう。

　以下、本文書で挙がっている事例を鎮ごとに考察していくが、序章で述べたように先行研究が北部山地の首長を論じる際は著名な有力首長の事例に偏る傾向があり、当該地域の社会変容を考察するためには著名ではない非有力首長の動向も考察する必要がある。本文書には編纂史料に含まれない北部山地の在地首長に関する貴重な情報が含まれるので、長くなるが全事例を取り上げる。

第3節　阮朝初期の北部山地における在地首長の動向

(1) 太原・宣光2鎮

　太原・宣光2鎮の事例8件（【表13】No. 1-8）のうち7件は、原貫や管轄

---

46) 陳朝期の金石史料にも寺院への寄進地について「争認」という語が出現し、「認」は自分の田地とみなしそれを主張すること、「争認」は自分の田地と主張し争うこと、と解釈されている［桃木 2011: 123（注47）］。これと同様の用法だろう。

第 3 節　阮朝初期の北部山地における在地首長の動向

対象の各社の名称や表記の修正の事例である（【表 13】No. 1-5, 7, 8）。まず
太原鎮の事例から取り上げる。

　通化府感化県蒒沲社[47]の雄堅支右雄校[48]一隊正隊長丁珖瑋（【表 13】No.
7）は嘉隆元年、原貫を申告した際に他人に代筆を依頼し、感化県蒒沲社を感
化県淳従社と誤った。そのため鎮官が丁珖瑋の申告に基づき簿を修正して北
城総鎮に申で報告し、北城総鎮が「転奏」して朝廷に報告した。嘉隆 3 年に
公同付が発給され、そこでも貫が淳従社と記載されていたため、丁珖瑋は淳
従社を蒒沲社と修正するよう要請しているという[49]。

　感化県丁珖氏については、『大南寔録』嘉隆 8（1809）年 3 月条[50]に「雄堅
支副長支丁珖珠」が登場する。また 1830 年代に各地で動乱が発生した際の文
書群を収録した『欽定剿平北圻逆匪方略正編』[51]には、太雄奇[52]七隊該隊丁
珖瑾や太雄奇副管奇丁珖瓉らが登場し、いずれも武職を帯びている[53]。一方

---

47)　『各鎮総社名備覧』太原鎮によれば通化府感化県上関総に属している。

48)　『欽定大南会典事例』巻 146、兵部、直省軍号、太原、太雄奇、第 19 葉表に「嘉隆元年、揀点
　　該轄土兵五百二十六人、束補雄堅支六校該十二隊。」とあり、嘉隆元年に太原鎮レベルの軍隊と
　　して雄堅支が設置され、雄堅支には 6 校 12 隊が含まれていたという。右雄校は雄堅支に属す校
　　の一つだろう。

49)　「雄堅支右雄校一隊正隊長瑋丁珖瑋〈通化府感化県蒒沲社〉。由伊開謂伊原貫感化県蒒沲社。壬
　　戌年、伊開由借人代写、謬着為感化県淳従社。伊鎮旧鎮守記・協鎮祐拠伊開由修簿、逓申旧総鎮
　　官転奏。甲子年、奉公同付、亦着伊貫淳従社。茲伊乞改写伊貫淳従社為伊貫蒒沲社。」（『阮朝硃
　　本』嘉隆第 3 集、第 5 葉裏～ 6 葉表）。

50)　『大南寔録』正編、第一紀、巻 37、嘉隆 8 年 3 月条、第 10 葉表。

51)　漢喃研究院所蔵 VHv. 2701。なお本史料の複写が完了していない箇所についてはフランス極
　　東学院所蔵本（FR EFEO VIET/A/Hist. 20）で補った。

52)　『欽定大南会典事例』巻 146、兵部、直省軍号、太原、太雄奇、第 19 葉表に「明命二年、改束雄
　　堅支十二隊為太原奇九隊。七年、改太原奇為太雄奇。」とあり、雄堅支が明命 2 年に太原奇、つい
　　で明命 7 年に太雄奇と改称されたことがわかる。なお太雄奇への改称について、『大南寔録』は
　　明命 8（1827）年 8 月条にかける（『大南寔録』正編、第二紀、巻 40、明命 8 年 8 月条、第 35 葉表）。

53)　丁珖瑾は『欽定剿平北圻逆匪方略正編』巻 19、明命 14 年 8 月 12 日条；巻 20、明命 14 年 8 月
　　19 日条；巻 21、明命 14 年 8 月 23 日条；巻 29、明命 14 年 11 月 9 日条など、丁珖瓉は『欽定剿
　　平北圻逆匪方略正編』巻 19、明命 14 年 8 月 11 日条、8 月 12 日条などを参照。また丁珖璘・丁
　　珖斌・丁珖珍がいずれも土司と記されている（『欽定剿平北圻逆匪方略正編』巻 19、明命 14 年 ↗

第 4 章　19 世紀初頭のベトナム北部山地における阮朝の支配の変遷

感化県の土司で文官系統の官職を帯びている者としては、感化県試差土知県農勢勝や感化県土吏目丁善鋁などが登場するが[54]、いずれも丁珖氏ではない。おそらく丁珖氏は軍事面で阮朝の地方支配に協力していたのだろう。

太原鎮通化府白通州高上社[55] の雄堅支右雄校二隊正隊長岑廷会の事例（【表 13】No. 8）では、嘉隆元年に原貫を申告した際に他人に代筆を依頼し、高上社を高丘社と誤った。また鎮官が右雄校二隊正隊長に任命し、岑廷会の申告に基づき簿を修正した際にも、貫を高丘社と誤ったうえに、さらに右雄校一隊正隊長と登録してしまったという[56]。白通州岑廷氏は管見の限り他史料に登場しない。白通州の在地首長としては、麻世氏[57] や何仕氏[58] などが黎

---

8 月 12 日条；巻 20、明命 14 年 8 月 19 日条）。

54) 農勢勝は『欽定剿平北圻逆匪方略正編』巻 20、明命 14 年 8 月 19 日条、8 月 20 日条；巻 21、明命 14 年 8 月 23 日条、丁善鋁は同巻 34、明命 14 年 12 月 26 日条；巻 35、明命 15 年正月 7 日条などに登場する。なお『大南一統志』巻 35、太原省、建置沿革、感化県には「藩臣麻氏継襲」とある。

55)『各鎮総社名備覧』によれば太原鎮通化府白通州下効総に属している。

56)「雄堅支右雄校二隊正隊長会岑廷会〈通化府白通州高上社〉。由伊開謂伊原貫白通州高上社。壬戌年、伊開由借人代写、謬着為高丘社。是年伊鎮旧鎮守記・協鎮祐権補伊為右雄校二隊正隊長、而旧鎮守記・協鎮祐拠伊開由修簿、亦謬着伊貫高丘社、又謬着伊為伊校一隊正隊長、遄申旧総鎮官転奏。甲子年、奉公同付、伊為一隊正隊長、亦着伊貫高丘社。頗伊校一隊正已有丁珖瑋為正隊長。伊仍旧為二隊正隊長。今伊乞改写一隊為二隊、又改写伊貫高丘社為伊貫高上社。」（『阮朝硃本』嘉隆第 3 集、第 6 葉表）。

57) 阮朝初期の宣慰大使麻世固（『大南寔録』正編、第一紀、巻 18、嘉隆元年 9 月条、第 27 葉裏～28 葉表；巻 26、嘉隆 4 年正月条、第 4 葉表～裏など）や明命 14 年の太雄奇八隊該隊麻世陳（『欽定剿平北圻逆匪方略正編』巻 36、明命 15 年正月 24 日条）など。またバッカン省博物館には保泰 4 年 7 月に鋳造された銅鐘が所蔵されているが（第 2 章注 51 参照）、そこには「太原処通化府白通州安盛社那都寨正右号首号左校点韜寿侯」という肩書を持つ麻世伝が登場する。本鐘は麻世伝が永福寺なる寺院に寄贈するために鋳造したものであり、18 世紀前半から麻世氏が有力な在地首長だったといえよう。

58) 明命 14 年の白通州土知州何仕荘（『欽定剿平北圻逆匪方略正編』巻 19、明命 14 年 8 月 2 日条；巻 20、明命 14 年 8 月 19 日条；巻 21、明命 14 年 8 月 23 日条）など。また永盛 12（1716）年鋳造の「烊鋳洪鍾塗山寺記」と題する銅鐘（バッカン省人民委員会の敷地内に安置されている。筆者は 2015 年 10 月 21 日に実見）には、「白通州楊光社巡守官参督香郡公何仕益・親男右校点輝武侯何仕基」や「絃繡社防禦使濃義侯何仕盤」、「清韻社防禦僉事択廷伯何仕蛮」、「広白社防禦僉事誉縢伯何仕童」らが本鐘の鋳造に際して銅銭の寄付をおこなっている。また永盛 2 年鋳造の「花山寺鍾記」（第 2 章注 52 参照）では何仕益は「本処首号官署衛事・香郡公」、何仕基は↗

126

第3節　阮朝初期の北部山地における在地首長の動向

鄭政権期～阮朝初期に有力だったと思われるが[59]、本文書からは編纂史料中に現れない首長が正隊長を授与されていることがわかる。

　宣光鎮については、まず渭川州平衡社[60]の雄一校[61]正属校麻福坪・藩臣麻福青の事例（【表13】No. 1, 2）を取り上げる。嘉隆元年、麻福坪は軍に至り、渭川州6社の管轄、麻福青との平衡社の共同管轄を申告した[62]。その際に他人に代筆を依頼し、各社の名を誤った（楽泮社→楽絆社、扶鷺社→扶輪社、平衡社→憑衡社）。また麻福青も平衡社の共同管轄を申告した際に他人に代筆を依頼し、平衡社を憑衡社と誤った。嘉隆3年、鎮官が簿を修正したが、彼らの貫平衡社を平衡社、管轄している平沙社を平汝社と記載し、さらに麻福坪・麻福青が7社を共同管轄すると記載した。鎮官がその内容を北城総鎮に報告し、北城総鎮が「転奏」した結果、麻福坪に詔、麻福青に公同付が発給され、麻福坪を雄一校正属校に任命し、麻福坪・麻福青で7社を共同管轄すると記載されたという[63]。宣光鎮渭川州の在地首長については麻福某のほか

「輔導・輝武伯」の肩書をそれぞれ帯び、本鐘の鋳造に当たり使銭10貫・銅50錠5両を寄付している。そのほか白通社均平社の「副該隊曜義侯何仕評」も使銭2貫を出資している。

59) そのほか『大南一統志』巻35、太原省、建置沿革、白通州には「藩臣黄氏継襲」とある。

60) 『各鎮総社名備覧』によれば、宣光鎮渭川州玉衢総に属している。

61) 『欽定大南会典事例』巻146、兵部、直省軍号、宣光、宣雄奇、第13葉表に「嘉隆元年、揀点該轄土兵一百六十九人、束補雄一校兵。」とあり、嘉隆元年に宣光鎮レベルの軍隊として雄一校が設置されたという。

62) 『各鎮総社名備覧』宣光鎮渭川州によれば、衡枚・楽絆・平衡・恒産4社は玉衢総、平沙社は仁睦総、扶鷺社は扶鷺総に属している。率倹社は不明。

63) 「雄一校正属校坪麻福坪〈安平府渭川州平衡社〉。由伊開謂伊旧分管渭川州衡枚・楽絆・平沙・扶鷺・率倹・恒産陸社、又与麻福青同管平衡社。壬戌年、伊詣軍投由、借人代写謬着楽絆社為楽泮社、扶鷺社為扶輪社、平衡社為憑衡社。甲子年、伊鎮旧鎮守鑑・協鎮忠修簿拠伊開由内謬着伊貫平衡社為平衡社、平沙社為平汝社、再謬着伊与麻福青同管伊柒社、通申旧総鎮官転奏。是年欽〇詔敘伊為雄一校正属校、再与麻福青同管伊柒社。自伊欽領〇詔文返回依旧分管陸社、再与麻福青同管柒社。茲伊乞改写「伊分管衡枚・楽絆・平沙・扶鷺・率倹・恒産陸社、再与麻福青同管平衡壱社」。又乞改写伊貫平衡社為平衡社、伊分管憑衡社為平衡社、平汝社為平沙社、楽泮社為楽絆社、扶輪社為扶鷺社。藩臣青麻福青〈安平府渭川州平衡社〉。由伊開謂伊旧与麻福坪同管渭川州平衡社。壬戌年、伊投由借人代写謬着平衡社為憑衡社。甲子年、伊鎮旧鎮守鑑・協鎮忠拠伊開由修簿、又謬着伊貫平衡社為平衡社、与謬着伊与麻福坪同管衡枚・楽絆・平沙・扶鷺・率倹・↗

第 4 章　19 世紀初頭のベトナム北部山地における阮朝の支配の変遷

に、他史料では麻仲某、麻祥某が見られるが[64]、中字で区別する習慣があったかどうかは不明である。また、管見の限り麻福某は他史料には登場しない。

　福安県同安社の隊長梁廷輝・藩臣梁廷樸の事例（【表 13】No. 3, 4）では、梁廷輝は福安県 15 社を管轄し、梁廷樸は福安県 8 社 1 坊 2 笞を管轄しており[65]、嘉隆元年に申告した際に他人に代筆を依頼して各社の名称などを誤記したという（秀嶺社→繡嶺社、登稔社→姜稔社、雄異社→碩異社、綺羅社→琦羅社、広市坊→広市社）[66]。宣光鎮福安県（咸安県）[67] の在地首長について

　　恒産・平衡柒社、遄申旧総鎮官転奏。日者奉公同付、伊与麻福玶同管柒社。自伊奉領付詞返回、依旧与麻福玶同管壹社。存陸社依旧[領]交麻福玶独管。茲伊乞改写「伊与麻福玶同管平衡壹社」与改写伊貫平衝社為平衡社、伊分管憑衝社為平衡社。」（『阮朝硃本』嘉隆第 3 集、第 4 葉表〜裏）。

64）麻仲氏については明命 14 年の渭川州土知州麻仲岱（『欽定剿平北圻逆匪方略正編』巻 19、明命 14 年 8 月 9 日条；巻 20、明命 14 年 8 月 21 日条；巻 26、明命 14 年 10 月 16 日条；巻 30、明命 14 年 11 月 15 日条）や土司麻仲略（『欽定剿平北圻逆匪方略正編』巻 19、明命 14 年 8 月 4 日条；巻 30、明命 14 年 11 月 15 日条）など。麻祥氏については明命 14 年の「原管伊総（渭川州平衡総）之土司」麻祥恒（『欽定剿平北圻逆匪方略正編』巻 26、明命 14 年 10 月 16 日条）や「平衡社（原）土司」麻祥輝（『欽定剿平北圻逆匪方略正編』巻 26、明命 14 年 10 月 16 日条）など。なお『大南一統志』では「土酋麻氏世襲」と記されている（『大南一統志』巻 32、宣光省、建置沿革、渭川県）。

65）『各鎮総社名備覧』宣光処福安県によれば、同安総に同安社、琅館総に程琅・琅館・黄琅・花山・弘毅・弘任・文安 7 社、雄異総に屢（婪）渓・秀鍾・豊稔・寧異・秀嶺・登稔・雄異・春枚 8 社、中門総に中門・綺羅・霊山・真山・弘法・荘持・仙籠・春徽 8 社と広市坊が、それぞれ属している。

66）「隊長輝梁廷輝〈安平府福安県同安社〉。由伊開謂伊旧分管福安県呈琅・琅館・黄琅・花山・弘毅・弘任・文安・婪渓・秀鍾・豊稔・寧異・秀嶺・登稔・雄異・眷枚共拾五社。壬戌年、伊借人開由、謬写秀嶺社為繡嶺社、登稔社為姜稔社、雄異社為碩異社。甲子年伊鎮旧鎮守鑑・協鎮忠拠伊開由修簿、遄申旧総鎮官転奏。日者奉公同付、許開管知伊拾五社、亦着秀嶺社為繡嶺社、登稔社為姜稔社、雄異社為碩異社。茲伊乞改写繡嶺社為秀嶺社、姜稔社為登稔社、碩異社為雄異社。藩臣樸梁廷樸〈安平府福安県同安社〉。由伊開謂伊旧分管福安県中門・綺羅・霊山・真山・弘法・荘持・仙籠・春徽等捌社、又広市坊、三岐巡二笞、共拾壹社坊笞。壬戌年、伊投由借人代写、謬着綺羅社為琦羅社、広市坊為広市社。甲子年、伊鎮旧鎮守鑑・協鎮忠拠伊開由修簿、遄申旧総鎮官転奏。日者奉〇公同付、伊管知伊等社。茲伊乞改写琦羅社為綺羅社、広市社為広市坊」（『阮朝硃本』嘉隆第 3 集、第 4 葉裏〜 5 葉表）。

67）明命 3（1822）年に福安から咸安に改称されている（『大南一統志』巻 32、宣光省、建置沿革、咸安県）。

128

第3節　阮朝初期の北部山地における在地首長の動向

は、『欽定剿平北圻逆匪方略正編』には咸安県試差土知県阮文表[68]、咸安県土吏目梁廷漆[69]、土目梁廷瑁[70]などが挙がっている。『大南一統志』でも「土酋梁氏継襲」[71]と記されており、梁（廷）氏は福安県で代表的な在地首長だったことがわかる。

　また保楽州安銘社の藩臣阮允伍（【表13】No. 5）の事例では、嘉隆元年に原貫を申告した際に他人に代筆を依頼し安銘社[72]を百的社と誤ったという[73]。保楽州の在地首長としては、阮朝に反旗を翻した土知州農文雲らが属す農氏や保楽州土吏目麻仕栄らが属す麻仕氏が知られているが［Poisson 2004: 121-122］［Nguyễn Thị Hải 2018: 124-129］、『欽定剿平北圻逆匪方略正編』には百的社の土司阮允高[74]、有永社の「原村分管阮允章」、「栄村分管阮允義」、里長阮允勝[75]などが登場する。安銘社・百的社・有永社が位置する現在のハザン省イエンミン Yên Minh 県一帯が、阮允氏の勢力範囲だったのだろう[76]。

　宣光鎮の最後の事例は、「負債を抱えて逃亡していたが、いま軍で自首し分

---

68)『欽定剿平北圻逆匪方略正編』巻19、明命14年8月13日条；巻22、明命14年9月4日条；巻24、明命14年9月17日条；巻33、明命14年12月11日条；巻35、明命15年正月11日条など。なお明命14年12月11日条には「加衛上知府」とあるので、それまでに咸安県試差土知県に加えて土知府の衛が授与されたようである。

69)『欽定剿平北圻逆匪方略正編』巻22、明命14年9月4日条。

70)『欽定剿平北圻逆匪方略正編』巻35、明命15年正月11日条。

71)『大南一統志』巻32、宣光省、建置沿革、咸安県。

72)『各鎮総社名備覧』宣光処保楽州によれば雲光総に百的社が、東光総に安銘社がそれぞれ属している。

73)「藩臣伍阮允伍〈安平府保楽州安銘社〉。由伊開謂伊原貫保楽州安銘社。壬戌年、伊投由借人代写、謬着伊貫百的社。甲子年、伊鎮旧鎮守鑑・協鎮忠拠伊開由修簿、遞申旧総鎮官転奏。日者奉公同付、伊管知百的・安銘弐社、亦着伊貫百的社。茲伊乞改写伊貫百的社為伊貫安銘社。」（『阮朝硃本』嘉隆第3集、第5葉裏）。

74)『欽定剿平北圻逆匪方略正編』巻20、明命14年8月21日条；巻35、明命15年正月11日条。

75)『欽定剿平北圻逆匪方略正編』巻30、明命14年11月15日条。

76) 安銘社・百的社・有永社はそれぞれ現在のイエンミン Yên Minh 町、バックディク Bạch Đích 社、ヒウビン Hữu Vinh 社に比定される。

129

第 4 章　19 世紀初頭のベトナム北部山地における阮朝の支配の変遷

民を認することを要請している」首長の事例である（【表 13】No. 6）。大蛮
州松軒社の藩臣何徳瑠・藩臣何徳碩・親弟何徳泰が金馬・苫舎・金苔・苫
満・花都 5 社、何徳壬は松軒・安琅 2 社をそれぞれ管轄しており[77]、嘉隆元
年に北城で報告し総鎮官の付が発給されて「管牧」（「分管」と同義で徴税・
徴兵の管轄か）が認められた。嘉隆 2（1803）年に何徳壬が逃亡した後に病
死し（逃亡理由など詳細は不明）、何徳壬の子何徳安が 7 歳と幼いため、何徳
瑠・何徳碩が暫定的に管轄することとなった。嘉隆 4 年に「単申」して金
馬・苫舎 2 社を「内族」（父方の族人）何維儒[78]に譲り、何維儒に公同付が
発給されて当該 2 社の管轄が認められたため、松軒・安琅・金苔・苫満・花
都 5 社のみが残った。嘉隆 6（1807）年に飢饉が発生し、社民の税額未納が
蓄積したことで、彼らは借金して未納分の税額を償わなければならず、何度
も「財人」（債主）[79]に追及されることとなった。嘉隆 7（1808）〜 8 年にか
けて何徳瑠・何徳碩・何徳泰は負債を抱えて逃亡し、何徳泰は帰還せず、何
徳瑠・何徳碩は北城にやって来て、松軒・安琅 2 社をオイ何徳安[80]（この時
点で 15 歳）に引き受けさせることおよび金苔・苫満・花都 3 社を管轄する
ことを要請した[81]。

---

77)　『各鎮総社名備覧』宣光処大蛮州によれば金馬・苫舎・金苔・苫満・花都・松軒・安琅（朗）7
　　社はいずれも古霊総に属している。

78)　『欽定剿平北圻逆匪方略正編』巻 19、明命 14 年 8 月 13 日条や同巻 20、明命 14 年 8 月 21 日条
　　に記載される大蛮州古霊社土司何惟爛は、彼と同じ首長集団に属す可能性もあろう。古霊社は古
　　霊総に属し、何徳氏の本貫松軒社とも近接している。

79)　『黎朝詔令善政壱本』巻 2、戸属、徳隆 6（1634）年冬 12 月、申明挙行令（漢喃研究院所蔵 A.
　　257）に「一、係財人有銀銭財物与人受債、人或牽期未有還償、有還未足数、其財人応投告衙門
　　勘追財物」とあり、黎鄭政権期の法令においても「財人」が債主を表す用語として使用されて
　　いる。

80)　『欽定剿平北圻逆匪方略正編』でも何徳安は大蛮州（原）土司と記されている（巻 26、明命 14
　　年 10 月 16 日条；巻 33、明命 14 年 12 月 11 日条）。

81)　「藩臣瑠何徳瑠〈大蛮州松軒社以下〉・藩臣碩何徳碩。由壬戌年伊等与親弟何徳泰・堂兄何徳壬
　　詣城投由。日者伊等与徳泰開認金馬・苫舎・金苔・苫満・花都五社、徳壬開認松軒・安琅弐社、
　　承旧総鎮官付詞仍旧管牧。癸亥年、徳壬被狂病棄民而去。伊鎮鎮守泰・前協鎮濡・旧参協展権↗

130

第3節　阮朝初期の北部山地における在地首長の動向

　本事例から、社民の税額未納が蓄積すると当該社の徴税を管轄する首長が
負担しなければならなかったことなどがわかる。本文書では何徳瑠らが借金
のために「逃げた」と記されているが、彼らが徴税を阮朝に対する強い義務
と認識していたかは不明で、彼らが時に阮朝の支配に協力する一方で時に阮
朝の支配から離脱する存在だった可能性は十分にあるだろう。また、一時的
に何徳瑠が阮朝への義務を放棄しても再び阮朝の支配に協力していること
から、彼らが阮朝との関係を維持することに利益を見出していたこともわか
る。官職授与を通じた権威強化や隣接する清朝側の土官との対立（国家間関
係においては境界紛争という形で現れる）［Vũ Đường Luân 2016］が起こり
得る状況におけるベトナム国家の承認の獲得などが考えられよう[82]。

(2) 諒山鎮

　諒山鎮については、まず嘉隆元年に「他員の分民の暫管を要請したが、鎮
員が簿を修正する際に誤って彼らの本分管と登録し」た2事例のうち、前述
した禄平州屈舎社の藩臣韋世堂の事例（【表13】No. 14）は省略し、文淵州
野岩社の正首校何国駄の事例（【表13】No. 13）を取り上げる。何国駄は嘉
隆元年、兄何国騎と共に北城に至り前祖父の管轄対象である文淵州9社、温
州2社、文関州4社、計15社の管轄を申告したが、その際に他人に代筆を依
頼し、各社の名を誤った（時強社→恃強社、泉友社→全友社、憑戎社→平戎
社、繁花社→煩花社、苴舎社→呂舎社、広廣社→広瘝社）。また何国騎の管轄

付伊等暫管松軒・安琅弐社。是年徳壬病死。其子徳安年方七歳、致伊等仍存暫管。甲子年、奉公
同付、伊等与徳泰同管此柒社。乙丑年、伊等単申交回内族何維儒認管金馬・苦舎弐社。其何維儒
已奉公同付、管知伊弐社。只存伊等分管松軒・安琅・金苦・苦満・花都五社。丁卯年、地方飢饉、
伊等社民積欠租税。伊等領債償納、累被財人追問。至戊辰・己巳等年、伊等与何徳泰並迯。茲何
徳泰迯別未回。惟伊弐員就城首伏乞認伊分民五社、再申乞□交堂任何徳安認管松軒・安琅弐社、
只存伊等分管金苦・苦満・花都参社。伊乞納公同付、候蒙改写。」（『阮朝硃本』嘉隆第3集、第
9葉裏～10葉表）。

82) 何徳泰も明命14年に大蛮州土吏目と記されているので、阮朝の支配下に戻ったと思われる
（『欽定剿平北圻逆匪方略正編』巻19、明命14年8月2日条；巻34、明命14年12月28日条）。

131

第4章　19世紀初頭のベトナム北部山地における阮朝の支配の変遷

対象である文淵州春光社、阮廷銘（後述するように貫は文淵州保林社）の管轄対象である永逸社・上下隴社、何国憑の管轄対象である安越社、計4社の暫定的な管轄を要請し、北城総鎮官は許可した[83]。春光社は何国駬が黎朝期の示式文書（鎮官から首長に宛てた下行文書で、なんらかの命令を伝達する機能を持っていた（序章第3節（1）参照））を提出しなかったために管轄が認められず、何国駖の「暫管」としたとあるので、嘉隆元年に首長たちが申告する際に阮朝以前の時期の文書が証拠とされていたことがわかる。またこの事例では、何国駖は阮廷銘・何国憑の管轄対象の暫定的な管轄を要請しているため、後述する他者の管轄対象を自身の管轄と偽って申告した事例とは異なり、何国駖は彼らが本来の管轄者であることを認めたうえで阮朝側に申告したとも思われるが、詳細は不明である。しかし嘉隆3年に諒山鎮官が簿を修正した際に、何国駖と何国駬が19社を管轄していると登録し、何国駖には詔、何国駬には公同付がそれぞれ発給され、19社を管轄していると記載されていた。嘉隆8年、阮廷銘は永逸・上下隴2社、何国憑は安越社の管轄をそれぞれ申告し、何国駬はすでに病死していたため、何国駖は何国駬の子何国恩と当該3社（永逸社・上下隴社・安越社）を返還した[84]。何国駖と何国

83）永逸社の位置は第1章注21参照。上下隴社は現在のカオロク県ホンフォン Hồng Phong 社、安越社は現在のヴァンラン県ホンタイ Hồng Thái 社に、それぞれ比定される。

84）「正首校駖何国駖〈長慶府文淵州野岩社〉。由伊開謂壬戌年伊投由借人代写謬著時強社為恃強社、泉友社為全友社、憑戎社為平戎社、繁花社為煩花社、莒舎社為呂舎社、広麇社為広麇社。又是年伊詣城投由与伊親兄前何国駬開認前祖父分民文淵州野岩・平蕩・憑戎・金菊・直尋・浩育・泉友・河広・広麇玖社、温州嘉禄・時強弐社、文関州富安・良能・莒舎・繁花肆社、共拾五社。又開認何国駬分民文淵州春光社。其春光社旧黎督鎮官示給尚在本貫、無以出呈値簿員、前知簿璜不許開為本分管、致伊開乞暫管。又開乞暫管阮廷銘本分民永逸・上下隴弐社、何国憑分民安越社、共参社。日者承旧総鎮官付詞許伊仍旧管拾五社、再暫管春光・安越・永逸・上下隴肆社。如有旧管員開認宜再交還。甲子年、旧鎮守瑞・協鎮宣拠伊開由修簿、再謬著伊与前何国駬分管拾玖社、無有顕著伊等暫管某社。是年欽奉○詔欻公同付伊与前何国駬毎員売道、亦拠此簿照写許伊等管知拾玖社。庚貴［午？］年、本藩阮廷銘単申開認永逸・上下隴弐社、何国憑単申開認安越社。其何国駬経已病故。伊与何国駬親子何国恩開詞交回阮廷銘・何国憑認管伊参社、只存文淵州野岩・金菊・直尋・平蕩・憑戎・河広・広麇・泉友・浩育等玖社、温州嘉禄・時強弐社、文関↗

132

第3節　阮朝初期の北部山地における在地首長の動向

騠は嘉隆元年の申告時に他人に代筆を依頼しており、かつ社名の誤記にも気付いていなかったようなので、漢文を十分に読み書きできなかったと考えられるが、嘉隆3年に発給された詔と公同付の内容を嘉隆8年まで理解できなかったか、あるいは精読していなかったかのどちらかだろう。

　次に「壬戌年に事情を申告し他員の分民を開認したが、いますでに以前管していた者に返還」した4事例が挙がっている。先の何国駄の事例と異なり、他首長の管轄対象を自身の管轄として申告した事例である。まず諒山鎮脱朗州黄同社の正首校阮廷彪の事例（【表13】No. 9）を取り上げる。嘉隆元年、阮廷彪は旧来の管轄対象である脱朗州琦羅・楽墟2社、文淵州仁里・均労・探春・雄勝4社、温州昌銘・協下・雲農3社、計9社の管轄を申告したが、その際に阮廷銘の管轄対象である文淵州珠巻社、何国栄の管轄対象である温州帰厚・雲岩2社も偽って申告した。珠巻社は阮廷彪の貫黄同社に隣接しており、また帰厚・雲岩2社は阮廷彪が管轄していた昌銘社と同じ総に属しているため85)、さほど苦労なく管轄できると考えたのだろう。嘉隆3年に詔が発給され、中雄校正首校に任じられると共に当該12社の管轄が認められた。ここからは、嘉隆元年の阮朝は阮廷彪の申告を一方的に認めていることが窺える。嘉隆8年、阮廷銘が文淵州珠巻社、何国栄が温州帰厚・雲岩2社の管

　　州富安・良能・繁花・莒舎肆社。又春光社旧黎示給現存、伊乞仍旧認管。其有伊鎮藩臣阮廷答・阮克厚・阮廷銘各員同認実共併分管拾陸社。伊申乞許親任便宜正属校何国恩与伊同管。再連納○詔文、候蒙改写特強社為時強社、全友社為泉友社、平戎社為憑戎社、煩花社為繁花社、呂舎社為莒舎社、広癉社為広廲社。存何国恩遄将伊前親父分受○公同付詞繳納。」（『阮朝硃本』嘉隆第3集、第8葉表～裏）。

85)　『各鎮総社名備覧』によれば琦羅・楽墟2社は脱朗州安化総に属し、現在のランソン省ヴァンラン県アンフン An Hùng・タインロン Thanh Long 社、仁里・均労・探春・雄勝4社はいずれも文淵州仁里総に属し、現在のヴァンラン県タンミ Tân Mỹ・ホアンヴァントゥ Hoàng Văn Thụ・ニャットキ Nhật Kỳ 各社南部、珠巻社は現在のカオロク県トゥイフン Thụy Hùng 社、温州昌銘・帰厚・雲岩3社は温州長桂総に属し、現在のヴァンクアン県タンドアン Tân Đoàn 社、協下社は温州山荘総に属し、現在のロクビン県ヒエブハ Hiệp Hạ 社、雲農社は温州枚坡総に属し、現在のドンキン Đông Kinh 坊近辺に、それぞれ比定される。なお黄同社は現在のランソン市ホアンドン Hoàng Đồng 社に当たる。

133

第4章　19世紀初頭のベトナム北部山地における阮朝の支配の変遷

轄をそれぞれ申告したため、阮廷彪は返還し、阮廷銘・何国栄が管轄を引き
受けた。また温州昌銘社は阮廷彪のオイの阮廷答[86]、文淵州探春・雄勝2社
は弟の阮廷網が、それぞれ管轄を引き受けた。これによって阮廷彪の管轄は
6社のみとなったため、阮廷彪は詔を納入して修正を要請している[87]。

　続く脱朗州有秋社の正属校阮廷瑗（【表13】No. 10）、文淵州淵汨社の便宜
副首校阮廷瀬（【表13】No. 11）の事例もおおむね阮廷彪の事例と同様であ
る。阮廷瑗は親弟阮廷琨・堂弟阮廷樸[88]と共に軍の駐屯地に至り、旧来の管
轄対象である脱朗州有秋・鍾山・洛陽・盃美4社、文淵州同登社計5社の管
轄を申告したが、その際に、土民陳文忠と共に阮廷珥の養父の管轄対象であ
る茶岩社、阮廷錦の親父の管轄対象である檳榔・安化2社の管轄を申告し
た。これらの3社はいずれも阮廷瑗の貫有秋社に隣接している[89]。嘉隆3年
には詔が発給され、承認されている。嘉隆5（1806）・6年、陳文忠・阮廷琨
が病死、阮廷樸が負債で逃亡し、また嘉隆8年に阮廷珥が茶岩社、阮廷錦が

86）阮廷答は嘉隆4年に作成された永寨社の地簿でも「黄同社藩臣」と記載されている（「諒山省
　脱朗州有秋総永寨社地簿」（国家第一公文書館所蔵、No. 3517））。

87）「正首校彪阮廷彪〈長慶府脱朗州黄同社〉。由伊開謂壬戌年伊詣城投由、開認旧分民脱朗州琦
　羅・楽壚弐社、文淵州仁里・均労・探春・雄勝肆社、温州昌銘・協下・雲農参社、共玖社、再冒
　開認阮廷銘分民文淵州珠巻社、何国栄分民温州帰厚・雲岩弐社、共拾弐社。甲子年欽〇詔敘伊為
　中雄校正首校、再管知伊拾弐社。己巳年、阮廷銘単申開認珠巻社、何国栄単申開認帰厚・雲岩弐
　社。其阮廷彪自甘冒認、開詞交回阮廷銘・何国栄認管。庚寅［午？］年伊単申乞交昌銘社許伊親
　侄阮廷答認管、与⎡領⎤交探春・雄勝弐社、許伊親弟阮廷網認管。共陸社只存、伊分管脱朗州琦羅・
　楽壚弐社、文淵州仁里・均労弐社、温州協下・雲農弐社、共陸社。伊乞納本分詔文、候蒙改写。」
　（『阮朝硃本』嘉隆第3集、第6葉表～裏）。

88）脱朗州有秋社阮廷氏の家譜（【表2】No. 7）では、阮廷瑗（1764～？）は第17代として記載
　されるが、阮廷琨・阮廷樸は記載されていない。

89）『各鎮総社名備覧』によれば茶（鄒）岩社と檳榔社は脱朗州有秋総に属し現在のホアンベト社
　北部およびタンラン Tân Lang 社近辺、安化社は脱朗州安化総に属しホアンベト社東北部に、そ
　れぞれ比定される。阮廷瑗がもともと管轄してきた脱朗州有秋・鍾山2社は現在のホアンベト
　社近辺に位置しており、茶岩社・檳榔社・安化社と近接している。一方脱朗州洛陽・盃美2社は
　現在のチャンディン Tràng Định 県ダイドン Đại Đồng 社・チフオン Tri Phương 社、同登社は
　現在のドンダン Đồng Đăng 町に位置しており、阮廷瑗の貫である有秋社からは離れている。

134

第3節　阮朝初期の北部山地における在地首長の動向

檳榔・安化2社の管轄をそれぞれ申告したため、阮廷瑗は返還を認めたという[90]。阮廷瑗・阮廷琨は、嘉隆4年に作成された有秋社の地簿でも藩臣として登場する[91]。阮廷瑗は明命2（1821）年3月25日付、阮廷琨と阮廷樸は同年3月20日付で、それぞれ中一号属号に任命されている[92]。そもそも脱朗州有秋社阮廷氏は諒山鎮の中で有力な首長集団の一つであるが、阮廷瑗らはその中の代表的人物といえよう。一方嘉隆元年に阮廷瑗らが偽って申告した茶岩社を管轄してきた阮廷珬は嘉隆元年8月に守隘号副首号に任命され[93]、脱朗州有秋社阮廷氏の家譜（【表2】No. 7）では阮廷瑗と同様に第17代として記載され、阮廷瑗とはイトコの関係に当たる。一方阮廷錦は『大南寔録』で土司と記されているが[94]、有秋社阮廷氏の家譜や有秋社の地簿には登場しないため、脱朗州有秋社阮廷氏ではないようだ。ここから、異なる首長集団の管轄対象を偽って申告する事例もあれば、同一血縁集団に属す者の管轄を申告する事例もあったことがわかる。

　続いて文淵州淵汨社の阮廷瀬は嘉隆元年に軍に至り、旧来の管轄対象である淵汨社の管轄を申告したが、その際に阮廷珬の管轄対象である先会社も申

---

90)「正属校瑗阮廷瑗〈長慶府脱朗州有秋社〉。由伊開謂壬戌年伊与親弟阮廷琨・堂弟阮廷樸詣軍投由、開認旧分民脱朗州有秋・鍾山・洛陽・盃美肆社、文淵州同登社共五社。伊再与阮廷琨・阮廷樸及土民陳文忠開認阮廷珬養父分民茶岩社、阮廷錦親父分民檳榔・安化弐社、共捌社。甲子年、欽○詔為為中雄校正属校、再同与阮廷樸前阮廷珬管知有秋・鍾山・洛陽・盃美・同登・檳榔共陸社、又与前陳文忠管知茶岩・安化弐社、共捌社。丙寅年、文忠病故無子。丁卯年、廷珬病故、其子尚幼。廷樸負債在逃。如伊等社惟伊独管。庚貴〔午？〕年、阮廷瑗単申開認茶岩社、阮廷錦単申開認檳榔・安化弐社。其阮廷瑗自甘冒認、開詞交回阮廷珬・阮廷錦認管参社、只存分管脱朗州有秋・鍾山・洛陽・盃美肆社、文淵州同登社共五社。伊乞納本分○詔文、候蒙改写。」（『阮朝硃本』嘉隆第3集、第6葉裏～7葉表）。

91)「諒山省脱朗州有秋総有秋社地簿」（国家第一公文書館所蔵、No. 3493）。

92)「諒山省脱朗州有秋総有秋社古紙」第66葉表～69葉裏。本文書で阮廷琨は嘉隆6年に病死したとあるのは、誤りなのかもしれない。

93)『大南寔録』正編、第一紀、巻18、嘉隆元年8月条、第15葉裏～16葉表。この記事については第1章第3節参照。

94)『大南寔録』正編、第一紀、巻45、嘉隆11（1812）年11月条、第17葉表。

第4章　19世紀初頭のベトナム北部山地における阮朝の支配の変遷

告した[95]。また嘉隆2年に諒山鎮旧鎮守・旧協鎮が暫定的に守隘二校便宜副
首校（阮朝朝廷や北城総鎮の承認を得ずに鎮官が暫定的に官職を授与した際
に「便宜」が付される。本章第4節（4）参照）とするのを許可し、嘉隆3年
に旧北城総鎮官が差[96]により阮廷瀬を油村隘副守隘とするのを許可した。嘉
隆8年に阮廷理が先会社の管轄を申告したため、阮廷瀬は返還を認めた[97]。

　　また、首長ではない人物が首長の管轄対象を阮朝に対して申告する事例も
ある。文淵州保林社の童香雲（【表13】No. 12）は藩臣ではないにもかかわら
ず、嘉隆元年に北城に至り、阮廷銘と貫が同じで保林社であると報告し、旧
北城総鎮官は付により童香雲と阮廷銘が保林社を共同管轄するのを許可し、
嘉隆3年に両名にそれぞれ公同付が発給された。また同年に旧北城総鎮官は
童香雲を油村隘正守隘に任命した。阮廷銘は阮廷理が守隘号副首号に任命さ
れた嘉隆元年8月に、同時に守隘号正首号に任命されており、童香雲は阮廷
銘の名を出すことで阮朝に信用されると考えたのかもしれない。しかし嘉隆
8年に阮廷銘が保林社を先祖代々管轄してきたことを申告し、単独管轄が認
められた。一方童香雲は藩臣ではないことが判明し、守隘職が停止され
た[98]。油村隘は中国商人の出入国が認められた地点であり、守隘は清朝との

95）『各鎮総社名備覧』諒山鎮によれば淵泪社と先会社は共に文淵州淵泪総に属し、現在のタンタ
　　イン Tân Thanh・タンミ社に比定される。

96）差は文書形式の一つで、黎鄭政権期の諒山鎮では鎮官が首長に対して派遣などの任務を命じ
　　る際に用いられていた（第1章第1節（3）参照）。

97）「便宜副首校瀬阮廷瀬〈長慶府文淵州淵泪社〉。由伊開謂壬戌年伊詣軍投由、開認旧分民淵泪
　　社、再開認阮廷理分民先会社共弐社。癸亥年、伊鎮旧鎮守瑞・協鎮実権許伊為守隘二校便宜副首
　　校。甲子年、旧総鎮官又差許伊為油村隘副守隘。是年奉公同付伊管知淵泪・先会弐社。庚貴〔マ
マ〕
　　〔午？〕年、阮廷理単申開認先会社、乃阮廷理前祖旧分民。其阮廷瀬自甘冒認、開詞交回阮廷理
　　認管先会社、只存分管淵泪壱社。茲伊乞納公同付、候蒙改写。」（『阮朝硃本』嘉隆第3集、第7
　　葉表～裏）。

98）「童香雲〈長慶府文淵州保林社以下〉・阮廷銘。由伊等開謂壬戌年、香雲詣城投由、開香雲与廷
　　銘同貫保林社。旧総鎮官付詞許香雲与阮廷銘同管伊社。甲子年、奉公同付香雲与廷銘同管保林
　　社。再奉公同付阮廷銘与香雲同管保林社。是年旧総鎮官又差香雲為油村隘正守隘。庚貴〔マ
マ〕〔午？〕
　　年、阮廷銘単申開認保林社乃阮廷銘前祖旧管。其童香雲自念非是藩臣、乞停守隘職。再開詞自↗

136

第3節　阮朝初期の北部山地における在地首長の動向

文書の逓送や辺境防備を担う官職だった（第1章第3節）。北城総鎮が藩臣ではない童香雲を信用して油村隘正守隘に任命したのは、北部掌握直後の阮朝にとっては緊急に辺境防備体制を構築する必要があったためだろう。

　以上の事例から以下の事柄がわかる。第一に、宣光鎮における「分管」の存在である（【表13】No. 1-6）。ここから、18世紀半ば以降の諒山鎮だけでなく、阮朝初期までには宣光鎮においても首長が社ごとの徴税・徴兵を担当していたことがわかる。嘉隆年間の税制を考察した［岡田 2016b: 20-29］によれば、田税・丁税・兵役を課される実納民（土民）が外鎮全6鎮に登録されており（むろん徴税・徴兵がどの程度有効に実施されていたかは不明だが）、首長が社ごとに徴税・徴兵を担当する形式は外鎮全鎮で同様だったと思われる。

　第二に、本文書が発出された目的が各首長の貫や管轄対象の修正にあることである。発出時期から考えて嘉隆9年の首長リスト作成の際におこなわれたと考えられるが、とすれば同リストでは各首長の姓名、貫、官職、管轄対象などを列挙していたと考えるのが妥当だろう。すなわち阮朝初期の北部山地支配は、首長たちに官職を授与すると同時に各社の徴税と徴兵を担当させ、彼らのリストを作成して朝廷で情報を把握するというものだった。

　第三に、太原・宣光2鎮では嘉隆元年に首長たちが他人に代筆を依頼して誤記が生じる事例が多く（【表13】No. 1-5, 7, 8）、諒山鎮ではそのような事例は少ない（【表13】No. 13のみ）ことである。諒山鎮に漢文文書作成能力を獲得している首長が多いとすれば（むろん彼らが他人に代筆を依頼して偶然誤記が生じなかった可能性もあるが）、諒山鎮では遅くとも18世紀半ばから首長を組み込む形で文書行政がおこなわれており（第1章第1節（3））、ベ

甘冒認、交回保林社、許阮廷銘独管、乞将公同付繳納。存阮廷銘乞将公同付運納、候蒙改写。」（『阮朝硃本』嘉隆第3集、第7葉裏）。

第4章　19世紀初頭のベトナム北部山地における阮朝の支配の変遷

トナム王朝の支配下に入ることで自身の権威を保持しようとした首長が漢文
文書作成能力を習得したのだろう。逆に太原・宣光2鎮では多くの首長が他
人に代筆を依頼している[99]（【表13】No. 1-5, 7, 8）ため漢文文書作成能力を
習得しておらず、諒山鎮のような文書行政は未確立だったのかもしれない。

　第四に、北部山地の首長には、嘉隆元年に北城や軍に至って旧来の管轄を
申告した者（【表13】No. 1, 2, 6, 10-14）と申告しなかった者（阮廷銘・阮廷
理・阮廷錦・何国憑・何国栄など。ただしその理由は不明）とがいること、
前者の首長が嘉隆元年に自身の貫や管轄対象の近隣に位置する後者の首長の
管轄対象を自身の管轄として阮朝に申告することがあること、である。阮朝
の北部掌握直後に北部山地の在地首長が旧来の管轄対象を申告し、また他者
の管轄対象を偽って自身の管轄と申告した首長が存在することから、各社で
の徴税・徴兵の管轄にメリットを感じていたことは間違いない。地域社会に
おける自身の地位の維持、阮朝からの官職授与を通じた権威強化、および隣
接する清朝側の土官との対立が起こり得る状況におけるベトナム国家の承認
の獲得などが考えられよう。黎鄭政権期の18世紀半ば〜後半には、徴税を通
じた税収の一部の俸給としての獲得や各種経費の徴収（第1章第2節）など
のメリットが存在したが、阮朝初期も同様だったと思われる。他者の管轄対
象を偽って自身の管轄と申告する場合は、貫が異なる者の管轄を申告する事
例が多いため、異なる首長集団の利権を奪おうとする意図があった可能性は
十分に考えられる。一方、兄弟で共同管轄する事例（【表13】No. 1, 2, 6, 10）
や徴税権を族人とやり取りする事例（【表13】No. 6）があり、同一集団内で
利権の分配をおこなっていた可能性もあろう。なお複数人が阮廷銘と阮廷理
の管轄対象を自身の管轄として申告していることから、彼らが申告しないこ
とをほかの首長も知っていたと思われるが、詳細は不明である。

　第五に、首長たちが管轄対象を申告したのは嘉隆元年だが、阮朝朝廷から

99）ただし代筆を担った人々については詳細不明である。今後の課題としたい。

138

詔や公同付[100]が発給されたのは嘉隆3年ということである。たとえば童香雲の事例（【表13】No. 12）では嘉隆元年に北城総鎮が付を発給して童香雲に阮廷銘との共同管轄を認めたが、両者に対する公同付の発給は嘉隆3年だった。また一部の事例では首長の申告内容を鎮官が北城総鎮に申で報告し、北城総鎮の「転奏」を経て朝廷に上達されたと記されているが（【表13】No. 1-5, 7, 8, 13, 14）、この朝廷への上達も多くの場合嘉隆3年におこなわれている（【表13】No. 1-5, 13, 14）。北城総鎮や鎮官が嘉隆元年に入手した情報が阮朝朝廷に伝わるまでに2年を要した可能性が高い[101]。

　第六に、嘉隆元年に他者の管轄対象を偽って申告した首長たちの一方的な主張を、阮朝側が認めていることである。おそらくは嘉隆元年の時点で阮朝（朝廷だけでなく、北城総鎮や鎮官も含む）は黎鄭政権期の情報を継承できておらず、その真偽を判断できなかったために彼らの主張を認めざるを得なかったのだろう。また嘉隆元年に自身の管轄を申告しなかった首長は、いずれも嘉隆8年に自身の管轄を申告している。おそらく嘉隆9年の「藩臣・輔導の名冊」の作成に際して調査がおこなわれ、首長たちはそれに応じて自身の管轄を申告したのではないだろうか。そして少なくともこの時点、厳密には本文書が発出された嘉隆10年頃になってようやく正確な情報が阮朝朝廷に上されたといえる。同時に、嘉隆元年には自身の管轄を申告していなかった首長たちが自身の管轄を申告したことで、阮朝の地方支配に協力し各社の徴税・徴兵を担う北部山地の在地首長の数が、ようやく黎鄭政権期の水準に回復したのではないだろうか。

---

100) これらの公同付の内容は現在に伝わっていないが、後述する嘉隆11年11月8日付で発行された農益講宛て公同付（本章注125）と同様の体裁だったと思われる。

101) 嘉隆2年10月〜嘉隆3年正月に嘉隆帝は清朝からの冊封儀礼を受けるために昇龍城に滞在しており（『大南寔録』正編、第一紀、巻22、嘉隆2年10月条、第14葉裏；巻23、嘉隆3年正月条、第5葉裏）、これが嘉隆3年における詔や公同付の発給に影響した可能性も考えられるが、詳細不明である。

第4章　19世紀初頭のベトナム北部山地における阮朝の支配の変遷

第4節　阮朝初期における北部山地支配の変遷

(1) 北部ベトナム掌握直後の阮朝と北部山地の在地首長

　阮朝初期の地方支配を考える際には、朝廷だけではなく在地首長や地域社会と直接対峙する鎮官、および北部諸鎮を統轄する北城総鎮も独自のアクターとみなす必要があるが、まずは朝廷の立場から編纂された『大南寔録』を分析する。『大南寔録』によれば、嘉隆元年6月に阮福暎勢力が昇龍城から西山朝を駆逐するとただちに北部全域を支配下に置き[102]、宣光・興化・太原などの北部山地の土酋に対しては宣諭して朝見させている[103]。また嘉隆元年9月には北城総鎮が設置されているが[104]、ほぼ同時期に「北河の土酋に官爵を賜う」とあり、清華上道統領何功泰らに対して官職を授与したことが記されている[105]。これらの記事を見ると阮朝は北部掌握直後に北部山地を掌握し、北部山地の首長たちに広く官職を授与したかのように読める。実際、昇龍城から西山朝を駆逐した嘉隆元年6月から9月まで嘉隆帝（阮福暎）は昇龍城に留まっており[106]、前述の何功泰らに対する官職授与もこの時期におこなわれていることからも、嘉隆帝が山地支配を重視して

---

102) 『大南寔録』正編、第一紀、巻17、嘉隆元年6月条、第18葉表～21葉表。

103) 『大南寔録』正編、第一紀、巻18、嘉隆元年7月条、第14葉表。

104) 『大南寔録』正編、第一紀、巻18、嘉隆元年9月条、第30葉裏～31葉表。

105) 『大南寔録』正編、第一紀、巻18、嘉隆元年9月条、第27葉表～28葉表に「賜北河土酋官爵。帝以清華上道統領何功泰糾集土目応義有功、賜郡公爵。宣光・興化・太原諸藩臣農福廉・麻世固為宣慰大使、麻仕沢・阮広照・阮克張・麻世而・丁公旺・丁功貞為宣慰使、丁功兼為招討使、潘伯奉為欽差該隊、並侯爵。琴因元為防禦同知、黎金工為防禦僉事、並伯爵。」とある。

106) 嘉隆帝の昇龍城出発は『大南寔録』正編、第一紀、巻18、嘉隆元年9月条、第32葉裏～33葉表に記されている。なお本文書で挙がっている一部の首長は嘉隆元年に北城で旧来の管轄対象などを申告しているが（【表13】No. 6, 9, 12-14）、その時期は明記されていないため、嘉隆帝の滞在中かどうかは不明である。また、嘉隆元年に北城で申告をおこなったこれらの首長たちが同年に北城総鎮の付を発給された事例はあっても（【表13】No. 6, 12-14）、嘉隆帝の詔などが発給された形跡もない。

140

いることが窺える[107]。しかし前述のように、阮朝の鎮官は嘉隆元年の時点では北部山地の在地首長に関する情報を十分に収集できていない可能性が高く、また本文書では阮朝朝廷は大半の首長に対し嘉隆3年に詔や公同付を発給していたことから、北城総鎮や鎮官が嘉隆元年に入手した情報が阮朝朝廷に伝わるまでに2年を要した可能性が高い。そこで『大南寔録』嘉隆元年9月条を読み返すと、同条には「帝は清華上道統領何功泰は土目を糾集し義に応じて功有るを以て、郡公爵を賜う」とある。おそらくは嘉隆元年に官爵を授与したのは「義に応じて」阮朝の西山朝打倒に貢献した首長であり[108]、そのほかの多くの首長に対しては嘉隆3年に官職を授与したのではないだろうか。

このように嘉隆元〜2年の時点で阮朝朝廷に北部山地の在地首長に関する情報が十分に伝わっていなかったとすれば、その状況下で『大南寔録』嘉隆元年8月条に諒山鎮の在地首長に鎮南関・油村隘の防備を命じた記事（第1章注63）、同年10月条に宣光・興化における鉱山開発を首長に委託した記事があることは注目される[109]。後者で挙がる首長も上述嘉隆元年9月条で記載されていない者が大半を占めるため、この時に阮朝側から働きかけをおこなったのだろう。北部山地全域の首長に対する官職授与（嘉隆3年）よりもさきに鉱山開発を委託していることは、阮朝朝廷が鉱山開発を重視していたことの証左といえよう。一方、前者の記事では諒山鎮の在地首長である阮廷銘・阮廷珥を守隘号正首号・副首号に任命し、清朝の交渉の窓口である鎮南

107）嘉隆2年10月から嘉隆3年正月にかけて、嘉隆帝は清朝からの冊封儀礼を受けるために再度昇龍城に滞在しているが（本章注101）、この時にも丁功体・麻世固といった北部山地の首長が嘉隆帝に謁見している（『大南寔録』正編、第一紀、巻22、嘉隆2年11月条、第18葉表）。

108）何功泰については『大南正編列伝初集』巻28、諸臣二十五、何功泰参照。また本章注105所引の史料で宣慰大使を授与されている農福廉は、清朝側の史料では「農耐」（阮福暎）と連携する「保楽州夷人」の「農福連」として記されている（『清仁宗実録』巻91、嘉慶6（1801）年11月甲午条および宮中档に収録される両広総督覚羅吉慶の嘉慶7年2月21日付奏（故宮博物院文献編号404007451；『宮中档嘉慶朝奏摺』第12輯、p. 655））。

109）『大南寔録』正編、第一紀、巻19、嘉隆元年10月条、第3葉表〜裏。

第 4 章　19 世紀初頭のベトナム北部山地における阮朝の支配の変遷

関と中国商人の出入国地点である油村隘を防備させているが、彼らは前述の通り嘉隆元年に北部掌握直後の阮朝に対して旧来の管轄対象を申告しなかった首長である（【表 13】No. 9-13）。嘉隆元年 6 月の昇龍城掌握直後、阮朝朝廷は諒山鎮官に命令して清朝に文書を送付しているが[110]、同時期の清朝側の行政文書（宮中档）によれば、両広総督臣覚羅吉慶の嘉慶 7（1802）年 8 月 11 日付奏で、阮福暎が裏で使節を鎮南関へ派遣すると述べていること、表文の草稿[111] が届いたことなどが清朝朝廷に伝えられている[112]。ここから、嘉隆元年 8 月に阮朝朝廷が阮廷銘・阮廷珥を清朝との文書のやり取りを担う守隘号正首号・副首号に任命したのは、対清関係の構築のためであることがわかる。

（2）首長の申告

北部山地の在地首長には北部掌握直後の阮朝に対して嘉隆元年に旧来の管轄を申告する者がいたが、本文書では「投由」と記されるだけで彼らの申告の詳細は記されていない。これについて、禄平州率礼社韋氏関連文書の中に、韋廷珠の嘉隆 2 年閏正月二十某日付申（【表 5】No. 19）が収録されている。申形式の文書には充所が記されていないが、上行文書なので北城総鎮宛てか諒山鎮官宛てと推測される。本申の発出時期は嘉隆元年ではないが、時期を

---

110)　『大南寔録』正編、第一紀、巻 17、嘉隆元年 6 月条、第 21 葉裏。

111)　18 〜 19 世紀に黎鄭政権や阮朝が清朝へ遣使する際には、事前に表文の草稿を送付して両広総督や広西巡撫による文面審査を受けていた［吉川 2021b: 9-13］。

112)　「協辦大学士両広総督臣覚羅吉慶跪奏。為農耐国長阮福映稟称「已得安南全境、籲懇早邀天眷」、仰祈聖鑑事。竊拠太平府知府王撫棠稟報「拠農耐国長阮福映稟称「攻克昇隆城、已得安南全境、本国従前荷蒙天朝寵命小番、現当遴選陪价、恭詣闕下候旨。竊念小番僻居未諳天朝礼節、虔具稟文、委信臣黎正路等、詣関候命、専望台府接本国公文転逓、俾小番早蒙天朝字小之恩、奠安南服」」等情。並抄呈表文各稿及呈逓稟文前来。臣査閲稟詞、極為恭順。前該国長阮福映遣价鄭懐徳等進首。経臣節次具奏請旨遵行。其陪价鄭懐徳等現在粤東候旨。今拠太平府知府王撫棠稟報「該国長遣信臣黎正路等来関、恭進表貢」。其表文該府或就近送交西撫臣奏呈御覧。…（中略）…嘉慶七年八月十一日。」（故宮博物院文献編号 404008713、『宮中档嘉慶朝奏摺』第 15 輯、p. 341）。

第 4 節　阮朝初期における北部山地支配の変遷

考えると北部掌握直後の阮朝に帰順した在地首長の一例といえる。以下にそ
の全文を掲げる[113]。

　諒山処長慶府禄平州率礼社の旧藩臣珀楊（爵号か）すなわち韋廷珠らが申
します。
　一、命令をうけてご報告致します。いま伝を受け取り、祖先および自身の
来歴、あるいは黎朝より頂いた旧封、あるいは偽西（西山朝）より新たに
頂いた証明文書の存没、および本分管の兵や民の寅禄や税がどれだけか、
ならびに鉱山がどこにあって、開発してどれだけ徴収しているか、逐一明
白に詳述致します。そのため詳しく事情を記載し以下に列挙致します。
　一、始祖韋世徳〈黎朝から昔郡公に封じられ、兵・民を該管しておりました。
証拠文書は現在親弟韋廷艶（韋廷隆[114]）がみだりに保管しております〉

---

113) 原文は以下の通り（「諒山省文淵州高峙衙高楼総各社古紙」第 28 葉表〜 29 葉裏）。
　　諒山処長慶府禄平州率礼社旧藩臣楊即韋廷珠等申。
　　　計
　　一、承開。由茲承有伝詞類開先世及已身来歴、或受黎朝旧封、或有偽西新受文憑存没、及本
　　分管兵民寅禄税例若干、并有曠埌在某処、与開作徴収若干、一一詳開明白。為此具将事由開
　　註恭列于次。
　　一、先祖韋世徳〈由受黎朝旧封郡公、該管兵民。文憑現存在親弟韋廷艶濫守〉。
　　一、祖父韋廷璿〈由受黎朝旧封伯爵、該管兵民。文憑現存在親弟韋廷艶濫守〉。
　　一、前親父韋廷偵〈由受黎朝受旧防禦僉事・伯爵、該管兵民禄平州高楼総五社。令旨・文憑
　　現存在親弟韋廷艶濫守〉。
　　一、己身韋廷珠〈由受黎朝同管、与親父再給属務該管率礼社兵民。於戊申年扈駕黎朝国母、受
　　封宣慰職・伯爵。及西山付居許為田里。由上年五月初一日、微等所被火炎失落。其令旨・文
　　憑現存在親弟韋廷艶濫守〉。
　　一、茲本分管兵民旧黎朝所給禄平州高楼総率礼社土兵拾率。
　　由上上年微所被病、至無有従与本処投田 [由] 拝謁、未承領得文差率礼社土兵拾率。
　　一、全年租庸税例、皆在伊社社長別収、別納在鎮公場、微并不干知。申伊社本分地、実有壙
　　埌・金埌・磘埌、由北客附居開作、受納税例。而長埌・長場別収・別納。並不詳知。
　　以上並已実開。若妄開不実、後日有何人訴告覚出不伊詞内、微等甘受重罪。茲開。
　　嘉隆二年閏正月二十　日、申詞。韋廷珠
114) 韋廷偵の子として韋廷珠と共に挙がっている韋廷隆（第 3 章注 14）は、黎鄭政権末期に艶↗

143

第4章　19世紀初頭のベトナム北部山地における阮朝の支配の変遷

一、祖父韋廷瑢（韋仲容）〈黎朝から伯爵に昔封じられ、兵・民を該管しておりました。証拠文書は現在親弟韋廷艶がみだりに保管しております〉

一、故親父韋廷偵〈黎朝から旧防禦僉事・伯爵を授与され、禄平州高楼総5社の兵・民を該管しておりました。令旨・証拠文書は現在親弟韋廷艶がみだりに保管しております〉

一、自分自身韋廷珠〈黎朝の（命を）うけて共同管轄しており、親父と共に再び率礼社の兵と民を該管する任務を与えられました。戊申年（1788）に黎朝の国母（皇太后阮氏）につき従い、宣慰の職・伯爵に封ぜられました[115]。西山朝になって付により田里（？）とされました。昨年5月1日より、私の居所は火災により失落致しました。令旨・証拠文書は現在親弟韋廷艶がみだりに保管しております〉

一、いま本分管の兵・民は、旧黎朝より支給された禄平州高楼総率礼社の土兵10率です。昨年私は病を患っており、本処に従い事情を申告して拝謁することができておらず、まだ文差（差式文書のことか）を受け取って率礼社の土兵10率（の徴発）ができておりません。

一、毎年の租・庸の税は、みなその社の社長が個別に徴収し、諒山鎮の公場で個別に納入しておりますので、私は関知しておりません。その社の本分の地には、実際に鉱山・金山・硫黄場があり、北客（華人）が寓居して開発しており、課税されております。しかしながら長塨・長場が個別に徴収・納入しております。私はすべて詳しくは存じ上げません。

以上はすべて事実を報告しております。もしみだりに事実でないことを報告していれば、誰かが訴え出てその文書に（合致）しないことが発覚すれば、私は甘んじて重罪をお受け致します。ここにご報告申し上げます。

嘉隆2年閏正月二十某日、申。韋廷珠

武伯という爵号を帯びていた（【表4】No. 137）。そのため韋廷艶は韋廷隆に当たると考えられる。
115）管見の限り韋廷珠を宣慰使などに任命した文書は現在に伝わっていない。

第 4 節　阮朝初期における北部山地支配の変遷

　本申は、伝（阮朝廷臣の公同伝ないし諒山鎮官の伝か）を受け取ったうえ
で祖先代々の来歴や黎朝期の韋廷珠自身の「（本）分管」などを報告してい
る。ただし自身の管轄を証明する黎朝期の文書は、弟が所持しているという
（その経緯は不明）。冒頭で自身を「旧藩臣」と記しており、この時点では阮
朝朝廷から藩臣として承認されていなかったことがわかる[116]。また本申は
嘉隆 2 年の発出であることから、韋廷珠は【表 13】に挙がる首長のように阮
朝の北部掌握後即座に申告をおこなったわけではないようだ。現に、嘉隆元
年にただちに自身の「分管」を申告しなかった理由として、「病を患って」い
たと記している。とすれば、阮朝は嘉隆元年に申告しなかった北部山地の首
長たちに対して伝形式の文書を送付して帰順をうながし、韋廷珠はそれに応
じたということになろう。韋廷珠の報告には、彼の父韋廷偵は 5 社の兵・民
を「該管」すなわち徴税と徴兵を管轄していたが[117]、韋廷珠は黎朝期には率
礼社の兵と民を「該管」しており、阮朝に申告した「本分管」は率礼社の兵
すなわち徴兵のみで、率礼社の租・庸すなわち土地税・人頭税は社長が、鉱
山・金山・硫黄場[118]は採掘者集団の長（長堁・長場）がそれぞれ納税したと
記されている。これ以前に韋廷偵の管轄社数は 5 から 2（率礼社・高楼社）に
減少していたが（第 3 章第 2 節）、韋廷偵の時に 2 から 1（率礼社）へ、さら
にはその 1 社の徴兵のみに管轄対象が縮小したようだ。ただ前掲の諒山鎮官
の嘉隆 17 年正月 14 日付伝では、「藩臣韋世珠」に対する高楼社における未納

116）嘉隆 4 年に作成された禄平州錦段社の地簿（「諒山省禄平州錦段社地簿」（国家第一公文書館
　　所蔵、No. 3327））に「旧藩臣」の韋腹士・韋腹点・韋腹密、また脱朗州鍾山社の地簿（「諒山
　　省脱朗州有秋総鍾山社地簿」（国家第一公文書館所蔵、No. 3498））にも「本社旧藩臣」の阮廷
　　罳が記されている。彼らも嘉隆 4 年には藩臣として承認されていなかったため「旧藩臣」と記
　　されたのだろう。

117）第 1 章第 2 節で述べたように、もともと率礼社韋氏は 18 世紀半ばまで率礼社や高楼社など 5
　　社の徴税・徴兵を管轄していた。

118）率礼社の金山については、『欽定大南会典事例』巻 42、戸部七、雑賦一、金礦、第 9 葉表に
　　「率礼礦」が記載されている（【表 21】）。ただし『欽定大南会典事例』巻 42、戸部七、雑賦一、
　　硫礦礦、第 39 葉表～裏では挙がっていない。

145

第4章　19世紀初頭のベトナム北部山地における阮朝の支配の変遷

の税額の督促がおこなわれており（本章第1節）、少なくとも高楼社における徴税を韋世（廷）珠が担っているので、阮朝初期にも管轄対象の増減があったのかもしれない。なお本申で「該管」は黎朝期における先祖の来歴について、「分管」は本申発出時の状況について使用されており、韋廷珠が「該管」と「分管」を使い分けていることは明白である。おそらく韋廷珠が受け取った伝の中に「分管」という用語が使用されていたため、阮朝の用法に合わせたのだろう。

(3) 高平鎮上琅州綺貢社農益氏の事例

　カオバン省博物館には、高平鎮上琅州綺貢社農益氏[119]の成員に宛てて発給された阮朝初期の行政文書[120]が所蔵されている（以下、これらの文書群を「農益氏関連文書」と呼ぶ）。阮朝初期における北部山地の在地首長の動向や地方支配の一例をうかがい知ることができる貴重な史料である。まずは阮朝の北部掌握直後の時期における農益氏の動向が記されている嘉隆11（1812）年正月27日付の北城総鎮の付を以下に掲げる[121]。

---

119) 農益氏については［Nguyễn Thị Hải 2018: 119-121］を参照。なお綺貢社は現在のチュンカイン県カオタン Cao Thăng 社に比定される。

120) 農益氏関連文書はもともと農益氏末裔のノン・ヴァン・ファン Nông Văn Phán 氏（現在はハノイ市居住）およびノン・タイン・へ Nông Thanh Hè 氏（カオバン省チュンカイン Trùng Khánh 県居住）が所有していたが、2021年にカオバン省博物館に寄贈したという（2024年8月におこなった両氏およびカオバン省博物館副館長ホアン・ティ・レ Hoàng Thị Lệ 氏への聞き取りによる）。筆者はこれらの文書群の実物を2024年8月12日にカオバン省博物館で実見したが、本文書群の調査に当たっては、事前にヴ・ドゥオン・ルアン氏から貴重な情報をご教示頂いた。ヴ・ドゥオン・ルアン氏には記して感謝申し上げる。

121) 原文は以下の通り。

　欽差北城総鎮官

　　計

　一、付属高平鎮雄勇奇後校正長校講農益講貫上琅州倚貢社。茲拠伊鎮鎮官経申謂「伊親父農益儼・親叔農益造原管石林州春嶺社、下琅州永寿社、上琅州倚貢・盤陀・昂山・美渓・瓊楼・枚嶺陸社、共捌社。壬戌年伊叔農益造詣城開認美渓・昂山・瓊楼・枚嶺肆社。癸亥年伊与伊農益儼就城開認倚貢・盤陀・春嶺・永寿肆社。乙丑年伊叔農益造命没無子、其養子阮祐侊尚↗

146

第 4 節　阮朝初期における北部山地支配の変遷

欽差北城総鎮官（が以下の文書を送付する）

一、上琅州倚貢社を貫とする属高平鎮雄勇奇後校正長校講すなわち農益講に付す。いまその鎮（高平鎮）鎮官の申によると「彼の父農益儼・オジ農益造はもともと石林州春嶺社、下琅州永寿社、上琅州倚貢・盤陀・昂山・美渓・瓊楼・枚嶺 6 社、合計 8 社を管轄しておりました。壬戌（1802）年彼のオジ農益造は北城に至り美渓・昂山・瓊楼・枚嶺 4 社を開認しました。癸亥（1803）年彼と彼の父農益儼は北城で倚貢・盤陀・春嶺・永寿 4 社を開認しました。乙丑（1805）年彼のオジ農益造が死亡して子がおらず、その養子阮祐侊はなおも幼いため、付式文書を残して彼（農益講）に認守（「認管」と同義か）することを許可しました。辛未（1811）年継正月某日彼は単申して故農益造の分民 4 社と彼の父の旧来の分民 4 社、合計 8 社を認管することを要請致しました」とのことである。その鎮官がすでに調べたところ、果たしていまその処（高平鎮）の藩臣各員は共に事実であると認めた。そこでいま暫定的に付によって彼が石林州春嶺社、下琅州永寿社、上琅州倚貢・盤陀・昂山・美渓・瓊楼・枚嶺 6 社、合計 8 社を管轄することを（認める）。毎年税例に基づいて鎮（高平鎮城）で納入せよ。およそ諸々の事情はすべて鎮官の派遣に従い、鋭敏かつ老練でなくてはならず、（命令を）うけて実行し陛下の命令を待て。もし任務に当たり尽力しなければ、公法（による処罰）があるだろう。ここに付す。

嘉隆 11 年正月 27 日

本付は雄勇奇後校正長校農益講宛てにオジ農益儼・農益造が管轄してきた

幼、留来付詞許伊認守。辛未年継正月日伊有単申乞認管前農益造分民肆社与伊父旧分民肆社、共捌社」。伊鎮官経已完、果現有伊処藩臣各員同認実。仍此権付伊管牧石林州春嶺社、下琅州永寿社、上琅州倚貢・盤陀・昂山・美渓・瓊楼・枚嶺陸社、共捌社。常年照依税例徴納在鎮。凡諸事体並聴従伊鎮官差撥、這宜敏幹、承行以待明命。若所事弗勤、有公法在。茲付。
嘉隆十一年正月二十柒日

第 4 章　19 世紀初頭のベトナム北部山地における阮朝の支配の変遷

各社の管轄を農益講が継承することを許可するものである。本付には、①農
益講の父農益儼・オジ農益造はもともと合計 8 社の徴税や徴兵を管轄してき
たこと、②嘉隆元年に農益造が北城に至り自身が管轄してきた 4 社の管轄を
申告し、嘉隆 2 年に農益儼と農益講が北城で彼らが管轄してきた 4 社の管轄
を申告したこと、③農益造がおそらく石林州博渓社阮祐氏[122]の一員である
阮祐侁を養子としていること、④嘉隆 4 年に農益造が死亡し、嘉隆 10 年に農
益講は「単申」して農益造・農益儼[123]が管轄していた 8 社の「認管」を鎮官
に要請したこと、⑤北城総鎮が付によって「暫定的に」管轄を承認するが、
同時に陛下すなわち皇帝の命令を待つように指示していること、などが記さ
れている。

　これらのうち①から、阮朝初期までには諒山鎮や宣光鎮だけでなく高平鎮
においても首長が社ごとの徴税・徴兵を担当していたことがわかる。また②
からは農益氏が北部掌握直後の阮朝に帰順したことがわかるが、なぜ農益造
と農益儼・農益講とで北城にやって来た時期が異なるのかは不明である。前
述のように禄平州率礼社韋氏の韋廷珠も嘉隆 2 年に祖先代々の来歴や自身の
管轄を申告していたが、農益儼と農益講の申告も同様の背景によるものなの
かもしれない。また農益氏関連文書には、農益造を雄鎮支中校長校造徳侯に
任命する北城総鎮の嘉隆 2 年 4 月 29 日付差（【表 15】No. 3）、および農益講
を雄勇奇後校副長校・講明侯に任命する北城総鎮の嘉隆 3 年 4 月 26 日付差
（【表 15】No. 4）[124]が収録されているが、これは農益造と農益講が阮朝に帰
順したが故の措置だろう。また農益氏関連文書に収録される嘉隆 11 年 11 月
8 日付で発行された農益講宛て公同付によれば、嘉隆元・2 年の農益造およ

---

122) もともと閉姓だったが、阮朝に与して西山朝と戦ったことで阮姓を賜った。阮祐氏について
　　は［Nguyễn Thị Hải 2018: 113-116］を参照。なお『各鎮総社名備覧』高平鎮によれば博渓社
　　は石林州率性総に属している。

123) 農益氏関連文書に収録される嘉隆 11 年 11 月 8 日付で発行された農益講宛て公同付（本章注
　　125）によれば、農益儼は嘉隆 2 年に病死している。

124) 原文は本章注 129 参照。

148

第4節　阮朝初期における北部山地支配の変遷

び農益儼と農益講の申告に対して北城総鎮の付が発給されたとのことで（本章注 125 下線部）、【表 13】No. 6, 12, 14 の事例と同様である。

　また④からは、首長による管轄の申告や要請が鎮官に対する「単申」でおこなわれ、その後鎮官が北城総鎮に申式文書によって上申したうえで、北城総鎮が付によって首長による管轄を承認していたことがわかる。農益儼の死亡は嘉隆 2 年（本章注 123）、農益造の死亡が嘉隆 4 年であるにもかかわらず、農益講による 8 社の「認管」の要請が嘉隆 10 年におこなわれたのは、やはり嘉隆 9 年の首長リスト作成の際に事実の申告が求められたためだと考えられる。単なる管轄の継承の要請であり貫や管轄対象の修正の必要がないため、阮黄徳・黎宗質の嘉隆 10 年 10 月十某日付奏には記載されなかったと考えられるが、逆にいえば、阮黄徳・黎宗質の上奏に記載されていたのは貫や管轄対象を修正する必要がある事例のみであり、農益講のように以前から事実上管轄を継承していた者が嘉隆 10 年頃に初めて鎮官や北城に報告する事例は無数に存在したに違いない。⑤は、字面的には北城総鎮が暫定的に農益講による管轄を承認し、農益講の働きぶりが問題なければ阮朝朝廷に対して報告し、阮朝朝廷の正式な承認を受けるという意味になろう。実際農益氏関連文書には、本付と同様の内容の嘉隆 11 年 11 月 8 日付公同付も収録されている [125]。阮朝朝廷が鎮官や北城総鎮の措置を追認する構図は、後述する官職任命と同様である。この場合北城総鎮の付（嘉隆 11

---

[125]「公同付属高平鎮雄勇奇後校正長校農益講貫上琅州倚貢総倚貢社。茲拠北城奏簿内開石林州春嶺社、上琅州倚貢・盤陀・昂山・瓊楼・梅嶺・美渓陸村、下琅州永寿社共捌社乃爾前祖分民留居、爾父前農益儼・爾叔前農益造襲襲。壬戌年爾叔前農益造詣城開認美渓・昂山・瓊楼・梅嶺肆社、経有欽差総鎮官付詞。癸亥年爾与爾父就城開認倚貢・盤陀・春嶺・永寿肆社、亦有欽差総鎮官付詞。是年爾父病故。乙丑年爾叔命没無子、其養子阮祐优尚幼、留来付詞許爾徴納税例。辛未年爾有単申乞認管爾叔分民肆社与爾父分民肆社共捌社。事経鎮官宪、果在城給付、現有伊処藩臣開詞結認、其事由復歴具在簿奏。欽奉准許農益講依旧管知爾父分民上琅州倚貢・盤陀弐社、下琅州永寿社、石林州春嶺社共捌社、再拠爾叔前農益造分民上琅州昂山・美渓・瓊楼・梅嶺肆社、許爾認管共捌社土民。常年照依税例徴納在鎮。凡諸事体並聴従鎮官管轄。若所事弗虔、有国法在。茲付。嘉隆十一年十一月初捌日」。

第4章　19世紀初頭のベトナム北部山地における阮朝の支配の変遷

年正月 27 日付）から公同付（同年 11 月 8 日付）まで 10 か月あまりが経過
しているが、おそらく同年の夏務（夏田税の納期）[126] を踏まえての措置なの
かもしれない（同年の夏務で実際にどの程度農益講が納税したのかは不明
だが）。

(4) 朝廷、総鎮、鎮官

　阮黄徳・黎宗質の嘉隆 10 年 10 月十某日付奏によれば、嘉隆元年に自身の
管轄を申告した首長は、嘉隆 3 年に阮朝朝廷から詔や公同付を発給され、管
轄の承認や官職の授与がなされていた。しかしこれはあくまで中央の阮朝朝
廷による承認／任命であり、阮朝初期の権力構造を考えると北城総鎮や鎮官
も独自のアクターとみなす必要がある。実際、少なくとも諒山鎮では鎮官に
よる官職授与が嘉隆元年からおこなわれていた。脱朗州有秋社の阮廷質に宛
てた嘉隆元年 8 月 5 日付の差式文書を以下に掲げる[127]。

　欽差諒山鎮鎮官（が以下の文書を送る）
　一、属鎮の藩臣支派阮廷質に差す。雄捷奇属校が欠員である。いま正隊長
　に文書を送って単申して推薦させ、（阮廷質を）暫定的に差して雄校一隊便
　宜副属号とする。本隊を統率し、正副の管員に従い、公務を遂行せよ。こ
　れは勤勉でなければならず、後を待って転申（本文書の内容を申で総鎮に
　上達すること）し、それによりその本分を明らかにする。もし怠惰で敬虔

126）毎年の土地税は、夏田（五月稲田）は 8 月納入、冬田（十月稲田）は 12 月納入が定められて
　　いた［桜井 1987: 192-193］。
127）原文は以下の通り（「諒山省脱朗州有秋総有秋社古紙」第 57 葉表～裏）。
　　欽差諒山鎮鎮官
　　　計
　　一、差属鎮藩臣支（派）阮廷質。係雄捷奇属校曠員。茲行正隊長具単申挙合権差為雄校一隊便
　　宜付属号、唱率本隊、量随正付管員、承行公務。這宜勤（幹）、待後転申、以明其分。若懈怠
　　不虔、及差行退縮、有公法在。茲差。
　　嘉隆元年八月初五日

150

第 4 節　阮朝初期における北部山地支配の変遷

ではなく、および派遣された際に萎縮したならば、公法により処罰する。ここに差す。

嘉隆元年 8 月 5 日

　この文書は冒頭が「発出者。計。一、受信者に差す」という書き出しで始まっているため差形式の文書であり、概要は阮廷質の雄校（右雄校？）一隊便宜副属号[128]への任命である。この差式文書から、嘉隆 3 年に阮朝朝廷が詔や公同付を発給する以前に、鎮官は在地首長に対する武官系統の官職の授与、すなわち軍事面での地方支配への取り込みをおこなっていたことがわかる。また興味深いのは「待後転申」という表現である。「転申」とは「転奏」と同様に文書の内容の上達だが、申式文書なので充所は北城総鎮である。すなわち字面的には諒山鎮官が暫定的に官職授与をおこない、阮廷質の働きぶりが問題なければ北城総鎮に対して報告し、北城総鎮や阮朝朝廷から正式に承認されるという意味になろう。「便宜」を含む官職の授与は、鎮官が発出した差式文書にしか見られず【表 15】No. 1, 11, 12, 21, 22）、いずれも「待後転申」という文言を記されている。形式的には暫定的な任命だが、実質的には鎮官が自由裁量でおこない、阮朝朝廷や北城総鎮に事後報告するということだろう。

　また、阮朝初期に北城総鎮が首長に対して発給した差式文書に「待後転奏」（後で本差式文書の内容を阮朝皇帝に上奏すること）という表現がある事例もある（【表 15】No. 4, 5, 7）。一例として、農益氏関連文書に含まれる高平鎮上琅州倚貢社農益講に対して発給された北城総鎮の嘉隆 3 年 4 月 26 日付の差式文書を挙げる（【表 15】No. 4）。これによれば、高平処上琅州倚貢総倚貢社を貫とする農益講を雄勇奇後校副長校・講明侯に任命し、校内の員・軍を糾合・統率し当該校の正長校員につき従って任務に当たるよう命令して

128）「付」は「副」と音通（共に phó）だと思われる（第 2 章注 32 も参照）。

第4章　19世紀初頭のベトナム北部山地における阮朝の支配の変遷

いる[129]。また授与された官職に「便宜」は付されていないが、暫定的な任命を意味する「権差」という表現も前述の諒山鎮官を発出者とする差式文書と同様である。北城総鎮の官職授与が独自のものなのか、それとも鎮官の措置の追認だったのかは不明だが、阮朝朝廷に官職授与の情報が伝わるのに時間差があったことは確実といえよう。

　そこで、阮朝初期において北部山地の在地首長に宛てた任命文書で原文が現在に伝わっているもの（写し含む）を管見の限り列挙したのが【表15】である。内訳は鎮官が発出した文書19点、北城総鎮が発出した文書6点、詔1点であり、いずれも校／号[130]（奇に次ぐ軍隊の単位）の属官の任命である。

　鎮官が発出した文書のうち「待後転申」などの表現があるのは5点で（【表15】No. 1, 11, 12, 21, 22）、授与対象の官職は正属号・副属号・副首号である。おそらくは単なる属号よりも上位の官職授与の際には、前述の阮廷質宛て差式文書（【表15】No. 1）と同様、鎮官が任命した後に北城総鎮へ事後報告していたのだろう。そのほかの14点の大半はより下位の属号への任命であり、「待後転申」という文言もないので、北城総鎮へ事後報告すらしていなかった可能性が高い。

　一方北城総鎮を発出者とする文書6点の授与対象はいずれも（正）長校（【表15】No. 3, 5, 7, 23）や副長校（【表15】No. 4）といった校の長官・副官であり、これらの官職の形式的な任命権は北城総鎮が有していた可能性もあ

129）原文は以下の通り。

　　欽差北城総鎮平西大将軍郡公

　　　計

　　一、差農益講貫高平処上琅州俉貢総俉貢社。係伊世襲藩臣、頗諳戎務、権差為雄勇奇後校副
　　長校・講明侯、糾率内校員軍、俻筋銃口・器械等項、要使訓錬閑熟、聴従伊校正長校員、分撥
　　公務。這宜勒幹、待後転奏。若厥職弗虔、有公法在。茲差。

　　嘉隆三年四月二十陸日

130）「校」と「号」は現代ベトナム語では同音（hiệu）のため音通の可能性があるが、少なくとも
　　黎鄭政権期には「校」と「号」が混在しており、両者の関係性の詳細は不明である（第2章注
　　27も参照）。

第4節　阮朝初期における北部山地支配の変遷

るが、鎮官の措置を追認した可能性もある。また、いずれも「待後転奏」や
「須殫馬力待換龍章（力を尽くし龍章（皇帝が発給する文書）に改められるの
を待て）」、「待満年例覆題、欽侯実授（任期の満了を待って前例により返答と
して上奏するので、謹んで実授（実職の授与）を待て）」などの文言があり、
阮朝朝廷には事後報告していたことがわかる。その経緯が判明するのが、農
益講の雄勇奇後校正長校への任命の事例である。農益講は嘉隆5（1806）年
正月24日付差で北城総鎮により「伊奇」（雄勇奇）後校正長校に任命されて
いるが（【表15】No. 7）、その3年後の嘉隆8年7月28日付で、雄勇奇後校
正長校・講論侯に任命する詔（【表15】No. 8）が発給されている。本詔には
「茲具事題奏、可准許為雄勇奇後校正長校・講論侯（いま（北城が）事情をし
たためて上奏したため、雄勇奇後校正長校・講論侯とするのを認める）」と記
されており131)、北城総鎮による任命から3年ほど経過して北城総鎮の上奏
があり、それを踏まえて詔が発給されたことがわかる。

　このように現時点で収集できた事例が少なく詳細は不明だが、少なくとも
武官系統の下級官職は基本的に鎮官や北城総鎮が独自に任命していた可能性
が高い。また阮朝朝廷による詔や公同付の発給は、鎮官や北城総鎮の措置の
追認であることは確実である。実際、文淵州淵汨社の阮廷瀬（【表13】No.
12）は、嘉隆2年に諒山鎮官から守隘二校便宜副首校に任命されていたが、
阮黄徳・黎宗質の嘉隆10年10月十某日付奏においても「便宜副首校」と記
されていたので、少なくとも8年間にわたって北城総鎮や阮朝朝廷の承認を
得ていない状態が続いていたことになる。またこのような「便宜」を冠する
官職の数について、諒山鎮官の立場から諒山鎮における地方行政について記

---

131)「詔農益講貫上琅州綺貢総綺貢社。乃係高平鎮藩臣、上年詣北城投由、経受権差。茲具事題奏、
　　可准許為雄勇奇後校正長校・講論侯、斜率内校土兵員軍、従正副管奇、差撥公務。凡諸事体並
　　聴従鎮官管轄、要宜恪恭職守敏済事功。若厥職弗虔、有軍政在。欽哉。特詔。嘉隆八年七月二
　　十八日」。

した『諒山団城図』[132]には、19世紀初頭に増補された箇所に阮朝初期の現地民部隊の情報が記されているが（「雄捷奇土兵及守隘各校」）、そこでは「実授」の「員職」と「便宜」の「員職」とに区分されており（【表16】）、後者は正首校1員、正属校8員、副属校11員の存在が記されている。「便宜」を冠する官職を持つ者が20名に及んでいることから、北部山地の在地首長への官職授与を実質的に鎮官や北城総鎮がおこなうことは常態化していたと考えて良いだろう。黎鄭政権期にも同様の状況だったのかもしれないが、阮朝初期には阮朝朝廷と鎮官とのあいだに北城総鎮が介在しているため、阮朝朝廷にとってはなおさら各鎮の実情は把握するのが困難だったに違いない。

前述のように嘉隆9年の首長リスト作成に際して、北部山地では各首長の貫や管轄に関する調査が実施された可能性が高い。首長リスト作成は『大南寔録』に記されていることからも朝廷主導で実施されたと考えるのが自然だが、鎮・総鎮レベルで留まっていた情報を朝廷が回収するという意図もあったのだろう。実際、本文書には単なる情報の修正だけでなく、多くの首長に朝廷が詔や公同付を発給した嘉隆3年以降の管轄者の変化およびその経緯なども記されている。これは嘉隆3〜10年にかけてこれらの情報が朝廷に上されていなかったことを示唆しよう。

おわりに

本章は、行政文書の分析を通して阮朝初期の北部山地支配の変遷を考察した。北部掌握直後の阮朝は黎鄭政権期の情報を継承できておらず、加えて阮朝初期には阮朝朝廷と鎮官とのあいだに北城総鎮が介在していたため、阮朝朝廷にとってはなおさら北部山地における首長の任命権の掌握は困難だった。阮朝朝廷が有する北部山地関連の情報および阮朝の地方支配に協力し各

132）『諒山団城図』については序章注19参照。

おわりに

社の徴税・徴兵を担う在地首長の数が黎鄭政権期の水準に回復したのは、嘉隆9年に首長のリストを作成した際だと思われる。このリストには各首長の貫や管轄対象が記載されていた。阮朝初期の朝廷による北部山地支配は、官職を授与した首長に社ごとの徴税と徴兵を担当させるものであり、朝廷は各首長の貫・官職・管轄対象のリストを作成することで情報の把握を目指した。ただしこれ以降も北城総鎮が存在しており、阮朝朝廷が首長の任命権を掌握できない状況は継続した。北部山地における明命年間の行政改革は、行政単位の再編（鎮の廃止と省の設置など）および首長の権限の削減（官職の世襲の停止や流官の派遣など）からなるが（第5章第1節参照）、後者を可能にするためにも前者を通じて首長の任命権を阮朝朝廷が掌握する必要があったといえよう。

　また本章での分析から、18世紀後半の諒山鎮で見られた首長が社ごとに徴税・徴兵を担当する形式は、少なくとも宣光鎮や高平鎮でも阮朝初期までには成立していたことが明らかになった。加えて高平鎮では、『高平実録』を著した阮祐儔のような、書物を執筆できるほどの漢文読み書き能力を持つ在地首長も出現している［吉川（近刊）］。一方本章で述べたように、太原・宣光両鎮では他人に代筆を依頼して誤記が生じる事例が多く、諒山鎮に比べて漢文文書作成能力を有した首長は僅少で、諒山鎮と同様の文書行政は未確立だった可能性が高い。北部山地の地域性については一般的に、西北地域では在地首長の自律性は高くベトナム王朝との結びつきは緩やかである一方、東北地域では在地首長とベトナム王朝との結びつきが比較的強いとされる［古田　1984；1991：57-60］［桜井　1987：162-163］。ただし諒山・高平両鎮にのみ漢文読み書き能力を有した首長が多いとすれば、現実には西北／東北という二分法的に明確に区別できるわけではなく、東北地域の中でも諒山・高平両鎮は在地首長とベトナム王朝のあいだの政治的距離が近い地域なのかもしれない。とすれば諒山・高平両鎮の状況を安易に他鎮に適用することはできず、今後は地域ごとに地方支配の実情を考察していく必要があろう。

第5章　19世紀前半～半ばのベトナム阮朝による
　　　支配の変遷と土司 [1]

はじめに

　第4章で考察したように阮朝初期の北部山地では黎鄭政権期と同様に在地首長を通した統治をおこなっていた。しかし阮朝初期には阮朝朝廷と鎮官とのあいだに北城総鎮が介在していたため、阮朝朝廷にとってはなおさら北部山地における首長の任命権の掌握は困難だった。1820年代後半から明命帝による行政改革が進められるが、それは北城を廃止すると共に清朝を模倣して全土で画一的な行政単位（省）を設置することで、阮朝の領域の統合を進めようとするものだった。その一環で北部山地では、首長による官職の世襲の禁止、州県への流官（中央から派遣された官僚）の派遣などが施行される [Nguyễn Minh Tường 1996: 164-171] [Poisson 2004: 55-59]。この一連の政策は在地首長層に対する権限削減政策だったため、首長たちと王朝権力との関係は急速に緊張度が高まることになる。複数の政権に対して貢納をおこなう多重帰属関係を構築してきた西北地域のタイ系在地首長の中には、阮朝への反発を強め清朝やルアンパバーンへの接近を試みる集団もいた［武内

---

1)　阮朝期史料中の「土司」と「土官」について、本章で詳述するように、「土司」は①1830年代に廃止される以前は土司のリストに掲載されていた者、②1850年代に諒山省や高平省で土司が復活した後は丁簿上で土司と記載されていた者を、それぞれ指す（本章第1節および第7章第1節（2）参照）。一方「土官」は土知州などの土を冠した官職（ないしそれらに任じられた者）を指していた。そのため非官職保持者も含めた首長集団を指す呼称としては「土司」のほうが適切である。

156

2003: 659-663]。また、首長の世襲が禁止された後の明命 14 年には宣光省保楽州の農文雲が阮朝に反旗を翻し、これに周辺の土司たちが多数共鳴したことで、太原・高平・諒山各省に拡大した。ただし、一般的に山岳地帯の首長や中国からの移民が広く農文雲に共鳴したといわれるが［Nguyễn Phan Quang 1986: 184］［Vũ Đường Luân 2014］、実際には農文雲勢力に加わった土司と、そうではない土司が存在していた[2]。

　阮朝の流官統治については、すでに多くの先行研究がその限界を指摘している。たとえば西北地域の興化省では流官がマラリアの脅威や風土への不適応に苦しみ、1 年のうち 1 ～ 2 か月しか任地に赴任できず、大半を省城で過ごし訴訟や軍事などの行政事務を土吏に委任していた。また、そもそもダー Đà 河中・上流域には流官が派遣されておらず、宣光省や清化省・父安省などでも府県官が赴任していない事例が存在した［武内 2003: 661］［Poisson 2004: 56-57］。

　このように、19 世紀前半～半ばのベトナム北部山地を取り巻く情勢は、首長の世襲禁止→農文雲勢力の活動→流官統治の実施と目まぐるしく変化していた。かかる状況下で、北部山地における阮朝の支配はいかに変化し、在地首長はいかに対応したのだろうか。明命年間以後の地方統治については、沿海部の広安省万寧州における知州による統治の詳細が解明されるなど［嶋尾 2010］、地域の実情に合わせた柔軟な制度の運用実態が近年の研究により解明されつつあるが、地域ごとの詳細な検討は不十分なままである。

　北部山地の在地首長については、近年の研究では国家権力にとっての山岳地帯の在地首長の重要性が注目されつつあり、たとえば明命年間の行政改革後も彼らが勢力を保持し、阮朝やフランス植民地政府の地方統治を担ったことが指摘されている［Poisson 2004: 120-126］。しかし記述のように、従前の

---

2)　地域は異なるが、寧平省のムオン人首長が反乱した際も、ムオン・ドンのムオン人首長丁功氏は阮朝側につくことで自身の権益の増大を企図した［宇野 1999: 183］。

第5章　19世紀前半～半ばのベトナム阮朝による支配の変遷と土司

研究では前述の興化省莱州デオ（刁）氏、宣光省保楽州農氏、諒山省禄平州
屈舎社韋氏のような一部の著名な事例が取り上げられることはあっても、網
羅的・体系的な分析は皆無であり、特に東北地域の研究は手薄だった。

　近年ではグエン・ティ・ハイの研究［Nguyễn Thị Hải 2018］により阮朝
期の高平省における土司間の権力構造の解明が進み、農文雲の反乱時には、
農文雲勢力に従った者と阮朝側に与した者とがいたが、農文雲勢力が鎮圧さ
れたことで後者が阮朝から続けて官職を授与されて勢力を拡大したことが明
らかにされた。そこで本章が阮朝期の諒山省に焦点を当てて地方統治の実情
や土司の動向を可能な限り復元することで、東北地域の特色とその歴史的背
景をより明確に描き出せよう。

　ただし本論に入る前に指摘しておかなければならないのが、「土司」（トー
ティー thổ ty）という史料用語をめぐる問題である。土司の定義に関連して、
先行研究では、土司を東北地域に特徴的な存在とする議論［Lã Văn Lô
1964b: 40-43］[3)]［吉沢 1982: 79-85］や、土司の制度を阮朝以前の時代に遡及
させる議論［Lã Văn Lô 1964b: 38］が見られる。しかし実際は、土司という
用語は明命9年に初めて出現し、土司廃止以前の1820年代末～1830年代初
頭には北部山地全域に存在している。またおそらくは中国史の影響を受け
て、阮朝史料中の土司と土官を同一視する事例もある[4)]。実際には阮朝史料

---

3)　なおベトナム民主共和国の民族学者ラ・ヴァン・ロ Lã Văn Lô は、土司は主にキン人起源で
　あり「七族土司」と呼ばれていること、「七族土司」はランソン・カオバン・ハザン・トゥエン
　クアンの阮・韋・黄・河・閉・農・麻各氏であること、などを述べているが［Lã Văn Lô 1964b:
　40］、第7章第1節（2）で論じるように「七族土司」は諒山（ランソン）省の土司の総称である。
　［Lã Văn Lô 1964b］は革命の対象とみなされた（元）在地首長層がキン人起源でベトナム王朝の
　山地統治に貢献した歴史があり、「ベトナム民族の団結」にも貢献できることを強調しているた
　め、ランソン省の土司の事例を意図的に東北地域に敷衍した可能性も考えられる。
4)　たとえば主に土官の変遷を論じた［王 2016］では、土司と土官という語を区別せず使用して
　いる。なお明清中国では、もともと宣慰司・宣撫使などの武官系統が土司、土知府・土知州・土
　知県などの文官系統が土官と呼称されていたが、やがて一般に両者を総合して土司と呼称する
　ようになった［武内 1997: 584］。

中の土司と土官は異なるが、このような阮朝特有の制度は解明されておらず、土司という史料用語についての正確な解釈は提示されていない[5]。

　以上の問題意識のもと、本章はまず第1節では19世紀前半の諒山省における統治の変遷を概観すると同時に、土司という史料用語に関する基礎的考察をおこなう。第2節では農文雲勢力が阮朝に対して反旗を翻した1830年代前半の諒山省における土司の動向を考察し、第3節では明命年間の行政改革後の支配の実態を考察する。これらの作業を通して、19世紀前半～半ばの政治変動・社会変動における地方支配の変遷とその実態、および諒山省の首長たちの動向を描き出す[6]。

第1節　19世紀前半における阮朝の地方支配の変遷と土司・土官

　第4章で考察したように阮朝初期の北部山地ではそれ以前の黎鄭政権期と同様に流官による支配はおこなわれず、藩臣・輔導・土酋などの称号を与えた在地首長に社ごとの徴税・徴兵を管轄させていた。また嘉隆9年に「藩臣・輔導の名冊」すなわち各首長の貫や管轄対象が記載されたリストを作成し、首長層の掌握に努めた。

　軍事面では、阮朝が成立した嘉隆元年、土兵[7]718人を選び、雄捷奇7校・守南関1校・守油村関1校、計9校18隊を置いている[8]。明命3（1822）年になると、雄捷奇は諒山奇と改称され、各校を再編して中・前・後・守関

---

5)　なお古田元夫によれば、土司は、「フランス植民地時代には、植民地統治機構の中に組み込まれた少数民族首長一般をさす言葉として、ベトナム北部で広く使用されるようになっており、官職にあるムオン族のランやターイ族のフィアタオといった首長を総称する言葉になっていた」という［古田 1991: 377］。

6)　北部では明命12年に最上級地方行政単位として鎮が廃止され省が設置されているが、本章では煩雑を避けて「省」で統一する。

7)　阮朝期の「土兵」は、山岳地帯では現地の丁簿登録者の中から徴発された兵を指す［岡田 2012: 32］。

8)　『欽定大南会典事例』巻146、直省軍号、諒山、第21葉表。

159

第5章　19世紀前半～半ばのベトナム阮朝による支配の変遷と土司

の4校とし、管奇・副管奇・長校・該隊などの官を置いて各校を統轄することとしている[9]。この時点の土兵は424人と記されており、先述の嘉隆元年の数値と比べて数が減少しているが、おそらく実際は、嘉隆元年の数値が実態をともなっていなかったのだろう。嘉隆元年の土兵数はおそらく黎鄭政権期の数値を引き写したと考えられるが[10]、いうまでもなく18世紀末～19世紀初頭の戦乱によって王朝が把握する土兵の数は減少したに違いない。嘉隆元年にはこの間の変動が反映されず黎鄭政権期の数値が引き写されたままだったので、明命3年になって実態に即して土兵部隊が再編されたのだろう。

　1820年代後半に入って明命帝は行政改革を進め、清朝を模倣した地方統治体制を構築していく。山地地域では、まず明命8（1827）年には在地首長に与える官職が土知府・土知州・土知県・土吏目といった名称に改められた[11]。これは、清朝の土司・土官制度を模倣したものといえる。また同年には、諒山奇が諒雄奇と改称されている[12]。翌明命9年には「土酋の額籍」すなわち首長層の名簿を更新し、藩臣を土司と改称している[13]。藩臣だけでなく輔導や土酋といった語もこれ以降の史料には見えなくなるため、この時点でこれらの称号がまとめて土司に統一され、前述の嘉隆9年に作成された「藩臣・輔導の名冊」をもとに土司のリストが作成されたと考えられる。このように制度上は、土司という用語は明命9年に初めて正式に出現したといえる[14]。なおこの時点では、土司は諒山省や高平省だけでなく北部山地全域に

9）『大南寔録』正編、第二紀、巻18、明命3年11月条、第18葉表。

10）山地諸省においては、明命年間末年まで黎鄭政権期の丁簿が使用されていた［桜井 1987: 393-395, 433］［嶋尾 2001: 30］。

11）『大南寔録』正編、第二紀、巻49、明命8年11月条、第2葉表～裏。

12）『大南寔録』正編、第二紀、巻40、明命8年8月条、第35葉表。ただし『欽定大南会典事例』巻146、兵部、直省軍号、第21葉表では明命7（1826）年の出来事とする。

13）『大南寔録』正編、第二紀、巻51、明命9年3月条、第4葉表。

14）ただし例外的に、明命9年以前の記述で山岳地帯の首長が土司と呼ばれている事例がある。たとえば『大南寔録』正編、第一紀、巻45、嘉隆11年11月条、第17葉表に「授興化土司簿琴継・梁金三等十一人為該州・副州。諒山土司阮廷錦・何国馱等四人、為正副属校。」とあり、また↗

160

第 1 節　19 世紀前半における阮朝の地方支配の変遷と土司・土官

存在した。たとえば明命 10 年に土司の世襲を禁止する際には、宣光・太原・
広安・高平・諒山・興化各省の土知州・土知県・土県丞・土吏目の任命につ
いて、「土司・豪目に拘泥してはならない」と記されており、西北地域に属す
興化省も含まれている[15]。また同年には諒山省でも州ごとに土知州・土吏目
1 名の任命が決定されている[16]。一方武官系統では、在地首長が管奇や率
隊・隊長などの平野部同様の官職に任命されている[17]【表 17】。

　明命 10 年になると、阮朝は土司による官職の世襲を禁止した[18]。ついで
明命 12 年には北部における鎮の廃止と省の設置が施行され、諒山省の行政
単位も鎮から省へと改められる[19]。同年、これまで設置されてこなかった諒
山省各州の治所（莅）の設置が決定される[20]。ついで明命 15（1834）年に
は、七泉・文関・安博各州が県に改められている【地図 4】[21]。この時期には
文官系統（土知州・土吏目）と武官系統（管奇・率隊・隊長）の官職に土司
が任じられており、行政改革の過程でまず旧来の世襲統治者を官僚制に取り

　『大南寔録』正編、第二紀、巻 11、明命 2 年 10 月条、第 22 葉裏〜 23 葉表には「北城沿辺諸土酋
　拝見。…（中略）…尋授管宣光土司阮広凱・農文雲、興化土司刁政欵・琴因珍、太原土司黄廷達・
　陳有権、安広土司潘廷事・潘千石等為土知州・土知県〈並秩正九品〉・土吏目〈秩従九品〉。凡五
　十三人使管其民供国賦。」とある。そもそも『大南寔録』正編の第一紀および第二紀が 19 世紀半
　ばに編纂されたものであるため、これらの事例は「土司」という呼称を明命 9 年以前にも遡及さ
　せて記述したものと考えられる。

15)「今可拠城轄宣光・太原・広安・高平・諒山・興化所属州県、照随事之繁簡・民之多寡、当設
　土知州・知県及県丞・吏目者、明白擬定、不拘土司・豪目」（『大南寔録』正編、第二紀、巻 60、
　明命 10 年 6 月条、第 4 葉裏〜 5 葉裏）。そのほか『大南寔録』正編、第二紀、巻 65、明命 11 年
　4 月条、第 22 葉裏〜 23 葉表では、宣光・諒山・興化諸省の土司に冠服が下賜されている。

16)『大南寔録』正編、第二紀、巻 54、明命 9 年 9 月条、第 9 葉表〜裏および『欽定大南会典事例』
　巻 13、吏部、官制、県州土官、第 29 葉裏〜 30 葉表。

17) 武官系統では奇が最上級の軍事単位で、奇の下に複数の隊が属しており、奇を統轄する管奇が
　諒山省の土司では最上位だった。

18)『大南寔録』正編、第二紀、巻 60、明命 10 年 6 月条、第 4 葉裏〜 5 葉裏。

19)『大南寔録』正編、第二紀、巻 76、明命 12 年 10 月条、第 11 葉裏〜 25 葉表。

20)『大南寔録』正編、第二紀、巻 77、明命 12 年 12 月条、第 27 葉表。

21)『大南寔録』正編、第二紀、巻 122、明命 15 年 3 月条、第 1 葉表。なお文蘭州は嘉隆年間に文
　関州と改められた（序章注 15）。

161

第5章　19世紀前半〜半ばのベトナム阮朝による支配の変遷と土司

込んでいる点は沿海部の広安省万寧州の事例［嶋尾 2010: 285-286］と同様
である。

　そして明命16（1835）年には北部の土司地域への流官の派遣が決定され、
平野部同様の制度の適用が進められた。ただしすでに土知県や土知州に任命
されている者は元の職に留め、朝廷が派遣した流官と共同で任務に当たるこ
ととされた（本章注22）。同時にこの頃から、史料中では流官と対置させる
形で、土知県や土知州などの土を冠した文官系統の官職（に任じられた者）
を指して「土官」という呼称が出現し始める[22]。また明命16年には、諒山
省においては長定府が新設され、各府州県の治所（莅）が再設定されてい
る[23]。ここで記載される各府州県の治所は脱朗州永寨社、禄平州黄林庄、文
淵州同登社などいずれも主要な土司の貫籍（第1章第1節36ページ参照）で
はなく、土司の権限を削減しようとする意図は明白であろう[24]。なお第7章

---

22) たとえば流官の派遣を決定した『大南寔録』正編、第二紀、巻148、明命16年3月条、第7葉
　　表〜9葉表に収録される明命帝の諭には「どこかの県や州の土官が空いたならば、流官一員を選
　　出して任命する。土知県・土知州・土県丞がいれば、それぞれ元の職に留め、必ずしも転任させ
　　る必要はない。ただし流官各一員を増設し、知県・知州に任命し、元の土官はそれぞれ流官に
　　従って指示の下で任務に当たらせよ（何県州土官懸缺、遴出流官一員充補。其有土知県・土知
　　州・土県丞者各留原職、不必改調。但増設流官各一、補為知県・知州、原土官各協従流官承辦）。」
　　とあり、土官として取り上げられているのは土知州や土知県であり、武官（管奇や率隊など）は
　　取り上げられていない。また『大南寔録』正編、第二紀、巻157、明命16年8月条、第19葉表
　　〜裏においても、広安省で土知県・土知州を設置していた州県では流官を設置すること、もとも
　　と土吏目を設置していた雲屯州は万寧州知州に兼任で管轄させ、もともと設置していた土司（す
　　なわち土吏目）は流官に協力させること、などが記述されており、文官系統の官職について流官
　　と土官という語が使用されている。

23)「増置諒山長定府。諒山府一県三州四、命摘脱朗・文淵・文関・七泉四州県、設為長定府、兼
　　理脱朗、統轄文淵・文関・七泉。其温州・禄平・安博三州県、仍為長慶府、兼理温州、統轄禄
　　平・安博。以所在知州兼署府事〈長定府莅設于脱朗州永寨社。長慶府莅設于温州枚坡社。文淵県
　　莅設于同登社。文関県莅設于富潤社。七泉県莅設于憑均社。禄平州莅設于黄林荘［庄］。安博県
　　莅設于東関社。…（後略）…〉」（『大南寔録』正編、第二紀、巻159、明命16年9月条、第4葉
　　裏〜5葉表）。

24) 脱朗州の治所が永寨社に設置され、有秋社の土司阮廷氏の権限が削減されたことは、伊藤正子
　　も述べている［伊藤 2022: 54］。興化省文振県の場合も、県莅は文振県の中心であるムオン・⤴

162

第 1 節　19 世紀前半における阮朝の地方支配の変遷と土司・土官

第 1 節（2）で述べるように農文雲勢力の鎮圧後に土司は廃止されて民籍に編入され、一般人丁と同様に徭役を負担するようになったが、おそらくは流官の派遣と同時期だろう。

　このように阮朝期の史料中の「土司」は、明命 9 年に初めて正式に出現し、その際に嘉隆 9 年作成の首長リストをもとに土司リストが作成されたと思われるが、1830 年代に土司が廃止されて民籍に編入され、土司と一般人丁の区別は消滅した。この時期の「土司」は土司のリストに掲載されていた者を指す。一方「土官」は、土知州などの土を冠した文官系統の官職（ないしそれらに任じられた者）を指す[25]。基本的にこの時期の土官は土司から任命されていたと思われ、だとすれば非官職保持者も含めた首長集団を指す呼称としては「土司」の方が適切といえる。

　また明命年間の行政改革について、本書のここまでの知見を踏まえつつ、改めてその意味を確認しておく。黎鄭政権期～阮朝初期には首長が複数の社における徴税や徴兵を管轄し、流官は鎮レベルにしか派遣されていなかったが（第 1 章第 2 節）、明命年間の改革以後は州県レベルにまで派遣されるようになる。また改革の一環で該総や里長の任命について規定されているが［桜井 1987: 438-441］［Nguyễn Minh Tường 1996: 157-164］、後述するように諒山省の該総や里長の大半は首長以外の現地住民から任命されている。これによって首長が有していた社ごとの徴税・徴兵を管轄する役割は失われたと考えるのが自然だろう。また黎鄭政権期には諒山鎮の首長には、防禦使司系統といった平野部の官僚とは異なる官職が授与されていたが（第 1 章第 1 節（2））、明命年間以降は基本的に平野部出身者と山地出身者とで授与される官

　ロー盆地ではない地点に置かれており、その目的は盆地内の在地勢力との衝突を避けつつ朝廷の反乱鎮圧に協力した集団を利用するためだったとされる［岡田 2012: 31］。

25)『大南寔録』に見られる、土知県や土知州への任命対象として土司が挙がっている記述（一例として本章注 15 に掲げた明命 10 年 6 月条など）や、土司廃止後の紹治 7（1847）年に「土官」という語を使用している内閣の紹治 7 年 7 月 4 日付奏（本章注 36）も、これを裏付けよう。

職の区別も消滅した。以上から、形式上北部山地は平野部と同様の統治体制に組み込まれたといえよう。

また社会面では、土司の廃止や官職の世襲の禁止、各府州県の治所の再設定といった首長層に対する権限削減政策が実施された。一方で土司以外の現地出身者が該総や里長に任命されたことで、土司以外の現地住民が阮朝の統治体制のもとで地位を上昇させる道が開かれた。加えて首長が有していた各社の徴税・徴兵の管轄権も失われた。以上から、社会的地位における土司と土着住民との差異の縮小［伊藤 2022: 49-60］が進んだことは間違いないだろう。

第2節　農文雲勢力と諒山省の土司

明命14年7月、宣光省保楽州の元土知州農文雲が阮朝に対して反旗を翻す。農文雲集団は勢力を拡大し、高平省から南下して諒山省を襲撃するに至る［Nguyễn Phan Quang 1986: 211-221］。これに対して諒山・高平2省を統轄する諒平巡撫黄文権自身が討伐に向かうが敗北し、黄文権は捕縛され、諒山省の北端に位置し高平省と隣接する七泉州の土知州阮克和らが農文雲勢力側につく[26]。同年9月27日に諒山省城が包囲されるが[27]、11月2日に謝光巨率いる阮朝軍が諒山省城に進軍し、諒山省城を包囲していた農文雲軍は撤退する[28]。

以上の状況下の諒山省における土司の動向を整理したのが【表18】である。これを見ると、阮朝地方官の敗北を機に農文雲勢力に加わった者（七泉州土知州阮克和ら）、阮朝地方官の敗北により農文雲勢力に捕縛された後、阮朝軍に合流した者（阮廷晃、阮廷廉ら）、諒山省城の防衛に配置され一貫して

26）『欽定剿平北圻逆匪方略正編』巻25、明命14年10月1日条および10月2日条。

27）『欽定剿平北圻逆匪方略正編』巻25、明命14年10月4日条。

28）『欽定剿平北圻逆匪方略正編』巻29、明命19年11月12日条。

阮朝側に与した者（韋世鉤ら）に大別できることがわかる。また自身の拠点の陥落を経験した者や、地方官に同行して農文雲勢力に敗北した者の中にも、最終的に農文雲勢力に加わった者と阮朝軍の側に戻った者とがいる。

　このように諒山省の土司の中でも、農文雲勢力への対応は一様ではない。グエン・ティ・ハイは明命年間の行政改革以前に官職を授与され比較的大きな勢力を有していた土司は明命年間の行政改革に反発して農文雲勢力に従い、比較的勢力が小さかった土司は阮朝側に与したとするが［Nguyễn Thị Hải 2018: 146-153］、そこまで単純ではないようである。史料の制約により個々の土司の行動論理を解明するのは困難だが、たとえば農文雲に捕縛された後に阮朝側に戻った阮廷晃や阮廷廉は、諒雄奇管奇・脱朗州土知州という諒山省の土司の中では最高ランクの官職を帯びていたので、引き続き阮朝の支配下に復帰することで自身の権威の保持を図ったのかもしれない。また阮朝側に与した土司のうち、後述のように韋世鉤ら禄平州屈舎社韋氏は阮朝から続けて官職を授与されて勢力を拡大していく。このように農文雲勢力の活動を機に在地首長の権力構造が変化し、阮朝側に与した首長が勢力を拡大していく点は、諒山省と高平省で共通している。

第3節　明命年間末～嗣徳年間初期の諒山省における阮朝の支配

(1) 旧土司の登用

　前述のように明命16年に北部の土司地域へ流官を派遣することが決定され、すでに土知県や土知州に任命されている者は元の職に留めることとされた。沿海部の広安省万寧州では一定数が温存されたようだが［嶋尾 2010: 289-290］、諒山省では一時的ではあれ農文雲勢力に捕縛された者が多かったためか、大半の旧土司は官職を失い流官が任命されたようで、当時の行政文書中に旧土司の情報はほとんど記載されていない。ただし依然として登用された旧土司も僅少ながら存在した。

第5章　19世紀前半～半ばのベトナム阮朝による支配の変遷と土司

　第一に、阮廷西（文淵州阮廷氏）[29] が挙げられる。彼は明命14～15年には守文淵汛隊長の肩書を帯びている【表17, 18】。文淵汛は鎮南関に当たり、明命11年3月11日付の北城副総鎮の上奏では守南関隊長という肩書で登場する[30]。これらの肩書は黎鄭政権期～阮朝初期に諒山鎮の在地首長が守隘という肩書を帯び、清朝との交渉の窓口や文書逓送の役割を担っていた（第1章第3節）ことの名残である。農文雲勢力により自身が管轄する文淵州が陥落すると一時的に農文雲軍に従うが、阮朝軍の主力が到着して諒山省城を包囲していた農文雲軍が撤退した直後、阮朝軍に合流している[31]。その後、明命16年に流官の派遣が決定された後の明命19年や紹治元年にも、（守）文淵汛隊長の肩書で清朝とのあいだの文書の取り次ぎを担っている[32]。嗣徳4年には、率隊（に降格していた）阮廷西を、清朝の言語に通暁しているために隊長として文淵汛に留まらせている[33]。

　第二に、韋世鉤（禄平州屈舎社韋氏）が挙げられる。禄平州は諒山省城より南に位置していたため、高平省から南下した農文雲勢力による被害は最小限であり、禄平州土知州だった韋世鉤は、一貫して阮朝の側に与していた【表18】。屈舎社（現ランソン省ロクビン県クァトサ Khuất Xá 社）に建てられている彼の墓誌（【表1】No. 32）によれば[34]、明命12年に禄平州土知州に

29）文淵州淵汩社阮廷氏家譜「阮族家譜」（【表2】No. 10）では、阮廷西は7代目である。

30）『阮朝硃本』明命第41集、第77葉表～78葉裏。

31）『欽定剿平北圻逆匪方略正編』巻34、明命14年12月21日条に記録される諒平巡撫黎道広の奏にも、「惟臣追究阮廷西原係属省隊長、充戍文淵汛口、于土匪滋蔓之日、纔能報省該汛旋已失守。此次捕獲匪犯、僅足以補其過。」とある。

32）『阮朝硃本』明命第62集、第99葉表～裏および紹治第2集、第141葉表～裏。

33）『阮朝硃本』嗣徳第25集、第236葉表～裏に「嗣徳肆年五月拾肆日、兵部覆。昨接諒平巡撫張好合等摺叙「原諒雄奇十隊正隊長率隊阮廷西、前経干案得革退回兵伍。嗣以諳詳清話、暫留文淵汛駐守。近来清匪滋擾、顔能邀截生獲匪丁。懇請補授隊長職衛、仍駐守該汛」因。臣部経奉面覆、欽蒙訓示、輒敢恭擬奉旨「依奏」欽此。」とある。

34）原文は以下の通り。「(4) 公以皇朝嘉隆乙卯年九月二十三日辰辰生。明命十 (5) 二年、承鎮官保公為本州知州。十四年、逆虜進囲省城、□辰七州響応。(6) …（中略）…賞土 (7) 知府衛仍領。嗣徳七年致仕。八年七月十二日酉辰、終于家。寿六十一歳」。

166

第3節　明命年間末〜嗣徳年間初期の諒山省における阮朝の支配

任じられ、農文雲勢力が諒山省から駆逐された後に土知府衙を加えられている[35]。注目すべきは韋世鉤が紹治6（1846）年10月に文関県知県に転任していることである。以下は内閣の紹治7（1847）年7月4日付奏である[36]。

　紹治7年7月4日、内閣が奏します。本日戸部の片（片奏）[37]に「前月28日、受け取った諒山省臣陳玉琳の摺に「管轄下の土知府領禄平州韋世鉤は、去年10月某日に文関県知県に調補（同等官職へ転任）されました。考えますに定例には土官は毎年土銀[38]5両を支給すると定めてあります。いま該員が調補されたのもまた同品（の官職）です。ただ（文関県知県は）土の字を冠しておりませんので、思うに土官と比べると相違があり、流官の前例に従って支給すべきです。ただ諒山省はまだ処置しておりません。すでに（諒山省臣は）戸部に咨文を送りましたが、まだ（戸部の）覆（返答）が到着しておりませんので、本年正月からいまに至るまで、該員はまだ俸給がない状況です。もし（戸部の）覆が到着するのを待っていれば、さら

35）『阮朝硃本』明命第52集、第9葉表〜10葉裏に収録される諒平巡撫臣黎道広の明命15（1834）年2月9日付奏においても「禄平州土知州加土知府衙韋世鉤」と記されている。

36）「紹治柒年柒月初肆日、内閣奏。本日戸部片叙『月前弍拾捌日、接諒山省臣陳玉琳摺叙『該轄土知府領禄平州韋世鉤、去年拾月日蒙調補文関県知県。竊照例定土官歳給土銀五両。茲該員調補亦係同品。惟無冠以土字、想視与土官有間、似応従流官例支給。第在省未有辨［辦］過。業咨戸部、未接覆到、致自本年正月至茲、該員未有俸例。若竢覆到、又恐需延而該員俸例終於停給。其該俸例応従流官、抑照従土官之例。候旨。再這款有此関礙、不即声明。却乃咨部、以致遅延、自甘厥咎』等由。該部奉照韋世鉤原土知府秩従陸品。去年蒙得改補文関県知県、且既係土人、該県又応用土着、則視与土知府・知州、何異。似応照土官之例、全年給土銀五両、庶為允当。惟這款前経該省咨問、而該部未及覆到、自甘厥咎。請由臣閣票擬』各等由。臣等奉照該所議韋世鉤照従土官歳給銀五両、想已妥合。惟該省陳玉琳有此礙［擬？］辨［辦］、乃不即以事声明、経行咨部、以致有此遅延、与戸部堂官不能及早覆査、応得処分之処。謹奉声叙、候旨遵票。臣杜伯鴻奉草、臣阮伯儀・臣尊室鈴・臣武范啓奉閲」（『阮朝硃本』紹治第45集、第10葉表〜11葉裏）。

37）『大南寔録』正編、第四紀、巻41、嗣徳22（1869）年10月条、第26葉表には上奏の形式として摺奏と片奏が挙げられているが、両者の違いは不明である。

38）土銀はベトナム北部山地で流通していた低品位の銀である［多賀 2014: 11-17］。

167

第 5 章　19 世紀前半～半ばのベトナム阮朝による支配の変遷と土司

に遅延して該員の俸給が最終的に支給されないことを恐れております。そもそも彼の俸給は流官（の前例）に従うべきでしょうか、あるいは土官の前例に従うべきでしょうか。旨をお待ちします。…（中略）…」などとありました。該部（戸部）[39] は奉じて考えますに韋世鈞はもともと土知府であり秩は従六品です。去年文関県知県に改補（同等官職へ転任）され、かつ彼は土人であるうえに、その県もまた土着の者を用いるべきなので、土知府や土知州と比べて、どこが異なるでしょうか。土官の前例に則るべきであり、毎年土銀 5 両を支給すれば、当を得ているでしょう。…（中略）…」などとありました。臣ら（内閣）が奉じて考えますに該部（戸部）が韋世鈞は土官（の前例）に従って毎年銀 5 両を支給すると議論したのは、思うに非常に妥当です。

本文書は内閣の奏であり、その中に戸部の片奏がされており、さらにその中に諒山省臣陳玉琳の奏が引用されている。まず諒山省臣陳玉琳の奏では、「土官」は土知府や土知州という「土の字を冠して」いる官職（ないしその人々）、「流官」は知県などの「土の字を冠して」いない官職（ないしその人々）を指して用いられている。陳玉琳は、韋世鈞が文関県知県という「流官」に転任したことで、土官の俸給に従うか流官の俸給に従うかの判断を中央に仰いでいる。一方、戸部は韋世鈞が土人であることを理由に土官の前例に従うべきと回答し、内閣もこれに従っている。このように「現地出身者＝土知州（県）＝土官、中央から派遣された者＝知州（県）＝流官」という構図に合致しない事例が出現したことで、運用上の問題が表面化したといえ

---

39) もともとの戸部の片では「臣」といった一人称が使用されていたと思われる。阮朝期の行政文書では、このように他文書の引用が直接話法ではなく間接話法のような形でなされ、引用中の表現は文書の発出主体（本奏の場合は内閣）から見た表現に改められるのが一般的である。そのため原文や現代日本語訳を掲げる際には鍵括弧を付さないほうがより正確だが、引用の範囲およびその内容をわかりやすく示すために、本書では鍵括弧を付している（以下同じ）。

第3節　明命年間末〜嗣徳年間初期の諒山省における阮朝の支配

る。内閣の意見が裁可されている[40]ため、韋世鉤には土官の前例に基づいて俸給が支給されたと思われるが、文関県知県に任命された韋世鉤自身が土官に該当するか否かについて、戸部や内閣は明記していないように見える。1850年代の土官復設をめぐる議論（第7章第2節）において韋世鉤が言及されていないことを踏まえると、土官とはみなされていなかったと思われる。

　さて阮朝が韋世鉤を彼の出身地である禄平州から文関県に転任させたのは、農文雲勢力の鎮圧後は大きな動乱も起こっていない状況下で、漸次的に完全な流官統治に近づけるためだと思われる。韋世鉤が禄平州土知州を務めている限りは中央政府から派遣された流官の禄平州知州との共同統治という形式が採られるが、韋世鉤を通常の知県に任命することで官員を1名削減できると同時に、土官保持者が1名減ることになる。このように韋世鉤の文関県知県への任命は、段階的な流官統治への移行の一環とみなすことができる。とはいえ韋世鉤を他省のような遠隔地ではなく文関県という諒山省内の転任に留めたのは、諒山省の統治における首長の影響力を無視できなかったためだろう。

　第三に、何廷饒（文淵州野岩社何氏）が挙げられる。彼は農文雲勢力が阮朝に反発した際には文淵州土知州の肩書を帯びている【表17】。その際の何廷饒の動向は不明だが、明命15年2月には「原文淵州土知州」と記されているため[41]、なんらかの過失があって一時的に文淵州土知州を解任され、その後功績を上げて復任したのかもしれない。署諒平巡撫張好合の嗣徳3（1850）年正月4日付奏では、それまで諒成（城）関税の徴収を請け負っていた藩司正捌品書吏黄能書が兵役を負担することになったため、代わりに文淵州土知

---

40)　内閣の本奏の結末については、冒頭の「紹治柒年七月初肆日、内閣奏」の「奏」に硃点（皇帝が特に意見がない場合に「奏」の字につける点。序章第3節（2）参照）がつけられており、内閣の意見が認められたと考えられる。

41)　『欽定剿平北圻逆匪方略正編』巻39、明命15年2月29日条の諒平巡撫黎道広の上奏に「失事脱回情願効力之原文淵州土知州何廷饒」とある。

169

第5章　19世紀前半〜半ばのベトナム阮朝による支配の変遷と土司

州何廷饒が徴収に当たることが要請されている。同時に何廷饒の情報が報告されており、乙卯（1795）年生まれの56歳、貫は諒山省長定府文淵州野巌（岩）総野巌（岩）社であると記されている[42]。管見の限り、本奏が諒山省における土官の存在を記す最後の史料である[43]。野岩社は文関州周粟社と隣接しており、また第7章第3節（2）で取り上げる韋文李の嗣徳26（1873）年7月20日付稟で列挙される土司68名（【表27】）の中に文淵州野岩総野岩社と文関州周粟総周粟社を貫とする何氏がいることからも、この2社が何氏の集住地だったことがわかる。何廷饒もこの何氏の一員だったと考えて良いだろう[44]。

　以上のように諒山省では、もともと官職を保持していた土司の中で、農文雲勢力の反乱が発生した際に勢力を温存できた者（韋世鉤）や清朝との文書逓送などの特殊な役割を担っていた者（阮廷西）などが、明命年間の改革後も依然として登用されていた。諒山省でも即座に完全な流官統治が施行されたわけではなく、部分的に在地首長も活用した柔軟な運営が目指されたといえよう。

　管見の限り、ここで取り上げた3名以外に官職を授与された旧土司は見当たらない。大半の旧土司が官職を喪失したとすれば、黎鄭政権期に多数の官職保持者がいた脱朗州有秋社阮廷氏などの首長集団は勢力を減退させた可能性が高い。一方、韋世鉤が継続して官職を授与された禄平州屈舎社韋氏は、この後も阮朝官制の階梯を上昇していく。このように明命年間の行政改革後に登用されたか否かが、その後の（旧）土司の勢力にも影響したといえよう。

42）『阮朝硃本』嗣徳第19集、第134葉表〜135葉裏。本奏の原文は第6章第3節注75参照。

43）第7章第1節（2）で取り上げる阮登楷の嗣徳5（1852）年12月7日付奏の旧土司リスト（【表23】）で何廷饒が旧土司として挙がっていないことを考えると、何廷饒は嗣徳3〜5年のあいだに死去し、諒山省ではこの時点で土官が姿を消した可能性が高いと考えられる。

44）周粟社は現ランソン省ヴァンクアン県チュトゥック社（第1章注21参照）、野岩社は「野岩石橋碑記」（景興32年、【表1】No. 11）が現存している同県ファンマイ社に比定できる。行政面では周粟社は文関州に、野岩社は文淵州に属しているが、両社は近接しており、一帯が何氏の集住地だったと想定される。

（2）人丁の把握

　黎鄭政権期の18世紀後半、諒山省の在地首長に期待された役割は、各社での徴税・徴兵、流民の招集などであった（第1・2章）。明命年間の行政改革後、これらの任務は基本的に流官が担当することになる。そもそも山地社会の人口は、税制と対応する形で土人（土着の定住農耕民）、儂人（新来の移民）や蛮人（焼畑耕作民）と呼ばれ、土人には一般人丁の半額の土地税や人頭税、兵役が、儂人や蛮人には産物税や銀税が、それぞれ課されていた［岡田 2016b: 20-29］。阮朝初期の山地諸省では人丁10当たり1名が徴兵されていたため[45]、人丁の把握は兵数の多寡に直結する問題でもある。それでは人丁の把握は流官統治により進んだのだろうか。

　阮朝期の山地諸省ではしばらく黎鄭政権期の丁簿が使用されたが、明命21（1840）年に山地諸省での丁簿作成が命じられ、紹治2年に完成している[46]。諒山省の丁数の変遷を見ると、『諒山団城図』の19世紀初頭に増補された箇所で土民の丁数5,363[47]、『大南一統志』には嘉隆18年で5,300あまり、嗣徳年間初期で7,491という数字が記されている[48]。また兵部の嗣徳4年10月21日付奏に引用される経略使阮登楷の摺では諒山省の丁数が7,927名と記されており[49]、明命～紹治年間を経て諒山省の丁数は増加している。また高平省においても明命年間の行政改革を機に丁数が増加しているという［Nguyễn Thị Hải 2018: 138-143］。かかる状況を見れば人丁の把握が進んだように見える。

　しかし、明命年間末～紹治年間初頭の丁簿作成後は、逃散や動乱などのた

45）『大南寔録』正編、第一紀、巻18、嘉隆元年8月条、第20葉裏～21葉裏。また『大南寔録』正編、第三紀、巻33、紹治3（1843）年9月条、第15葉裏でも10丁当たり1名の徴兵がおこなわれている。

46）［桜井 1987: 393-395, 433］［嶋尾 2001: 30］および『大南寔録』正編、第三紀、巻22、紹治2年7月条、第11葉裏～12葉表。

47）『諒山団城図』第7葉裏。

48）『大南一統志』巻41、諒山省、戸口。

49）『阮朝硃本』嗣徳第34集、第144葉表～145葉裏。

第5章　19世紀前半～半ばのベトナム阮朝による支配の変遷と土司

め「虚著（着）」や「虚数」（丁簿には登録されている人丁が実際にはその地
に滞在しておらず、王朝権力が徴税できていない状態およびその数）が問題
化している【表19】。たとえば戸部の紹治元年閏3月29日付奏に引用される
明命21年12月の諒山省臣の冊（【表19】No. 1）に以下のようにある[50]。

　管轄下（諒山省）の禄平州の黄林・雲夢・金屢・如邀・広儲・禄楊6庄、
脱朗州の弘烈社、文関州の浄朔・鼻藻・富美・菊員4社は、その中である
ものは丁数が1率であり、あるものは丁数がありません。その田土はいず
れも近隣の者が耕徴（耕作・納税）しております。また安博県の達信社は、
丁数2率しかおらず田土がありません。禄平州の高楼・海晏2社は、先年
に流亡して帰還しましたが、依然として元の丁数を満たしておりません。
温州の那僚淦陣濫畜寨は、先年に流亡してまだ帰還しておりません。すで
に該省は何度か府・県員に命令し、（流民を）招集して開墾させたところ、
彼らはそれぞれすでに相次いで帰って来たので、すでに人をつかわして調
査し、命令して丁簿を作成させております。また以前の定例に依拠して徴

---

50)　『阮朝硃本』紹治第13集、第311葉表～312葉裏に「紹治元年閏参月弐拾玖日、戸部奏。去年
拾弐月日諒山冊叙「該轄禄平州之黄林・雲夢・金屢・如邀・広儲・禄楊陸庄、脱朗州之弘烈社、
文関州之浄朔・鼻藻・富美・菊員肆社、就中或有丁数壱率、或無丁数。其田土均由傍接耕徴。又
安博県之達信社、只有丁数弐率而無田土。及禄平州之高楼・海晏弐社、年前漂流回復、尚欠原数。
温州之那僚淦陣濫畜寨、年前漂流未回。節経該省申飭府県員、招集開墾、該等各已陸続返回、業
経派勘、飭行建簿。再遵依原例徴税、竢至本年、仍遵新定税額辨〔辦〕理。至如那僚淦陣濫畜
寨、字義未雅、請改為稔泉寨」等因。臣部奉照該轄各社庄寨、従前有無丁及無田土者、亦有漂
流而復回未満原数者。茲該省飭行招募開墾、建簿徴税。照之摺内所叙其回復人丁与開墾田土、均
係未得多数。請由該省員飭属加心労来、再令墾治田土、務期戸口日増、田野日闢。至如本年税例、
除儂人例納銀税不応預在寛免外、余一切応徴銭粟数千、請遵依本年正月日恩詔、並従豁免。又如
請改之稔泉寨、本年閏参月日、該省摺請已奉改為稔水寨。輒敢声叙恭擬奉旨「冊内原無人丁田土
及漂流未回之各社庄寨、経該省飭行招集開墾、現茲未得多数、着該省再飭属加心招撫。又時加勧
督使之出力墾治、務期日臻楽闢。至如本年税額、除儂人例納銀両、不預蠲免、各仍旧徴収完款外、
余一切応徴銭文・粟米数千、着遵依恩詔、並行豁免。其所請改正之稔泉寨亦已有旨改為稔水寨
矣。」欽此。臣陳黎瑍奉草。臣尹蘊・臣阮国錦奉閲」とある。

第3節　明命年間末〜嗣徳年間初期の諒山省における阮朝の支配

税し、本年（紹治元年）になるのを待って、そこで新定の税額に従って処置致します。

　ここでは、禄平州の黄林・雲夢・金屢・如遨・広儲・禄楊6庄、脱朗州の弘烈社、文関州の浄朔・鳧藻・富美・菊員4社で丁数が1ないし0であること、安博県の達信社は、丁数が2率しかおらず田土がないこと、禄平州の高楼・海晏2社では以前の丁数を満たしていないこと、温州の那僚淰陣濕畜寨は、民が先年に流亡してまだ帰還していないこと、が記されている。おそらく明命年間末に始まる丁簿作成の際にこれらの事実が判明したのだろう。これに対して戸部は、諒山省の紹治元年の税課については儂人の銀税以外は紹治元年正月の恩詔[51]に基づいて免除とすることを要請し、その内容の旨を起草している（本章注50) [52]。注目すべきは、丁簿作成と同時に流民の招集がおこなわれていることである。すなわち前掲の諒山省の報告によれば、丁簿作成時の調査で丁数減少が判明すると、省官が府県官に命令して流民を招集させ、一部の者が帰還した時点で丁簿を作成させている。この時に上述の各社級行政単位で作成された丁簿は現在に伝わっていないが、おそらくは招集に応じて帰還した流民も丁簿に登録されたのだろう。とすれば、丁簿作成前に発覚した流民発生や丁数減少という事態は直接丁簿に反映されていないことになる。

　また嗣徳2（1849）年4月に出された恩詔の中の一條で各省に対する「虚著」の人丁・田土に対する調査と救済が命じられ[53]、それをうけて各省で調

---

51)『大南寔録』正編、第三紀、巻2、紹治元年正月条、第3葉裏〜5葉裏に「其以今年辛丑為紹治元年、以正徴称、以明大統、既体礼元、而履正宣布、令以覃恩所有推恩凡二十三條〈…（中略）…一、紹治元年諸地方人丁・田土銭粟税例、並従豁免。一、明命二十年以前諸地方積欠在民銭粟・産物諸税例及借貸官粟未清完者、並従豁免。…（後略）…〉」とある。

52) 本奏の結末については、冒頭の「紹治元年閏参月弐拾玖日、戸部奏」の「奏」に硃点がつけられており、戸部の意見が採用されたことがわかる。

53)『大南寔録』正編、第四紀、巻4、嗣徳2年4月、第17葉表〜18葉表に「頒恩詔于中外凡十七條〈…（中略）…一、諸地方各社村何係在籍人丁・田土間有虚著者、準由所在官勘明、従寔彙冊具奏、量与調剤。…（後略）…〉」とある。

第5章　19世紀前半～半ばのベトナム阮朝による支配の変遷と土司

査がおこなわれている。たとえば高平省については、戸部の嗣徳4年6月18日付覆で引用される高平省臣阮金順の冊において、石安・石林・上琅3県で「虚著」43人、「射影」（貫の偽称）16人、「病故」（病死）66人、「逃欠」（逃散）22人と記されている[54]。それを踏まえて戸部は直省の前例に基づき、当該3県の編籍民1,128人のうち125人（阮金順の冊の「虚著」、「射影」、「病故」の合計）は丁簿から除くこと、逃散したために丁簿上で「逃欠未回項」（逃散してまだ帰還していない編籍民のカテゴリー）とすべき22人は身税を免除し、3年間の期限を設定して招撫をおこなうことを要請している[55]。ひとたび丁簿に登録された人々が貫を離れたとしても、招撫対象となってただちに丁簿から除外されたわけではないことは確認しておきたい。

　諒山省については、戸部の嗣徳4年2月21日付覆（【表19】No. 5）において、商業中心の脱朗州の駈驢庸（現ランソン市キールア Kỳ Lừa 市場）、旧土司の拠点である有秋社など6社・庸、および七渓県盛多・盤甘2社の丁数

---

54) ここでの「虚著」と「射影」の区別が不明だが、「射影」が編籍される側が故意に貫を偽称した場合を指すとすれば、「虚著」は官吏の過失などにより丁簿上の情報と実態が食い違ってしまった事例を指すのだろうか。

55) 『阮朝硃本』嗣徳第30集、第12葉表～13葉裏表に「嗣徳肆年陸月拾捌日、戸部覆。昨接高平省臣阮金順等冊叙「該轄石安・石林・上琅三県各社村人丁従前有選期虚著、有冒貫射影、有逃死欠数、経府県員詳勘稟辨［辦］。該省臣分行履勘、前者混将丁田彙入一冊、経奉駁回改繕。茲改行彙遍内虚著四十三人、射影十六人、病故六十六人、逃欠二十二人。再夾叙該轄去年自四月至八月偶因沴染、嗣得瘳安十月始行履勘、致有遅延。自甘認咎」等因。臣部業経懇究奉照嗣徳二年四月日欽奉宝詔覃恩内一款「諸地方各社村何係在籍人丁間有虚著、準由所在官勘明從寔彙冊具奏、量与調剤」等因欽此。近来諸直省冊通、就中何係選期虚著及病死者均蒙除籍。逃欠者亦将為逃未回項除免身税、自本年以後仍展緩三年、由省飭令招撫照例徴税。茲照之該省三県在籍人数一千一百二十八人。冊内所叙虚著・病斃欠数応除籍一百二十五人、逃欠応将為逃未回項二十二人、是減原籍一分零、請応照向例辨［辦］理。至如該省彙遍遅延、請行認咎之款、査之各省彙遍人丁虚著冊、茲期有始通到者、亦有未通到者、則該省未至有甚遅延。惟事関民政、地方官請行認咎、臣部未敢率擬。輒敢声叙、伏候訓示遵票。…（中略）…臣陳興講奉攷。臣阮世儁奉草。臣何維藩・臣尊室常・臣阮文式・臣范嘉紀奉閲」とある。本奏の結末については、冒頭の「嗣徳肆年陸月拾捌日、戸部」の「覆」に硃点がつけられ、その横に「免除せよ（著免之）」という硃批が書き込まれているため、戸部の要請が裁可されたことがわかる。

174

第3節　明命年間末～嗣徳年間初期の諒山省における阮朝の支配

383 のうち「逃死」（逃散や死亡）や「虚着」は 191 人にのぼると述べている。そのうえで戸部は、直省では丁簿からの除外を認めた「射影」・「逃死」・「虚着」の数が 1 ～ 2 割であり、諒山省の社・庸における「逃死」や「虚着」は多すぎるものの、事実であるため丁簿からの除外を許可すべきとしている [56]。本案件の結末については、戸部の覆の冒頭に「丁簿から除外することを認める（準其除簿）」という嗣徳帝の硃批が書き込まれており、裁可されたことがわかる。

　同時期の諒山省では、たびたび「虚着」が問題となっている。戸部の嗣徳4 年 8 月 7 日付覆に引用される諒平巡撫張好合の摺（奏）（【表 19】No. 7）で温州金関・上楽 2 社 [57] の「虚着」について述べる中で、以下のように記されている [58]。

---

[56] 『阮朝硃本』嗣徳第 22 集、第 160 葉表～ 161 葉表に「嗣徳肆年弐月弐拾壱日、戸部覆。去臘接諒平巡撫臣張好合冊叙「嗣徳弐年四月日、欽奉恩詔内一款「諸地方各社村、何係在籍人丁・田土間有虚着者、準由所在官勘明、従寔彙冊具奏、量与調剤」等因欽此。該省臣経奉遵辨〔辦〕、嗣拠脱朗州員稟称「駈驪・南街・龍街・二青・有秋・同仁該六社庸、寔在人丁希少、而丁簿虚着数多。連年拠在簿之数徴収税例、該等累被控償、情形寔寓拮据」。又接吏部恭録、欽奉明諭「此次引見之七溪県知県范誉所陳手本内一款「該轄盛多、盤廿二社、目今耗減」。着交該省勘究果否情形如何。仍酌擬具奏候旨」等因欽此。経該省臣前往勘、各社庸情形確定。具将各社庸人数虚着開列彙遞」等因。臣部業経懇究、仍奉照該轄各社庸原数三百八十三人、而這冊所開逃死虚着一百九十一人、仍扣算是虚着十分之四分九厘余。再照此次諸直省欽遵恩詔、奉将所轄人丁虚着彙遞、何係射影・逃死・虚着之数一二分者、均蒙除簿。茲該省冊叙逃死虚着欠数、至四分九厘余、擬応不準。第該各社庸原係清人投来僑寓商売営生、現無根柢、非如漢民者。此再節因土匪滋蔓、以致警懼逃散、亦係有因。既経該省察勘属確。其逃死虚着欠数若干、似応聴其除簿。第事関民政、臣部莫敢率辨〔辦〕。輒敢声叙、伏候訓示遵票。臣武文瑾奉攷。臣阮春旦奉草。臣鄧文和・臣尊室常・臣阮文弍・臣范嘉紀奉閲」とある。

[57] 19 世紀末に編纂された『同慶御覧地輿誌』諒山省によれば、上楽社と金関社は共に温州長桂総に属している（Ngô Đức Thọ, Nguyễn Văn Nguyên & Philippe Papin, ed., Đồng Khánh Địa dư chí, tập 2, Hà Nội, Nhà xuất bản Thế giới, 2003, tr. 642-643）。ただし 19 世紀初頭に編纂された『各鎮総社名備覧』では、上楽社は記されず、また金関社は温州に属す金関寨と呼ばれ、「儂人白布」すなわち白布税を納める儂人の集落であると記されている。

[58] 『阮朝硃本』嗣徳第 30 集、第 201 葉表～ 202 葉表に「嗣徳肆年捌月初柒日、戸部覆。昨接諒平撫臣張好合摺叙「嗣徳二年、該省摺将温州金関・上楽二社彫耗情形声請調剤等因。奉旨「拠奏該轄之上楽・金関二社、前因匪擾逃散、経該省臣声請調剤加恩。該二社民数逃欠数干、準其註簿、↗

175

第5章　19世紀前半〜半ばのベトナム阮朝による支配の変遷と土司

嗣徳2年、該省（諒山省）は温州金関・上楽2社の疲弊の状況を摺で申し上げ救済をお願い致しました。旨を奉じたところ「奏によると該省管轄の上楽・金関2社は、以前匪に擾乱され（民が）逃散してしまったため、省臣はすでに申し上げ救済し恩を施すよう請うている。当該2社の民数で逃散し不足している者の数については、丁簿に注記し、税例の免除をさらに1年延長することを許す。該省から州員に命令し、注意を払って招撫に当たらせ、これ（逃散した者）を早いうちに集めさせ、再び（丁簿への）記載をおこない、前例通りに（税を）徴収せよ」とありました。該省臣（張好合）はすでに該州員に命令して（旨に）従わせましたが、いますでに（招撫の）期限が（過ぎて）解除されております。州員黎益着の稟によると「当該2社（の民）はもともと流浪する儂人であり寓居して山を耕して生業としており、以前土匪が擾乱したため、これらの人々は散り散りになり、すでに様々な方法で招撫しましたが、帰還しておりません。稟によって調べて頂くことをお願い申し上げます」とありました。すでに当該2社の里長に問いただしたところ、言辞はおおよそその通りでした。該省臣は以前すでに実地に赴いて調査をおこない、調べたところ当該2社の住民はいずれも長桂総各社の山に寓居しており、山や川は辺鄙です。いま家屋にいるのは、金関社はただ人丁23率のみですが、しかしながら原簿（丁簿）には59率とありますので、虚勝（丁簿上の丁数が実際よりも多いことの意か）は36率です。上楽社はただ人丁37率のみですが、しかしながら原簿には

除免税例仍展假一年。由該省申飭州員、加心招撫、俾之及早完聚、再行登着、照例徴納。」欽此。該省臣経飭該州員遵辨［辦］、茲已限銷。拠州員黎益着稟称「該二社原係流儂投寓耕山為業、前因土匪残擾、致該人民散去、経已多方招撫、没見返回。稟乞審辨［辦］」。経催該二社里長質問、情辞略依。該省臣前経往勘、照見該二社民居均係接寓長桂総各社山分、山渓偏僻。現在家屋、金関社只有人丁二十三率、而原簿五十九率、是虚勝三十六率。上楽社只有人丁三十七率、而原簿八十七率、是虚勝五十率。仍究之、去年該省臣冊将脱朗州之有秋・駈驢、七渓県之盤甘・盛多等社庸民丁虚着等因。欽奉明旨「所有冊内迯死虚着欠数若干、均凖其除簿免税、自去年冬務以後。」欽此。茲金関・上楽二社、視与駈驢等社庸情形相同。節経多方招撫、想亦難能回復。具由声明」等因。…（後略）…」とある。なお七泉県は紹治元年に七（柒）渓へ改称された（序章注15）。

176

87 率とありますので、虚勝は 50 率です。さらにこれを調べたところ、去年（嗣徳 3 年）該省臣は冊によって脱朗州の有秋・駈驢、七渓県の盤甘・盛多などの社・庸の民丁の虚着を報告しております。謹んで明旨を奉じたところ「冊内の逃散・死亡や虚着による不足数は、いずれも去年冬務以後丁簿から除き税を免除するのを許す」とありました。いま金関・上楽 2 社（の状況）は、駈驢などの社・庸の状況と比べて同様です。すでに何度か様々な方法で招撫しましたが、思うに帰還させることは困難です。事情をしたためて申し上げます。

　本引用箇所の末尾では前述した脱朗州や七渓県の 6 社・庸について、皇帝の旨を奉じて「去年」すなわち嗣徳 3 年の冬務以後丁簿からの除外が認められたことが記されている。前述のように戸部の嗣徳 4 年 2 月 21 日付覆を嗣徳帝が裁可したことで、おそらくは戸部の票擬によって旨の文言が起草され、旨がくだされたのだろう。また本冊で記載されている金関・上楽 2 社については、まず嗣徳 2 年に諒山省官が上奏して旨がくだされ、逃散者は丁簿に注記すること、および税例の免除の 1 年延長が決定されたという。ここから、逃散が判明すると流民の招集期間が設定され、その間は丁簿に注記するのみで丁簿からの削除をおこなわない慣例だったことがわかる。そのうえで本冊で張好合は、金関・上楽 2 社の住民が「流濃」すなわち流浪する儂人であり「土匪」の擾乱によって散り散りになったことから招撫が難しいとする温州官黎益着の稟を引用しつつ、金関社は丁簿上 59 率となっているが実際には 23 率、上楽社は丁簿上 87 率となっているが実際には 37 率しかいないため、それぞれ 36 率、50 率不足していると記し、脱朗州や七渓県の 6 社・庸と同様に丁簿からの除外を要請している。これに対し戸部は以下のように述べている[59]。

---

59)「嗣徳肆年捌月初柒日、戸部覆。…（中略）…該省臣援以駈驢・盤甘等社庸辨［辦］過之例、↗

該省臣（諒山省官）は駈驢・盤甘などの社・庯の処置の前例を援用し、丁簿から除外することを要請しております。ただ調べたところ、駈驢・盤甘などの社・庯では、あるところでは清国の商人がやって来て店を開き生業に従事しており、あるところでは儂人がもっぱら山を開いて生計を立てており、いずれも明命14年に土匪（農文雲か）が騒擾を起こしたことで、それぞれ逃散し[60]、すでに奉じて招撫しましたが、まだ旧来通りには帰還し

声請除籍。第照之、駈驢・盤甘等社庯、或係清商投来開店営生、或係儂人専以開山為業、均於明命十四年因以土匪滋事、各行逃散、経奉招撫、未能回復如原。此後税例毎拠現在等名責令賠納、情形最為迫切、致欽蒙恩準除籍免税。至若金関・上楽二社疾苦情形、向来未有摺報、甫於嗣徳二年十二月日、該省臣摺将該二社彫耗情形声請調剤、経蒙假限。茲始告銷、尚未完復。若照依駈驢等社庯、遽聴其除籍、亦属無所分別。仍査之近来諸直省奉将所轄人丁虚着彙逓、就中逃欠数干、蒙将為逃未回項、除免税例、仍展緩三年、由該省臣転飭府県員、招撫回復、照例徴税。茲該二社人民、間有逃欠、前経蒙得註簿免税展假一年、尚未回復。所応再假二年、俾得湊足。三年之限、仍由該省臣飭行招撫、務得及早完復、再行徴税。第事関民政、臣部未敢率擬。輒敢声叙、伏候訓示遵票。臣陳伯奉攷。臣阮世僙奉草。臣何維藩・臣尊室常・臣阮文弐・臣范嘉紀奉閲」（『阮朝硃本』嗣徳第30集、第201葉表～203葉裏）。

60) 脱朗州駈驢・南街・龍街・二青・有秋・同仁6社庯のうち、駈驢庯は諒山省の商業中心であり（第6章注70）、南街庯は駈驢庯に隣接している（第6章注71）。二青庯については、ランソン市タムタイン坊の二青洞（động Nhị Thanh）に現存する景興41（1780）年建立の「本峒奉事條例碑」（【表2】No. 21）に「(1) 諒山処長慶府脱朗州永寨社社長…（中略：人名の列挙）…(3) 仝社五笘等為奉事端約條例事。…（中略）…(11) 又自出私財、招集土客儂諸人、築起舘舎、開設市庯、号二青庯、使諸人繁阜百貨流通。」とあり、脱朗州永寨社（現在のランソン市タムタイン坊およびヴィンチャイ Vĩnh Trại 坊に比定される）の民が協同で出資し、館舎を建築し市場を開いて二青庯としたという。龍街庯は、『各鎮総社名備覧』諒山鎮では脱朗州に位置する「北客庯」と記されており、正確な位置は不明だが北客すなわち中国商人が活動していたようだ。有秋社は脱朗州有秋社阮廷氏の貫であるが、キークン河沿いに位置しており、ヴァンラン県ホアンベト社に比定される（第1章注21）。ホアンベト社に現存する景興30（1769）年建立の「博徳石橋碑記」（【表2】No. 10）には「天朝粤東客人」や「天朝粤西客人」が出資していることから、広東や広西の商人が滞在していた。同仁庯の詳細は不明だが、このように脱朗州6社庯はいずれも中国商人が活動する商業拠点であり、戸部の本奏の「清国の商人がやって来て店を開き生業に従事し」ている事例に当たると思われる。一方、七渓県盛多・盤甘2社は『各鎮総社名備覧』や『同慶御覧地輿誌』には記載されていないが、仮に『各鎮総社名備覧』諒山鎮に記載される七泉州の貪多寨と盤年寨に当たるのであれば、いずれも「儂人銀税」と記されているため、阮朝初期には銀税を納める儂人の集落であり、戸部の本奏の「儂人がもっぱら山を開いて生計を立てて」いる事例に当たると思われる。

第3節　明命年間末〜嗣徳年間初期の諒山省における阮朝の支配

ておりません。これ以後の税例は常に存在している人々に基づいて責任を
持って（逃散者の分も埋め合わせて）納入させており、状況は最も切迫し
ており、謹んで（陛下の）御恩を賜り（逃散者を）籍（丁簿）から除き税
を免除することを許可して頂きました。金関・上楽2社の苦難の状況につ
いては、以前にまだ摺（奏）による報告はなく、ようやく嗣徳2年12月某
日に、該省臣が摺で当該2社の疲弊の状況を報告して救済を請い、すでに
（流民招集の）期限を延長して頂いております。いま初めて（流民招集の期
限が過ぎて）解除となりましたが、依然としてまだ帰還しておりません。
もし駈驢などの社・庸（の前例）に従って、急に丁簿から除くのを許可す
れば、区別がなくなってしまいます。

ここからまず、脱朗州や七渓県の6社・庸は、農文雲が阮朝に反旗を翻し
た明命14年にすでに逃散していたものの（おそらく明命年間末〜紹治年間
初頭の丁簿作成時に判明したのだろう）、嗣徳3年にようやく丁簿からの削
除がおこなわれたことがわかる。次に温州金関・上楽2社は嗣徳2年12月
某日に該省臣が初めて逃散を上奏した事案なので、脱朗州駈驢庸や七渓県盤
甘社と同様には扱えず、最終的に戸部は金関・上楽2社では流民招集の期限
を延長し、安易に丁簿の変更をおこなわないよう要請している。戸部の覆奏
の結末については、冒頭の「嗣徳肆年捌月初柒日、戸部覆」の「覆」に硃点
がつけられており、戸部の意見が採用されたことがわかる。なおこの戸部の
覆奏では末尾に「臣部は決して軽率には（旨の文言を）起草致しません（臣
部未敢率擬）」とあるように、旨の文言が起草されていないが、2日後の嗣徳
4年8月9日付で戸部が覆しており、そこでは上述の戸部の意見に基づく旨
の文言が起草されている[61]。

61）『阮朝硃本』嗣徳第30集、第216葉表〜裏に「嗣徳肆年捌月初玖日、戸部覆。昨接諒平撫臣張
　　好合摺叙「…（中略：本章注58所掲の諒平巡撫張好合の摺の概要）…」等因。臣部業経声叙、欽
　　奉準允、輒敢恭擬奉旨「該轄之金関・上楽二社彫耗情形、甫於嗣徳二年該省臣摺請假限招撫、↗

179

第5章　19世紀前半～半ばのベトナム阮朝による支配の変遷と土司

　このように編籍民の流亡が判明するとまずは招集がおこなわれ、その間丁簿は更新されず、むろん丁数は変動しなかった。そのため丁簿上の情報だけで人丁の把握が進んだか否かを判断できないのである。むしろ脱朗州6社・庸の事例からは、明命～紹治年間を経て諒山省の丁数が増加したのは、逃散者を丁簿から削除しないままその時点の滞在者を丁簿に登録したのも一因ではないか、という可能性すら想定できよう。

　このように以上の事例から、丁簿が必ずしも実態を反映しておらず、そのため丁簿上の情報だけで人丁の把握が進んだか否かを判断できないといえる。そもそも前述した諒山省の人口のうち、水稲耕作を営む土民は比較的定住性が高いが、儂人や清人は商業や鉱山採掘に従事する者も多く流動性が高い。一時的な滞在者を丁簿に登録しても、彼らはすぐ移住してしまうため、継続的な徴税は困難であり、黎鄭政権期には多くの土人や儂人の流亡が問題化していた（第2章第3節）。実際に上掲の記述のように脱朗州の6社・庸では清商や儂人、また温州金関・上楽2社では「流儂」が流亡したと記されている。そのほか紹治5（1845）年には禄平州巴山庸でも、もともと清人が寓居して商売していたが、逃散して紹治2～4（1844）年に納税されていないことが報告されている（【表19】No. 2）。このように19世紀半ばにおいても、儂人や清人のような一時的な滞在者を丁簿に登録しても自然災害や騒擾が発生するとすぐ移住してしまうため、継続的な徴税は困難だったと考えられる。

　丁簿と実態の乖離がどの程度広範に生じていたかは史料の制約により不明だが[62]、以上取り上げた事例はあくまで阮朝朝廷にまで上された事案で

非如駈驢・盤甘各社庸之逃散経年者。比茲纔満一限未能回復。該省臣却援以駈驢各社庸辨[辦]^{ママ}過之例、声請除籍、殊属無所分別。所有該二社迯欠数干、加恩著再假限二年、由該省臣申飭該州員悉心招撫、務使回復如原、再行照例受税。若限銷仍然無状即惟該省並該州員是□」欽此。臣阮伯瑛奉攷。臣裴輝璠奉草。臣何維藩・臣尊室常・臣阮文弌・臣范嘉紀奉閲」とある。本覆冒頭の「嗣徳肆年捌月初玖日、戸部覆」の「覆」に硃点がつけられているため、戸部の意見が採用されたことがわかる。

62) 阮朝全体では明命～紹治年間に丁数が増加し税収も増大しているが［嶋尾 2001: 29-31］［多↗

180

あり、地方レベルで情報が留まった事例やそもそも地方官が状況を把握できなかった事例も多く存在したに違いない。少なくとも諒山省では住民の流亡が多発する状況は18世紀後半と同様であり、徴税や徴兵が不十分だった可能性は十分に考えられる。いずれにせよ1850年代に入ると、そこに清朝から武装集団が到来したことで、阮朝の地方支配は深刻な打撃をこうむることになる。

おわりに

本章で明らかにしたように、阮朝期の史料中の「土司」は、明命9年に初めて正式に出現し、1830年代に土司が廃止される以前は土司のリストに掲載されていた者を指す。一方「土官」は、土知州などの土を冠した文官系統の官職（ないしそれらに任じられた者）を指す。1830年代の土司廃止後も存在し続け、少なくとも何廷饒が文淵州土知州の肩書を帯びていることが明白な嗣徳3年正月頃までは土官が残存していた。

明命年間の行政改革の一環で、北部山地においても首長による官職の世襲の禁止、流官（中央が任命した官僚）の派遣、土司の廃止など在地首長層に対する権限削減政策が実施され、北部山地も形式上は平野部同様の統治体制に組み込まれた。ただし流官統治が浸透したように思われる諒山省でも一部の旧首長層が継続して登用されるなど、各地で地方の実情に合わせた地方支配のあり方が模索されたといえる。とはいえ明命年間の改革後も人丁の把握が進んだとはいえず、丁簿上の情報が実態を反映していない状況が問題化していた。

地域社会に目を向けると、黎鄭政権期に多くの官職保持者がいた脱朗州有

賀 2020: 111-114]、一方紹治2年には逃散や疫病により北部諸省の人頭税が減額されている（『大南寔録』正編、第三紀、巻17、紹治2年2月条、第3葉表）。紹治年間にも流民がある程度発生していたのは事実と思われる。

第5章　19世紀前半～半ばのベトナム阮朝による支配の変遷と土司

秋社阮廷氏は官職保持者が見られなくなる一方、韋世鉤が継続して官職を授
与された禄平州屈舎社韋氏がその後も阮朝官制の階梯を上昇していくように
（第7章第3節参照）、明命年間の行政改革後に登用されたか否かがその後の
（旧）土司の勢力にも影響した。明命年間の行政改革や農文雲勢力の活動を機
に在地首長の権力構造が変化し、阮朝から官職を授与された首長が維持・勢
力を拡大していく点は、グエン・ティ・ハイが考察した高平省と共通してい
る。ただし土司たちは当初から一貫してベトナム王朝の側に与していたわけ
ではない。農文雲勢力が阮朝に反旗を翻した際、土司たちの対応は様々であ
り、最終的に阮朝が勝利したことで阮朝側に与した土司が勢力を保持・拡大
した。このように少なくとも諒山・高平2省では農文雲の反乱やその後の阮
朝の地方統治によって土司間の権力構造の変化があり、黎鄭政権期～阮朝期
を通して特定の土司が一貫して強力だったわけではない。序章で述べたよう
に近年の研究では明命年間の行政改革後も北部山地では在地首長が阮朝やフ
ランス植民地政府の地方統治を担い勢力を保持したことが指摘されている
が、少なくとも諒山・高平2省におけるこれらの首長集団は、首長集団の中
でも阮朝の支配下に入ることで如上の政治変動・社会変動を乗り越えること
ができた一部の者たちであることに注意する必要があるだろう。

第6章　19世紀前半〜半ばの諒山省における税課

はじめに

　第5章では、明命年間の改革後の諒山省における統治の実態を考察した。続けて本章では、明命年間の行政改革後の諒山省における商業流通や鉱山開発に対する課税（関税・鉱山税）について考察する。序章で述べたように18〜19世紀における西南中国から東南アジア大陸部にかけての内陸交易の活発化と鉱山開発の進展については、すでに多くの研究蓄積が存在する。そしてそれらの研究では、黎鄭政権や阮朝の財政における北部山地の関税（黎鄭政権期〜阮朝初期には巡司税と呼称）や鉱山税の重要性が指摘されてきた。たとえば阮朝期の商業税を考察したリ・タナは、阮朝全体の関津税収入の中で北部山地が4割弱を占めること、北部だけで見れば港税よりも関津税のほうが多額であることなどを論じ、ベトナム王朝にとっての北部山地の内陸交通の重要性を強調した［Li Tana 2012: 73-74］。一方の鉱山税についてはファン・フイ・レ Phan Huy Lê の基礎的研究によって、鉱山開発状況の変遷の概要が素描された［Phan Huy Lê 1963a; 1963b; 1963c］。またヴ・ドゥオン・ルアンが鉱山開発の進展および清朝からの鉱山労働者の大量流入にともなう華人ネットワークの形成、およびそれらの華人が1830年代の農文雲勢力の活動に多数参加していたことを論じた［Vũ Đường Luân 2014］。また多賀良寛は、18世紀に鉱山開発が活発化したが、阮朝期にも多くの鉱山が新たに開発されるなど活発な鉱山開発が進められたと論じた［多賀 2019: 211-212］。ま

183

第 6 章　19 世紀前半〜半ばの諒山省における税課

た阮朝の財政から見ると、関津税や鉱山税は、非キン人に対する人頭税など
と共に銀を吸い上げる重要な手段でもあった［多賀 2017: 93-97］。

　このように阮朝の財政にとって重要だった関津税や鉱山税の徴収形態につ
いても、すでに一定の研究蓄積が存在する。鉱山税について、阮朝期に最も
一般的だったのは請負[1]の方式であり、請負者は鉱山の開発権と引き換えに
鉱山税の納入義務を負うというものだった。ただ 18 〜 19 世紀初頭のベトナ
ムにおいて鉱山開発の主導権を握っていたのは華人であり、その状況に不満
を抱いた明命帝は鉱山税徴収額の増大のために送星銀山など一部の鉱山で直
接開発をおこなった。しかし直接開発はめぼしい成果を得られず失敗し、最
終的に請負に回帰した［多賀 2019: 211-214］。また阮朝期の鉱山開発につい
て先駆的研究をおこなったファン・フイ・レは、鉱山開発方式について、①
阮朝が官員を派遣して開発や徴税をおこなわせる直接開発方式、②中国商人
や、現地の首長、キン人が鉱山での開発や納税を請け負う方式、③現地住民
に対する産物税を挙げている［Phan Huy Lê 1963b; 1963c］。

　一方の関税については、19 世紀前半の北部ベトナムにおける関税徴収の実
態を多賀良寛が詳細に論じている。多賀によれば、①関税の請負については
1843 年まで「較価」と呼ばれる競合入札制度が導入された、②内国関税は競
合が激しく、1838 年の広安省の場合は海陽省や河内省の住民も競合に参加し
た、③請負人選定の際は入札者の経済基盤や保証人の有無が考慮されてお

---

1)　官員以外の者に鉱山税や関税などの徴収・納入を請け負わせることを先行研究では「領徴
　　（lĩnh trưng）」と呼ぶのが一般的である［Phan Huy Lê 1963a; 1963b; 1963c］［多賀 2019: 211-
　　214］［Taga 2022: 33-34］。「領徴」は史料用語であるが、ただし同時代史料には「領徴」と同義
　　で「認徴」という語が使用されることもある。阮朝期史料中の「領」や「認」は受け取る、受領
　　するの意であり（「認」については第 4 章 124 ページも参照）、一方「徴」は単なる徴税ではなく、
　　土地・鉱山・関税などを対象として、その経営を引き受けると同時に国家に対して税を支払う
　　ことを含意した。以上を踏まえ、本書では「領徴」や「認徴」を「納税請負」や「納税を請け負
　　う」ないしその類の呼称で表現することとする。なお鉱山税や関税の徴収に際しては、官員以外
　　の者に徴税を請け負わせる形式のほかに、官員を派遣して徴収させる形式も存在したが［Taga
　　2022: 47-50］、その場合は「坐徴」と呼ばれていた。

184

り、経済基盤や保証人の存在を理由として低い価格を提示した者が選ばれることもあった、④史料中では「清商」・「客商」・「属客」などと呼ばれる清人が多く請負をおこなった、⑤ 1830 年頃から、入札額が前年の税額より低い場合や入札者が請負人として不適当な場合に、関税徴収のために官僚が派遣される事例が出現する、⑥阮朝朝廷には商人に関税の徴収を請け負わせることへの反対意見もあり、また関税の競合入札は 1844 年に廃止されたが、税額が固定化された形の請負が 19 世紀後半まで続いた、⑦ 1870 年の関税徴収について、宣光・諒山・広安・興化・清化・興安・海陽・山西各省では清人が請け負っていたという［Taga 2022］。

　このように阮朝期における関税や鉱山税の徴収・納入の方式についてはかなりの部分が解明されており、その運用は時期と状況に応じて多様であることが解明されつつある。とすれば、ベトナム王朝の地方支配および地域社会に焦点を当てて、特定の地域においてどの税目がどのような形で徴収・納入されていたのかを明らかにすることは、その地域の地域的特性や地域社会の実相をうかがい知る手掛かりともなろう。以上の問題意識のもと、第 1 節では 18 ～ 19 世紀の諒山鎮／省における税課の全体像を復元し、その中から第 2 節では鉱山税、第 3 節では関税を取り上げて考察する。

第 1 節　18 ～ 19 世紀の諒山鎮／省における税課

(1) 19 世紀初頭の諒山鎮における税課

　『諒山団城図』には、19 世紀初頭に増補された箇所に税額が記載されており、当時の諒山鎮全体の税額を知るうえで貴重である。まずは『諒山団城図』第 7 葉裏～ 10 葉表をもとに、19 世紀初頭の諒山鎮における税課を考察する。

　『諒山団城図』[2]には、田数（秋田）が 6,500 畝 2 高 7 尺 3 寸と記されてい

---

2)　以下は『諒山団城図』第 7 葉裏～ 10 葉表による。『諒山団城図』については序章注 19 参照。

第6章　19世紀前半～半ばの諒山省における税課

る。これは阮朝初期の情報を載せる『皇朝一統地輿誌』[3] に記載される田土
6,500 畝2高という数字とほぼ同じである。次に丁数として「各項人数」7,625
率、「丁数」5,363 率、うち「実納丁数」4,931 率、「値受男」400 率、庫軍 11
率、站軍 21 率という数字が挙がっている[4]。このうち「丁数」は土民（水稲
耕作に従事する現地住民）の数であり、「各項人数」は土民に儂人（新来の移
民）や北客（華人）、蛮人（焼畑民）なども加えた数であろう[5]。また「丁数」
のうち「実納丁数」は土民のうち土地税と人頭税を負担する者、「値受男」は
兵役に当たる者を指す。

　第一に土民に賦課される税のうち人頭税について、『諒山団城図』は1率当
たり毎年庸銭5陌30文、調銭3陌、緡銭1陌、脚米1鉢[6]と記しており、こ
れは『税例』[7]で規定される嘉隆年間の税例と合致している。4,931 率に賦課
される庸銭・緡銭・調銭として、合計 4,684 貫4陌30文[8]、脚米 252 方 17 鉢
と記されている。一方、土民の土地税（租）については、租粟 2,344 斛 27 鉢
9合、租銭 520 貫1陌59文と記されている。第1章第2節で述べたように首
長が社ごとの租・庸の徴収を担当していたが、それはこの土民に賦課される
人頭税と土地税に当たると考えて良いだろう。

　第二に儂人に課される税としては白布税と銀税があり、白布税は銭による
代納がおこなわれていた［岡田 2016b: 25］。『諒山団城図』には、白布税が

---

3)　『皇朝一統地輿誌』第8葉裏（ハノイ国家図書館所蔵 R. 1684）。

4)　阮朝初期の丁数として、『皇朝一統地輿誌』第8葉裏には丁 4,931 率、『大南一統志』巻 41、諒
　　山省、戸口、第 72 葉裏には嘉隆 18 年で 5,300 あまりという数値が記されている。前者は『諒山
　　団城図』に記載される「実納丁数」、後者は『諒山団城図』に記載される「丁数」と、それぞれ
　　一致している。なお「～～率」は「～～人分の課徴」を意味する。

5)　ただし丁数 5,363 率に濃人 1,425 率、北客 836 率、蛮人 204 率、硝硝場 229 率を合計すると
　　8,057 となり、数が合わない。

6)　ベトナム史料では、「粟」は籾、「米」は玄米（および白米）を意味する。

7)　『税例』第 47 葉表（漢喃研究院所蔵 A. 480）に「外六鎮並毎人庸銭五陌三十文、緡一陌、調
　　三陌、脚米一鉢」とある。

8)　黎鄭政権期の古銭 60 文＝1陌［桜井 1987: 219］で計算すると 4,931 率の額である。

186

課されるのは 23 寨の 700 率であり、税額が白布 6,970 官尺、1 尺当たり銭 1 陌 12 文で合計銭 836 貫 4 陌と記されている。一方銀税が課される儂人は 61 寨市館の 725 人で、うち 540 人は 1 人当たり銀 1 両、211 人は銀 5 銭が課されており、合計銀 645 両 5 銭と記されている[9]。

第三に、北客の人頭税は銀納と銭納があり、銀税は 1 家当たり 1 両 2 銭、税銭は 1 家当たり 1 貫と記されている。45 庸館の北客 836 家のうち銀納は 331 家で合計銀 39 笏 7 両 2 銭、銭納は 505 家で合計税銭 505 貫と記されている。

第四に、蛮人（焼畑耕作民）に対しては 1 灶当たり銀 2 両が課されており、30 峝に 102 灶 204 人がおり[10]、合計銀 20 笏 4 両と記されている。

第五に、鉱山税としては、硝硝場には 1 率当たり硝税 6 斤が課されており、10 場 229 率[11]、合計 13 租 7 晏 4 斤と記されている。また鉄子税 200 斤（脱朗州陀㴐鉄煤）[12]、金税 2 笏 1 両（安博州春陽煤 3 両、禄平州那邑煤 9 両、禄平州同僕煤 9 両）[13] が記されている。

最後に、商業流通に対する課税として、「庚寅年」（1770 年ないし 1830 年）の巡司税が銭 1 万貫であることが記されている。また巡司が 1 正 12 支、合計 13 箇所設置されていることも記されている（本章第 3 節）。

以上の税額を整理したのが【表 20】である。嘉隆 11 年に定められた官価では金 1 両 = 銀 16 両、銀 1 両 = 銭 2 貫 8 陌だったため［藤原 1986b: 329］、仮にこのレートで計算すると、金 2 笏 1 両は銭 940 貫 8 陌相当、銀合計 1,063 両 1 銭は約銭 2,978 貫相当となる。金銀価はいずれも 19 世紀にかけて高騰していくが［藤原 1986b］［多賀 2017: 103-111］、阮朝初期の時点では土民の

---

9) 数が合わないが、詳細不明である。なお『皇朝一統地輿誌』は銀税が課される儂人は 840 人、うち 573 人が 1 人当たり銀 1 両、267 人が銀 5 銭としている。

10)『皇朝一統地輿誌』第 16 葉表と同一である。

11)『皇朝一統地輿誌』第 16 葉表および『税例』第 56 葉表と同一である。

12)『皇朝一統地輿誌』第 16 葉表と同一である。

13)『皇朝一統地輿誌』第 16 葉表では那邑煤しか記されていない。

187

第6章　19世紀前半～半ばの諒山省における税課

土地税・人頭税や巡司税の重要度が高かったといえる。

(2) 嗣徳年間初期の税額

　北部山地では18世紀後半の税制が基本的に阮朝初期まで継承されたが、明命年間の行政改革によって変化が生じることになる。行政改革が実施された後の税制を記した『欽定大南会典事例』では、阮朝の各種税目は「正賦」と「雑賦」に分けて記載されている。「正賦」には水稲耕作をおこなうキン人やタイ系住民（土民）に課される土地税（田賦）や人頭税（丁賦）が含まれ、その他の鉱山税、職能民や非キン人に対する人頭税、流通部門への課税などは「雑賦」に区分された［多賀 2017: 93］。黎鄭政権の税制では土民・儂人・蛮人などに分類されていた山地住民については、土民が「正賦」を賦課される実納民と呼ばれたのに対し、儂人[14]・蛮人は「雑賦」に属し、産物税や人頭税のみが賦課される別納民であった［岡田 2016b: 22-24］［多賀 2017: 94-95］。18世紀後半の税制で「北客」と記されていた華人については、「清人」（新来の華人）と「明郷」（混血者）に分類された［藤原 1986a: 266-268］［多賀 2017: 94-95］。以下、明命年間の改革以後の諒山省の税課を考察するが、ここでは比較的まとまった形で情報が得られる嗣徳年間初期の税額を復元していく。

　嗣徳年間初期の諒山省における土民の人頭税・土地税について、吏部の嗣徳4年12月22日付奏では、禄平州が丁数1,100人あまり、田土1,200畝あまり、安博県が丁数300人あまり、田土700畝あまり、温州が丁数1,400人あまり、田土1,300畝あまり、文淵州が丁数1,300人あまり、田土600畝あま

14）本節（1）で論じたように、18世紀後半の諒山省では、儂人に課される税として白布税と銀税があった。『欽定大南会典事例』巻44、戸部九、蛮儂土、諒山省、第41葉表に「（明命）十二年、議准諒山省之白布寨儂人嗣改為儂人、毎人全年受納銀税八銭、以明命十三年為始〈原納白布税代納銭一貫二陌〉」とあり、明命12年にもともと白布税を納めていた儂人が明命13（1832）年以降は1人当たり銀税8銭を納入することが定められている。これにより、諒山省において儂人に課される人頭税は銀税に統一されることになったと思われる。

188

り、文関県が丁数1,700人あまり、田土900畝あまり、七渓県が丁数1,100人あまり、田土1,500畝あまり、脱朗州が丁数1,000人あまり、田土1,100畝あまりと記されており[15]、合計すると丁数7,900人あまり、田土7,300畝あまりとなる。『諒山団城図』に記載される阮朝初期の情報と比較すると、丁数・田土面積は数字上いずれも増加している。税額については、戸部の嗣徳4年6月1日付覆が免除／延期を要請した嗣徳4年の税額（土地税と人頭税）が、禄平・安博2県州では税銭1,860貫あまり、租粟1,420斛あまり、温州・七渓・脱朗・文淵・文関5県州では税銭7,997貫あまり、租粟4,016斛あまりと記されており[16]、合計すると諒山省全体で税銭9,857貫あまり、租粟5,436斛あまりとなる。明記されてはいないが、おそらくこれらは主に土民の人頭税・土地税に当たると思われる。どの程度有効に徴収されていたかは不明だが、阮朝初期と比べると増加している。

　『大南一統志』には嗣徳年間初期の税額が記載されているが［嶋尾 2001: 29］［多賀 2020: 114-115］、諒山省では戸口が7,491人、田賦が公私田土7,664畝、税額が粟5,490斛、銭10,834緡（貫）、金2両9銭2分、銀2,024両

---

15) 『阮朝硃本』嗣徳第35集、第252葉表～253葉裏に「嗣徳肆年拾弐月弐拾弐日、吏部奏。本月十二日、接諒平署撫臣丁文銘疏叙「…（中略）…」等因。臣部奉査之、該省原設府二州二県三、長慶府兼理禄平州、統轄安博県・温州、長定府兼理文淵州、統轄文関県・七渓県・脱朗州。其禄平州丁数一千一百余人、田土一千二百余畝。安博県丁数三百余人、田土七百余畝。温州丁数一千四百余人、田土一千三百余畝、文淵州丁数一千三百余人、田土六百余畝。文関県丁数一千七百余人、田土九百余畝。七渓県丁数一千百余人、田土一千五百余畝。脱朗州丁数一千余人、田土一千一百余畝。是則各該県州丁田之数勝遜、間有不同。…（後略）…」とある。

16) 『阮朝硃本』嗣徳第26集、第200葉表～201葉表に「嗣徳肆年陸月初壱日、戸部覆。昨接諒平撫臣張好合摺叙「…（中略）…」各等因。臣部奉照該省自去年九月以来節因清匪擾越滋擾、其禄平・安博二州県為匪抄掠財物一空。余各州県各有催撥土勇按轄防剿。又以解運軍糧毎月至二三次、再茲該轄復因沴染人民亦有病斃、其情形亦属拮据。該省臣請将禄平・安博二県州本年応徴税銭一千八百六十余貫、租粟一千四百二十余斛、各行蠲免。並温州・七渓・脱朗・文淵・文関五県州本年税銭七千九百九十七貫余、租粟四十六斛余、展至嗣徳五六両年帯徴。与該七県州原領買浸粟、応納銭一万七千六百十二貫零、亦各豁免。係是為民調剤起見。…（後略）…」とある。

第6章　19世紀前半〜半ばの諒山省における税課

と記されている。戸口と田土面積は前述の嗣徳4年の丁数・田土面積と近く、また粟は戸部の覆に記される租粟に当たると思われる。ただし上述した嗣徳4年の数値と完全に一致するわけではないことから、『大南一統志』に記載される情報が嗣徳4年の数値ではないことがわかる[17]。

　『大南一統志』に嗣徳年間初期の税額として記される項目のうち、銀2,024両は主として儂人や蛮人、華人に対して課された人頭税に当たると思われる[18]。ベトナムでは1820年代から銭建て銀価が急激に上昇しており、諒山省の納税においては嗣徳7（1854）年に銀1両当たり銭8貫（4,800文）と定められている［藤原 1986b: 340］［多賀 2017: 103-111］。仮にこのレートで計算すると16,000貫あまり相当となり、この時点では諒山省における銀税の額は土民に対する土地税・人頭税以上に重要度が増大したといえる。

第2節　鉱山税

(1) 諒山省における鉱山開発の概要

　本章第1節で述べたように、『諒山団城図』が記載する阮朝初期の税課では、課税対象として挙がる鉱山は、脱朗州陀瀝鉄埸、安博州春陽金埸、禄平州那峜（巴）金埸、禄平州同僕金埸および硝硝場のみであったが、『欽定大南会典事例』では金礦9、鉄礦5、焰硝礦2が挙がっている【表21】。ただし『欽定大南会典事例』巻42、戸部七、雑賦一に依拠する限り、嘉隆年間に開発・課税されていたのは春陽金礦のみである。阮朝初期以前に開発が進められながらベトナム王朝が把握していなかった（できなかった）鉱山も存在したと思われるが[19]、管見の限り阮朝初期以前の諒山省で大規模開発がおこな

---

17) 『大南一統志』巻41、諒山省、田賦、第73葉表。なお鉄や硝石が含まれていないことや銭の額が小さすぎる（関税が数千〜1万貫、人頭税が1万貫）ことが不可解だが、詳細不明である。

18) 非キン人の人頭税は1840年代までに銀納に統一された［多賀 2017: 94-95］。

19) 実際『欽定大南会典事例』巻42、戸部七、雑賦一で列挙される金山のうち、禄平州率礼社に↗

第 2 節　鉱山税

われていた鉱山の存在を示す史料も存在しない。諒山省ではもともと課税対象の鉱山の数は多くなく、『欽定大南会典事例』に記載される鉱山のうち多くは明命年間に入って開発・課税されるようになったと考えるのが自然だろう。阮朝全体で見ても阮朝期に入って新たに課税対象となった鉱山が一定の割合を占めており[20]、諒山省でも同様といえる。このように阮朝は積極的に鉱山開発を進めたといえるが、鉱山税の徴収が順調におこなわれていたかは別問題である。諒山省の場合は、多くの鉱山で開発・課税と閉鎖を繰り返しており、閉鎖の理由としては枯渇化、鉱山労働者（貨夫）の逃亡、請負者の不在が記されている【表 21】。

　鉱山税の請負制度についてファン・フイ・レは、請負者は地方官か戸部に承認書の発給を要請すること、中国商人はもともと外国人なので国内の者を保証人にしなければならないこと、請負者が税額を滞納した場合は請負者と保証人が賠償しなければならないこと、などを指摘している［Phan Huy Lê 1963b: 57］。ただし、史料の制約により請負制度の実態は詳しくは解明されていない。またファン・フイ・レは鉱山での開発や納税を請け負う者として中国商人や現地の首長、キン人を挙げているが、厳密には後述するようにこれらに含まれない住民が請け負う事例も見られる。

　また多賀良寛によれば、阮朝は鉱山税の額を鉱山の産出状況に応じて設定していたが、納税請負者が税の軽減を画策して産出状況を偽ることも容易だったという［多賀 2019: 212］。ただし多くの鉱山で開発・課税と閉鎖を繰り返していた諒山省の場合は、事情はやや異なっていたと考えられる。以下、

　位置する金山（牽礼礦）については、牽礼社の首長韋廷珠が嘉隆 2 年閏正月二十某日付申（【表 5】No. 19、第 4 章第 4 節（2）参照）において、北客（華人）が開発して課税されており、「長墺・長場が個別に徴収・納入」と申告しているが、黎鄭政権期や阮朝初期の史料では課税対象として記されていない。

20)　『欽定大南会典事例』巻 42、戸部七、雑賦一に列挙される 124 の鉱山のうち嘉隆年間以前から課税されていたのは 76 であり、阮朝期に新たに開発されたのは 48 である［Phan Huy Lê 1963a: 43］。

第6章　19世紀前半～半ばの諒山省における税課

詳細が判明するいくつかの鉱山について開発状況の変遷を考察し、納税請負の実情を解明したい。

(2) 同僕金礦と憑厦鉄礦の事例

　ここでは同僕金礦と憑厦鉄礦についての詳細が記述されている署諒平巡撫張好合の嗣徳2年3月28日付奏[21]を使用する。本奏の冒頭では、前年12月に各府州県官に命令して各鉱山の調査をおこなわせ、増税すべきものや閉鎖

21）『阮朝硃本』嗣徳第13集、第219葉表～220葉裏に「署諒平巡撫臣張好合謹奏。為将轄下金鉄礦応行封閉、声請各縁繇、恭摺具奏候旨事。去年拾弐月日、臣奉循例飭令所在府州県臣、親往現徴金鉄各礦、勘験何係応加税例、及応封閉者、具繇棄辦。嗣拠禄平州高楼総試差該総農仲徳、好礼社里長黄文隆単称「紹治五年、該社人黄文義領徴同僕金礦壱所、受納拾歳金税五両、間責伊等保結。陸年、黄文義開採不利而逃、累拿弗獲。承責伊等賠償這税、並飭伊等認這礦募大開採。第金氣耗竭、貨夫散去。伊等無従供納変産賠清。去年、伊等累呈州員、不肯転棄。迫至税期、該州員将伊等家産籍記変賠、猶且不足。又捉伊等親属領債克償、其情属苦。乞行派勘」各等語。臣仍問該州臣這礦現在情形如何、具将棄辦。拠該州知州兼署長慶府事臣武文百覆称「該礦自黄文義逃後、原撫陳玉琳飭拠保領之農仲徳・黄文隆責賠金税、並飭該等結認這礦開採。向来該等黽勉賠償。迨至去年金税並皆掛欠、該員業有捉将該等監収、終亦弗獲。業将等家産変賠、亦未充数、致令該等親属領債逓納、幸得清款。至如這礦該員現已親行履勘、廠舎無存、貨夫逃散、試験金氣果係耗竭。適值歳週、致未及棄辦」等語。臣奉派出協省藩司権署通判阮功瑋覆勘。嗣拠該員逓将勘案内叙「経拠保結之農仲徳・黄文隆引就伊礦催齊所在総里勘見該礦、上自安快・友慶・同僕、下至憑慶・好礼等社地分、係在公母山脚渓水壱帯、両辺多係民田、間有空曠等処亦属窄狭、又多大石、原建廠舎、経已頽壊、只存土基苫蔓而已。其旧開採等処草莽叢生。質之所在同僕・友慶・安快・憑慶・好礼等社庄里役人等並称「該礦自黄文義逃後、貨夫節次散去、経壱年余、不見何人開採」。経飭雇撥沙丁、于原開採及未経開採処拾柒所、毎所掘取沙土弐拾箕、依法淘汰、並不見壱点金氣。其有所在総里視寛」各在案。臣飭遡究、該礦従前清人領徴、例納金税参両。明命拾参年、伊治人馬徳貴領徴、受納金税五両。拾肆年、蒙得封閉。至紹治肆年陸月日、好礼社人黄文義単乞領徴受納仝年金税参両、以参年為限、経当次省臣摺通。嗣接戸部臣摺「議請由省催来黄文義及遍飭轄下人、如有情願開徴該礦者、即照依仝年受納金税五両之例、方聴領徴、毋須概以参年為限。倘該名不願開徴、而所轄亦無何人願依此例開採者、即将該礦仍旧封閉。再行拠寛摺通」等因。欽奉聖旨「依奏。」欽此。原省臣催黄文義暁示、拠該情願領徴仝年受納金砂五両、以自五年正月為始。経戸部臣片叙「請由省再催黄文義、如有情願開徴該礦者、即照依仝年受納拾歳金税五両之例、方聴領徴。倘該名不願開採、即将該礦仍旧封閉。欽奉聖旨「依奏。」欽此」。当次省臣催問黄文義情願領徴受納拾歳金税五両、以自五年柒月為始、具有所在之該総農仲徳・里長黄文隆保結具繇摺通。欽奉聖旨「準允」在案。嗣陸年玖月日、拠該州臣稟称「黄文義逋逃、経飭原保之農仲徳・黄文隆認取該礦開採賠納税例」」とある。

192

第 2 節　鉱山税

すべきものについて報告させたとあり、この時に諒山省内の各鉱山の開発の可否が調査されたことがわかる。

　同僕金山は後述のように禄平州安快・友慶・同僕・憑慶・好礼各社[22]にかけて位置している。『欽定大南会典事例』によれば、明命 6 (1825) 年に採掘をおこない十歳金税 3 両[23]を賦課したものの 12 年に閉鎖し、13 年に採掘を再開したものの 15 年に再度荒廃のため閉鎖している[24]。ただし明命 6 年以前も採掘されていたようで、『諒山団城図』では「金税 9 両が課されているが、採掘したばかりなのでまだ税額に含まれていない（徴税していない）」と記されており[25]、『大南寔録』によれば明命 4 (1823) 年 10 月に礦長・貨夫が逃散したため金税毎年 9 両を免除している[26]。

　この張好合の奏では、同僕金山については禄平州高楼総試差該総農仲徳、好礼社里長黄文隆が単によって報告しており、それによれば紹治 5 年から好礼社人黄文義[27]が農仲徳と黄文隆を保証人として同僕金山の開発を請け

---

22)『各鎮総社名備覧』や『同慶御覧地輿誌』において同僕社は禄平州同僕総に属しており、現在のランソン省ロクビン県ドンブク Đồng Bục 社に比定されると思われる。また安快社は『各鎮総社名備覧』や『同慶御覧地輿誌』では禄平州屈舎総に属しており、現在のロクビン県イェンコアイ Yên Khoái 社、友慶社は『各鎮総社名備覧』や『同慶御覧地輿誌』では禄平州同僕総に属しており、現在のロクビン県ヒウカイン Hữu Khánh 社、憑慶社は『各鎮総社名備覧』や『同慶御覧地輿誌』では禄平州懐遠総に属しており、現在のロクビン県バンカイン Bằng Khánh 社に、それぞれ比定される。好礼社については本章注 27 参照。

23) 十歳金は純金を指す［藤原 1986b: 331］。

24)『欽定大南会典事例』巻 42、戸部七、雑賦一、第 8 葉裏。なお『欽定大南会典事例』は明命 15 年に閉鎖したとするが、『阮朝硃本』嗣徳第 13 集、第 219 葉表〜 220 葉裏（本章注 21）によれば明命 14 年である。

25)『諒山団城図』第 9 葉裏に「禄平州同僕煤、金税九両、由始開未入額」とある。

26)『大南寔録』正編、第二紀、巻 23、明命 4 年 10 月条、第 13 葉表〜裏。

27) 好礼社は『各鎮総社名備覧』では記されていないが、『同慶御覧地輿誌』では諒山省禄平州高楼総に属しており、現在のランソン省ロクビン県マウソン Mẫu Sơn 社に比定されると思われる。同僕金山が位置する同僕社にも近いため、黄文義は徴税を請け負ったのだろう。黄文義がいかなる人物なのかは不明だが、好礼社が清朝との境界に隣接しているため、清朝にルーツを持つ儂人だった可能性はあろう。

193

第6章　19世紀前半〜半ばの諒山省における税課

負ったが、利益が上がらなかったため紹治6年に逃走し、保証人である農仲徳と黄文隆が補償することになり、農仲徳と黄文隆は当時の諒平巡撫陳玉琳から貨夫を募って採掘するよう命令されたが枯渇しており、貨夫も散り散りになってしまったために自身の資産で補償したという。そして農仲徳と黄文隆は嗣徳元（1848）年に何度も呈文によって禄平州官に報告したものの州官は省へ「転稟」（稟によって呈文の内容を上達すること）せず、納税の時期になって農仲徳と黄文隆のみならず彼らの親族の資産により補償させたと訴えている。おそらくは、農仲徳と黄文隆は呈文により州官に対し開発と納税請負の停止を要請したが、州官は認めず、嗣徳元年分の金税を課徴し、保証人だけでなく保証人の親族に対しても資産を供出させたということだろう。

　以上の農仲徳と黄文隆の訴えに対して張好合が禄平州知州兼署長慶府事臣武文百に問いただしたところ、武文百は元諒平巡撫陳玉琳の命令で農仲徳と黄文隆に賠償させたと返答し、張好合は諒山省藩司（布政司）権署通判阮功瑋をつかわして調査させた。阮功瑋は農仲徳と黄文隆および当地の該総や里長を連れて実地調査をおこない、①同僕金山が安快・友慶・同僕・憑慶・好礼各社にかけて位置していること、②当地の里長らによれば、黄文義が逃亡してから貨夫は散り散りになり、採掘はおこなわれていないこと、③沙丁を雇ってすでに採掘していた場所および採掘していない場所合計17箇所で試掘してみたが、沙土20箕の中に金は皆無だったこと、を報告している。

　そのうえで張好合が調べたところ、①以前同僕金山は清人が請け負い金税3両を納入していたこと、②明命13（1832）年の採掘再開の際は禄平州人馬徳貴が請け負い金税5両を納入していたこと、③明命14年に閉鎖された後、紹治4年6月になって好礼社人黄文義が納税請負を要請し、3年を期限として毎年金税3両を納入することを希望したが、戸部の具申により金税5両の前例に従い紹治5年正月から毎年金砂（砂金）5両を納入することになったこと、④その後再度戸部の具申があり、拾歳金すなわち純金5両を紹治5年7月から納入することが決定されたこと、⑤紹治6年9月、禄平州官が黄文

194

義の逃走を報告したこと、などが記載されている。最終的に張好合は、後述するように本奏の末尾で同僕金山の閉鎖を要請している。なお①の清人が納税を請け負っていたのがいつ頃なのかは記されていないが、上述の『欽定大南会典事例』の記述と照らし合わせると明命6〜12年に当たると思われる。張好合の奏によれば、黄文義は紹治5年正月から3年を期限として請け負っており、鉱山税については関税のように毎年請負者を募るのではなく請負期間は複数年だったことがわかる。黄文義は請負2年目の紹治6年に逃走しているため、採掘状況から完納が不可能と判断して逃走したのだろう。

　張好合の嗣徳2年3月28日付奏には憑厥鉄礦についての記述もある。憑厥鉄礦は温州憑厥総憑厥社[28] に位置し（本章注31）、『欽定大南会典事例』によれば、明命18年に毎年熟鉄200斤を精銀10両で代納することが規定され、紹治3（1843）年に閉鎖された後、紹治6年に採掘が再開され従来通りの税額が設定され、嗣徳2年に閉鎖されたことが記されている[29]。張好合の本奏には、上述の同僕金礦についての記述の後に温州知州阮邦彦の稟が引用されている。そこでは憑厥総試差該総韋堅略[30] の単が引用されており、①紹治2年8月に韋堅略が単で納税請負を要請したこと、②紹治2年9月以降6年を期限として毎年熟鉄200斤を精銀10両で代納することが規定されたこと、③わずか4年で枯渇化し貨夫も散り散りになり、韋堅略は自身の資産によって補填する羽目になったこと、④嗣徳元年9月に請負の年限が満了したこと、などを申告している。それを踏まえて阮邦彦は憑厥鉄礦を実地調査し、採掘をおこなう貨夫がおらず枯渇化していることを確認して巡撫に上達を要請している。それをうけて張好合は同僕金礦と同様に阮功瑋をつかわし、韋堅略らを引き連れて調査させたところ、①もともと建てられていた建物も土

28）現在のランソン省チラン Chi Lăng 県バンマク Bằng Mạc 社に比定される。

29）『欽定大南会典事例』巻42、戸部七、雑賦一、第28葉表〜裏。

30）明命21年に作成された憑厥総各社の地簿（諒山省温州安排社地簿（国家第一公文書館所蔵3396）など）でも憑厥総該総として「承認実」し署名している。

第6章　19世紀前半～半ばの諒山省における税課

台が残っておらず、もともと採掘していた場所も草木が覆い茂り貨夫や精錬
の器具は見当たらないこと、②当地の憑厥社の里役に聞いたところ、ここ2
年は採掘されていないこと、③すでに採掘していた場所および採掘していな
い場所合計6箇所で試掘したものの鉄は皆無だったこと、などを報告してい
る。また張好合自身が調べたところ、①憑厥鉄礦は明命18年3月、長定府脱
朗州駈驢庸の清人劉向明が単により請負を請い、6年を期限として毎年熟鉄
200斤を精銀10両で代納することになった、②紹治2年8月に期限が満了し
た際に劉向明は病気を患い請負を継続せず、鉱山が位置していた憑厥総の試
差該総韋堅略が単で納税請負を要請し、同年9月朔より6年を期限として従
来通りの税額の納入を請け負うことになったという³¹⁾。もともと憑厥鉄礦で
の納税を請け負っていた駈驢庸の清人劉向明の詳細は不明だが、駈驢庸は諒
山省の中でも商業中心であり（本章注70参照）、清人であることからも商業
従事者の可能性は十分にあろう。憑厥鉄礦が位置する憑厥社は鎮南関と河内
省をつなぐ駅路近辺に位置しているため³²⁾、商業従事者であればアクセスは
容易だったに違いない。

　以上を踏まえて張好合は、同僕金山ではもともと保証人だった農仲徳と黄

31）注21の引用箇所に続けて「又拠温州知州阮邦彦稟称「先拠州轄憑厥総試差該総韋堅略単称
　　「紹治弐年捌月日、該単継領憑厥鉄礦、全年受納熟鉄弐百斤、代納精銀拾両。自是年玖月朔為始、
　　以陸年為限。繊得肆年、鉄氣耗竭、貨夫散去、該将器具及家産変売賠納、幸得年清年款。去年玖
　　月日、現已湊足年限、懇乞朝寔稟辦」。経該州臣親行勘験該礦、経已荒廃、並無貨夫開採、其鉄
　　氣顕係耗竭、稟乞転達、俾得封閉」等語。臣奉派出藩司権署通判阮功瑋、再行覆勘。嗣拠該員通
　　将案編並画図本稟納。照見案叙「拠領徴之韋堅略報引催齊総接会同覆勘、該礦係在石山之下、砂
　　石崎嶇、原建厳舎無存、其土基及原採等処草木叢生、並不見貨夫及爐冶器具。質之所在憑厥社里
　　役、僉称該礦経弐年来無人開採。仍飭拠原開採及未経開採該陸所、掘土試験、均無鉄氣。具有所
　　在人等視寔逓回稟納」等語。臣飭遡究憑厥鉄礦、於明命拾捌年参月日、属轄長定府脱朗州駈驢庸
　　清人劉向明単乞領徴受納全年熟鉄弐百斤、代納精銀拾両、乞以陸年為限。至紹治弐年捌月日湊足
　　年限、劉向明擾病、莫敢継領。嗣拠所在之憑厥総試差該総韋堅略単、乞継領自是年玖月朔以陸年
　　為限、税例請照原額徴納。経当次省臣繕摺欽遵、欽奉聖旨「準允」各在案。」（『阮朝硃本』嗣
　　徳第13集、第220葉裏～221葉表）とある。
32）『同慶御覧地輿誌』温州図を参照。

第 2 節　鉱山税

文隆、憑屎鉄礦ではもともと納税を請け負っていた韋堅略に対してそれぞれ従来通りの納税請負を命令したものの、どちらも拒否し、またほかに納税請負を希望する者もいないことから、2 鉱山の閉鎖を要請している[33]。また張好合の上奏に書き込まれている旨も、おおむね張好合の要請を認めている[34]。同僕金山が嗣徳 2 年に枯渇化のため封鎖されたことは、『欽定大南会典事例』にも記されている[35]。また『大南寔録』にも嗣徳 2 年 4 月条に同僕金礦と憑屎鉄礦を閉鎖したことが記されている[36]。

同僕金礦と憑屎鉄礦に共通しているのは、いずれも明命年間に清人が納税を請け負っていたが、何年か（6 年／10 年）経過して枯渇し、その後採掘を再開したがまもなくして閉鎖されていることである。

---

33) 注 31 の引用箇所に続けて「茲臣業飭原保領同僕金礦之農仲徳・黄文隆、原徴憑屎鉄礦之韋堅略等、仍旧認領継領。農仲徳・黄文隆則称「金氣耗竭、貨夫已散。該等家産均已籍没、莫敢領徴」。韋堅略則称「年限已足、鉄氣就竭、不敢継領」。再奉飭該各州臣遍飭所轄人等、如有情願徴採、聴其向省投単、拠称「並無何人願領」。臣与皋司黎名提会同商擬、奉照轄下金鉄礦各所、除現徴各礦応依原徴税額、与封閉各所、応仍封閉、具有所在府県州臣及省派勘宜、另已循例具咨戸部臣知照外、惟現徴之同僕金礦壹所、査之当次黄文義単領請限参年。経戸部臣摺議、毋須概以参年為限。且該礦従前曽経累次開採、金気想亦就耗。原領之黄文義開採未幾自知不利而逃。農仲徳等只係保領之人、連年金税既受賠償。又経派勘該礦、厳舎無存、金氣耗竭。若復責其依旧募夫開採、不免動形拮据。与夫憑屎鉄礦開徴已足年限、鉄氣現已耗竭、原領之韋堅略不敢継領。経該各州臣並省派節次勘験属寔。究之該礦税例逓年臣省節次責賠各得清完。其同僕金礦与憑屎鉄礦擬応交該各州臣立籌、厳行封閉、飭所在社民更守、毋得盗採。仍常加察験、如金鉄氣稍有復旺者、即行登報令人領徴。至如該弐礦原徴、一以柒月、一以玖月為始、茲而請行封閉。其自起限至本年参月底、所余月数若干、請応照従原徴税例、分成責拠保結領徴人等名下、追納登庫。窃以事関国税・民情、輒取恭摺具奏。伏候聖旨。謹奏。嗣徳弐年参月弐拾捌日題。臣張好合」とある（『阮朝硃本』嗣徳第 13 集、第 221 葉表～ 222 葉裏）。

34) 本奏の末尾の「嗣徳弐年参月弐拾捌日題」の下に「至閏肆月弐拾日、臣何維藩・臣阮国錦・臣尊室常・臣陳敏奉旨「拠奏。該弐礦日下轄民無願領徴。経該省臣察験情形属確。其這金礦・鉄礦、着且並行封閉、仍飭所在社民更守、毋得盗採。竢後金鉄氣稍旺、有人領徴者、再由該省奏辨［辦］。余依奏」欽此」と書き込まれている（『阮朝硃本』嗣徳第 13 集、第 222 葉裏）。

35) 『欽定大南会典事例』巻 42、戸部七、雑賦一、第 9 葉表。

36) 『大南寔録』正編、第四紀、巻 4、嗣徳 2 年 4 月条、第 22 葉表。

第6章　19世紀前半～半ばの諒山省における税課

(3) 福旺・農屯2金山の事例

張好合の上奏から2年後、戸部の嗣徳4年10月1日付覆に引用される欽差経略河寧寧太諒平等省臣阮登楷の摺（奏）にも阮朝や地方官が鉱山開発に苦戦する実情が詳述されている[37]。まず冒頭で諒山省に金礦が8箇所あることが記されており、すでに閉鎖したものとして同僕・那巴・春陽・会歓・羅山5箇所、採掘が継続されているものとして福旺・右鄰・農屯3箇所が挙がっている[38]。ついで福旺・農屯2金山における金税の徴収状況が詳述されている。農屯金山はもともと閉鎖していたが紹治7年に戸部が摺で採掘を要請し、諒山省は納税請負者を募集したが希望者が現れなかったため、嗣徳元年に省官が金山が位置する農屯社の里長農永緑・丁永堂・農広堂らに「単徴」（単式の文書によって納税を請け負うこと）させ、毎年十歳金税3両を負担させたという。また福旺金山は紹治3年に、禄平州無客庄[39]人段張徳が請け負って6年を期限として毎年金砂税6両を納めることとした。段張徳は、紹治6年には会歓金山における納税も請け負い、3年を期限として毎年金砂税4両、合計毎年金税10両を納めることとした。

　段張徳については明命20（1839）年に農屯金山を請け負っていたことが

---

37)『阮朝硃本』嗣徳第32集、第222葉表～裏に「嗣徳肆年拾月初壱日、戸部覆。茲接欽差経略河寧・寧太・諒平等省臣阮登楷摺叙「諒山省轄間有金礦八所、除同僕・那巴・春陽・会歓・羅山五所節経封閉外、余福旺・右鄰・農屯三所、現方開採。仍査之年前農屯礦亦経封閉、於紹治七年臣部摺請雇募採辨［辦］。当次省臣経行招募、無人領徴。嗣徳元年、該省仍交所在農屯社里長農永緑・丁永堂・農広堂等単徴農屯礦、全年受納十歳金税三両。又於紹治三年、禄平州無客庄人段張徳領徴福旺礦、全年受納金砂税六両、以六年為限。紹治六年、該名再徴会歓礦、全年受納金砂税四両、以三年為限。合共金税十両、逓年照例供納完欵。…（後略）…」」とある。

38)『欽定大南会典事例』にも記載されている率礼礦（禄平州高楼総率礼社）が挙がっていないのは、すでに閉鎖されて久しい（明命16年）ためかもしれない。同僕・那巴・春陽・会歓・羅山各金山が閉鎖された時期は、嗣徳元～2年である。

39)『各鎮総社名備覧』や『同慶御覧地輿誌』によれば無客庄は諒山省禄平州貞女総に属している。貞女総に属す貞女庄はキークン河沿いのランソン省カオロク県タンリエン Tân Liên 社に比定されるが、『同慶御覧地輿誌』禄平州図では、無客庄は貞女庄からやや離れた清朝との境界付近に記されており、カオロク県タインロア Thanh Lòa 社に比定されると思われる。

198

第 2 節　鉱山税

『欽定大南会典事例』に記されているのが初出である[40]。その後、戸部の紹治
6 年 7 月 10 日付覆に引用される諒平署撫臣陳玉琳の摺[41]によれば、段張徳
は紹治 3 年 7 月某日に福旺・雲幕・従令・文定・貴和 5 社の地（福旺金山）
で金を産出しているのを見て採掘と納税を要請したという。この時点で段張
徳が農屯金山を請け負っているとは記されておらず、また農屯金山は紹治 2
年に閉鎖されたため[42]、紹治 3 年時点で段張徳は金山の請負をしていなかっ
たと考えられる。その状況下で段張徳はほかに請負可能な鉱山を探してお
り、福旺金山を発見し請負を要請したのだろう。なお少なくとも雲幕・従
令・文定・貴和 4 社は諒山省の中でも西北に位置しており[43]、諒山省の中で

---

40)『欽定大南会典事例』巻 43、戸部八、雑賦二、考成、第 27 葉裏〜 28 葉表に「(明命二十年) 又
　　諭。昨拠諒山摺叙「原徴農屯金礦之段張徳情願続徴該礦二年。該省経筋量増税例、而該商懇乞仍
　　依旧額」等因。経部声請行咨此次往勘北圻諸礦之科道員、先将該礦察験具奏。茲拠往勘該省之御
　　史阮文憲奏称「経察該礦金氣稍旺、応照金税原額量加二成。僅後或至耗竭、另由該省核辨 [辦]」
　　等語。験此情形、則該礦金氣果属稍豊。茲段張徳懇乞仍依原額、顕係狡商規利故態、豈足凴信。
　　茲既経派員察験属定、所応酌定税額、俾得適平。所有農屯金礦著凖交段張徳徴、仍定為全年輸
　　納金税十歳金六両、並輸売金砂六両。嗣後著由該省逐年覆勘一次、或応依旧額、或応行量加、凖
　　拠寔具奏候旨遵辨 [辦]。」とある。

41)『阮朝硃本』紹治第 35 集、第 157 葉表〜 158 葉表に「紹治陸年柒月初拾日、戸部覆。諒平署撫
　　臣陳玉琳摺叙「去年十一月、拠領徴福旺金礦段張徳単称「紹治三年七月、該見福旺・雲幕・
　　従令・文定・貴和五社地方産有金氣。業乞開採全年受納金砂税二両、以六年為限。第雲幕・従
　　令・文定三社金氣耗竭。竊見連接該礦之文関県博羅・朗陽・会歓三社稍有金氣。乞将原徴之雲
　　幕・従令・文定三社封閉、換博羅・朗陽・会歓三社開採納税」。該省業経摺通。経臣部摺議「其
　　福旺金礦、由省筋段張徳拠原徴五社地分開採納税、毋須封閉。至如博羅・朗陽・会歓三社地分金
　　氣、如有発旺由省覆勘、応行開採酌定額、再行摺通」等因。茲該署撫責同該県員、就該三社地
　　分、催取轄下金礦砂丁並所在総里帯随履勘。経筋于該三社地面、毎社十所掘取砂土、依法淘汰。
　　間有三所毎得金砂一二點、察係金氣未甚発旺。経筋轄下各州県並所在総里、如有情願開採、聴投
　　単徴領。拠称「該等均係農業、無詳開採金礦、莫敢徴領」。質之段張徳、拠称「該原領徴福旺金
　　礦、顔与三社毗連、情願併徴、全年受納金砂□両、仍以三年為限、具有率礼社人梁忠寿、藩司署
　　経歴鄭光睿結認」。該省擬応聴其領徴、仍請設為会歓金礦、竢至年底奉行察勘□金氣増旺、再行
　　増額」等因。… (後略) …」とある。

42)『欽定大南会典事例』巻 42、戸部七、雑賦一、金礦、農屯礦、第 9 葉裏に「紹治二年、該礦金
　　氣耗竭、奉凖封閉」とある。

43)『各鎮総社名備覧』や『同慶御覧地輿誌』によれば雲幕・従令・文 (憑) 定各社は諒山省文関
　　州 (県) 威猛総に、貴和社は文淵州安雄総に、それぞれ属している。また福旺社は『各鎮総社 ↗

199

第6章　19世紀前半〜半ばの諒山省における税課

も南に位置する禄平州からはやや離れている。おそらく段張徳は行商など移動性の高い職業に従事していたのではないだろうか。清人や明郷とは記されておらず、「無客庄人」と記されているので、無客庄を貫とする儂人だったのかもしれない。

　陳玉琳の摺（本章注41）によれば、紹治5年11月になると段張徳は、雲幕・従令・文定3社（福旺金山）が枯渇したため閉鎖し、代わりに近隣の文関県博羅・朗陽・会歓各社[44]で採掘・納税することを単で要請した。おそらく段張徳は、紹治2〜3年に請負対象を農屯金山から福旺金山へ転換したように、この時も請負対象を福旺金山から会歓金山へ転換することを想定していたのだろう。これに対して戸部は、もともと請け負っていた5社の地（福旺金山）は採掘・納税し、閉鎖してはならないと具申したという。また諒山省が調査をおこなったところ、博羅・朗陽・会歓3社で試掘したところ金砂すなわち砂金が得られることが判明した。しかし各州県官ならびに該総や里長には「農業を生業としており、金山の採掘に精通していない」という理由で納税請負を願う者がおらず、段張徳がもともと請け負っている福旺金山と博羅・朗陽・会歓3社が地理的に近いことから「併徴」すなわち同時に納税を請け負うことを希望し、また段張徳が率礼社人梁忠寿、諒山省藩司（布政司）署経歴鄭光睿の保証を有していたため、陳玉琳は金が産出する博羅・朗陽・会歓3社を会歓金山として登録し、段張徳に福旺金山と会歓金山を同時に請け負わせることを要請している。これが基本的に裁可されたことは、前

名備覧』では文関州勲風総に属す覆旺社に当たると思われるが（福と覆はいずれも phúc で音通）、『同慶御覧地輿誌』には記されていない。雲幕社と、従令社、貴和社、文定社は現在のビンザ Bình Gia 県ホンフォン Hồng Phong 社北部およびホアタム Hoa Thám 社、クイホア Quý Hòa 社、ヴィンイエン Vĩnh Yên 社北部に、それぞれ比定される。

44）『各鎮総社名備覧』や『同慶御覧地輿誌』によれば博羅社と会歓社は諒山省文関州（県）会歓総に、朗陽社は威猛総に、それぞれ属している。博羅社と会歓社は現在のランソン省ヴァンラン県バクラ Bắc La 社およびホイホアン Hội Hoan 社に、朗陽社はビンザ Bình Gia 県ホンフォン Hồng Phong 社南部に、それぞれ比定される。

200

第 2 節　鉱山税

掲の戸部の嗣徳 4 年 10 月 1 日付覆に引用される欽差経略河寧寧太諒平等省臣阮登楷の摺や『欽定大南会典事例』の記述【表 21】からも窺える。このように段張徳は積極的に諒山省内の鉱山開発を請け負っている。彼がどのようなバックボーンを持つ人物なのかは不明だが、紹治 3 年に福旺金山、紹治 5 年に会歓金山をそれぞれ発見していること、会歓金山の納税請負者を諒山省が募った際に各州県ならびに該総や里長には希望者がいない状況下で段張徳のみが請負を希望したことなどから判断して、金山採掘の事情に精通していたことは間違いない。段張徳が請負対象を転換していた（しようとしていた）のも、諒山省には採掘を開始すれば数年のうちに枯渇してしまう鉱山が多いという状況を熟知していたためかもしれない。

　いずれにせよ以上の経緯で、段張徳は紹治 6 年に福旺・会歓 2 金山の納税を請け負うようになった。しかし、前掲の戸部の嗣徳 4 年 10 月 1 日付覆に引用される欽差経略河寧寧太諒平等省臣阮登楷の摺には、本章注 37 の引用箇所に続けて以下のように記されている[45]。

嗣徳元年に至って、（段張徳は）当該 2 礦の金税 8 両 1 銭 2 分が未納になりました。嗣徳 2 年もまた 10 両が未納であり、合わせて 18 両 1 銭 2 分が未納になり、徴収を監督しておりますがまだ得られておりません。この年に当該 2 礦は採掘の期限が完了し、単によって閉鎖を要請しました。このたび該省は会歓金礦に人を派遣して実地調査をしたところ、確かに金が枯渇しておりますので、すでに奉じて閉鎖を要請致しました。福旺礦は金がまだ枯渇しておりませんので、旧来通り請負を許可しました。また命令して

---

45) 注 37 の引用箇所に続けて「至嗣徳元年、掛欠該二礦金税八両一銭二分。二年又欠十両、共欠十八両一銭二分、監収未獲。是年該二礦開採限銷、単乞封閉。此次該省派勘会歓金礦、確係金氣耗竭、経奉声請封閉。福旺礦金氣未耗、仍聴領徴。再飭厳収段張徳所欠之税、未能清納。嗣徳三年、仍飭該弟張達単乞徴徴照依原例納税。是年照収納得三両、尚欠三両。又於是年農屯礦全欠金税三両、経飭催収、至本年惟福旺納得去年留欠金税二両六銭六分、存欠三銭四分。農屯礦仍然掛欠。再本年該二礦金税尚未逋納。」とある（『阮朝硃本』嗣徳第 32 集、第 222 葉裏）。

201

第 6 章　19 世紀前半～半ばの諒山省における税課

厳しく段張徳が未納の税を徴収しようとしましたが、まだ完納できており
ません。嗣徳 3 年、そこで彼の弟段張達に命令して単によって継続して
請け負わせ原例に従い納税するのを要請させました。この年（原例に）
従い徴収して 3 両を納めましたが、依然として 3 両不足しております。ま
たこの年に農屯礦は金税 3 両をすべて欠き、すでに命令して徴収を催促致
しましたが、本年に至ってただ福旺礦が去年滞納していた金税 2 両 6 銭
6 分を納めただけで、残りの 3 銭 4 分が不足しております。農屯礦は依然
として未納です。また本年当該 2 礦の金税は依然としてまだ納付しており
ません。

これによれば、嗣徳元年には段張徳は当該 2 金山の金税 8 両 1 銭 2 分を未
納、嗣徳 2 年も 10 両を未納、合計 18 両 1 銭 2 分が不足するようになり、こ
の年に当該 2 金山の閉鎖を要請した。金税を満額納入したのは、福旺金山で
は紹治 4 ～ 7 年の 4 年分、会歓金山では紹治 7 年の 1 年分のみということに
なる。

さて段張徳が福旺・会歓 2 金山の閉鎖を要請したのに対して、諒山省は調
査をおこない、会歓金山では枯渇が確実なので閉鎖するものの[46]、福旺金山
では枯渇していないとして嗣徳 3 年に段張徳の弟の段張達に納税を請け負
わせている。しかし嗣徳 3 年の金税 6 両も、同年には 3 両しか納入されず、
嗣徳 4 年にも 2 両 6 銭 6 分が納入されただけで、3 銭 4 分が不足していると
いう。さらに段張達の単が引用されており、紹治 4 年に段張達の兄段張徳が
福旺金山を毎年の金税 4 両で請け負ったが、紹治 6 年に諒山省が 2 両増や
して 6 両となったこと[47]、および福旺金山は日に日に枯渇化して貨夫は散り散
りになり、嗣徳 3 年の金税は 3 銭 4 分不足しており嗣徳 4 年の金税も納入

---

46)『大南寔録』正編、第四紀、巻 5、嗣徳 3 年 3 月条、第 13 葉表に「封閉会歓〈属諒山〉金礦〈紹
　治六年開採、全年金税四両。至是金氣就竭〉」とあり、実際に会歓金山を閉鎖したことがわかる。
47)『欽定大南会典事例』巻 42、戸部七、雑賦一、第 10 葉表。

202

できないこと、などが記されている（本章注 45）。これらの金税の不足額を補填するためにとられた措置は、やはり納税請負者や保証人の資産による賠償であった。戸部の嗣徳 4 年 10 月 1 日付覆に引用される欽差経略河寧寧太諒平等省臣阮登楷の摺には、段張達の単の引用が終わった後に以下の記述がある[48]。

　すでに調べたところ段張徳は福旺・会歓 2 礦を領徴し、嗣徳元・2 両年、金税を累積滞納し 18 両 1 銭 2 分に至りました。また嗣徳 2 年、当該 2 礦は期限が満了し、余っている月数分の金税 5 両 1 銭 6 分 6 厘零を徴収すべき

48）注 45 の引用箇所に続けて「茲拠農屯社里長農広隆叫称「嗣徳元年四月日、在省筋催該社人農永縁・丁永堂・農広堂及原該総農栄忠向省伝謂農屯礦係在該社地分、筋令領徴、全年受納十歳金三両。間農永縁已経物故、逓年税例均出丁永堂・農広堂自就家賫賠納。馴至三年八月日、因以清匪煽動貨夫散去開採無人。去年欠税未能賠納。而丁永堂又被疾斃、農広堂迯去、不知何在。目今金氣耗竭、該社人民窮苦、勢難賠納」等語。段張達単称「紹治四年、該兄段張徳領徴福旺礦、全年金税四両。六年、該省量増二両、合共六両。且該礦金氣日就耗竭、致該兄積欠金税、経已籍 封 家産 変 賠亦未充数。仍筋該名続徴、自嗣徳三年正月為始、第該礦金氣耗竭、貨夫散去、致去年金税尚存掛欠三銭四分。本年金税無由採納、稟乞審 辨 ［辦］」各等語。経査段張徳領徴福旺・会歓二礦、嗣徳元・二両年、積欠金税至十八両一銭二分。又嗣徳二年、該二礦節届限銷、応収剰下月数金税五両一銭六分六厘零、合共寔欠金税二十三両二銭八分六厘零、既経監収、並無所獲。該省業筋籍記該名家産 変 賠、与筋該弟段張達代納、共得金砂十一両三銭三厘、尚剰銭五十二貫七陌零、只存寔欠金税十一両九銭八分三厘零。再筋籍記保隣已革之原藩司経歴鄭光睿家産、現得鉛銭二十九貫七陌六文、登貯在該原貫之興安省庫、与段張徳堉梁忠寿家産 変 価成銭六百五十五貫七陌五十文。囲与該名剰下銭五十二貫七陌四十文、合共七百三十八貫二陌三十六文。再奉察訪農屯・福旺二礦、金氣確係耗竭、貨夫一皆散去、略依農広隆・段張達所叫之辞。該経略臣商該署撫臣丁文銘、竊照農屯礦金氣日就耗竭、又因清匪煽動貨夫散去開採無人、而徴領人或故或逃、似此情形寔属拮据。福旺金礦段張達叫称「該兄領徴積欠金税数多、経已籍封 変 賠、亦未充数。該名続徴悉心開採、第金氣耗竭、貨夫逃散、致去年与本年金税無由 辨 ［辦］納。究亦的情。其農屯・福旺二礦、請応筋行封閉、仍交所在社民更守、竢後金氣豊旺、有人願徴者、再行奏 辨 ［辦］。至如農屯金礦去年留欠金税三両、福旺金礦去年留欠金三銭四分、与本年自正月至本月該二礦所応扣収金税数干責拠各該領徴保領人等照収完款。至如段張徳尚欠金税十一両九銭八分三厘零、間已籍記保隣之鄭光睿与梁忠寿家産、現得銭六百八十五貫四陌五十六文、並所剰銭五十二貫七陌四十文、合共銭七百三十八貫二陌三十六文、約買金砂賠納僅得六両零、存欠金五両零、擬応停其追収」とある（『阮朝硃本』嗣徳第 32 集、第 222 葉裏～ 224 葉裏）。

203

第6章　19世紀前半〜半ばの諒山省における税課

であり、合計で実際に不足している金税23両2銭8分6厘零、すでに徴収を監督致しましたが、まったく得られるところはありませんでした。該省はすでに命令して彼の家産を帳簿に記載して売却して賠償させ、また彼の弟段張達に命令して代納させ、合計金砂11両3銭3厘を得て、なおも銭52貫7陌零（40文？）が残り、残る金税11両9銭8分3厘零が実際に不足しております。再び命令して保証人のすでに罷免された元（諒山省）布政司経歴鄭光睿の家産を帳簿に記載し、いま鉛銭29貫7陌6文を得て、彼の原貫の興安省庫で貯蔵し、また段張徳の墻梁忠寿の家産は売却して銭655貫7陌50文となりました。彼の余っている銭52貫7陌40文と合わせ、合計で738貫2陌36文です。また命令をうけて農屯・福旺2礦を実地調査したところ、金は明らかに枯渇し、貨夫はみな散り散りになっており、ほぼ農広隆・段張達の発言の通りです。当該経略臣（阮登楷）は署撫臣（署諒平巡撫）丁文銘と議論し、考えますに農屯礦の金は日に日に枯渇し、また清匪が煽動したために貨夫は散り散りになり採掘するのに人がおらず、納税請負人はある者は亡くなりある者は逃げ、この状況はまことに苦難であります。福旺金礦の段張達の発言では彼の兄が領徴して金税の累積滞納が巨額なので、すでに（兄の財産を）没収して売却し賠償しようとしましたが、まだ数を満たしておりません。彼は継続して納税を請け負い採掘に尽力しておりますが、ただ金は枯渇し、貨夫は逃散し、去年と本年の金税は納入するすべがありません。（官が）調査しても同様に確実です。農屯・福旺2礦は、命令して閉鎖し、さらに鉱山が位置している社の民に引き渡して輪番で守備させ、後に金が盛んになるのを待って、請負を願う者がいれば、再び上奏するようお願い致します。農屯金礦については去年金税3両を滞納し、福旺金礦は去年金3銭4分を滞納しており、本年正月から本月まで該2礦の差し押さえるべき金税の数はそれぞれ納税請負者や保証人に責任を負わせて回収して完納させます。段張徳についてはなお金税11両9銭8分3厘零を欠いているので、その間すでに保証人の鄭光睿と梁忠

第 2 節　鉱山税

寿の家産を帳簿に登録し、いま銭 685 貫 4 陌 56 文を得ており、ならびに余っていた（段張徳の）銭 52 貫 7 陌 40 文、合計で銭 738 貫 2 陌 36 文、金砂を購入して弁償納入してもわずかに 6 両零を得るのみなので、残る金 5 両零が不足しており、そのさらなる徴収を停止するようお願い致します。

　これによれば、段張徳が滞納した金税 18 両 1 銭 2 分に「余っている月数分」[49] の金税 5 両 1 銭 6 分 6 厘を加えた金税 23 両 2 銭 8 分 6 厘が不足していたが、段張徳の弟段張達に金砂 11 両 3 銭 3 厘を代納させて金税 11 両 9 銭 8 分 3 厘が残り、段張徳の家産を売却して銭 52 貫 7 陌、段張徳の保証人である元（諒山省）布政司経歴鄭光睿の家産を売却して鉛銭 29 貫 7 陌 6 文、段張徳の保証人である梁忠寿の家産を売却して銭 655 貫 7 陌 50 文がそれぞれ得られ、それらの合計 738 貫 2 陌 36 文で金砂を購入しても金 6 両しか得られず、依然として金 5 両が不足している。最終的に阮登楷は、農屯・福旺 2 金山の閉鎖と不足額のさらなる徴収の停止を要請しており、戸部もほぼ同様の要請をおこなっている。

　本案件の結末については、戸部の嗣徳 4 年 10 月 1 日付覆では滞納額のさらなる取り立ての停止を要請するのみで、旨の文言の起草はおこなわれていないが、冒頭の「嗣徳 4 年 10 月 1 日、戸部が覆します（嗣徳肆年拾月初壱日、戸部覆）」の「覆」の字に硃点が付されている。また、戸部の要請の「金砂を購入して弁償納入してもわずかに 6 両零を得るのみなので、残る金 5 両

49）段張徳は紹治 3 年から福旺金山、紹治 6 年から会歓金山の納税請負を開始しているが、その期限は前者が紹治 3 年（請負を申請した 7 月以降）のある月から嗣徳 2 年のその月までの 6 年間、後者は紹治 6 年のある月から嗣徳 2 年のその月までの 3 年間だったと思われる。一方段張達の福旺金山の納税請負は嗣徳 3 年正月から開始している（本章注 48）。また会歓金山の閉鎖は、『大南寔録』によれば嗣徳 3 年 3 月である（本章注 46）。「余っている月数」とは、福旺金山の場合は段張徳の請負の期限が満了してから段張達の請負が開始するまでの月数、会歓金山の場合は段張徳の請負の期限が満了してから閉鎖が確定するまでの月数を指すと思われる。計算上は、福旺金山（毎年金税 6 両）5 か月分と会歓金山（毎年金税 4 両）8 か月分、ないし前者 3 か月分と後者 11 か月分の組み合わせで金税 5 両 1 銭 6 分 6 厘となる。

第 6 章　19 世紀前半〜半ばの諒山省における税課

零が不足しており（約買金砂賠納、僅得六両零、尚欠五両零）」の箇所に「不
足は免除する（所欠免）」という硃批が書き込まれている[50] ことからも、不
足額のさらなる徴収を停止するという戸部の要請が嗣徳帝により裁可された
ことがわかる。ついで本案件に関して嗣徳 4 年 10 月 14 日付で戸部がおこ
なった覆において、戸部の要請をほぼ反映し農屯・福旺 2 金山の閉鎖を認可
する趣旨の旨が起草されている[51]。『大南寔録』正編にも嗣徳 4 年 10 月条に
農屯・福旺 2 金山を閉鎖したことが記されている[52]。

　以上のように、嗣徳 4 年時点で採掘と課税が継続していた福旺・右鄰・農
屯 3 金山のうち福旺・農屯 2 金山も閉鎖されてしまい、残るは右鄰金山のみ
となった。さらには、その右鄰金山も嗣徳 7 年 8 月に閉鎖されている[53]。ただ
し詳細な経緯は不明だが、『大南寔録』正編によれば羅山・福旺・那岊・同僕
4 金山は嗣徳 9（1856）年に採掘が再開している[54]。後述するように清朝の

---

50)『阮朝硃本』嗣徳第 32 集、第 226 葉表。

51)『阮朝硃本』嗣徳第 32 集、第 233 葉表〜裏に「嗣徳肆年拾月拾肆日、戸部覆。昨接欽差経略河
　寧・寧太・諒平等省臣阮登楷摺敍叙「…（中略）…」等因。臣部業経声叙欽蒙批示、輒敢恭擬奉旨
　「拠奏。諒山省轄之農屯・福旺金礦二所、金氣耗竭、貨夫散去、既経該経略使臣察訪、情形属確。
　着均準其封閉、仍由該省臣転飭該県員、厳飭所在社民、毋得盗行開採干咎不細。至如段張徳尚欠
　金税五両零、加恩着免其追収。余依奏。」欽此」とある。なお戸部の嗣徳 4 年 10 月 1 日付覆に対
　して、末尾に「閉鎖の状況がどのようであるか、不正に採掘できるかどうか、覆をしたためさせ
　よ（封閉之状如何、有能盗採否、着具覆）」という嗣徳帝の硃批が書き込まれているが（『阮朝硃
　本』嗣徳第 32 集、第 226 葉表）、それに対して戸部は嗣徳 4 年 10 月 14 日付覆で、すでに閉鎖さ
　れている太原省武驚・平梁 2 社の事例を援用して、不正な採掘が困難であると回答している。上
　掲の引用箇所に続けて「又奉照這票後、欽奉硃批「封閉之状如何、有能盗採否、着具覆」欽此。
　臣部奉査、向来金銀各礦何所地方官察験、金氣耗竭、貨夫逃散者、請行封閉、均欽奉明旨「厳行
　封閉、禁戢所在社民更守、毋得盗採有干罪戻」等因。至如封閉之状如何、原無冊籍可稽。惟査之
　原封閉各所、近来諸省循例年底勘験、如本年太原省臣摺叙覆勘武驚・平梁各社原採金処、均是土
　石填塞芽葦叢生並…（9 文字ほど欠）…類推則封閉之状大率似此。再金礦各所、其所在土…（15
　〜 16 文字ほど欠）…科頭貨夫方能開採。如已経封閉之…（9 〜 10 文字ほど欠）…税例勘察、想
　亦難於盗採。輒敢声叙具覆」とある（『阮朝硃本』嗣徳第 32 集、第 234 葉表〜裏）。

52)『大南寔録』正編、第四紀、巻 7、嗣徳 4 年 10 月条、第 23 葉表。

53)『大南寔録』正編、第四紀、巻 11、嗣徳 7 年 8 月条、第 14 葉表。

54)『大南寔録』正編、第四紀、巻 15、嗣徳 9 年 9 月条、第 21 葉裏に「諒山省羅山・福旺・那↗

第 2 節　鉱山税

領域から多数の武装集団がベトナム北部に到来し始める時期でもあり、阮朝朝廷は採掘を開始すれば数年のうちに枯渇してしまうような鉱山についても可能な限り資源を獲得し財政収入を増加させようとしていたのかもしれない。

　以上の考察から、諒山省での鉱山開発の特徴として、多くの鉱山が明命年間に開発されたものの、紹治〜嗣徳年間になると開発・課税と閉鎖を繰り返していることが挙げられる。開発を開始してまもないうちに枯渇化してしまう鉱山が多い状況下で、地方官は可能な限り鉱山税収入を増大させようとしていたように見える。たとえば同僕金山については紹治5年から開発を請け負っていた黄文義が紹治6年に逃走すると、保証人である禄平州高楼総試差該総農仲徳と好礼社里長黄文隆が補償したが、同僕金山は閉鎖されるのではなく、当時の諒平巡撫が農仲徳と黄文隆に命令して請け負わせていた。福旺金山についても、段張徳が負債を抱えて嗣徳2年に閉鎖を要請した後も、弟の段張達に納税を請け負わせていたし、農屯金山については紹治7年に納税請負の希望者が現れなかったため、省官が嗣徳元年に農屯社里長らに納税を請け負わせていた。以上の事例から、鉱山税収入を最大化させようとする地方官の意図が看取できよう。とりわけ金税については、19世紀前半〜半ばにかけて金価が高騰していた［藤原 1986b: 331-337］ことがその背景にあったことは間違いないだろう。

　また鉱山税の納税請負者については、明命年間にこそ清人の請負が見られたが（同僕金礦、憑厧鉄礦）、紹治〜嗣徳年間には見られなくなった。またどのようなバックボーンを持つのかは不明だが、移動性の高い生業に従事しているとおぼしき段張徳なる人物が積極的に諒山省内の鉱山開発と納税を請け負っていた。また該総（憑厧鉄礦の憑厧総試差該総韋堅略）や里長（農屯金

　邑・同僕金礦四所金氣復旺。準開採依例徴税〈那邑・福旺仝年金砂税各六両。羅山・同僕仝年税十歳金各五両〉」とある。

207

第6章　19世紀前半～半ばの諒山省における税課

山の農屯社里長農永縁）が請け負う事例も見られた。ただし鉱山開発を請け
負うことは、税額の納入が滞れば請負者本人だけでなく保証人やその親族も
財産を供出して補償しなければならないため、多くの鉱山が頻繁に枯渇化す
るようになった時期には、納税請負を希望する者が現れないこともあった。
なお管見の限り阮朝期の諒山省では、鉱山開発や鉱山税の納入を（旧）首長
層が請け負う事例は見られなかった。もともと農業を生業としており鉱山開
発に熟知していないこと、採掘を開始しても数年のうちに枯渇してしまう鉱
山が多いため納税を請け負うにはリスクが高いこと、18世紀以降の動乱や移
民の流入により首長集団の権力基盤が動揺しており（第2・3章参照）、18～
19世紀に宣光鎮／省の聚龍銅山の開発を請け負った黄氏や麻允氏［Poisson
2004: 122］［Vũ Đường Luân 2014: 43-45］のような有力首長集団が諒山省に
は存在しなかったこと、などが原因だろう。鉱山の納税請負者として先行
研究で注目されてきたのは中国商人や在地首長であるが、阮朝期の諒山省
では小規模な鉱山が大半を占めていたためか、現地住民が請け負う事例も見
られた。

第3節　関税

(1) 巡司／税関の概要

　前述のように、『諒山団城図』には19世紀初頭に増補された箇所に巡司が
1正12支、合計13箇所記されている。具体的には、城巡（温州枚坂社）、桄
榔支（温州桄榔社）、山荘支（温州山荘社）、派沁支、北合支（いずれも脱朗
州儲峙社）、托瀝支（脱朗州安化社）、洛陽支（七泉州洛陽社）、花山支（七泉
州花山社）、蛤蜆支（七泉州平均社）、蒲蜜支（七泉州永頼社）、下水支（七泉
州臼陽社）、屈舎支（禄平州錦花社）、雲幕支（文関州雲幕社）である[55]。こ

---

55)『諒山団城図』第9葉裏～10葉表。

208

れらは『巡司税例』[56]で挙げられる巡司と同様である。

　これらのうち城巡は駅路と水路（キークン河）が交わる諒山鎮城に設置されており、桃榔・山荘・派沁・北合4支は鎮南関と昇龍（ハノイ）を結ぶ駅路沿い、托瀝・花山・蛤蚫・屈舎・雲幕5支が水路（キークン河・バクケBắc Khê河・バクザンBắc Giang河）沿い、洛陽支と蒲蜜支が諒山鎮と高平鎮を結ぶ交通路沿い、下水支が諒山鎮と広西省龍州を結ぶ交通路沿いに、それぞれ位置している[57]。七泉州に5つの巡司が設置されるなど、全体として鎮城以北に巡司が設置されていたといえる。七泉州は河川（キークン河〜バクザン河[58]）を通じて清朝広西省や送星銀山が位置する太原鎮に通じており、

---

56)『巡司税例』外六鎮巡司諸所、第49葉表〜裏（漢喃研究院所蔵VHv.171）。なお『巡司税例』では托瀝支を托暦支、蒲蜜支を蒲密支、蛤蚫支を蛤炊支とする。また『欽定大南会典事例』巻49、戸部十四、関津一、征例、第16葉表でも同様の巡司が記載されている。

57) 城巡は文字通り温州枚坂社（現在のランソン市マイファMai Pha社）に位置する諒山鎮城に設置されている。桃榔支が位置する温州桃榔社は現在のチーラン県クアンランQuang Lang社、山荘支が位置する温州山荘社は現在のチーラン県クアンソンQuan Sơn社、派沁支と北合支が位置する脱朗州儲峙社は現在のカオロク県タインロアThanh Lòa社、托瀝支が位置する脱朗州安化社は現在のホアンベト社東北部（第4章注89）、洛陽支が位置する七泉州洛陽社は現在のチャンディン県ダイドン社（第4章注89）、花山支が位置する七泉州花山社は現在のチャンディン県フンソン社（第1章注21）、蛤蚫支が位置する七泉州平均社はバクケ河沿いの現在のチャンディン県デタムĐề Thám社、蒲蜜支が位置する七泉州永頼社は現在のチャンディン県チフォンTri Phương社、下水支が位置する七泉州臼陽社は現在のチャンディン県クオックカインQuốc Khanh社、屈舎支が位置する禄平州錦花社は現在のロクビン県トゥドアンTú Đoạn社、雲幕支が位置する文関州雲幕社はバクザン河沿いの現在のビンザ県ホンフォンHồng Phong社に、それぞれ比定される。『同慶御覧地輿志』柒渓県図によれば、臼陽社は柒渓県所（莅）から清朝広西省下凍州に至るルート上、また洛陽社は柒渓県所（莅）から高平省や清朝広西省下凍州に至るルート上に位置している。

58)『大南一統志』では博徳江（脱朗州や七泉州におけるキークン河の呼称）の項に「博徳江。在七渓県南七里。水自朗脱［脱朗］州巡吟鋪、有一派自托混灘来、一派自太原春陽渓来、巡錦江平而隘口」とある（同巻41、諒山省、山川、第76葉表）。広西省龍州〜キークン河〜バクザン河〜太原鎮のルートは18世紀後半には有力な交通路だったようで、バクザン河とキークン河の合流地点の付近には平吟庸（坪吟庸）という商業中心が形成されていた。『諒山団城図』第25葉表には「平吟庸。属七泉州、儂客雑居、有店舎、行人可駐。庸之西南有江一派、上流発自太原鎮注、下流通至内地龍州児兒・水口、商客常乗杉板往太原鎮、買禹余糧、載回内地発売。」とある。同様の記述は『皇越一統輿地志』巻10、第71葉表（重慶：西南師範大学出版社、2015年）にも見られる。

209

第6章　19世紀前半～半ばの諒山省における税課

黎鄭政権も広西省～諒山鎮七泉州～太原鎮のルートを重視していたのだろう。

　一方明命年間の行政改革以後の税関について、後述する戸部の明命18年12月7付奏に引用される諒平巡撫何叔良の摺（本章注65）では1正8支と記されており、『大南一統志』には成関、桃榔関、山荘関、屈舎祠関、沱瀝関、錦山関、丸葑関、蒲蜜関、雲幕関が記載されている[59]。そのうち成関は「省城に接しており正関である（接省城即正関也）」とあることから省城に設置されていた正関であり、黎鄭政権期～阮朝初期の城巡に当たる[60]。桃榔関、山荘関、屈舎（祠）関、沱瀝関、蒲蜜関、雲幕関は、黎鄭政権期～阮朝初期の巡司と名称も位置も変わっていない。丸葑関は七渓県の治所憑均社に位置しており[61]、黎鄭政権期～阮朝初期の蛤炑支に当たる。錦山関は七渓県の南4里錦山社に位置しており[62]、錦山社なる社は『各鎮総社名備覧』や『同慶御覧地輿志』に記載されていないが、七渓県の南4里に位置していることから、おそらくは『各鎮総社名備覧』の花山社／『同慶御覧地輿志』の繍山社に当たると思われる。とすれば、明命年間の行政改革を経て、脱朗州儲峙社に設置された派沁支、北合支、七泉州（七渓県）洛陽社の洛陽支、七泉州（七渓県）臼陽社の下水支、合計4箇所が廃止されたようである。

　臼陽社の下水支は柴渓県所から清朝広西省下涷州に至るルート上に位置しており、また洛陽社の洛陽支は柴渓県所（莅）から高平省や清朝広西省下涷州に至るルート上に位置しているが、いずれも近隣に蒲蜜支（関）や花山支（丸葑関）があり、経費削減と効率化のために洛陽支と下水支が廃止されたのだろう。また脱朗州儲峙社は諒山省城から鎮南関に至るルート上に位置しており間違いなく交通の要衝であるが、諒山省城に設置された成関に近いため、

---

59)『大南一統志』巻41、諒山省、関汎、第78葉裏～79葉表。

60) 後述するように、明命年間には城関と呼ばれているが、紹治年間頃から成関と呼ばれている。城と成は音通（共に現代ベトナム語でthành）である。

61)『大南一統志』巻41、諒山省、関汎、第79葉表。

62)『大南一統志』巻41、諒山省、関汎、第79葉表。

やはり経費削減と効率化のために廃止されたのだろう。

(2) 税額と納税請負

本章第1節で論じたように、『諒山団城図』の19世紀初頭に増補された箇所には、巡司税の額が銭1万貫であることが記されていた。また『欽定大南会典事例』では、諒城関（成関）の税額が嘉隆18年に10,450貫、紹治4年に13,000貫であると記されている[63)]。これらはおそらく諒山鎮／省全体の関税の額だろう。このように阮朝初期から紹治年間まで諒城関の税額は銭1万貫あまりで推移しているが、嗣徳年間に入ると後述する清朝からの武装集団の到来によって商業活動が打撃を受け、関税の額も激減した。『大南寔録』嗣徳5(1852)年11月条には諒城関の税額が6,243緡（貫）であると記されている[64)]。

関税の徴収方法は基本的に請負であった。たとえば戸部の明命18年12月7付奏に引用される諒平巡撫何叔良の摺[65)]では諒山省の明命19年の関税の

63)『欽定大南会典事例』巻49、戸部十四、関津一、征例、第10葉裏～11葉表。

64)『大南寔録』正編、第四紀、巻8、嗣徳5年11月条、第31葉表～裏。

65)『阮朝硃本』明命第59集、第167葉表～169葉裏に「戸部臣等謹奏。為将覆議応徴関税各縁繇恭摺具奏、仰祈聖鑑事。茲拠諒平巡撫何叔良摺叙「諒省原有城関壱正捌支、本年税銭壱万五百貫。茲循例対較開年税額、間有清商鄧美卿単乞徴納税銭壱万弐千五百貫、龐恵記単乞徴納税銭壱万壱千玖百捌拾貫、均請依例輸納半銀半銭足額。仍照鄧美卿単内税価較勝本年至弐千貫。第査該名投寓該轄商買、無甚根脚而保領又無其人。這単擬応請駁。其龐恵記単内税価較与鄧美卿差減五百弐拾貫、而照之本年税額頗勝壱千肆百捌拾貫。且該名係旧領徴、而保領之人実属物力、擬応許龐恵記領徴該関税例。」各等因。奉旨「着交戸部速行議奏。」欽此欽遵。臣部竊思関津有征事関国課、向来諸地方対較税額、原以勝減為定。乃勝数者不得預領而較減者反許坐徴、殊属未為平允。但照之摺内所叙税価差勝之鄧美卿係無根脚又無保領、則這単徴駁誠亦妥合。至如龐恵記既係旧徴、又無物力的人保結、固応聴其領徴。惟該名概以助力根脚非鄧美卿之所可与争、乃固意減価、冀其必得似此狡商情状已可概見。而該省不有核辦、率行声請頗属不合。雖税額頗減分数朝廷豈屑計較。第公課関重、不応使狡商者得以售其欺。茲奉議該省城関明命拾玖年税例、請由該撫放憑、許龐恵記坐徴公税、仍飭令該名照依鄧美卿単徴之価、按限輸納、務足壱万弐千五百貫之数、庶足以昭平允。輒奉覆議恭摺具奏、是否有当、伏候聖旨。謹奏。明命拾捌年拾弐月初柒日題。臣阮忠懋。臣陶致富。臣武徳奎。臣潘清簡。奉草臣阮保。本月日奉硃批「依議」。内閣恭録」とある。本事例については［Taga 2022: 44-45］も参照。

第6章　19世紀前半〜半ばの諒山省における税課

請負者について記載されている。これによれば明命18年の税銭は10,500貫であり、明命19年の税銭について、「清商」すなわち中国商人である鄧美卿と龐恵記の2名がそれぞれ単を提出していずれも半銀半銭[66]での請負を希望し、鄧美卿が12,500貫、龐恵記が11,980貫という納入額を提示したという。これをうけて諒山省は、鄧美卿のほうが提示した税額は高いものの、鄧美卿は「諒山省に商売のために寓居しており、生計の基盤が（諒山省に）あるわけではなく請負を保証する者もいない（投寓該轄商買、無甚根脚而保領又無其人）」人物であり、一方の龐恵記は「以前納税を請け負ったことがあり、請負を保証する人も有力者である（係旧領徴、而保領之人実属物力）」ことから、龐恵記に請け負わせることを要請している。

　これに対して戸部は龐恵記に12,500貫で請け負わせることを提言し、明命帝の硃批も「議に従え（依議）」でありこの提言が裁可された。ここから、関税の納税請負者を選定する際には「根脚」すなわち生計の基盤が諒山省にあり定着性が高いこと、および「保領」すなわち納税請負の保証人の存在が重要だったことがわかる。最終的な納税請負者に対して本人の提示（11,980貫）よりも高い額（12,500貫）の納入が決定されたのは、請負希望者が故意に低めの納入額を提示しているという認識が阮朝側にあったためだろう[67]。

　また戸部の紹治6年12月6付奏に引用される諒平署撫臣陳玉琳の摺によれば、紹治7年の関税については、脱朗州南街庸の梁南記が南街庸人梁福勝[68]を保証人として、請負を希望し銭13,000貫という納入額を提示した。脱朗州の覆によれば当該2名はいずれも資産や生計の基盤があり、また脱朗州臣の押印した保証文書を備えていることから、陳玉琳は梁南記に請け負わせ

---

66) 税額の半分を銀、残り半分を銭貨で納入する方式で、税額表示は銭建てだった。多賀によれば、半銀半銭の方式が適用されたのは港税と関津税だったという［多賀 2017: 104］。

67) とりわけ明命年間には、請負希望者の提示額が低い場合には朝廷や省から官僚を派遣して直接徴税させる事例が見られた［Taga 2022: 47-48］。

68) 梁福勝は明命21年の諒成関の納税請負を希望し、戸部により拒否されている（本章注74）。

ることを要請している。それに対して戸部の具申によれば、紹治4年に廷臣が、閏月がない年の税額を13,000貫と定めており、紹治7年も閏月がないため引き続き13,000貫での請負を認めることを要請し、「前例に基づいて憑を支給して納税を請け負わせよ（著照例放憑領徴）」という文言の旨を起草している[69]。紹治4年に戸部が税額を固定したのは、前述の通り請負希望者が故意に低めの納入額を提示しているという認識のもと、高額の税収を確保しようとする意図があったためである［Taga 2022: 47-50］。本案件の結末については、冒頭の「戸部奏」の「奏」に硃点がつけられていることから、戸部の上奏が裁可されたことがわかる。南街庯は諒山省の商業中心である駈驢庯[70]に隣接している[71]。その南街庯に居住していた梁南記と梁福勝は、おそらく商業を生業としていたのだろう。

このように、毎年12月に翌年の関税の納税請負者が決定されていた。関税の徴収の請負を希望するのは、多くは諒山省に滞在する商人であったと思わ

---

69)『阮朝硃本』紹治第39集、第263葉表～264葉裏に「紹治陸年拾弐月初陸日、戸部奏。諒平署撫臣陳玉琳摺叙「拠属轄脱朗州南街庯梁南記領徴開年諒成関税、照依定価銭一万三千貫、依例半銀半銭、具有伊庯人梁福勝保領。経奉飭査。嗣拠脱朗州覆称「該二名均有資産根脚」、具有該州臣印結属寔。擬応聴其領徴」等因。臣部奉照該関於紹治四年廷臣議定無有閏月、仝年税銭一万三千貫。茲照摺内所叙梁福（ママ）［南？］記領徴該関、開年無閏税銭亦依。既経該省察寔、確係資産根脚具有保結属寔。請応由該省照例放憑領徴。輒敢声叙恭擬奉旨「著照例放憑領徴」欽此。又高平省臣范克宅・阮有持摺叙「該轄之那通・良馬・那爛・中倘・令禁該五所、拠属省良馬庯明郷人游寿生・梁協服単領。紹治七年、該五関仝年銀税二千九百八十両、乞先納銀二百八十両、具有物力人保領、擬応循例給憑、該等坐徴」等因。臣部奉照、該五関於紹治四年廷臣議定、無有閏月仝年銀税二千九百八十両。茲照摺叙該等領徴該五関開年無閏銀税亦依。既経該省察寔、具有保結属確。請応由該省照例放憑領徴。輒敢声叙。恭擬奉旨「著照例放憑領徴」欽此。…（中略）…臣尊室鋠奉攷。臣阮世俓奉草。臣何維藩・臣陶致富・臣范世忠・臣尊室常・臣張好合奉閲。対照臣黎儹」とある。

70) 駈驢庯は広東・広西から北部ベトナムにかけて内陸ルートで中国商人が進出した17世紀後半に形成された［吉川 2017: 3-5］。なお「庯」は、昇龍では道路とその両側の家屋や店舗を指すと考えられている［Nguyễn Thừa Hỷ 2010: 123］。

71)『同慶御覧地輿誌 附図』諒山省、脱朗州図。なお南街庯の初出は、現在のランソン市タイン寺chùa Thànhに現存する景盛4（1796）年の「延慶寺碑記」（【表1】No. 24）である。本碑文は延慶寺（現タイン寺）の重修の際に立てられたもので、資金を提供した人物を列挙する中に、「南街庯諸名人」が銭16貫8陌を供出したことが刻まれている。

第 6 章　19 世紀前半～半ばの諒山省における税課

れる。諒山省の税関 9 箇所での多額の徴収・納入を請け負うことになるため、当然ながら多人数を動員できる商人集団の指導者でないと担うのは困難だっただろう。それを裏付けるのが、明命 19 年・紹治 7 年において請負希望者が 1 ～ 2 名と少数であるという事実である。逆に関税の請負を希望する商人にとっては、規定の納入額以上に徴収することで利益を上げることができたのだろう。

　また関税の請負者の決定に際して、現地における定着性と保証人の存在を重視する傾向があったことは多賀良寛がすでに指摘しているが［Taga 2022: 40-42］、諒山省でも同様の傾向が見られた。明命 19 年の納税請負者として、より多額の徴税を提示した鄧美卿ではなく納税請負の経験者で保証人が存在する龐恵記が選定されたのはその典型例だろう。地方官側はより確実な税収確保を優先したといえよう。

(3) 嗣徳 3 年の事例

　以上は納税請負の事例だが、多賀良寛が論じたように、請負希望者により提示された入札額が前年の税額より低い場合や入札者が請負人として不適当な場合などに、関税徴収のために官僚が派遣される事例が見られた［Taga 2022: 47-50］。『欽定大南会典事例』には、明命 16 年、紹治元年および同 5 年に諒山省の諒城関税を請け負う者がおらず省から人を派遣したことが記されている[72]。また明命 20 年には、翌明命 21 年の税額は省が人を派遣して徴収させること、毎月月末に徴収した額を戸部に報告し、年末に戸部が合計額を上奏すること、などが決定されている[73]。この戸部の上奏に当たるのが、戸

---

72)『欽定大南会典事例』巻 49、戸部十四、関津一、関差、第 39 葉裏～ 41 葉表および 46 葉表～ 47 葉表。

73)『欽定大南会典事例』巻 49、戸部十四、関津一、関差、第 44 葉表に「(明命二十年) 又議準諒山之城巡所開年税額、由該省遴出属省確係廉幹的人、以開年正月朔分往該関正支各所坐徴、逐月収税銭数、于毎至月底咨部一次、年底通照所収数干彙冊、由部具奏。其関所応行派出随辧 [辦] 之弁兵、照随正支量撥或十名或五六名、以備守護。」とある。

第 3 節　関税

部の紹治元年 2 月 26 日付奏である。これによれば、梁福勝が明命 21 年の関
税の納税請負を希望したが、申請額が 11,100 貫であり明命 20 年の税額より
950 貫少なかったことから戸部が許可せず、省官が人を派遣することになり、
候補挙人、経歴（布政司経歴ないし按察司経歴）、捌品書吏各 1 名が派遣され
12,170 貫が得られたという[74]。このように請負希望者が現れなかった場合や
請負希望者の提示額が低い場合は省官が人を派遣して徴税に当たらせてい
た。このような場合の詳細が窺えるのが嗣徳 3 年の事例である。署諒平巡撫
張好合の嗣徳 3 年正月 4 日付奏には、以下のようにある[75]。

　署諒平巡撫臣張好合が謹んで奏します。員を選んで共同で関税を坐徴（官
　員を派遣して徴収させることを指す。本章注 1 参照）させることについて、
　恭しく摺によって上奏し、ご明察をお願い致します。去年正月某日臣は奉
　じて議に従い、省に従っている藩司正捌品書吏黄能書らを派遣し、京派

---

74)『阮朝硃本』紹治第 13 集、第 91 葉表〜 92 葉表に「紹治元年弐月弐拾陸日、戸部奏。諒山冊叙
　「去年奉派属省候補挙人壱、経歴壱、捌品書吏壱、坐徴諒成関、照収税銭該壱万弐千壱百柒拾貫、
　依例半銀半銭」等因。臣部奉照明命弐拾年該省摺叙「轄民梁福勝領徴弐拾壱年該関税銭壱万壱千
　壱百貫、較減弐拾年税銭玖百五拾貫。経臣部議請不準梁福勝領徴、仍由該省派人坐徴、竢年底通
　将年内所収税銭数千、会彙欽遵」等因。茲該派人坐徴去年税銭、現得壱万弐千壱百柒拾貫、是勝
　弐拾年銭壱百弐拾貫。再恭照明命拾陸年派員五人坐徴興省館司関、現得勝額壱千余貫、欽蒙普賞
　銭壱百貫、紀録各壱次。茲照還周所勝亦属無幾、擬応停其議賞。輒敢声叙恭擬奉旨「知道了」欽
　此。…（中略）…臣陳黎瓊奉草。臣范世顕・臣阮国錦・臣張進任奉閲」とある。
75) 原文は以下の通り（『阮朝硃本』嗣徳第 19 集、第 134 葉表〜 135 葉裏）。
　署諒平巡撫臣張好合謹奏。為将選員会同坐徴関税、恭摺具奏、仰祈聖鑑事。去年正月日臣奉遵
　議派出従省藩司正捌品書吏黄能書等会同京派黎光輝坐徴諒成関税。迫今歳序已週而黄能書別
　干接受替兵餽送、業在処分、所応抽回静候。茲臣査有省属文淵州土知州何廷饒頗能勤謹、該州
　係属長定府衙兼□、想亦足資。臣業奉派該員、前往関所、会同京派黎光輝、坐徴税例。再該関
　壱正捌支、勢難兼顧。擬応増派属司吏役弐名、随該等員俾克承辦。輒敢恭摺具奏伏候聖聡洞鑑、
　所有該員官銜姓名、恭陳如左。謹奏。
　　　計開
　文淵州土知州何廷饒　年庚乙卯五拾陸歳　諒山省長定府文淵州野巌総野巌社
　嗣徳参年正月初肆日題。臣張好合。本月拾玖日臣何維藩・臣阮国錦・臣尊室常・臣范嘉紀奉旨
　「知道了」欽此。

215

第6章　19世紀前半～半ばの諒山省における税課

（京師から派遣されてきた）黎光輝と共同で諒成関税を坐徴させました。今
年になって（関税納入の納期が）すでにひと回りし、黄能書は別に兵役の
代替者から贈り物を受け取った案件に関与しており、すでに処罰されてお
りますので、引き戻して待機させるべきです。いま臣が調べたところ省に
属している文淵州土知州何廷饒が非常に勤勉であり、該州は長定府衙の兼
□（衙門を兼ねることか[76]）ですので、十分だと思われます。臣はすでに
奉じて該員をつかわし、関所に行かせ、京派黎光輝と共同で税例を坐徴さ
せております。また該関は1正8支であり、勢い兼任で面倒を見るのは困
難です。追加で司（按察司・布政司）に属している吏役2名をつかわし、
彼らに従ってよく処置させましょう。恐れながら恭しく摺により上奏し伏
して陛下の聡明なご明察をお待ち致します。該員の官衙・姓名は、恭しく
左の通り記します。謹んで奏します。
文淵州土知州何廷饒　年齢乙卯（1795）年生まれ56歳　諒山省長定府文淵
州野巌（岩）総野巌（岩）社
嗣徳3年正月4日題。臣張好合。

嗣徳2年正月から諒成関税を諒山省藩司（布政司）正捌品書吏黄能書と
「京派」すなわち京師より派遣された黎光輝が徴収していたこと[77]、今年に
なって黄能書に代わり文淵州土知州何廷饒に黎光輝と共同で諒成関税を徴収
させること、諒成関は1正8支で「兼顧」すなわち他の職務と兼任しつつ関
税を徴収することが困難であるため、諒山省藩司に属す吏役2名を増員する
こと、などが要請されている。本事案の結末については、同月19日付で「わ
かった（知道了）」という旨がくだされており（本章注75）、裁可されたこと
がわかる。

---

76) 長定府衙門が文淵州衙門を兼ねていることについては第7章第2節（3）参照。
77) 嗣徳元年に、諒山省の諒城関は朝廷から1人、省から1人を派遣して合同で徴収に当たらせるこ
とが決定されている（『欽定大南会典事例』巻49、戸部十四、関津一、関差、第47葉裏～48葉裏）。

第 3 節　関税

　黄能書は、明命 21 年に諒山省各社で作成された地簿[78] で「承攺正捌品書吏黄能書・黎名誼」と記されており、少なくとも 10 年間にわたって正捌品書吏だったようだ。文字の読み書きができる現地出身者だったために長く諒山省布政司の正捌品書吏を務めていたのだろう[79]。

　何廷饒は第 5 章第 3 節（1）でも取り上げた旧土司であり、上掲の署諒平巡撫張好合の奏では乙卯（1795）年生まれの 56 歳、貫は諒山省長定府文淵州野岩総野岩社であると記されている。旧土司の中でも何廷饒が選ばれたのは、1830 年代から文淵州土知州を務めるなど（第 5 章第 1 節）、阮朝の地方支配に協力した経歴が最も長い人物の一人だったためだろう。

　関税の「坐徴」の際にどのような官吏が派遣されたのかを記した史料は僅少であり、たとえば嗣徳 7 年の高平省の那通関税は按察司経歴と布政司未入流書吏が高平省から派遣されている[80]。前述した明命 21 年の諒山省の関税の徴収に当たっては候補挙人・経歴・捌品書吏が派遣されており、関税の「坐徴」の際に省から経歴や書吏が派遣される事例が多かったとすれば、諒山省では旧土司もこれらの官吏と同様の従順な存在とみなされていたのだろう。

　以上のように、関税の請負を希望するのは多くが諒山省に滞在する商人だったが、請負希望者が現れなかった場合や入札額が前年の税額より低い場合などに、朝廷や省が官吏を派遣して徴収に当たらせていた。その際には、阮朝の地方支配に携わった経歴が長い書吏や旧土司などの現地住民も選ばれていた。前述のように諒山省においては関税の税額は省単位の土地税や人頭税の額と遜色なく、また阮朝全体にとっても関税は貴重な財源だったはずだ

78）たとえば脱朗州有秋社地簿（国家第一公文書館所蔵 3494）や禄平州禄安社地簿（同 3334）など。

79）なお護理諒平巡撫関防諒山布政使臣黎長名・按察使范白如の紹治 2 年 11 月 28 日付奏で諒山省における未入流書吏と通吏 39 名の姓名、年齢、貫籍が列挙されているが、そのうち諒山省を貫とする者は 25 名である（『阮朝硃本』紹治第 18 集、第 192 葉表～ 197 葉裏）。

80）『阮朝硃本』嗣徳第 47 集、第 178 葉表～ 179 葉裏。

217

第6章　19世紀前半〜半ばの諒山省における税課

が、請負を希望する中国商人が毎年1〜2名と少数だったことや、嗣徳3年に旧土司の何廷驤を派遣して徴収に当たらせる際に吏役2名を増員していたことなどから、地方レベルでは税関9箇所での徴税をおこなうのは容易ではなかったといえよう。

おわりに

諒山省の税課は全体として、阮朝初期の時点では土人に賦課される土地税・人頭税、および巡司税の重要性が高かった。一方鉱山税については、阮朝初期以前の諒山省で大規模な鉱山開発がおこなわれていたことを示す史料はなく、課税対象も多くはなかった。多くの鉱山が明命年間に開発されたものの、紹治〜嗣徳年間には開発・課税と閉鎖を繰り返しており、決して順調ではなかった。また納税請負者については、明命年間にこそ清人の請負が見られたが、税額の納入が滞れば請負者本人だけでなく保証人やその親族も財産を供出して補償しなければならないため、多くの鉱山が頻繁に枯渇化するようになった時期には、納税請負を希望する者が現れないこともあった。また、管見の限り阮朝期の諒山省では、鉱山開発や鉱山税の納入を土司が請け負う事例は見られなかった。18世紀以降首長集団の権力基盤が動揺しており鉱山の納税を請け負うにはリスクが高いと判断されたためと考えられる。

一方関税については、請負を希望するのは多くが諒山省に滞在する商人であった。ただし旧土司が省から派遣されて関税の「坐徴」を担う事例はあった。配下に多数の手勢を抱え場合によっては王朝権力に対して反抗的な有力首長集団というよりは、書吏と同様の従順な現地出身の一官員として地方官からみなされていたと考えられる。

第7章　19世紀後半の阮朝による地方支配の変遷と社会変容

はじめに

　1850年代になると、太平天国を背景として清朝から北部ベトナムへの武装集団の流入が始まり、1860〜1870年代に激化する。このような武装集団の流入によって北部山地諸省は秩序の混乱に直面する。武装集団の流入についてはすでに膨大な研究蓄積が存在するが[1]、阮朝による対応や地域社会への影響については十分に解明されたとは言い難い。

　武装集団の流入に対する阮朝の対応として、先行研究では、清朝軍との協力、現地民の自警部隊の結成、清匪への投降の呼びかけなどによって対応したことが指摘されている［大澤 1961］。また財政面では、北部における武装集団の活動によって阮朝の軍事支出が増大し、それに対して阮朝は商品流通への課税強化、田畝銭と捐納、開港と海関の設置によって財政収入の確保を目指したことが多賀良寛によって解明されている［多賀 2020］。しかし地方統治の変遷は、十分には解明されていない。

　そもそも19世紀後半のベトナム史は、長らく植民地化に至る時代として消極的に評価されることが一般的だった。しかし近年では、『阮朝硃本』の利用の容易化といった史料状況の改善も相俟って、仏領期との連続性に光が当てられ

---

1)　19世紀後半に清朝から到来した黒旗軍をはじめとする武装集団に関する研究は枚挙に暇がないが、『阮朝硃本』などの関連史料を網羅した近年の成果として［Davis 2017］を挙げておく。

るなど、当該時期の阮朝の再評価が進みつつある。たとえば多賀良寛は、ア
ヘン税の徴収や財政運営における洋式銀貨の本格的導入など当該時期におけ
る阮朝の政策の画期性や仏領期との連続性を指摘した［多賀 2020: 127-137]。
またポワソンは 19 世紀末頃のフランス植民地支配下の官僚制における阮朝期
との連続性を論じ［Poisson 2004: 155-177]、デーヴィスは 19 世紀〜 20 世紀前
半の政治権力が中越境界地帯の支配において武装集団を活用するなど暴力に
頼っていたと論じた［Davis 2017: 12-17, 148-152]。19 世紀後半における阮朝
の地方統治の変遷を考察する本章は、このような研究潮流にも裨益するだろう。

　また武装集団の流入に対する山地住民の対応について、たとえば興化省莱
州デオ氏は有力武装集団である黒旗軍との提携を通じて勢力保持に努めた
［武内 2003: 667-673]。また高平省では武装集団の活動によって打撃を受け
た土司もいれば、武装集団の鎮圧に貢献して阮朝から官職を授与され、勢力
を保持した土司もいた［Nguyễn Thị Hải 2018: 219-227]。このように武装集
団の流入に対する山地住民の対応の解明は緒についたばかりである。

　このような問題意識のもとで、本章では、19 世紀後半の諒山省における支
配の変遷および現地住民の動向を考察する。まず第 1 節では武装集団の流入
が始まる 1850 年代の諒山省における地方支配の変遷を考察し、第 2 節では
同時期の土官復設をめぐる議論の分析を通して地方支配の実情や地方官の認
識を考察する。第 3 節では、以上の状況を踏まえ 19 世紀後半における現地住
民の動向を考察する。

第 1 節　1850 年代前半の諒山省における支配の変遷

(1) 武装集団の到来

　1850 年代に入ると「清地の股匪」や「清匪」と呼ばれる武装集団が清朝広
西省からベトナム北部に到来し、広西省に接する高平省・諒山省・広安省な
どが真っ先に被害を受けた。この背景としては、清朝が広西省で天地会や民

第 1 節　1850 年代前半の諒山省における支配の変遷

間宗教結社を執拗に摘発し、下層民が相互扶助組織を結成する機会を失った
ために略奪などの直接的な行動に訴えざるを得なくなり、道光年間（1821 ～
1850 年）末期から広西全域で動乱が発生したことがある［菊池 2008: 261-
333］。これらの武装集団は様々な「堂名」を持っており［菊池 2008: 322］
［任 2020］、それらの一部は阮朝側の史料にも登場する（後述する「三堂」な
ど）。また広東から広西にかけての移住の波を背景に形成された広西移民社
会においては、漢人の下層移民や新興宗族を中心に、生活の安定と社会的上
昇を求めて頻繁に移動し種々の異なる生業に従事する「搰食」と呼ばれる行
動様式が採られており［菊池 1998: 183-191, 321-331］、このような漢人移民
の上昇戦略をチワン人が学ぶこともあった［菊池 1998: 365-368］。そして菊
池秀明は、太平天国が蜂起した際に太平天国に加入し既存の社会秩序に対す
る造反を選択するのも「搰食」の一環だったとする［菊池 1998: 188-190］。
とすれば、武装集団に参加しベトナム北部山地で略奪行為に従事するのも、
「搰食」の一環だったと考えられよう。実際、阮朝側の史料の中に武装集団の
構成員の年齢や貫籍を記しているものがあるが、広東や広西を貫籍とする者
が多数見られる（【表 22】を参照）。

　ベトナム北部については、嗣徳 3 年 8 月に「清地の股匪」が広西省の龍
州・憑祥から諒山省に到来しているが、これが清朝の領域から到来した武装
集団の初出である［大澤 1961: 75］。ついで翌嗣徳 4 年には、数千人規模の
武装集団がたびたび中越境界地帯を騒擾している。そこでこれ以降の諒山省
における武装集団の活動を可能な限り列挙したのが【表 22】である。【表 22】
から、1850 年代初頭の嗣徳 3 ～ 5 年頃には諒山省の中でも禄平州・安博県な
ど省城以南が被害を受けていたことがわかる。戸部の嗣徳 4 年 6 月 1 日付覆
に引用される諒平巡撫張好合の上奏においても諒山省の中で禄平州と安博県
の被害が最も甚大だったことが記されている[2]。また戸部の嗣徳 4 年 7 月 14

---

2)　『阮朝硃本』嗣徳第 26 集、第 200 葉表〜 201 葉裏に「嗣徳肆年陸月初壱日、戸部覆。昨接諒↗

221

第 7 章　19 世紀後半の阮朝による地方支配の変遷と社会変容

日付覆および同月 15 日付覆に引用される諒平巡撫臣張好合の報告では、武
装集団から受けた被害について、焼かれた家屋、略奪された人数、失った家
畜の数に基づいて最も被害が切実な項（最切害項）と次に被害が切実な項
（次切害項）に分類し、安博県、禄平州、温州雲委・協下 2 社では、最も被害
が切実な戸 966、次に被害が切実な戸 214、合計 1,180 戸とされている[3]。そ
の結果、最も被害が切実な禄平州・安博県では嗣徳 4 年の徴税が免除され、
他州県では延期された[4]。一方兵丁の不足も深刻化した。嗣徳 4 年 10 月頃の
時点で、諒山省の諒雄・諒勇 2 奇の兵丁の原数 639 名のうち不足 105 名であ
り、加えて嗣徳 3 年 4 月から各地で病死、大雨、清匪の擾乱などを理由とす

　　平撫臣張好合摺叙「該轄七県州田疇希少、又皆磽埆不宜夏禾、惟頼芋荳・赤麥而已。今春東作期
　　候節被清匪擾掠牛牢・婦女、民皆山林迯隠不暇謀生。就中安博・禄平被害尤甚、人家畜産已覚
　　空。如余温州・脱朗・七渓・文淵・文関五県州雖不為匪蹂躙、然徴撥土勇団結防堵、又節次応役
　　解運軍糧毎次至二千人、妨廃農事、其情甚為拮据。況茲沴氣流行、民多染斃、経已給薬顧祷、尚
　　未寧息。…（後略）…」」とある。

3)　『阮朝硃本』嗣徳第 30 集、第 133 葉表～ 134 葉裏に「嗣徳肆年柒月拾肆日、戸部覆。昨接諒平
　　撫臣張好合冊叙「…（中略）…茲照禄平・安博二県州各社村被匪擾掠、与温州之雲委・協下等社
　　亦有被匪擾掠、経奉察訪或被焼家屋、掠捉男女与所失牛牢・馬猪為数多者将為最切害項、少者将
　　為次切害項。内最切害九百六十六戸、内次切害二百十四戸、合共四十四社庄庸崗一千一百八十
　　戸」等因。…（後略）…」とあり、また『阮朝硃本』嗣徳第 30 集、第 138 葉表～裏に「嗣徳肆
　　年柒月拾五日、戸部覆。昨接諒平巡撫臣張好合冊叙「安博・禄平二県州各社村庄庸崗、被匪擾掠、
　　与温州之雲委・協下等社亦被匪擾掠。経奉察訪或被焼家屋、掠捉男女、与所失牛牢・馬猪、其数
　　多者将為最切害項、該九百六十六戸、数少者将為次切害項、該二百十四戸、合共一千一百八十戸」
　　等因。…（後略）…」とある。なお『各鎮総社名備覧』や『同慶御覧地輿志』によれば、雲委社
　　は温州雲梯総に属し、現在のチラン県ヴァンアン Vân An 社に比定される。協下社は現在のロク
　　ビン県ヒエプハ社に比定される（第 4 章注 85 参照）。いずれも温州の中でも禄平州に近接してい
　　るため、武装集団の騒擾による被害を受けたのだろう。

4)　『阮朝硃本』嗣徳第 30 集、第 139 葉表～裏に「嗣徳肆年柒月拾陸日、戸部奏。茲接諒山省臣張
　　好合・阮鐸等摺叙「本年四月日、因以清匪擾来擾掠、遵奉招集土豪・土勇按要防截、量給毎名月
　　銭二貫。惟該省例貯銭文無幾。近因徴召各省弁兵、又量給土勇月餉、一月支項至六七千貫之多。
　　若逐月照給該土勇等、必須杳移北省解交銭三四萬貫、始充支放。而該匪出没無常、辺事防閑、非
　　旬月之所能了、安能月月継給。況該轄最切害之禄平・安博二県州、本年税例経蒙豁免。次切害之
　　文関・文淵・七渓・脱朗・温州五県州、銭粟蒙得緩徴。該土勇家郷所在、日用身糧亦能自辨
　　[辦]、其月餉一款、請停其給発、自本月朔為始、俾舒抬運」等因…（後略）…」とある。

222

る人丁と耕地の減少が報告されている[5]。地方官の要請によって徴兵に不可欠な嗣徳5（1852）年の閲選（成人男子を各種カテゴリーに分類すること）が延期され[6]、また嗣徳6（1853）年7月にも諒山・高平両省の人丁に対する閲選の免除が決定されている[7]。

武装集団に対する阮朝の対応としては、一般的に清朝軍との協力、現地民の自警部隊（民団）の結成、清匪への投降の呼びかけなどが挙げられている［大澤 1961］。このうち清朝軍との協力は、嗣徳22（1869）年に清朝の提督馮子材が阮朝側に入国して以降本格化する。現地民の自警部隊については、後述するように土豪（在地有力者）・土勇（現地民の自警部隊）の招集がおこ

---

5) 『阮朝硃本』嗣徳第34集、第144葉表～145葉裏に「嗣徳肆年拾月弐拾壱日、兵部奏。昨接経略臣阮登楷摺叙「諒省之諒雄・諒勇二奇兵丁原数六百三十九名、逃欠一百五名、応弥五百三十四名、理応催填。第該轄丁数七千九百二十七名、自去年四月日来蕠節次疫斃該二千二百七十二名、再被水潦田禾浸没、継之清匪焼劫、及徴調解運年来已覚困弊。懇行調剤、擬請該轄何係原受兵分逃死数干、未充填者、請由省［省］確勘照随甚切害情形、彙冊候請緩催。再夾叙該省之巡城隊兵原数三十八名、砲手原数三十四名、尚存欠数。請筋募充数、請照給毎名月銭足三貫・米一方。嗣有続募、亦照此例辦理」等因。臣部奉照摺内所叙、該轄去年四月日来蕠節因疫斃及被匪焼掠、情形亦属可軫。其現欠之兵丁一百五名、若照例責催不免愈形拮据。該経略臣擬請由該省臣確勘、照随情形分項彙冊候旨、請展之款、亦係為民調剤起見請依。…（後略）…」とある。
6) 『阮朝硃本』嗣徳第32集、第198葉表～199葉表に「嗣徳肆年拾月初陸日、戸部覆。昨接経略河寧寧太諒平等省・領河寧総督臣阮登楷摺叙「…（中略：【表19】No.8の内容）…業已否交該撫臣丁文銘連勘、彙冊欽遵。再夾叙該省開年正届閲選之期、近因清匪擾擾、邑里蕭條、或催撥土勇抬運軍糧、歳余未得休息。茲奉筋土豪団結、堵禦多岐。若照例閲選、則事務紛繁不免病民。請応姑且停免一次。仍由該省査照、如有老疾逃死、聴其照例供続」各等因。臣部業経面奏、欽奉訓示、輒敢奉将原摺進呈、並恭擬另奉上諭「茲拠経略河寧寧太諒平等省・領河寧総督阮登楷摺叙「諒省各社村庸庄尚彫耗情形、応行調剤。再該省開年閲選届期、請且停免一次。」各等因。因且該轄前因清匪擾掠、其催撥防截之土勇、解運軍餉之民夫、与夫本年応徴銭粟税例、各已取次随事施恩、務期辺遠小民早陶蘇息。茲拠奏、該轄民現在情形尚属拮据。且又筋令団結防截多岐。若開年閲選照例辦［辦］理、則修簿応選事務紛繁、不免転滋民病。該経略使臣察寔声請亦係為民調剤起見、且接夾該轄之広安省節被清匪擾擾情形略同。相応一律施恩、以蘇民瘼。所有諒山・広安二省開年選期加恩、著停免一次。仍由各該省臣査照、轄民如有老疾逃死、聴各照例供続、疾至嗣徳十年丁巳、再行照例閲選。…（中略）…」欽此。又原摺恭擬奉旨「另有旨」。欽此。対照臣阮増信、臣何維藩・臣尊室常・臣阮文夫・臣范嘉紀奉閲」とある。冒頭の「嗣徳肆年拾月初陸日、戸部覆」の「覆」に硃点がつけられていることから、この要請が嗣徳帝により裁可されたことがわかる。
7) 『大南寔録』正編、第四紀、巻9、嗣徳6年7月条、第27葉裏。

第 7 章　19 世紀後半の阮朝による地方支配の変遷と社会変容

なわれている。そのほか 1850 年代初頭の諒山省でも省内の軍事力では対応できないため、他省（河内・北寧など）への援軍要請がおこなわれた。しかし他省からの援軍や現地で招集した土豪・土勇に対する俸給によって諒山省の官庫が逼迫したようで、嗣徳 4 年 4 月には 1 人当たり毎月銭 2 貫を支給した結果、他省の援軍と土勇への支給が一月 6,000 ～ 7,000 貫に達し、現地出身者であるという理由で土勇への支給が停止されている（本章注 4）。

　また武装集団に対する投降の呼びかけもおこなわれており、代表例は嗣徳 4 年閏 8 月に投降した「三堂」（大勝堂黄二晩、広義堂李大昌、徳勝堂劉仕英）である。彼らの投降をうけて阮朝は「向義幇」を組織して匪賊の征討に協力させた［望月 2018: 45-50］。

　以上のように 1850 年代前半の諒山省では清朝の領域から到来した武装集団の擾乱などの理由で丁数が減少し、徴税や兵丁の補充が困難になっていた。かかる状況のもとで、以下に述べるように、諒山省では土司が復活することになる。

(2) 土司の復活

　先行研究の述べる通り高平省では諒山省での政策を適用する形で嗣徳 7 年に土司が復活しているが［Nguyễn Thị Hải 2018: 186-187］[8]、両省での政策について詳細な検討はなされていない。後述するように少なくとも史料中でこの時点で復活されたのは「土司」であって「土官」とは記されておらず、阮朝期の地方支配の変遷を考えるうえで重要である。まず諒山省における土司復活の直接の契機となった欽差経略河寧・寧太・諒平等省・領河寧総督・署協辦大学士阮登楷の嗣徳 5 年 12 月 7 日付奏を掲げる[9]。

---

8)　『大南寔録』正編、第四紀、巻 10、嗣徳 7 年 5 月条、第 17 葉裏～ 18 葉表。

9)　「欽差経略河寧・寧太・諒平等省・領河寧総督・署協辦［辦］大学士臣阮登楷謹奏。為擬請処置土司子侄、彙冊具奏俟旨事。此次臣回抵諒山、経理辺務、節拠属轄各府県州員稟称「伊轄地勢北鄰清国、沿辺之民屢被土匪侵軼、乍去乍来、防辺無有了日。且照禄平・安博・文淵・脱朗・↗

第 1 節　1850 年代前半の諒山省における支配の変遷

土司の子孫を処置し、リストを作成し上奏して旨を待つことについて。こ
のたび臣は諒山省に帰還し、辺境での職務を処理していたところ、管轄下
（諒山省）の各府・県・州の官員の稟を何度も受け取り、「その地域の地勢
は北方では清国に隣接しており、辺境の民は頻繁に土匪によって襲撃さ
れ、（土匪は）去ったかと思うとまたやって来るので、辺境の防備に終わり
がありません。そもそも考えますに禄平・安博・文淵・脱朗・文関・柴渓
などの州・県は、もともと土司の子孫がおり、前例では民籍に属しており
ます。催促して派遣し、（地理情報の）熟知に役立てることをお願い致しま
す」などとあります。臣がそこで調べましたところそれらの管轄内に七族
土司の子孫がおります。当該土司 127 名、籍は禄平州に属す民が 31 名、安
博県 3 名、脱朗州 36 名、文淵州が 27 名、文関県 7 名、柴渓県 23 名です。
彼らの祖先の原籍は乂安・南定などの省で、かつて黎氏が藍山で起義を起
こし平呉（明朝軍を駆逐）して国（黎朝）を建てるのを助け、若干ながら
功労がありました。黎朝の時に諒山の藩臣となるのを許され、州・県に分

文関・柴渓等県、原有土司子佫、例属民籍。請応催撥差派、俾資諳熟」等語。臣仍査伊等轄内
有柴族土司子佫。伊土司壱百弐拾柒名、籍属禄平州民参拾壱名、安博県参名、脱朗州参拾陸人、
文淵州弐拾柒名、文関県柒名、柴渓県弐拾参名。其伊等祖父原貫乂安・南定等省、自昔扶黎藍山
起義平呉開国、少有微労。故黎辰許為諒山藩臣、分居州県、襲管土民。中間偽西煽変、伊等不浼。
至嘉隆年間、蒙許仍旧襲管土民。迫宣光省逆渠農文雲煽変、儘将該等挿入社民、供受徭役。自此
向茲、伊等安分守法、均無別項情節。臣商同伊省臣、竊思伊等原係土司子孫、為民信服。今蒙挿
入社村、若一依民丁之例、良賤無以分別、人情未有甚安。奉擬伊土司子佫壱百弐拾柒名、除何人
預有職衘、経得将為職色項外、余若干、請照籍属何社村、簿冊内着将伊等為免徭項、註明土司子佫、
全年受納身婚銭壱貫参陌、仍酌免兵徭各項。請由省臣遴択堪幹壱名、給憑試差千戸、為之管率、
遇有辺務、拠管率員催撥柒族強壮之人、就省差派、事清放回安業、倘何人果有奮勉寔状、由省声
叙奨賞。如此則伊等知所勧懲臨朝差派、頗属方便。輒敢奉将伊等姓名貫籍、臚列彙冊、具奏伏侯
聖旨謹奏。嗣徳五年拾弐月初柒日、題。臣阮登楷」。本文書は、以下の 3 種の史料に抄録されて
いる。①「属諒山省管柒族土司千戸阮廷錬・族目韋文尚・阮廷進・阮廷野・黄徳寅・黄廷合・何
文書・阮克湯・農文道」の成泰元（1889）年 7 月 10 日付稟（『北圻経略衙』巻 718、第 12 葉表〜
21 葉裏（国家第一公文書館所蔵））に添付された写し。②七渓県花山社阮克氏の漢文家譜「阮族
家譜」（1911 年、【表 2】No. 9）。③文淵州淵汨社阮廷氏の漢文家譜「阮族家譜」（1919 年、【表 2】
No. 10）。本書ではより公的な性格が強く原文に近いと思われる①に依拠した。

第7章　19世紀後半の阮朝による地方支配の変遷と社会変容

かれて居住し、代々土着民を統治しておりました。（現在に至るまでの）間
に偽西（西山朝）が煽動して事変を起こしましたが、彼らは追随しません
でした。嘉隆年間に至り、旧来通り土民を世襲統治するのを許されました。
宣光省の逆賊の首領農文雲が煽動して事変を起こすに及んで、ことごとく
彼らを（丁簿上で）社民に編入し、徭役を負担させました。これ以後今ま
で、彼らは分をわきまえて法規を遵守しており、等しく特別な事情はござ
いません。臣は当該省臣と相談し、考えますに彼らはもともと土司の子孫
であり、民に信服されております。現在は社・村に編入されておりますが、
もし一様に民丁の前例に従ったならば、良賤は区別することができず、人
の情が非常に落ち着くことはないでしょう。諸土司の子孫 127 名で、あら
かじめ職銜があり、すでに職色項（官職保持者）とされた者のほか、残り
の多少名は、籍がどの社・村に属すかを調べて、丁簿内で彼らを免徭項と
させ、土司の子孫であることを明確に注記し、毎年身緒銭 1 貫 3 陌を納入
させ、そこで斟酌して兵役・徭役の各項を免除させるようお願い致しま
す。省臣に有能な 1 名を慎重に選ばせ、憑を発給して試差千戸とし、これ
を管率とし、辺境での職務があれば、管率員に拠って七族（土司）の壮健
な者を徴発し、省から派遣し、平定できれば帰還させて本業に落ち着かせ、
もし誰かが発奮し尽力したという実際の功績があれば、省から上申して恩
賞を与えることをお願い致します。このようにすれば彼らは勧善懲悪を
知って朝廷に赴いて派遣され、非常に都合が良いでしょう。恐れながら彼
らの姓名や貫籍をリストに列挙し、上奏して伏して聖旨をお待ち致しま
す。謹んで奏します。嗣徳 5 年 12 月 7 日題。臣阮登楷

これによれば、農文雲勢力を制圧した後に土司を民籍に編入し、（おそら
く明命年間末年〜紹治年間初頭の丁簿作成の際に）徭役を負担させるよう
になったという。裏を返せば、明命年間の改革まで土司は徭役を免除されて
いたことになろう。そして、ここで阮登楷は各社村の丁簿で彼らを免徭項

226

第 1 節　1850 年代前半の諒山省における支配の変遷

（兵役や徭役を免除される人丁）にして土司と明記することを要請している。その結末については、前掲引用箇所に続けて「本月 25 日、臣阮登蘊・臣阮徳権・臣阮沙が「奏に従え」という旨を奉じた。戸部が恭しく（旨の文言を）記録した（本月弐拾五日、臣阮登蘊・臣阮徳権・臣阮沙奉旨「依奏」欽此。戸部恭録）」と書き込まれており、嗣徳帝により裁可されたことがわかる[10]。丁簿上で土司と明記するのであるから、紛れもなく土司の復活である。このようにこれ以後史料中の「土司」は丁簿上のカテゴリーを指す。土司の変遷を時系列に従ってまとめれば、明命 9 年に初めて出現し、その際は土司のリストが作成された。1830 年代に民籍への編入により廃止されたが、嗣徳 5 年に丁簿上のカテゴリーとして復活した、という流れになろう。一方「土官」は第 5 章で述べたように土を冠している土知州などの官職（ないしそれらに任じられた者）を指しており、「土司」とは意味が異なっている。ここで注意すべきは、嗣徳 5 年に土知州などの土を冠した官職が復活したわけではなく、明命年間の改革以前に戻ったわけではないことである。

　阮登楷の上奏に戻ると、辺境防備に土司を活用するための具体的な方策として、土司の中から 1 名を選んで試差千戸とし、戦時に土司を統率させることが要請されている。実際に韋世鉤の息子韋文李（韋世李）が嗣徳 6 年 5 月に試差千戸となっており（本章第 3 節 (2)）、阮登楷の上奏をうけた措置であることは間違いない。韋文李が選ばれた理由は、当時旧土司の中で最高ランクの官職を保持する韋世鉤の息子だったからだろう[11]。このように阮登楷の上奏では土司たちを統率する役職として試差千戸が新設されており、州県の

---

10) 序章で述べたように、地方官の上奏がおこなわれると、当該案件を担当する六部の官僚が皇帝の旨を奉じて上奏に書き込んでいた［Trần Kinh Hòa 2010: 23-24］。たとえば阮登蘊は嗣徳 7 年 9 月に戸部右参知から戸部左参知に昇進しており（『大南寔録』正編、第四紀、巻 11、第 19 葉表）、嗣徳 5 年においても戸部右参知だったと思われる。

11) 第 5 章第 3 節 (1) で取り上げた文淵州土知州何廷饒は、嗣徳 5 年の阮登楷の上奏に挙がっていないことから【表23】、嗣徳 3～5 年のあいだに死去したと考えられる（第 6 章注 75 も参照）。

227

第 7 章　19 世紀後半の阮朝による地方支配の変遷と社会変容

枠を超えて諒山省の土司を「七族土司」として一括する発想が看取できる。
管見の限り本上奏が「七族土司」という呼称の初出であり、諒山省の土司を
一まとめにする発想も初めてである。また阮登楷は、土司集団がいずれも黎
朝の創建に貢献し、西山朝に追随せず、阮朝初期に再び在地民を世襲統治し
てきたことを述べる。これは阮朝が偽朝とみなす西山朝に従わないなど、阮
朝にとって都合の良い経歴といえる。ただし「七族土司」という呼称とその
経歴を、土司側が提起したのか、あるいは阮登楷ないし省官、州・県官が創
作したのかは不明である[12]。

　本上奏は諒山省の「土司の子孫」を列挙している【表 23】[13]。上奏の文中
には、諒山省の土司の子孫として禄平州 31 名、安博県 3 名、脱朗州 36 名、
文淵州 27 名、文関県 7 名、七渓県 23 名、計 127 名いると記されているが（た
だし実際に列挙されているのは 122 名のみ）、リストには姓名しか記されて
いないため、各人の本籍の州・県は特定できない。

　リストでは、まず韋世鉤（【表 23】No. 1）・阮廷西（【表 23】No. 3）など
官職保持者が挙がり、ついでほぼ同姓者ごとに列挙されている。この列挙方
法から推測すると、おそらく冒頭の数名（No. 4 の阮廷俊までか[14]）のみが

---

12)【表 23】を見ても固定的に 7 つの族が存在したとは断言できず、「七族」は実態を反映していな
　い可能性もある。また黎鄭政権期以降諒山鎮／省には一貫して 7 州（県）存在したため、実際の
　族数にかかわらず「七族」と呼ぶ慣習があった可能性もある。

13) 本上奏が収録される 3 種の史料（①『北圻経略衙』巻 718、②七渓県花山社阮克氏の漢文家譜
　「阮族家譜」、③文淵州淵泊社阮廷氏の漢文家譜「阮族家譜」。本章注 9 参照）のうち、【表 23】の
　人名リストを収録しているのは③のみであり、①②には収録されていない。なお【表 23】では、
　便宜的に人名を姓ごとに分けて配置し直したが、同姓だからといって同族とは限らない。ただ阮
　某については名前の一文字目（中字）で区別する習慣があったようなので、【表 23】でも中字で
　区別した。ただ阮功（公）氏と阮克氏は現在では同族とみなされているため、【表 23】では暫定
　的に一括した。

14) 阮廷賦（【表 23】No. 2）は『阮朝硃本』明命第 37 集、第 271 葉表に収録される礼部の明命 10
　年 12 月 29 日付覆において、文淵汛口と油村汛口を管轄し銅印を支給される首長として、阮廷西と
　ならんで挙げられている（第 1 章第 3 節注 65 参照）。また脱朗州阮廷氏の家譜「阮廷族家譜」
　（1895 年作成、1940 年書写、【表 2】No. 8）によれば、阮廷俊（【表 23】No. 4）は元脱朗州土知州↗

228

官職保持者で、その他は非保持者ということになろう。禄平州屈舎社韋氏の韋世鉤・韋世（文）李父子の記載が離れている（【表23】No. 1, 5）ことも、これを裏付けよう。この推測が正しければ、本上奏で列挙される者の大半は非官職保持者ということになる。農文雲勢力鎮圧後の改革により官職を喪失したと考えて良いだろう。

　以上のように諒山省では武装集団の騒擾によって土司が復活し、土司から選抜された者が「七族土司」を統率する構図が出現した。「七族土司」という呼称の成立過程は不明だが、ベトナム王朝に代々忠誠を尽くしてきた経歴を持つ（とされた）「七族土司」は、地方官にとっては利用しやすい存在であり、阮朝に対して功績を上げることで勢力を拡大したい土司にとっても好都合だったといえる。管見の限り1850年代前半における土司の復活は高平・諒山2省のみであり、これらの2省は1850年代初頭という早い時期に武装集団の活動により打撃をうけたため、制度的な在地有力者の利用に回帰したといえる。これ以後、史料中の「土司」という用語は丁簿上で土司と記載されていた者を指すようになる。

　1850年代前半の諒山省で土司が復活した背景としては、明命年間の行政改革後も人丁の把握が進んだとはいえないこと（第5章第3節（2））、さらに1850年代以降の武装集団の騒擾により阮朝の支配は危機的状況に陥ったこと、が挙げられる。かかる状況下で現地住民の中から旧土司が「ベトナム王朝に忠誠を尽くしてきた」存在として注目され、諒山省の土司の総称として「七族土司」という呼称が創作されたのではないだろうか。

（3）試差千戸・権充百戸の設置

　諒山・高平2省では、嗣徳7年7月に総ごとに1人を千戸・百戸に任命す

　阮廷廉（【表17】参照）の弟で、農文雲勢力の鎮圧後もなんらかの官職を授与されていたとしても不思議ではない。阮廷俊については本章第3節（2）も参照。

第7章　19世紀後半の阮朝による地方支配の変遷と社会変容

ると同時に、団練（現地住民を組織した自警部隊）の形成が決定されている[15]。諒山省について、『大南寔録』同年閏7月条に、該総・副総・土豪の中から選んで試差千戸・権充百戸を設置したこと、七渓・脱朗・文淵・禄平・安博5県州では試差千戸2名、権充百戸10名を任命したこと、文関県・温州では、土勇100名ごとに該総・副総・土豪から暫時的に試差千戸1名、権充百戸2名を任命したこと、派遣した際には食糧や生活費用を支給することなどが記されている[16]。「試差」について、阮朝では嘉隆年間から3年の試差期間中に過失がなければ「実（寔）授」すなわち実職が授与されていた[17]。一方「権充」は単に「実授」ではなく暫定的な任命を指すのだろう[18]。

　試差千戸と権充百戸の設置について、前述の『大南寔録』嗣徳7年閏7月条（本章注16）では諒平巡撫潘克慎の請求に従った措置であると記されているが、『阮朝硃本』には、この請求に当たる諒平巡撫潘克慎の嗣徳7年閏7月4月付奏が収録されている。本奏では、まず文淵・脱朗・柒渓・禄平・安博5州県が清朝と接していること、近年清朝の人々が困窮し飢えて盗賊が蜂起しており、潘克慎が清朝に人をつかわして偵察させたところ、広西省の憑祥・上石・下石・馗豦などの地で5,000〜6,000人にのぼる武装集団が略奪をおこなっており、清朝も制圧できていないこと、これに対して諒山省の弁兵は巡城・砲手2隊[19]のみで、強健な者は30〜40人しかおらず、諒雄・諒勇2奇の兵も260人しか残っていないこと、他省からの援軍を到来させるのは

---

15)『大南寔録』正編、第四紀、巻11、嗣徳7年7月条、第4葉裏〜5葉表。

16)『大南寔録』正編、第四紀、巻11、嗣徳7年閏7月条、第11葉表〜裏に「諒山〈七渓・脱朗・文淵・禄平・安博〉五県州有匪擾、令択該副総或土豪、増設試差千戸各二、権充百戸各十、以資堵截。近省文関・温州預揀土勇三百、亦于該副総・土豪中択民情素服者、毎百名権置試差千戸一、権充百戸二。遇有差派各照給日程口糧資度、無事即止。従撫臣潘克慎之請也。」とある。

17)『欽定大南会典事例』巻170、兵部、銓選、試差年限、第11葉表〜裏。

18) 後述する丁士（仕）霄や黄美進は、嗣徳7年閏7月の時点で権充千戸を帯びているが【表24】、試差千戸に任命されたのは同年10月である（本章第3節 (1)）。

19)『欽定大南会典事例』巻146、兵部、直省軍号、諒山、第21葉表に砲手隊と巡城隊の存在が記されている。

軍糧の運搬に労力を要し病気にもかかりやすいこと、などが記されている[20]。以上から、潘克慎が現地住民の軍事的な組織化を要請した理由は、武装集団の到来に対し諒山省の軍事力が不足していたためといえよう。このような状況をうけて元兼知大臣阮登楷と諒山省官は、民を組織して土塁を築かせ防備に当たらせることを要請したものの、まだ皇帝の旨が届いておらず(這款未蒙録到)、諒山省はさきに実行したという。そのうえで、潘克慎は以下のように要請している[21]。

---

20)『阮朝硃本』嗣徳第47集、第125葉表～126葉表に「諒平巡撫臣潘克慎謹奏。為将轄下清匪情形与臣省商辦事宜、並声請各緣繇、恭摺具奏、仰祈聖鑑事。奉照臣轄長定府之文淵・脱朗・柒渓参州県、長慶府之禄平・安博弐州県、地勢延袤接夾清国。近来該国人民饑窮盗賊蜂起。臣省経派探訪、現今該匪夥嘯聚在該国憑祥・上石・下石・馗纛等処、至五陸千人、分行抄掠。該国捕弁莫之能制、太平府員前次既為所虜。茲馗纛営員南関汛守、又各離職躲避。這等情形已於前各摺謹奏明叙矣。且彼之狼煙未息、則我之辺備未可一日少寛。臣自奉赴職来、茲遇有辺報、匪数少則飭令民勇扼要捍截、匪数多則整飭兵象、就処勦捕防備、莫敢或疎。嗣諒山按察使臣裴靄抵莅、奉即前往沿辺、審察情形、招集豪目、回省日与臣悉心商辦。竊照清国匪夥均係饑窮掠食、究亦無他伎倆。惟日下現在滋蔓、臣轄与彼接隣所応厳加防堵、以固疆圉。査之、臣省各色弁兵、惟巡城・砲手弐隊、揀其強壮者僅得参肆拾人、囚丁開釈効贖弐拾余人、以之保守城池僅足矣。至如諒雄・諒勇弐奇兵、除節次逃死及蒙得展□外、僅存弐百陸拾余人、就中多係新替技芸生疎。海陽戍兵除逃死攖病外、僅有壱百五拾余人、又皆不服水上疾病参半、似此緩急想不可恃為臂指之助。卒有辺報不免徴調別省兵来、則餉運艱労、既不免為鄰省之累、兼之感染嵐瘴疾病転生、又不諳詳地勢、捕務亦難為力。経奉商同再四籌惟要不若団結民勇、使各為守而已。前者原兼知大臣故阮登楷商同臣省、業経擬請聴民団結多数、並照何係険要者梏築土塁互相保守、遇有匪来即移将財物入塁固守、旁近社民聞報、各行接応。這款未蒙録到。臣省経奉札飭該各府県員、預先飭辦。但人心易馳、衆力難齊、必有以鼓励之方期得力。仍飭所在府県員催齊轄内各州県権充千百戸・該副総・豪目等、抵省詳加暁示□知、併力防守、不惟各保身家、又能奮勉立功、亦可仰邀奨賞。」とある。

21) 注20の引用箇所に続けて、「仍除何係原兼知大臣与臣省節次給憑権充千百戸干名、請各仍旧督率民勇外、茲再奉遴揀何係敏幹又為所在社民所信服者、擬請給憑試差千戸毎州県壱弐名、為之唱率、次者権□□□□□毎州県各拾名上下、与所在該副総協同団結民勇、並聴整備鎗砲・薬弾・械仗齊□□□□按界分、照随要処多設土塁・斥候、日夜厳行防守。有事則互相策応会力兜勦、所在該府県員以辰督飭、又摘出属省諒雄・諒勇弐奇土著之率隊・隊長等名何係差派得力諳熟険易者、率将土兵並従省効贖人等、分往□辺諸隘口、会同権充千百戸・該副総・豪目、督将民勇防截。其在辺之文淵・脱朗・柒渓・禄平・安博五州県各聴団結民勇多数、以厳有備。経察該等情形、均係稍知畏奮、即如日前清匪節次攙来文淵・脱朗等州衡蘆・楽墟・慶門各総社村、或能出力捍禦不為匪掠、或能擒斬匪夥収穫匪鹹・匪械。似此防辺亦稍得力。再臣轄本年偶□饑歉。今又届青黄不↗

第 7 章　19 世紀後半の阮朝による地方支配の変遷と社会変容

さらに元兼知大臣（阮登楷）と臣省（諒山省）がたびたび憑を支給した権充千戸・権充百戸は、それぞれ旧来通り民勇を監督・統率させることをお願いするほか、いま再び奉じて聡明・有能でその地の社民に信服されている者を選抜し、1 州県当たり 1 ～ 2 名に憑を支給し試差千戸として統率させ、次に（聡明・有能な）者 1 州県当たり 10 名前後に権…（5 文字ほど判読不能だが、権充百戸を任命するの意か）、その地の該総・副総と共同で民勇を組織し、鎗砲・弾薬・武器を整備してそろって…境界を防備させ、要衝の地に従って多く土塁・斥候を設け、昼夜厳しく防守させることをお願い致します。有事の際は相互に呼応して協力して包囲攻撃させ、当地の府県員はただちに監督・命令し、また省に属している諒雄・諒勇 2 奇の土着の率隊・隊長で派遣に際して強力で険易に精通している者を選び、土兵ならびに省に従っている効贖（贖罪のために任務に従事すること）の者たちを統率させ、分かれて辺境の諸隘口に行き、権充千戸・権充百戸・該総・副総・豪目と共同で、民勇を監督して防備させるようお願い致します。辺境に位置している文淵・脱朗・柒渓・禄平・安博 5 州県はそれぞれ民勇多数を組織することを認め、厳しく備えております。すでに彼らの状況を見ましたが、いずれも少しは畏怖・発奮しており、ちょうど先日清匪が何度も文淵・脱朗などの州の衡蘆・楽墟・慶門各総社村に侵入した際に、ある者は尽力して防備し匪に略奪されず、ある者は匪の一味を捕縛・斬殺して匪の首や武器を獲得しました。このように辺境を防備するのも少しは有効

接之期、該土民日夜防辺、而家資多係貧乏無以自贍、情亦可□。業奉摘出賑米五千方数内、飭該府県員認領、量給該等、日期口糧支度、竢秋禾告熟後、請行停発。仍併与賑給貧乏米彙銷。余不在沿辺之附近省城文関・温州弐州県、業飭該州県揀択土勇何係強壮而精於砲芸者、文関県弐百名、温州壱百名、仍奉遴設試差権充千百戸為之唱率。内文関県試差千戸弐名、権充百戸拾名、温州試差千戸壱名、権充百戸五名、各照本分管率土勇備具砲械、以辰輪換向省、飭令操演。遇有辺報、由臣省徴撥前往接応、併小所在土勇、悉力勧捕。倘該匪躁数多、臨期由臣省増調兵象、迅往弾圧、以壮声勢。其該団練人等何名如有摛斬寒状、再行奏請奨賞以示鼓励。如此則辺鄙有備、又可省調兵解餉之労矣。」とある（『阮朝硃本』嗣徳第 47 集、第 126 葉表～ 127 葉表）。

第 1 節　1850 年代前半の諒山省における支配の変遷

でしょう。…（中略）…そのほかの辺境には位置していない省城近辺の文
関・温州 2 州県、すでに該州県に命令して土勇で壮健で砲芸に精通してい
る者、文関県 200 名、温州 100 名を選抜し、そこで奉じて試差千戸・権充
百戸を選んで統率させるようお願い致します。文関県試差千戸 2 名、権充
百戸 10 名、温州試差千戸 1 名、権充百戸 5 名とし、それぞれ本分に従って
土勇を統率し武器を備え、その時に輪番で省に赴かせ、命令して軍事演習
をおこなわせます。（武装集団の到来を伝える）辺境からの報告に遭遇すれ
ば、臣省から徴発して前進して呼応させ、各地の土勇と合わせて、尽力し
て討伐・捕縛させます。もし該匪の一味の数が多ければ、その時になって
臣省が追加で兵・象を徴発し、迅速に行かせて弾圧させ、威勢をつけま
しょう。その当該団練の者たちで誰かがもし捕縛や斬首の実際の功績があ
れば、再び上奏して恩賞を要請し、激励しましょう。このようにすれば辺
境に備えがあり、また兵の徴発や食糧輸送の労力を省略することができる
でしょう。

　ここではまず、すでに憑を支給した権充千戸・権充百戸に任命した者に加
えて、新たに 1 州県当たり試差千戸 1 ～ 2 名、権充百戸 10 名前後を任命する
こと、七渓・脱朗・文淵・禄平・安博 5 県州では民勇を組織しており、文関
県と温州でも土勇を選抜し、試差千戸と権充百戸を任命すること、などが要
請されている。ここから、本上奏以前にすでに権充千戸・権充百戸に任命さ
れた者がいることがわかる。そこで 19 世紀後半の諒山省で武装集団の鎮圧
に当たった現地有力者を列挙したのが【表 24】である。潘克慎の上奏でも衡
蘆・楽壚・慶門各総の事例に言及されているが、実際、嗣徳 7 年 5 月に清朝
から到来した暴徒を撃退した脱朗州有秋総や文淵州衡蘆総の現地住民の中
に、衡蘆総権充百戸の黄徳雄や黄徳江が含まれている。また同年 7 月には清
匪 300 人あまりが脱朗州楽壚社を、100 人あまりが脱朗州慶門社那坡村を、
300 人あまりが文淵州衡蘆総衡蘆社を、それぞれ襲撃しているが、その際に

233

第7章　19世紀後半の阮朝による地方支配の変遷と社会変容

も従玖品百戸権充千戸阮廷俊、賞授該総仍充副総権充千戸丁仕霄、衡蘆総衡蘆社陳具笘権充百戸黎日鎮、水湾社権充百戸黄徳江、水湾社権充百戸黄徳雄、清密社権充百戸羅錦先らがそれぞれ民夫や民勇を率いて撃退している[22]。彼らが権充千戸・権充百戸に任命されたのは前掲の諒平巡撫潘克慎の嗣徳7年閏7月4日付奏より以前である。そして管見の限り、嗣徳7年3月以前は武装集団に関する記事はあっても、このような肩書を帯びた者は記述されないため、同年4〜5月頃から部分的に開始されていたのだろう。上述の潘克慎の上奏は、このような措置を諒山省全体に拡大することを要請したものであり、実際【表24】からわかるように、嗣徳7年閏7月には権充千戸・権充百戸に任命された現地出身者が急増している。権充千戸・権充百戸に任命された現地出身者には土司も含まれているが（【表23】No. 4, 88の阮廷俊、黄徳江など）、土司以外の者のほうが多いようである。

　同時期の高平省でも同様の措置が講じられていた。高平省では1〜2総ごとに権充千戸・権充百戸各1名、土豪159名、民勇合計8,063名を設置することが、高平省布政使・按察使の嗣徳7年8月9日付奏で報告されている[23]。権充千戸・権充百戸56名のうち、土司は上琅県綺貢総権充百戸農益語のみである【表25】。『大南寔録』には、ここで挙がっている権充千戸・権充百戸が武装集団の駆逐に当たる事例が記されている。たとえば嗣徳7年10月に石林県中安総が「清地股匪」により騒擾された際は石林県扶棟総の権充千戸農文達が土豪と共に征討に当たっており[24]、また同年12月に上琅県が騒擾された際には下琅県永寿総の権充千戸黄廷岸が[25]、嗣徳8（1855）年正月に上琅県羬塢総上貢社が騒擾された際には羬塢総の権充千戸農貴豪が[26]、

---

22)「〜〜社権充百戸」という肩書のうち、「〜〜社」はその人物の貫を指すと思われる。

23)『阮朝硃本』嗣徳第47集、第242葉表〜246葉裏。

24)『大南寔録』正編、第四紀、巻11、嗣徳7年10月条、第26葉裏〜27葉表。

25)『大南寔録』正編、第四紀、巻11、嗣徳7年12月条、第37葉表〜裏。

26)『大南寔録』正編、第四紀、巻12、嗣徳8年正月条、第3葉裏〜4葉裏。

234

第1節　1850年代前半の諒山省における支配の変遷

石林県の通農総や広疇総が騒擾された際には広疇・河広2総の権充百戸阮士香や通農・良能2総の権充百戸農金石が[27]、それぞれ防禦に当たっている。

　カオバン省博物館に所蔵される農益氏関連文書[28] には、農益語を権充百戸に任命する際に高平省布政使・按察使名義で発給された嗣徳7年閏7月26日付憑[29] が収録されている。このような憑が、同時期の諒山・高平両省で権充千戸・権充百戸に任命された者たち1人1人に発給されていたのだろう。また、本憑は上述の高平省布政使・按察使の嗣徳7年8月9日付奏よりもさきに発給されており、朝廷に対しては事後報告だったことがわかる。

　このように、1850年代前半になると、武装集団の流入を背景として諒山・高平2省で土司が復活し、土司から選抜された者が試差千戸に任命され土司たちを統率させると同時に、現地出身者に試差千戸・権充千戸・権充百戸などの武職を授与して現地住民を統率させるようになり、軍事面における在地有力者の取り込みが進められた。以上の施策は朝廷が省官の要請・報告を裁可する形で進められたが、諒山・高平両省において省官による一部現地出身者の任命がさきにおこなわれており、地方官主導で進められたといえる。また諒山・高平2省では、試差千戸・権充千戸・権充百戸に任命された現地出身者には土司も含まれているものの土司以外の者のほうが多い点も同様である。本章第3節で論じるようにこれ以降、土司か否かを問わず、阮

---

27)『大南寔録』正編、第四紀、巻12、嗣徳8年2月条、第10葉表。

28) 農益氏関連文書については第4章第4節（3）参照。

29)「領高平布政使呉・按察使阮　　為給憑事。照得省轄係与清国毗連、其間山渓峻険、路出多岐、節被清匪擾来攘掠、屢為民□所応権置毎総千百戸、毎社土豪各壱、糾率総社内民勇、拠諸要路守把、以厳有備。査有伊総綺貢社員子農益語、確係堪幹得力底人、可充差派、合行給憑。宜権充伊総百戸、同与千戸並各社土豪等、団結綺貢総土勇・民夫、無事則輪流堵禦、有事則尽率該民勇、併力兜勒、毋使該匪得以攘来攘掠。倘有擒斬寔状、再行題請奨賞。若所事弗勤、有公法在。須至給憑者。右給憑権充百戸員子農益語執照。嗣徳柒年閏柒月弐拾陸日」。なお農益語に対しては、上述の高平省布政使・按察使の嗣徳7年8月9日付奏およびその裁可を踏まえて、嗣徳7年10月25日付で再び憑が発給されており、本憑もカオバン省博物館の農益氏関連文書に収録されている。

朝の官制の階梯を上昇し自身の地位を上昇させる現地住民が現れることになった。

　ただしこれらの措置によって土知州や土知県などの土官が復活したわけではなく、また試差千戸・権充千戸・権充百戸に任じられた現地出身者を土官と呼ぶ事例も見られない。阮朝にとっては、明命年間の改革の方向性は修正せず、形式上は平野部同様の官僚制と画一的な地方統治体制を維持しつつ武装集団の到来に対応したものだったといえる。明命帝が構築した全国的に画一的な統治体制を、大きな変更なく維持せんとする阮朝の努力が看取できよう。第2節で論じるように、同時期の1850年代には興化省や宣光省などにおける土官復活の要請が何度か地方官から出されているが、実現していない。土司とは対照的に土官の復設は明命年間の行政改革の方向性を改変すると認識されていたといえる。

第2節　1850年代における土官復設をめぐる議論

(1) 議論の萌芽

　第5章で論じたように、阮朝期の史料中の「土司」は、明命9年に初めて正式に出現し、1830年代に土司が廃止される以前は土司のリストに掲載されていた者を指す。一方「土官」は、土知州などの土を冠した文官系統の官職（ないしそれらに任じられた者）を指す。前節では1850年代前半に諒山・高平2省で土司が復活し、また現地出身者が試差千戸・権充千戸・権充百戸などの武職に任じられたことを論じたが、少なくともこの時点では土知州や土知県が復活したわけではなく、また試差千戸・権充千戸・権充百戸に任じられた現地出身者を土官と呼ぶ事例も見られない。一方同時期には、上記の措置とは別に、興化省や宣光省などの地方官から土官復設の要請が何度か出されている。本節ではこれらの議論を分析することで、土官が阮朝の統治体制の中で持っていた意味を明らかにする。

第 2 節　1850 年代における土官復設をめぐる議論

　管見の限り、土官復設の要請の初出は嗣徳 4 年 5 月であり、山興宣総督魏克循が上奏で土官の復活を要請している。そこでは、流官は州県の城外に滞在するのみで、訴訟・税課は常に総里（該総・里長）が代わりに処置しており、流官は名目だけの存在になっており実質がともなっていないことを理由として土官の設置を要請している。しかし嗣徳帝に認可されなかったという[30]。

　ついで嗣徳 4 年閏 8 月には、経略使阮登楷が興化・宣光・太原各省で土官を「量設」すなわち事情を斟酌して部分的に設置し、現地住民を「団結」（組織化）させ、功績を挙げた者に土県尉・土県丞・千戸・百戸を授けることを上奏で要求している。しかし「部覆」（吏部の返答か）は、もともと「改土帰流」すなわち土官に代えて流官を設置した以上、諒山・高平では「団結」がおこなわれているので（「団結」された者には）事後に官職を授与するのが適当だが、それ以外の興化・宣光・太原における同様の政策は不認可としている[31]。

　以上の事例から、土官復活を要請しているのが地方官であること、および土官復活が要請される理由として流官が任地に留まっていないことが挙げられていることがわかる。明命年間の行政改革以降において北部山地諸省に任命された流官が任地に留まらない事例は、先行研究においても興化省［武内 2003: 661］や宣光・清化・乂安各省［Poisson 2004: 56-57］の事例が言及されている。また確認しておきたいのは、土官復活の要請が容易には認可されていないことである。嗣徳 4 年閏 8 月に土官復設に反対した「部覆」が、理由として明命年間以降の流官の派遣を挙げていたことからも、本章第 1 節（2）で論じた土司の復活とは異なり、土官の復設は明命年間以降の流官統治の方向性を改変すると認識されているといえよう。

---

30)『大南寔録』正編、第四紀、巻 6、嗣徳 4 年 5 月条、第 23 葉表。

31)『大南寔録』正編、第四紀、巻 7、嗣徳 4 年閏 8 月条、第 16 葉裏〜 19 葉表。

第 7 章　19 世紀後半の阮朝による地方支配の変遷と社会変容

(2) 宣光省按察使裴維埼の上奏

　北部山地全域における土官復設の議論について、その詳細が窺えるのが嗣
徳 7 年 7 月の宣光省按察使裴維埼の上奏をめぐる議論である。ここでは裴維
埼の上奏およびそれに対する各地方官の意見を取り上げることで、各省にお
ける地方統治の実情を考察する。まずは諒平巡撫潘克慎の同年 8 月 8 日付覆
奏に引用されている裴維埼の上奏を掲げる[32]。

　該省（宣光省）の地は高地に位置し、黎朝以前の府州県はみな土官を設
け、自身で統轄するのを許しておりました。国初（阮朝初期）もまたこ
れによりました。明命年間、逆賊農文雲の事変が起こったことで、流官
を改設し、（土官が）もっぱら世襲するという弊害を改めました。まこと
に思いますに聖人が規範を確立したことの意は深遠です。…（中略）…
いま該轄（宣光省）2 府 8 県州、ただ永綏 1 県のみは土人が混じっており
ますが、その他（の県州）は皆流官（が設置されております）。先頃府県
臣はかろうじて一度莅（治所）に赴くのみで、その後は省城で保養して

---

32) 『阮朝硃本』嗣徳第 47 集、第 237 葉表〜裏に「諒平巡撫臣潘克慎謹奏。為遵奉将察訪省轄現在
情形、並擬請各縁絲、恭摺覆奏候旨事。本年柒月日、接兵部臣恭録宣光省按察使臣裴維埼條陳壱
摺内壱款叙「該省□地処上游、黎以前府州県皆以土官為之、聴其自相管摂。国初亦因之。明命年
間、因以逆雲之変、改設流官、以革専襲之弊。寔惟聖人立法之意深且遠矣。惟土人易惑難暁、言
語衣服与漢不同。平日惟土目是依、殆亦難於不変。兼以地処極辺、幽暗巌崖之氣、蒸為瘴毒、在
在皆然。僅有園省数里之地、人煙湊集、嵐□稍軽。現今該轄弐府捌県州、惟永綏壱県参以土人、
余皆流官。向来府県臣纔一到莅□□之即、尋向省城調養。雖知擅離職役、律有明條、而存亡危急
迫於目前、不得不討壱□□便以為偸安之地。壱年之内、在莅日少、在省日多。身家之念重、則民
事之念軽。況人□□否。豈皆召杜襲黄。間有以土民為易虐、則藉端嚇詐、図飽私嚢。甚至供億之
費、亦□□之民習以為常、恬無訴告。該員雖知有此弊、但其事微其跡暗、難於摘発。是則流□名、
而無流官之寔。欲其丕式厥化漸染夏風、想亦難矣。且改土帰流乃朝廷已成之法、該員疎遜新進、
豈敢妄生議論。但目撃情形、莫敢緘黙。仰懇天恩勅下部臣、咨査詳確申議章程。就中如北坼之沿
辺各省、除何係嵐瘴稍軽、応行専設流官、請遵依向例辦理外、余何係嵐瘴稍重、不便久留者、請
再行増設土県丞壱、使之更迭往来、以均労佚、互相維制、以観厥成、竢後行之。既久則土民慣
於聞見、易使信従、人煙日集、□水土日平、用夏変夷之機正在乎是。至此則照例一律、再設流官
専員、可以垂之久遠、而無弊矣。」等因。」とある。

238

第 2 節　1850 年代における土官復設をめぐる議論

おります。ほしいままに職役を離れれば律に明條があることは知っており
ながら、存亡の危機が目前に迫り、…安楽の地とすることを求めざる
を得ないのです。1 年の中で、（府州県の）荏にいる日数は少なく、省城
にいる日数が多くなっております。…（中略）…ただし実情を目の当た
りにして、決して沈黙してはいられません。天恩によって部臣に勅をく
だし、咨文を送付して調査させ詳細かつ確実に制度を陳述・議論させる
ことをお願い致します。なかんずく北圻の辺境各省は、瘴癘が比較的軽
い省はもっぱら流官を設置し、慣例に従って処置することを要請するほ
か、その他の瘴癘が比較的重く（流官が）久しく留まるのに不都合な省
は、再び土県丞 1 員を増設し、これを交替で往来させ、労苦と安楽を等
しくし、相互に統制させ、その成果を見て後を待ってこれをおこないま
すようお願い致します。（この状態が）久しくなれば土民は聞見に慣れ、
信用して服従させやすくなり、人家は日に日に集まり、水土は日に日に
平穏となり、夏を用いて夷を変じさせる機会はまさにこの時に訪れるで
しょう。ここに至れば一律に前例に従い、再び流官専員（当該地域の統
治に特化した流官の意か）を設け、これを長く伝えることができ、弊害
はないでしょう。

　これによれば宣光省では府県の流官が治所すなわち府城・県城にいる日数
は少なく、省城にいる日数が多いという。このような状況を踏まえて裴維埼
は、瘴癘が比較的軽い省はもっぱら流官を設置すると同時に、瘴癘が重く流
官の滞在に不都合な省は土県丞 1 員の増設を要請している。注目すべきは、
阮朝初期まで続いた土官による世襲統治を明命年間に改めて流官を派遣する
ようになったことに言及されていることである。裴維埼自身も、土県丞の増
設が明命年間の行政改革以降の方針の転換を意味すると認識していたことは
間違いない。これに対して嗣徳帝の硃批では、即座に裴維埼の要請を裁可す
ることはせず、ほかの山地諸省の地方官に覆奏（返答の上奏）を命令してい

239

第7章　19世紀後半の阮朝による地方支配の変遷と社会変容

る[33]。これに対して各省官が上奏をおこなったと考えられるが、筆者が確認
できたのは諒山省官と興化省官のものである。西北地域に属す興化省（序章
注4参照）は、東北地域に属す諒山省と比べて地勢が険阻で山々の標高も高
い。そのためこれらの上奏は、北部山地各省における地方支配の実態を知り、
比較するうえで重要である。

(3) 諒平巡撫潘克慎の覆奏

　まず諒山省については、諒平巡撫潘克慎が上述嗣徳7年8月8日付覆奏の
中で、以下のように記している[34]。

---

33) 注32の引用箇所に続けて、「欽奉硃批内壱款「所請既設流官又増設土県壱款、事権似属不専。
　且恐旧習□余或為可慮。但四裔之与中州不同、風俗既殊嵐瘴太盛、人地恐非相宜、亦無益於事
　遠情辺務諸地方諒亦熟悉。着諸辺省臣会同察訪現在情形、較与裴維琦意見同否、覆奏候旨」等因。
　欽此欽遵。」とある（『阮朝硃本』嗣徳第47集、第237葉裏〜238葉表）。

34) 注33の引用箇所に続けて、「臣与諒山按察使臣裴鸞会同審察再四籌思、竊惟治以順、則人知所
　向法相因則事易以成朝更夕改、恐非所以昭画一、而示常経也。奉照臣轄地居辺遠、従前各府州県
　専設土官、使相統摂、人情慣習安於故常。此辰流官可無設也。惟自明命拾肆年、因以土匪煽変、
　事平之後、欽奉分流流官、革藩臣世襲之弊。邇来土民日染夏風、漸知朝廷法紀弐拾余年。于茲人
　情久已相安矣。其旧土官素為地保所推者、現今零落殆尽、至如該等子弟、久沈民伍与凡人齊轄民
　罕所信服、又察其人均無学識、若假之以社民之□□流官協同辦事、不惟品位、既不相称、而事権
　不一、誰知適従、亦非所以専用責成之意□□。査之、臣轄諸府柒県州、除温州・文淵・禄平・柒
　渓肆県州均係嵐瘴稍軽外、余嵐瘴稍重之安博・脱朗・文関参州県、経奉究嗣徳肆年拾壹月日、臣
　省摺請脱朗州併帰長定府衙兼辦、安博県併帰長慶府衙兼辦。欽奉旨「準」在案。其該弐州県苴
　均奉裁省。惟文関県地氣従前較与各轄嵐瘴亦属稍重、而□流官分設之後、人煙湊集水土日平。近
　来節次県員赴苴、遇有公事方始抵省、余均於県衙久住期事、未曽離職避居、亦保無恙。則嵐瘴想
　已稍軽、而流官亦能独理已可概見、就使一二流官如有嚇詐冗弊等劣蹟、則朝廷自有典刑。地方臣
　等職係守土、豈有恬視其為民病而□之摘発者。況拠該按察員原摺所陳、既云増設土県使相維制、
　又請竢後照例一律再設流官専員。如此則事無一定、将何底止而可垂之久遠乎。其臣轄各府県州
　擬応仍前専設流官辦事、無須増設土県丞為也。惟該土司・土目人等雖究非夢牧之才、而□□□堪
　幹底人障□□□亦可以資得力。其在省之諒雄・諒勇弐奇、有由兵丁而推補隊長・率隊者、其在各
　府県州有由民丁而遴挙吏目・隷目・該副総者。又參肆年来、因以清匪滋蔓辰常擾来侵擾、節奉団
　練民勇。其豪目等名何係敏幹、有由原経署使臣及臣省給獎権充千百戸、土豪者向上該各員名差
　派。如能出力確有功状請、臨期由臣省以事題明、候旨奬賞、或蒙補授原職、或蒙抜補職俸、仍聴従
　臣省備派。夫如是則寸善簿功在所必録、該土司・土目等成知奮勉、楽於効用、法度無所変更、而用
　人之途将見其益広矣。所有臣省察訪現在情形並擬請各縁繇、輒敢恭摺覆奏、伏候聖旨。謹奏。↗

240

第2節　1850年代における土官復設をめぐる議論

考えますに臣轄（諒山省）の地は辺遠にあり、以前は各府州県にもっぱら
土官を設置し、互いに統轄させ、人情や慣習は旧来の規範に安んじており
ました。この時流官は設置できませんでした。思うに明命14年から、土匪
（農文雲勢力）が反乱を煽動したことによって、平定された後、謹んで奉じ
て流官を分設し、藩臣による世襲の弊害を改めました。以来土民は日に日
に中華の風俗に染まり、次第に朝廷の法紀を知り20年あまり経ちました。
いま人情は久しく平安になっております。…（中略）…調べたところ、臣
轄の2府7県州で、温州・文淵・禄平・柒渓の4県州がいずれも瘴癘がや
や軽いのを除き、残りの瘴癘がやや重い安博・脱朗・文関3州県は、すで
に奉じて調べたところ嗣徳4年11月某日、臣省（諒山省）は摺によって脱
朗州を長定府衙に統合し兼轄させ、安博県は長慶府衙に統合し兼轄させる
ことを要請しました。謹んで旨を奉じたところ「許す」とあり手続きが完
了しました。当該2州県莅はいずれも奉じて削減しました。ただ文関県の
風土のみ以前から各轄（文関県以外の州県）と比較して瘴癘もまたやや重
かったものの、流官を分設した後、人煙は集まり水土は日に日に平安とな
りました。近頃何度も県員は莅に赴き、公事があれば初めて省城に至り、
残りはいずれも県衙に久しく留まり公務をおこない、今まで職務から離れ
て不在にしたことはなく、また悉ない状態を保っています。瘴癘は思うに
すでにやや軽くなり、流官もまた独力で統治できることは、すでにおおむ
ね見通すことができ、たとえ1〜2の流官に脅迫詐取や不正などの悪行が
あったとしても、朝廷にはおのずから典刑がございます。地方臣らの職務
は版図の守備であり、どうしてその民の苦難を座視して暴露（せずに？）
いられましょうか。まして当該按察員（裴維琦）の原摺の陳述によれば、
土県を増設して統制すると述べるだけでなく、後を待って前例に従い一律
に流官専員を再設することを請うています。このようにすれば事情が一貫

嗣徳柒年捌月初捌日、題。臣潘克慎」とある（『阮朝硃本』嗣徳第47集、第238葉表〜239葉裏）。

241

第 7 章　19 世紀後半の阮朝による地方支配の変遷と社会変容

しておらず、どうして落着してこれを長きにわたって伝えることができましょうか。臣轄の各府県州は以前通りもっぱら流官を設置して公務をおこなわせるべきであり、土県丞を増設する必要はございません。

　潘克慎はまず明命 14 年に農文雲勢力を平定した後に流官を設置したことから書き起こし、それ以降 24 年が経過してもおおむね平穏であると記している。また諒山省に属す 2 府 7 県州県官のうち、温州・文淵・禄平・柴渓の 4 県州は瘴癘が若干軽い一方、安博・脱朗・文関 3 州県は瘴癘が若干重いが、嗣徳 4 年 11 月の上奏によって脱朗州を長定府衙、安博県は長慶府衙がそれぞれ兼ねることが認められたことで安博県と脱朗州の治所が無用となり、残る文関県についても、県官は県衙門に留まり公務の必要がある時に省城にやって来るのみで、「恙ない状態を保って」いるという。

　このうち脱朗州を長定府衙、安博県を長慶府衙がそれぞれ兼ねることを要請したという嗣徳 4 年 11 月の上奏は、『阮朝硃本』に収録される吏部の嗣徳 4 年 12 月 22 日付奏に引用されている署諒平巡撫丁文銘の疏に当たると思われる[35]。これによれば、もともと諒山省では、長慶府が禄平州を「兼理」し、安博県・温州を「統轄」しており、また長定府は文淵州を「兼理」し、文関・

35）『阮朝硃本』嗣徳第 35 集、第 252 葉表〜 253 葉表に「嗣徳肆拾弐月弐拾弐日、吏部奏。本月十二日、接諒平署撫臣丁文銘疏叙「遵諭親行確勘、該省府県州屯堡応留応省各款。除裁省屯堡一款、前経経略使臣阮登楷奉已繕摺欽遵外、仍照該轄原設府二県州七、其長慶府兼理禄平州、統轄安博県・温州。長定府兼理文淵州、統轄文関・七渓・脱朗三県州。就中安博県地勢雖係広漠、而丁田較与他轄稍減、界分又与禄平州眦連。脱朗州丁田之数、視与各県州雖係相等、但地勢民居与文淵州相為聯絡。而究之該県州、公務均係稍簡。茲該省請将安博県併交長慶府、兼辦仍旧、統轄温州、脱朗州併交長定府、兼辦仍旧、統轄文関・七渓二県。再照脱朗州間有洛陽総、間居于七渓地轄、文淵州之安雄・化仁・野巌・光賁四総坐落在文関県地轄、程途頗属遥◨。文関県之富舎総民居又間于文淵州地界、遇有公務、不免牽阻稽延。請将脱朗州之洛陽総改隷七渓県轄、文淵州之安雄・化仁・野巌・光賁四総改隷文関県轄、文関県之富舎総改隷文淵州轄、庶帰妥便。如蒙兪允、請将脱朗州印務併交長定府衙、安博県印務併交長慶府衙認辦。其知州阮輝璧・試署知県范玉瑾抽回、由部按補、該県州吏役由該省按缺量補、隷兵抽回民籍、受◨丁田税例、另奉杳冊由部備照、再另奉描取図本、由部奉納併叙」等因。」とある。

242

七渓・脱朗3県州を「統轄」していたという。ここで「兼理」は衙門を兼ねることを指し、「統轄」は統属下に置かれることを指している[36]。そのうえで丁文銘は、安博県は丁数や田数が少なく禄平州と接していること、脱朗州の丁数や田数は各県州と同じではあるが地勢や住民の住居が文淵州と連接していること、安博県と脱朗州の公務はいずれもやや簡素であることなどを理由として、安博県を禄平州と合わせて長慶府に「兼辦」させ、また脱朗州は文淵州と合わせて長定府に「兼辦」させることを要請している。ここで「兼辦」は「兼理」と同様に衙門を兼ねることを指すのだろう。長慶府知府が禄平州と安博県、長定府知府が脱朗州と文淵州をそれぞれ同時に管轄することで、流官の数を減少させるという意図である。さらに丁文銘は、この要請が裁可されれば脱朗州知州阮輝璧・安博県試署知県范玉瓛は吏部が別の官職に任命し、脱朗州・安博県の吏役は諒山省が不足に応じて任命し、隷兵は民籍に戻して人頭税や土地税を負担させるとも記述している。これをうけて吏部は丁文銘の要請を妥当であると記しているが、嗣徳4年12月22日付奏の時点で吏部は事情を上申するのみで票擬していない[37]。ただ前掲の諒平巡

---

36) 明命16年に諒山省の各府州県の治所が設定された際は、長定府が脱朗州を「兼理」し、文淵・文関・七泉3県を「統轄」、長慶府が温州を「兼理」し、禄平州と安博県を「統轄」している（第5章注23）。明命21年に作成された温州各社の地簿においても「温州知州兼署長慶府事陳言行」（たとえば枚坡社地簿（国家第一公文書館所蔵 3374）など）、脱朗州各社の地簿では「署長定府知府兼理脱朗州事阮春堂」（たとえば冲銘社地簿（国家第一公文書館所蔵 3492）など）が、それぞれ「承視実」している。この時から嗣徳4年までのあいだに変更があったようだ。なお嗣徳2年頃の時点では、「該州（禄平州）知州兼署長慶府事臣武文百」（第6章注21）とあり、武文百が禄平州知州であると同時に長慶府を代理で管轄している。また署諒平巡撫張好合の嗣徳2年正月29日付奏では「長定府兼理文淵府州臣范維燃」と記されており（『阮朝硃本』嗣徳第9集、第301葉表）、范維燃が長定府知府と文淵州知州を兼任している。

37) 注35の引用箇所に続けて「臣部奉査之、該省原設府二県二州三、長慶府兼理禄平州、統轄安博県・温州、長定府兼理文淵州、統轄文関県・七渓県・脱朗。其禄平州丁数一千一百余人、田土一千二百余畝。安博県丁数三百余人、田土七百余畝。温州丁数一千四百余人、田土一千三百余畝、文淵州丁数一千三百余人、田土六百余畝。文関県丁数一千七百余人、田土九百余畝。七渓県丁数一千一百余人、田土一千五百余畝。脱朗州丁数一千余人、田土一千一百余畝。是則各該県州丁田之数勝遜、間有不同。而参之図本、則安博之与禄平、脱朗之与文淵、其地勢民居相為聯絡。↗

243

第7章　19世紀後半の阮朝による地方支配の変遷と社会変容

撫潘克慎の嗣徳7年8月8日付覆奏によれば、「許す」という旨がくだされた
ようだ[38]。

　このように、少なくとも潘克慎の認識に基づく限り、諒山省では、州県官
が任地に滞在しない（できない）ことが問題化していたほかの北部山地諸省
に比べると、流官統治が比較的順調に機能していたといえよう。ただし、諒
山省での流官統治が平野部諸省のそれと比べて完全に同一だったわけではな
いことにも留意する必要がある。たとえば上述のように瘴癘が若干重い脱朗
州と安博県の衙門を長定府と長慶府の衙門に兼ねさせたため、長定府官が脱
朗州、長慶府官が安博県の任務をそれぞれ兼任することになり、脱朗州官と
安博県官が当地に滞在する必要がなくなっている。また文関県知県について
は、第5章第3節（1）で述べたように、紹治6年に禄平州土知州韋世鉤が文
関県知県へ転任している。この異動について第5章第3節（1）では、農文雲
勢力の鎮圧後は大きな動乱も起こっていない状況下で、土を冠していない官
職に現地出身者を任命することで漸次的に完全な流官統治に近づける意図が
阮朝にあったと分析したが、この措置は瘴癘が若干重い（とみなされていた）
文関県の統治を現地出身者に委ねることで任地に滞在すべき平野部出身の流
官の数を減らす意図もあったと考えられる[39]。このように諒山省では、流官
統治という明命帝が構築した全国的に画一的な統治体制から大きく逸脱する

　　茲該省請将安博州帰于長慶府併摂、脱朗州帰于長定府併摂。是存府二県三、想亦妥適。…（中
　　略）…余各款妥合請依。且事関大政、臣部未敢率票。謹奉旨叙並将図本進呈、候旨遵奏。臣黎文
　　謙奉致。臣枚徳儼奉草。臣林維義・臣黄収・臣武徳濡奉閲」とある（『阮朝硃本』嗣徳第35集、
　　第253葉表〜254葉表）。
38)　『大南寔録』正編、第四紀、巻7、嗣徳4年12月条、第33葉表〜裏にも安博県を長慶府が、脱
　　朗州を長定府が、それぞれ兼ねることが決定されている。
39)　韋世鉤は、彼の墓誌（【表1】No. 32、原文は第5章注34参照）に「嗣徳七年致仕」とあるた
　　め、嗣徳7年まで文関県知県を務めたようである。実際、韋世鉤の後任の文関県知県の初出は、
　　諒平巡撫臣潘克慎の嗣徳7年5月10日付奏（『阮朝硃本』嗣徳第44集、第47葉表〜49葉裏）に
　　見える陳鑑である。陳鑑が実際に文関県に赴いていたのか否かは不明だが、いずれにせよここで
　　取り上げた潘克慎の嗣徳7年8月8日付覆奏の時点では赴任まもないため問題化していなかっ
　　たのだろう。

ことなく、一部の州県に流官が滞在しなくても良い状況を作り上げていたといえる。

　このように、諒山省では州県官がおおむね任地に滞在しているため、土官復活の利点は薄く、土県丞を増設する必要ないというのが嗣徳7年8月8日付覆奏における潘克慎の結論である。これに対して嗣徳7年9月1日、「（潘克慎の）奏に従え（依奏）」という旨がくだされており、裁可されたことがわかる[40]。

(4) 興化省官の上奏

　潘克慎の覆奏の約1年後、今度は興化省官からの上奏が阮朝朝廷に届いた。吏部の嗣徳8年9月8日付奏では、同年8月21日に興化省臣阮有和・段文煥らの摺（奏）を受け取ったとある。阮有和・段文煥らの上奏では、まず嗣徳8年3月に兵部が「録」したという宣光按察使裴維琦の上申が引用されており、その内容およびくだされた硃批は上述した裴維琦の嗣徳7年7月の上奏と同様である[41]。阮有和・段文煥らの上奏に引用される裴維琦の上申は裴維琦の嗣徳7年7月の上奏に当たると考えて良いだろう。

　これに対して興化省臣は、管轄下の州県を①瘴癘がやや軽く流官が居住に

40）潘克慎の上奏の末尾「嗣徳柒年捌月初捌日、題」の下に「至玖月初壱日、臣尊室常・臣黎善□・臣謝有圭奉旨「依奏」欽此。」と書き込まれている（『阮朝硃本』嗣徳第47集、第239葉裏）。なおここで潘克慎は土官復設に反対しているが、前述のように諒山省でも韋世鉤が紹治6年〜嗣徳7年にかけて文関県知県に任じられており、その俸給は土官の前例に基づいて支給されていた（第5章第3節（1））。土を冠した官職ではないため土官に該当しないとみなされていたと思われるが、土官をめぐる議論において言及すらされないのは不可解である。

41）『阮朝硃本』嗣徳第51集、第191葉表〜裏に「嗣徳捌年玖月初捌日、吏部奏。月前二十一日接興化省臣阮有和・段文煥等摺叙「本年三月日兵部臣恭録原宣光按察裴維琦條陳内一款「北圻之沿辺各省、余［除］何係嵐瘴稍軽、応行専設流官、請遵依向例辨［辦］理。余何係嵐瘴稍重、不便久留者、請再行増設土県丞一、使之更迭往来、以均労逸。」等因。欽奉硃批内一款「所請既設流官又増設土県丞一款、事権似属不専。且恐旧習難除、或為可慮。但四裔之与中州不同、風俗既殊嵐瘴太盛、人地恐非相宜、亦無益於事遠情辺務諸地方諒亦熟悉。着諸辺省臣会同察訪現在情形、較与裴維琦意見同否、覆奏候旨」等因欽此。」とある。

245

第 7 章　19 世紀後半の阮朝による地方支配の変遷と社会変容

堪えられるもの、②瘴癘がやや重く流官にとって時々の往来は可能だが長期滞在ができないもの、③瘴癘が最も深重で流官が居住に堪えられないものに分類し、①と②については継続して流官を設置するが、③については流官だけでなく土官を併設することを要請したという。この要請がいつ誰によっておこなわれたのかは明記されていないが、いずれにせよどの州・県がどのカテゴリーに属すのかが明記されていないため、新任の布政使阮有和・按察使段文煥に調査させることを命じる旨がくだされた[42]。以上を踏まえて、阮有和・段文煥は以下のように上奏している[43]。

　いま該省臣は遵守して属轄（興化省）の各府県州で訪問調査をおこない、いま土官を設置している山羅・順州 2 州は旧来通り設置することをお願い

42）注 41 の引用箇所に続けて「経当次省臣擬請「何係嵐瘴稍軽、流官可堪居住者、仍依向例設置流官、以候補員人充補。何係嵐瘴稍重、只可以辰往来而不能久留者、亦仍設流官遷出人地相宜之候補佐領員人充補。何係最為深重不堪居住者、間設土官俾互相参錯、竢数十年後人煙日集、嵐瘴漸軽、照例一律設置流官。」等因。奉旨内一款「摺内擬請各款、較与裴維埼意見、間有異同。惟亦係照理論説。而轄内何県州為属軽、何県州為稍重応仍設流官、何県州為最深重不堪居住応間設土官。所叙尚未明晰、難於懸擬。這摺著再交新領布政阮有和・領按察段文煥、悉心密訪明白覆奏、另降旨行」等因。欽此欽遵。」とある（『阮朝硃本』嗣徳第 51 集、第 191 葉裏～ 192 葉表）。

43）注 42 の引用箇所に続けて「茲該省臣遵奉察訪属轄各府県州、除現設土官之山羅・順州二州請応仍旧設置外、余如原設流官實接省城之三農与□稍近之清山兼摂清水、安立、鎮安等県州均係嵐瘴稍軽、可堪居住辨［辦］事。至如文振、文盤、水尾、昭晋、枚州兼摂陀北、木州兼摂安州、莱州兼摂瓊崖州、遵教州兼摂倫州、燹辺府兼理寧辺州、就中雖間有地勢遼遠、嵐瘴稍重、向来該各府県州員常就莅所辨［辦］事、因有感染尋向省寓医治、稍瘥瘳愈尚亦可堪居住。請応仍依向例設置流官。惟扶安・枚山二州地勢不甚遼遠、而嵐瘴蒸爵［鬱？］、最為深毒。自奉設置流官来茲纔十八年、查之扶安州原知州范亭・阮允恭・阮惟□、裴光禎・阮廷璞・黎叔瑒・陳厚禄、権署通判摂辨［辦］州務何春涵該八員、枚山州原知州陳迪全・阮名振・范登璋・高輝煥・武仲濬・阮名□・阮表該七員、或纔一次或経二次到莅均攖病故、無一得免。確係嵐瘴最為深重、不堪居住。請応改設土官、凡催徴防截諸公務、由該州員照常辨［辦］理、如有関重案件事務者、聴其稟省照辨［辦］。其原莅之知州潘暦・范輝鵬請由臣部照缺回補、吏目・通吏等等名抽回原貫竢補、隷兵仍留応役。該二州知州之缺、由該省臣照例会同遴択土官子孫或土豪・土目何係民情信服者、摺請充補。再該二州与山羅・順州原設土著、茲請設土吏目・土通吏各一、随与土官承行公務。提後具将何係応仍設流官、何係応改設土官、按款開列」等因。…（後略）…」とある（『阮朝硃本』嗣徳第 51 集、第 192 葉表～ 193 葉表）。

246

するほか、そのほかのもともと流官を設置している省城に近接している三農と（省城から）やや近い清山と兼摂（代理で兼ねることを指す）している清水、安立、鎮安などの県州はいずれも瘴癘がやや軽く、（流官が）居住し仕事をするのに堪えられます。文振、文盤、水尾、昭晋、枚州と兼摂している陀北、木州と兼摂している安州、萊州と兼摂している瓊崖州、遵教州と兼摂している倫州、奠辺府と兼理している寧辺州については、中でも地勢がはるか遠方にあり、瘴癘がやや重いものの、先頃当該各府県州員は常に（府県州の）治所で仕事をしており、病気を患ったためにまもなく省（城）で仮寓して治療をおこなうことはあっても、やや治癒すればなおも居住に堪えることができております。依然として先例に依拠して流官を設置することをお願い致します。ただ扶安・枚山2州は地勢が非常に遠いというわけではありませんが、瘴癘が蒸発しており、（興化省の中で）最も毒が深いです。奉じて流官を設置してから今までわずか18年ですが、調べたところ扶安州は元知州范亭・阮允恭・阮惟□・裴光禎・阮廷璞・黎叔瑒・陳厚禄、権署通判摂辦州務何春涵の8員、枚山州は元知州陳迪全・阮名振・范登璋・高輝煥・武仲濤・阮名□・阮表の7員が、ある者はわずかに1次、ある者は2次莅に到着しただけでいずれも病気を患って死亡し、1人として（病死を）免れることができた者はおりません。確実に瘴癘が最も深重であり、居住に堪えられません。土官を改設し、およそ課徴や防備の諸公務は当該州員が通常通りに処置し、重大な案件の任務があれば稟で省に報告して（省の命令に）従って処置することを許すことをお願い致します。原莅（もともと莅で任務に当たっているという意味か）知州潘暦・范輝鵬は、臣部（吏部）がポストに応じて改補（同じランクのポストへの転任）し、吏目・通吏は原貫に引き戻して任命を待たせ、隷兵はなおも留めて役に応じさせるようお願い致します。当該2州知州のポストは、当該省臣が（土知州が存在していた時期の）前例に基づいて共同で土官の子孫あるいは土豪・土目で民情に信服されている者を選抜し、摺によって任命を

第7章　19世紀後半の阮朝による地方支配の変遷と社会変容

要請致します。また当該2州と山羅・順州はもともと土着（の官吏）を設
置しており、いま土吏目・土通吏各1名を設置し、土官に従って公務をお
こなわせることをお願い致します。

これによれば、すでに土官を設置している山羅・順州2州[44] を除くと、上
述の3分類のうち①瘴癘がやや軽く流官が居住に堪えられるものには三農・
清山・清水・安立・鎮安5州県、②瘴癘がやや重いものには文振・文盤・水
尾・昭晋・枚州・陀北・木州・安州・莱州・瓊崖州・遵教州・倫州・奠辺府・
寧辺州、③瘴癘が最も深重で流官が居住に堪えられないものには扶安・枚山
2州が、それぞれ属すという。そのうえで、もともと流官を設置しており流
官が滞在可能な①の5州県に加えて、②の各州県でも各府県州員は治所で仕
事をしており、病気を患い省城で治療をおこなうことはあっても、治癒すれ
ば滞在可能であるとして、流官の設置を要請している。一方③の扶安・枚山
2州については、これ以前の扶安州元知州8名（権署通判摂辦州務を含む）、
枚山州元知州7名は、いずれも1～2度州の治所に到着しただけで病気を患
い死亡しており、瘴癘が最も深重であるとして、土官の設置を要請している。
　以上の阮有和・段文煥の要請に対して、吏部も彼らの要請に従うことを具
申しているが、「沿革の大政」に関わる事案であるという理由で、嗣徳8年9
月8日付奏の中では旨の文章を起草していない[45]。しかし「（土官の）改設
がただ2州のみというのも大きな障礙というわけではないだろう。奏に従え
（改設只□二州亦無甚礙。依奏）」という硃批が書き込まれていること、およ
び『大南寔録』嗣徳8年9月条で興化省扶安・枚山2州における土官の復設

---

44) ダー河中・上流域に位置するこれらの2州には、そもそも流官の派遣が見送られていた［岡田
　　2012: 30］。

45) 本奏の末尾に「且遠情辺務諒在地方官之所熟悉、其摺内所請扶安・枚山二州併与山羅・順州均
　　設土官、並擬請各款頗已妥合請依。惟原知州潘暦・阮輝鵬二員日下無缺可以改填、姑聴其回貫葵
　　補。竊以事関沿革大政、臣部莫敢率辨［辦］。輒敢声叙候旨遵票。」とある（『阮朝硃本』嗣徳第
　　51集、第194葉表～裏）。

248

が決定したと記載されている[46]ことから、阮有和・段文煥の要請は裁可されたと考えて良いだろう。

　このように1850年代の時点では、興化省においても、山羅州・順州・扶安州・枚山州といった一部の地域で土官が設置されていたが、全体としては流官統治が目指されていたといえよう[47]。諒山省の事例と合わせて考えると、一口に19世紀後半に北部山地諸省が支配の困難に直面したといっても、各省で実情に応じた対応が模索されていたことがわかる。北部山地諸省の地方官たちは、明命帝が構築した全国的に画一的な統治体制を大きな逸脱なく維持しようと努力していたといえよう[48]。

第3節　19世紀後半の諒山省における現地住民の動向

(1) 土司以外の現地住民

　本書でこれまで論じてきたように、黎鄭政権期から阮朝初期にかけてベト

---

46)『大南寔録』正編、第四紀、巻13、嗣徳8年9月条、第14葉表。

47) 裴維琦の上奏は、『大南寔録』では嗣徳7年6月条にかけられているが、そこでは裴維琦の上奏に続けて「その後諸辺省は調査して上奏したが〈多くは流官を設置してから今まで常に水土はやや平穏であり、居住しても病気を患うことなく、人々もまたすでに慣習が少しずつ中華の風俗に染まりつつあるので、土県丞を増設するのは不都合であると述べた〉、裴維琦と異なっていたため結局旧来通りとした」と記されている（『大南寔録』正編、第四紀、巻10、嗣徳7年6月条、第27葉裏～28葉裏に「宣光按察使裴維琦入覲。帝以在外日久、令拠轄内並諸轄情形具奏。…(中略)…琦再言「省轄地処上游、国初府州県皆以土官為之。明命年間改設流官、但地処極辺瘴毒太盛、府県臣纔一到苞疾病、乗之尋即向省城調糞。是則有流官之名、而無流官之寔。欲其漸染夏風鮮矣。擬応再行増設土県丞一、使之更往迭来、互相制制、人煙日集、即水土日平、再専設流官亦便」。帝諭令諸辺省臣会同察訪現在情形較与琦意見同否。嗣諸辺省察奏〈多言自設流官来茲毎于水土稍平者、居住無何感染、而人民亦已慣習漸染夏風、増設土県丞不便〉、与琦相左遂仍旧。」とある）。本章で取り上げた諒山省官と興化省官以外にどの省官がどのような上奏をおこなったのかは不明だが、全体としては流官統治が維持されたようである。

48) 北部山地の広域で土官が復設されたのは嗣徳22年と思われるが［武内 2003: 661（注26）]、その際にどのような議論が朝廷内でなされたのかについて、脱稿時点では関連史料を発見することができなかった。今後の課題としたい。

第7章　19世紀後半の阮朝による地方支配の変遷と社会変容

ナム王朝から官職を授与された現地住民は多くが在地首長層であった。一方明命年間の行政改革で、該総や里長の任命が規定されたが［Nguyễn Minh Tường 1996: 157-164］、諒山省の該総や里長の多くは、土司以外の現地出身者が任命されたと思われる[49]。また前述のように1850年代になって清朝の領域から武装集団が到来するようになると、諒山省や高平省では嗣徳6～7年頃からこれらの該総・里長をはじめとする現地出身者が試差千戸・権充千戸・権充百戸などの官職を授与され、土勇・民勇（現地民の民間兵）を統率して武装集団の撃退に従事した【表24】。本節では、このように土司か否かを問わず現地住民に官職が授与されたことで、地域社会がどのように変容したのかを考察する。

　まず、試差千戸に任命された土司以外の現地住民の事例を取り上げる。兵部の嗣徳11（1858）年4月23日付覆に、以下のように記されている[50]。

---

49) 国家第一公文書館に所蔵される明命21年の地簿には、該総や里長の姓名が記されている。筆者が諒山省すべての地簿を確認したわけではないが、少なくとも禄平州屈舍総・高楼総や脱朗州有秋総など土司集団の集住地の該総・里長の中で旧土司とおぼしき人物は見当たらなかった。

50) 『阮朝硃本』嗣徳第89集、第72葉表～73葉裏に「嗣徳拾壱年肆月弐拾参日、兵部覆。月前二十六日接諒平領撫臣裴靄冊叙「属轄各府県州試差千戸期満之該総黄美進・丁士霄等限内保無過咎。従九品百戸阮廷俊経得杖責、名下預有捕務擒斬寔状、請捕［補］授従八品千戸。其黄美進・丁士霄仍領該総・副総。至如未有職銜之土司黄徳江・土豪呉廷楊、請各補授従九品百戸仍試差千戸」各等因。臣部奉照武階職制、設有千戸秩正七品、副千戸秩従七品、百戸秩正従八九品。仍査冊内黄美進・丁士霄・黄徳江・呉廷楊等四名於嗣徳七年十月日試差千戸、至茲已満三年限内保無過咎。就中黄美進・丁士霄原授該総秩従九品、擬応聴其補授従八品百戸、仍各領該総・副総、以符階級。黄徳江・呉廷楊等関係土司・土豪未有品銜、擬応聴其補授従九品百戸、毋須試差千戸。至如従九品百戸阮廷俊亦於嗣徳七年十月日試差千戸、至九年二月日所干清匪抄掠得杖八十、究係重款。但名下前以従征擒斬寔状、経蒙賞授従九品百戸。其於試差限内無有事状可指。請照例停留一年、限満保無過咎、方聴声請補授従八品千戸。軏敢声叙恭擬奉旨「武階職制設有千戸秩正七品、百戸秩正従八九品。茲黄美進・丁士霄原係該総秩従九品、着改補従八品百戸、仍各領該総・副総、以符階級。黄徳江・呉廷楊等未有職銜、準補授従九品百戸、毋須試差千戸。至如従九品百戸阮廷俊試差限内経干杖責重款、着停留一年、限満保無過咎、方準奏請捕授従八品千戸」欽此。臣鄧伯活奉攷、臣武得元奉草、臣張登桂・臣林維義・臣陳践誠・臣阮有成奉閲」とある。

第3節　19世紀後半の諒山省における現地住民の動向

先月26日に受け取った諒平領撫臣裴霭の冊に「管轄下の各府県州の試差千戸の任期が満了した該総黄美進・丁士霄らは期限内に過失がありませんでした。従九品百戸阮廷俊は杖刑の処罰を受けておりますが、名義上以前に捕務で（賊徒を）捕縛・斬殺したという実際の功績があり、従八品千戸への任命をお願い致します。黄美進・丁士霄はさらに該総・副総を帯びております。まだ職銜を有していない土司黄徳江・土豪呉廷楊については、それぞれ従九品百に任命し依然として千戸に試差するようお願い致します」などとありました。臣部（兵部）は奉じて武階職制を調べたところ、千戸の秩は正七品、副千戸の秩は従七品、百戸の秩は正八品・従八品・正九品・従九品と定めております。さらに冊内を調べたところ黄美進・丁士霄・黄徳江・呉廷楊ら4名は嗣徳7年10月某日に千戸に試差されており、いまに至ってすでに3年の任期を満了しており過失がありませんでした。中でも黄美進・丁士霄はもともと秩が従九品である該総を授与されておりますので、従八品百戸への任命を許し、さらにそれぞれ該総・副総を帯びさせ、品階に合致させるべきです。黄徳江・呉廷楊らはもともと土司・土豪であり品階や職銜がないので、従九品百戸への任命を許すべきであり、千戸に試差してはなりません。従九品百戸阮廷俊についても嗣徳7年10月某日に千戸に試差され、（嗣徳）9年2月某日になって清匪の略奪の事案に関わり杖八十を受けており、きわめて重大な案件です。ただし名義上以前征討につき従って捕縛・斬殺した実際の功績があり、すでに恩賞で従九品百戸を授与されております。試差の期限内で指弾すべき行状はありません。前例に基づいて1年（従九品百戸に）留め、任期が満了して過失がなければ、初めて従八品千戸の任命を要請するのを許して頂きますようお願い申し上げます。恐れながら申し上げ恭しく「…（中略）…」という旨を起草致します。

これによれば、嗣徳7年10月に該総（従九品）の黄美進・丁士（仕）霄は

251

第7章　19世紀後半の阮朝による地方支配の変遷と社会変容

土司の阮廷俊や黄徳江と共に試差千戸に任命され[51]、3年間過失がなかった
という。そのため諒平領撫裝讞によって従八品百戸への任命が要請され、兵
部の覆も基本的に諒平領撫裝讞の要請を認め、その内容に基づいて旨の文言
が起草されている[52]。阮廷俊がさらに1年の千戸への試差期間を過失なく満
了すれば従八品千戸への任命が認められているのは、もともと従九品百戸に
任命されていたためだろう。【表24】によれば、阮廷俊は千戸に試差される
以前の嗣徳7年7月には従九品百戸を帯びている。興味深いのは、黄美進・
丁士霄が従九品の該総を授与されているために従八品百戸への任命を許され
る一方、黄美進・丁士霄と共に嗣徳7年10月に試差千戸に任命された土司
黄徳江・土豪呉廷楊については、黄徳江と呉廷楊は品階や職衛がないために
黄美進・丁士霄よりも品階が低い従九品百戸に任命されていることである。
該総や副総への任命が地位上昇の足掛かりとなっており、官職を持たない土
司よりも高いランクにつけたことがわかる。

　前述のように諒山・高平2省では嗣徳7年には土司・該総・副総・土豪ら
が試差千戸に任命されたが、嗣徳10（1857）年頃には一斉に3年の試差期間
が満了し、彼らに対する実職の授与の可否が議論されたはずである。諒山省
では上述の黄美進・丁士霄・黄徳江・呉廷楊・阮廷俊のほか、嗣徳9年3月
に七渓県義田総の陳田株が試差千戸を帯びている【表24】。管見の限り彼ら
の嗣徳10年以降の経歴を記した同時代史料は確認できていないが（阮廷俊
は後述）、該総や副総に任命された者を中心に、土司以外の現地住民が一部土
司よりも地位を上昇させたことは間違いないといえよう。

---

51) 黄美進と丁士霄については本章注18も参照。また阮廷俊は前述の嗣徳5年の阮登楷の奏【表
　23】に名前が挙がる土司であり（No. 4）、詳細は本節（2）参照。
52)「兵部覆」の「覆」に硃点がつけられていることから、この要請が嗣徳帝により裁可されたこ
　とがわかる。

第3節　19世紀後半の諒山省における現地住民の動向

(2) 19世紀後半の諒山省における土司の動向

〈韋世（文）李〉

　次に土司の動向を考察する。本章第1節（2）で取り上げた嗣徳5年の阮登楷の上奏において試差千戸への任命が要請された韋世（文）李は、土司の中でも最も早く地位を上昇させたはずである。試差千戸に任命された後の韋世李の経歴をまとめたのが【表26】である。ここから、嗣徳6年の試差千戸への任命が韋世李の経歴において足掛かりになっていること、1860年代前半まで武官として昇進しているが、嗣徳18（1865）年の安博県知県転任後は文官として昇進していることなどがわかる。武官から文官へ転じた経緯は不明だが、安博県は前述の嗣徳7年の潘克慎の上奏では、諒山省の中で瘴癘が若干重いとされているため、現地出身者の中で最も高いランクの官職を帯びていた韋世李が任命されたのかもしれない。

　韋世李の試差期間が満了し実職の授与が議論されているのは兵部の嗣徳10年8月3日付奏である[53]。それによれば、嗣徳6年5月に試差千戸に任命されたと記されているので、ほかの土司・該総・副総・土豪らと比較して1年早かったことになる。またこの兵部の奏では、韋世李が試差千戸に任命されてからの3年間で処罰対象となるような過失がなかったことで、嗣徳10年8月に諒平巡撫が上奏により韋世李に対する千戸の実職の授与を要請している。兵部が「奏に従え（依奏）」という旨を起草しているが、本奏の冒頭の「嗣徳拾年捌月初参日、兵部奏」の「奏」に硃点がつけられていることから、この要請が嗣徳帝により裁可されたことがわかる。【表26】によれば、実際に嗣徳10年に千戸の実職を授与されている。本節（1）で論じたように、同時期に試差千戸に任命された者は試差期間の終了後は百戸に任じられてい

---

53) 『阮朝硃本』嗣徳第70集、第220葉表〜裏に「嗣徳拾年捌月初参日、兵部奏。本月初一日、接
　原諒平巡撫臣潘克慎摺叙「属轄試差千戸韋世李試現已湊足、三年保無過咎、懇請補授」等因。
　臣部奉照韋世李於嗣徳六年五月日試差、茲已期満保無過咎、経該省声請補授、顔已合例請依。輒
　敢声叙恭擬奉旨「依奏」欽此。」とある。

253

第7章　19世紀後半の阮朝による地方支配の変遷と社会変容

た。韋世李に千戸の実職が授与された理由は不明だが、この時の優遇が、そ
の後韋世李が諒山省の現地住民の中で突出して地位上昇を果たす一因だった
ことは間違いないだろう。

　また前述の嗣徳5年の阮登楷の上奏では、韋世李がほかの土司を統率する
ことが想定されていたが、韋世李が土司の利害の代弁者としてふるまってい
たことがわかるのが戸部の嗣徳10年9月8日付覆である。本覆には諒平巡
撫裴寯の摺が引用されているが、さらにそこに嗣徳10年9月初頭頃に発出
されたと思われる韋世李の稟が引用されている。それは、嗣徳5年の阮登楷
の摺によって官職を帯びていない土司も免徭項として兵役と徭役は免除され
たが、身税は納めていることを述べたうえで、嗣徳8・10年に身税（人頭税）
が免除された七渓・文淵・脱朗・禄平・安博5県州の民[54]と同様に、もとも
と身税が免除されている試差千戸3名（韋世李・阮廷俊・黄徳江を指すと思
われる）以外の土司の身税免除を要求するものであった。これをうけて諒平
巡撫裴寯も、文関・温州2県州の土司は延期・免除せず、七渓・文淵・脱
朗・禄平・安博5県州に居住している土司の嗣徳10年の身税は土民と同様
に5割を免除するよう要請している。これに対して戸部は、もともと5県州
の民は兵役・徭役・身税を負担しており、一方土司は別納民と同様に身税の
みを負担し兵役・徭役は免除されているため、該省が一律に土司の身税の免
除を要請したのは不適当としている[55]。最終的に本案件については戸部の嗣

---

54) 七渓・文淵・脱朗・禄平・安博5県州の民の身税については、『大南寔録』正編、第四紀、巻
　11、嗣徳7年7月条、第4葉裏〜5葉表に嗣徳7年分の免除、『大南寔録』正編、第四紀、巻
　12、嗣徳8年5月条、第31葉表に嗣徳8年分の免除、『大南寔録』正編、第四紀、巻14、嗣徳9
　年4月条、第32葉裏〜33葉表に嗣徳9年分の免除がそれぞれ記録されているが、嗣徳10年の
　身税は半額免除となったようである（『大南寔録』正編、第四紀、巻16、嗣徳10年6月条、第
　38葉裏）。

55) 『阮朝硃本』嗣徳第73集、第227葉表〜228葉裏に「嗣徳拾年玖月初捌日、戸部覆。本月初三
　日、接領諒平巡撫臣裴寯摺叙「拠属轄土司試差千戸韋世李等稟称「嗣徳五年原経略使臣故阮登楷
　摺将該等何係預有職銜将為職色項、余請照籍属何社、簿内着為免徭項、全年毎名受納身税銭一貫
　三陌、酌免兵徭。顔該等家貫原各隷属七県州、節次捕務預有功状、蒙得試差千戸、除免身税三↗

第3節　19世紀後半の諒山省における現地住民の動向

徳10年9月11日付覆において、「土司はただ身税のみを負担しており、当該
5州県民が兵徭だけでなく身税も負担しているのとは異なる。該省が一概に
彼らの本年（嗣徳10年）の身税の5割免除を要請したのは、非常に不適当で
ある。認めないようにせよ」という旨が起草されている[56]。ここでは最終的
に韋世李の要求は認められなかったが、後述する韋世李の嗣徳26年7月20
日付稟では、「清匪」が各地を騒擾した際に韋世李が稟を発出し土司の人頭税
の免除が認められたと記されている（本章注66）。このように韋世李が土司
の利害を代弁していたことがわかる。

〈阮廷俊・阮廷豊親子〉

　韋世李以外に比較的詳細に経歴を復元できるのは、阮廷俊・阮廷豊親子の
事例である。脱朗州阮廷氏の家譜「阮廷族家譜」（【表2】No. 8）によれば、
阮廷俊（【表23】No. 4）は元脱朗州土知州阮廷廉の弟で（本章注14）、阮廷
俊の息子が阮廷豊である。後述する韋世李の嗣徳26（1873）年7月20日付
稟によれば、阮廷豊の貫は脱朗州沖貫総沖貫社である（【表27】No. 25）。前
述の通り阮廷俊は、嗣徳7年に従九品百戸権充千戸に任命され【表24】、嗣

名。余権充百戸以至各族属人等全年受納身税依例。嗣徳捌年並本年、該省摺将七渓・文淵・脱
朗・禄平・安博五県州防堵艱労、蒙得準免身税、而該等未得準免情甚拮据」等語。該省経究情形
亦依、奉擬其該土司等除挿居催撥不及之文関・温州二県州毋須援［緩］免、与年前税例已経清納
則止外、余何係挿居該五県州者、其本年身税請与土民一律寛免五成、俾該等知所感奮、以資差派」
等因。臣部業経懇究奉照…（中略）…且該五県州民既有兵徭又有身税、該省節経遇有辺務派撥堵
禦、致身税蒙得寛免。至如該土司人等只受身税除免兵徭、視与別納之民殊無以異。茲該省概将該
等併与土民、擬請一律寛免身税、頗属不合。這款応毋須議。第事関税課民生、臣部莫敢率辦。輒
敢声叙候旨遵票。臣潘春秀奉攷、臣鄧伯評奉草、臣尊室鈴・臣潘克慎・臣劉亮・臣范春桂奉閲」
とある。

56）『阮朝硃本』嗣徳第73集、第251葉表〜252葉表に「嗣徳拾玖月拾壱日、戸部覆。…（中略）
…又領諒平巡撫臣裴霽摺叙「該轄土司人等節経差派捕務、其本年身税請併与土民一律寛免五成。」
等因。臣部業経声叙、欽差準允。輒敢恭擬奉旨「該土司人等只受身税、非如該五州県民既有兵徭
又有身税者。比茲該省概将該等本年身税擬請免五成、頗属不合。着不準行。」欽此。…（後略）
…」とある。

255

第 7 章　19 世紀後半の阮朝による地方支配の変遷と社会変容

徳 9 年に清匪の略奪に関わり杖八十を受けたが、その後功績を上げ恩賞で従
九品百戸に任命され、1 年間従九品百戸に留め過失がなければ従八品千戸に
任命するとされていた（本章注 50）。その後の阮廷俊の経歴は不明だが、子
孫のグエン・ディン・バオ Nguyễn Đình Bao 氏が所蔵する嗣徳 16（1863）
年 9 月 12 日付阮廷峻宛て勅の写しによれば、同年に死亡して正八品百戸を
追贈されている[57]。

　また阮廷俊の子阮廷豊についても、グエン・ディン・バオ氏が阮廷豊に対
して発給された辞令書を所蔵しており、それによれば阮廷豊はもともと按察
司未入流書吏（任命時期不明）だったが、嗣徳 24（1871）年に按察司（臬司）
正九品書吏に任命されている[58]。嗣徳 28（1875）年には韋文李に代わって土
司を管轄することが認められている。この時に阮廷豊に対して発給された同
年 3 月 12 日付憑を以下に掲げる[59]。

　署諒平巡撫梁が憑を発給する。調べたところ省に属す土司柒族はもともと
　司（土司か）の中から選んだ人を管督に充当していた。いま（土司七）族
　でもともと兼管員（管督を兼任）だった長慶府知府韋文李の事務が多くて

57）グエン・ディン・バオ氏宅（ランソン省ヴァンラン県ナーサム Na Sầm 町居住）で 2015 年 10
　　月 14 日に撮影させて頂いた。なお脱朗州阮廷氏の家譜「阮廷族家譜」（【表 2】No. 8）によれば、
　　阮廷俊の最終肩書は「勅封忠信校尉・正八品百戸充千戸・権□脱朗州務」となっている。

58）グエン・ディン・バオ氏が所蔵する諒平護撫の嗣徳 24 年 8 月 26 日付憑に「諒平護撫梁　　為
　　給憑事。照得臬司正玖品現在缺額。本省摺請該司未入流書吏捕授正玖品、経吏部声叙、欽奉旨
　　「準依奏」欽此等因。捌月日接録到、遵行憑給該名、捕授該司正玖品書吏、率未入流書吏人等、従
　　佐領員、遵依典例、奉行公務。若所事弗虔、有公法在。須至憑給者。右給憑補授正玖品書吏阮廷
　　豊執照。嗣徳弐拾肆年捌月弐拾陸日。」とある。

59）グエン・ディン・バオ氏が所蔵する署諒平巡撫梁の嗣徳 28 年 3 月 12 日付憑に「署諒平巡撫
　　梁　　為給憑事。照之属省土司柒族原有揀出司中人充為管督。茲族原兼管員領長慶府知府韋文李
　　事務紛繁、其該司兵民勢難兼顧。査有属省臬司玖品阮廷豊、為人純謹、可堪充管。除另咨部堂知
　　照外、合行憑給該員、充兼管該土司柒族。凡柒族内兵民諸事務、督飭族長、照向承行。若所事弗
　　勤、有公法在。須至給憑者。右給憑臬司正玖品書吏兼管土司柒族阮廷豊執照。嗣徳弐拾捌年参
　　月拾弐日。」とある。

256

第3節 19世紀後半の諒山省における現地住民の動向

煩雑であり、その当該土司の兵・民は同時に配慮するのは勢い困難である。調べたところ省に属している按察司九品（書吏）阮廷豊は、人となりは純朴で慎み深く、管（管督）に充当するのに堪えられる。別に部堂（吏部か）に咨文を送って通知したほか、該員に憑を発給し、兼管該土司七族に充当する。およそ七族内の兵・民の諸事務、族長を監督し、先例に従って（任務を）遂行せよ。もし仕事が勤労でなければ、公法により処罰する。

　ここから、長慶府知府を兼任する韋文李が多忙であるとの理由で、代わりに阮廷豊の土司管轄が認められたこと、土司管轄者を新たに任命する際にも憑形式の文書が発給されたことがわかる。阮廷豊が新たな土司管轄者に選定された理由は、後述するように当時官職を持つ土司の大半は千戸・百戸である中で、阮廷豊が唯一書吏としての勤務経験があり、おそらくは韋文李を除いた当時の土司の中では最も漢文文書作成能力を有していたためだろう。本節（2）で論じたように、土司管轄者は土司を代表して地方官に文書を送付する事例もあった。このような背景から漢文文書作成能力を有する阮廷豊が任命されたと考えられる。

　その後、阮廷豊は嗣徳29（1876）年に藩司（布政司）試差正八品書吏[60]、嗣徳31（1878）年に権辦藩司通判[61]、嗣徳33（1880）年に摂辦脱朗州印務

---

60) グエン・ディン・バオ氏が所蔵する護理諒平巡撫の嗣徳29年10月19日付憑に「護理諒平巡撫関防梁　為給憑事。照得属省藩司捌品現在懸缺、承辦［辦］需員。査有桌司正玖品書吏阮廷豊辦［辦］事頗通、可堪推辦。除另繕摺欽遵外、輒此合行憑給該名、権充藩司正捌品書吏。凡事随従佐領員、唱率吏役人等、承行諸公務。若所事弗虔、有公法在。須至給憑者。右給憑藩司権充試差正捌品書吏阮廷豊□□。嗣徳弐拾玖年拾月拾玖日。」とある。
61) グエン・ディン・バオ氏が所蔵する諒平巡撫の嗣徳31年12月26日付憑に「諒平巡撫阮　為給憑事。照得属省藩司通判丁真前経派摂文淵州務、司内事繁承辦需人。査有該司試差正捌品書吏阮廷豊、為人純謹辦事、頗諳可堪権辦。除另咨吏部堂知照外、輒此合行給憑該員、権辦該司通判、唱率司内事役人等、承行諸公務。若所事弗虔、有公法在。須至給憑者。右給憑権辦藩司通判阮廷豊執照。嗣徳参拾壱年拾弐月弐拾陸日」とある。

257

第 7 章　19 世紀後半の阮朝による地方支配の変遷と社会変容

にそれぞれ任命され[62]、「乙酉」（1885）年 9 月 19 日の「逆賊」何慶生[63]討
伐の際に死亡、最終肩書は藩司正八品・権長定府知府となっている[64]。詳細
な理由は不明だが、このように 1870 年代の約 10 年間で未入流書吏から脱朗
州を代理で統治する（摂辦脱朗州印務）までに昇進している。

〈土司全体の状況〉

　土司全体の状況について注目すべきは、「諒山七族土司家譜」[65]に収録され
ている韋文李の嗣徳 26 年 7 月 20 日付稟である。以下に全文を掲げる[66]。

---

62)　グエン・ディン・バオ氏が所蔵する護理諒平巡撫の嗣徳 33 年 11 月 3 日付憑に「署侍郎領諒
　　平巡撫梁　為給憑事。茲拠原摂辦［辦］脱朗州務范仲廸稟称「該員月前因攖風湿、勢難従事。
　　乞假壱箇月限、在寓調治病痊顆事」等語。在省経聴依乞。仍査有藩司従捌品領正捌品書吏阮廷豊
　　原係土司、辦事稍幹、可堪派摂。除另咨吏部堂知照外、合行給憑該員摂辦該州印務。凡一切諸事
　　遵依典例承行。若所事弗虔、明章具在。須至給憑者。右給憑藩司領正捌品摂辦脱朗州印務阮廷豊
　　執照。嗣徳参拾参年拾壱月初参日。」とある。
63)　フランスによる植民地化の後に、諒山省柴渓県を拠点に抗仏運動を起こした人物である
　　[Nguyễn Thu Hoài 2014: 55]。
64)　グエン・ディン・バオ氏所蔵の「阮廷族家譜」（【表 2】No. 8）による。
65)　冒頭に「越南民主共和二十五年十月日」とあり、1969 年に作成されたことがわかる。おそらく
　　は当時の民族学者が収集した土司関連の史料をまとめたものだと思われる。本史料はハノイ国
　　家大学歴史学科図書館に所蔵されているとのことだが[伊藤 2022: 96（注 86）]、筆者は未見。本
　　書では伊藤正子氏より頂いた本史料のコピーを使用した。記して感謝申し上げる。
66)　「諒山七族土司家譜」第 5 葉表〜 11 葉表に「安博県知県兼管七族土司韋文李粛稟。為具稟事。
　　縁承筋叙「在省現照諸回復社民、確勘籌擬摺奏、仍訪之。轄下各土司原前別受身税、有事従省差
　　派。就中拠該土司住寓各社民経所在之里役開報得詳確。宜照該土司原額人数干、職色干、丁壮老
　　干、仝年身税干、現属在何社民干、詳確登冊具稟、便憑擬辦［辦］」等因。茲卑窃照該七族土司、
　　於嗣徳五年蒙欽差経略大臣故阮摺請処置土司子伜職色・壮項共一百二十七員名、除職色外、壮項
　　毎名仝年納身縉銭一貫三陌、仍酌免兵徭各項。自此毎年就會登納充類［数 ?］。至十・十五・十
　　七・十八等年、所被清匪擾入各州、肆行抄掠、該土司人等役害迯散諸山林隠逸。此次卑経以事具
　　稟在案、幸蒙身縉酌免。茲匪徒現已稍舒、於去年該土司陸続回業。茲承筋詳開人数。卑遍往察勘
　　並催来該等、詳開原額均為病死・老死。惟現原額脱朗州儲峙総百戸権充千戸阮廷素、沖貫総百戸
　　阮廷索、文関県県周粟総百戸何文平、平嘉総百戸農文長、七渓県百戸駝。茲卑筋該七族土司子伜詳
　　開回復壮項、現得六十名。所有該等姓名・年貫承列于後、輙敢具稟候承審辦［辦］。今粛稟。嗣
　　徳二十六年七月二十日。」とある。

第3節　19世紀後半の諒山省における現地住民の動向

安博県知県兼管七族土司韋文李が謹んで稟します。稟を作成することについて。「省ではいま帰還してきた社民を調べ、確実に調査し審議して上奏し、さらにこれを訪れている。管轄下の各土司はもともと別に身税を負担し、有事になれば省の派遣に従っていた。中でも当該土司が寓居している各社の民はすでに当地の里役が詳細に報告している。当該土司の原額の人数が何人か、職色（官職保持者）が何人か、民丁項（18 〜 19 歳）・壮項（20 〜 54 歳）・老項（55 〜 59 歳）が何人か、毎年の身税がいくらか、いまどの社に属している民が何人かを調べ、詳細かつ正確に帳簿に記載して稟をしたため、（省官による）要請の証拠とせよ」という命令を受け取りました。いま私が調べたところ当該七族土司は、嗣徳 5 年に欽差経略大臣故阮（阮登楷）の摺によって土司の子孫の職色・壮項合計 127 員名は、職色を除き、壮項は 1 名ごとに毎年身緡銭（人頭税）1 貫 3 陌を納入し、兵役・徭役各項を酌量して免除することを要請して頂きました。これ以来毎年倉で満額納入しております。（嗣徳）10・15（1862）・17（1864）・18 などの年になって、清匪が各州にやって来て、ほしいままに略奪をおこない、当該土司の者たちは役害（被害に遭い？）山林に逃散して隠れ住んでおりました。このたび私はすでに事情を稟に記載して手続きが終わり、幸い事情を斟酌して身緡銭を免除して頂きました。いま匪徒（による騒擾）はすでにやや落ち着き、去年当該土司は次々と（本貫での）生業に戻ってまいりました。いま命令を受け取って人数を詳細に報告致します。私はあまねく実地に赴いて調査をおこないならびに彼らを駆り立てたところ、原額（の土司）は一律に病死・老死したと申告しました。ただいま原額の脱朗州儲峙総百戸権充千戸阮廷素、沖貫総百戸阮廷索、文関県周粟総百戸何文平、平嘉総百戸農文長、七渓県百戸駝（阮克駝）がおります。いま私は当該七族土司の子孫に命令をくだして帰還した壮項を報告させたところ、いま 60 名おります。彼ら全員の姓名・年貫は後に列挙し、恐れながら稟をしたためて審査して頂くのをお待ち致します。いま謹んで稟します。嗣徳 26 年 7 月 20 日。

259

第 7 章　19 世紀後半の阮朝による地方支配の変遷と社会変容

　これによれば、諒山省が（徴兵・徴税のため）帰還した社民を調査してお
り[67]、安博県知県兼管七族土司韋文李に命令をくだし、もともと（原額）の
土司の人数、官職、丁簿上の分類（民丁項・壮項・老項）、人頭税（身税）
の額、本貫などを報告するよう命令したという。韋文李によれば「清匪」の
騒擾により土司たちは逃散し、「原額は一律に病死・老死」したとのことで
あり、もともと土司だった者たちは死亡・逃散により大量にいなくなったの
だろう。そこで韋文李が「原額」すなわちもともと土司だった阮廷素ら官職
保持者に報告させたところ、壮項 60 名が把握できたという。韋文李は本稟
でこれらの合計 68 名を報告している【表 27】。彼らのうち、4 名が前述の
阮登楷の嗣徳 5 年の上奏にも記載されている[68]。彼らが「原額」に含まれ
るのか不明だが、いずれにせよ特定の血縁集団の構成員全員が土司に認定
されていたわけではなく、韋文李の本稟では、もともと土司として認定さ
れていた者たちの親族などを新たに土司として認定することを要請したの
だろう。

　土司たちの肩書に目を向けると、土司 68 名のうち官職保持者 8 名（【表
27】No. 1, 16, 25, 26, 33, 38, 52, 56）であり、大半の土司が非官職保持者であ
る状況は嗣徳 5 年から変わっていないといえる。また官職を持つ土司の大半
は千戸・百戸（6 名、【表 27】No. 16, 26, 33, 38, 52, 56）であり、土司以外の
現地出身の官職保持者（【表 24】）と比べて大差ないといえよう。ここからも、
社会的地位において土司と土司以外の現地住民とのあいだに大きな相違がな
くなっていることが確認できる。

---

67) 本稟に引用される諒山省官からの命令には、里役が帰還した社民について報告したとあるが、
　韋文李に対して土司の報告をさせていることから考えると、里役の調査では、誰が土司であるか
　までは記録されていなかったと考えられる。
68) 禄平州屈舎総屈舎社の韋文李（【表 23】No. 5;【表 27】No. 1）、禄平州繍段総繍段社の韋文（世）
　略（【表 23】No. 8;【表 27】No. 3）、安博県同林総陸林社の黄廷俊（【表 23】No. 22;【表 27】No.
　13）、脱朗州儲峙総黄門 [同？] 社の阮廷円（【表 23】No. 71;【表 27】No. 17）である。

260

第 3 節　19 世紀後半の諒山省における現地住民の動向

　以上、19 世紀後半における土司の状況を考察した。試差千戸などの武職や書吏への任命を契機として昇進を果たした韋文李や阮廷豊のような者がいた一方で、大半の土司は非官職保持者であった。清朝の領域から武装集団が到来し、土司であるか否かを問わず現地住民に官職が授与される状況下で、功績を上げた土司が地位を上昇させる一方で、武装集団の騒擾により打撃を被った土司もいたことは想像に難くない。

　また、韋文李や阮廷豊の経歴を見ると、両者はいずれも 1860 年代後半〜1870 年代に知府・知州・知県系統の文官に任じられている。本章第 1 節（3）や本節（1）で論じたように、1850 年代には現地出身者に授与される官職は千戸や百戸といった武職だったが、1860 年代後半以降は方針の転換があったのかもしれない。1860 年代以降は『阮朝硃本』の記述が簡素になるため、現地出身者の経歴の詳細を知ることは困難だが、1870 年代の諒山省で地位を上昇させた土司以外の現地出身者として、嗣徳 23（1870）年にそれぞれ長定府知府・脱朗州尉を授与された丁冠禎と盧永才がいる[69]。彼らが任じられていた官職は「土」を冠していないため、当時の地方官からは土官として認識されていたわけではないと思われる。しかし客観的に見れば、文武双方で多数の現地出身者が官職を授与された点で、諒山省における統治は本格的に変質したといえよう[70]。

(3)『北圻経略𠦑』に見える 19 世紀末の現地出身者の経歴

　【表 22】によれば、1850 年代半ば以降には諒山省全域に武装集団が押し寄せ、被害地域が拡大している。1860 〜 1870 年代にベトナム北部山地に到来

69）『大南寔録』正編、第四紀、巻 43、嗣徳 23 年 9 月条、第 8 葉表〜 9 葉表。両者は北部山地諸省の現地住民に匪賊征討への協力を呼びかけた嗣徳 33 年 8 月の諭の中で、諒山省で功績を上げた者として名が挙がっている（『大南寔録』正編、第四紀、巻 64、嗣徳 33 年 8 月条、第 11 葉表〜裏）。
70）1860 年代後半から捐納が本格的に導入されたが［多賀 2020: 130–132］、これによって地方支配がどのように変容したのかは今後の課題としたい。

261

第7章　19世紀後半の阮朝による地方支配の変遷と社会変容

した武装集団で勢力が大きかったのは呉陵雲率いる延陵国であり、1863年に呉陵雲が死亡した後は息子の呉亜終がその勢力を継承した。呉亜終は嗣徳21（1868）年に高平省を襲撃して陥落させ、そのまま南下して諒山省も騒擾している［Davis 2017: 33-38］。

　阮朝は清朝軍と協力して呉亜終を撃破するが、当初呉亜終の配下にあった劉永福が1865年に黒旗軍を結成し、また呉亜終の勢力が撃破された後は黄崇英（盤輪四）が黄旗軍を結成した。1870年代前半には、アヘン貿易およびその貿易拠点であるラオカイをめぐって黒旗軍と黄旗軍が抗争を繰り広げた［Davis 2017: 45-49］。諒山省はラオカイから離れていることもあり、さほど両者の抗争による打撃を受けなかったようだが、小規模な武装集団による騒擾は散発している【表22】。

　1870年代に諒山省に大きな打撃を与えたと思われるのは、嗣徳31年の李揚才による襲撃である。李揚才はもともと清朝の武官であり、李朝（1009～1226年）の復興を掲げ武装集団と結託して北部山地各地を騒擾した人物である［竹田 1975: 520-521］［Davis 2017: 73-76］［望月 2023］。李揚才は嗣徳31年9月に諒山省城を襲撃し、同僕庸や駈驢庸を騒擾している。まもなくして清朝軍により同僕庸と駈驢庸は奪還されたというが、地域社会に大きな打撃を与えたと思われる[71]。

　ここでは以上の状況下における現地住民の動向を考察するが、1860年代以降の地方の状況については1850年代と比べて『阮朝硃本』の記述が簡素になり、北部山地の現地住民の動向はほとんど記録されていない。そこで、国家第一公文書館に所蔵される『北圻経略衙』（Nha Kinh lược Bắc Kỳ）と呼ばれる史料群を利用し、19世紀末の現地出身者の経歴を考察する。

　『北圻経略衙』は同慶元（1886）年から成泰9（1897）年まで設置されていた北圻（トンキン）経略使関連の行政文書である。上奏といった中央レベル

71）『大南寔録』正編、第四紀、巻60、嗣徳31年9月条、第24葉裏～26葉表。

第3節　19世紀後半の諒山省における現地住民の動向

の行政文書が多数を占める『阮朝硃本』とは異なり、北部ベトナムを統轄する北圻経略使を発出者ないし受信者とする地方行政文書が大半であるため、仏領期初期の北部ベトナムにおける地方支配について詳細な情報が含まれている。『北圻経略衙』には、地方官吏に対する論功行賞や新役職への任命をおこなう際に当該官吏の詳細な経歴を記した文書が多数収録されているが、フランスの植民地化以前から継続して官職を保持している者も多く見られる[72]。そこで筆者が収集し得た範囲で、フランスの植民地化以前の経歴が記されている諒山省の現地出身者を抽出したのが【表28】である。

これによると、多くの者が州県の通吏や布政司（藩司）や按察司（臬司）の未入流書吏（単に「書吏」とのみ記されている場合でも、おそらくは未入流書吏だったと思われる）が初任の役職である（【表28】No. 1-8, 13, 18, 20-24）。前述の土司阮廷豊も未入流書吏から昇進を開始しており、書吏への任命が諒山省の現地住民にとって社会的地位上昇のための経路の一つだったことがわかる。ほかの初任の役職としては里長が多く、彼らはいずれもやがて正総や副総へ昇進している[73]点が共通している（【表28】No. 14, 15, 17）[74]。興味深いのは、通吏や書吏であってもしばしば武装集団の征討に動員・派遣され功績を上げており（【表28】No. 2-5, 8, 13, 20, 22, 23）[75]、とりわけ嗣徳31年9月に李揚才が諒山省城を襲撃した際は、書吏や吏目であっても省城の防

---

72) ポワソンによれば、19世紀末の時点でトンキンの省官の50%あまりが植民地化以前から官途についていたという［Poisson 2004: 159］。

73) 黄日典は試差正総からの経歴しか書かれていないが（【表28】No. 10）、おそらく里長などの役職を経ていると思われる。

74) なお閉艶良（【表28】No. 15）は、成泰7（1895）年立碑の「重修北鎮寺碑」（【表1】No. 31）では脱朗州知州と記されている。また家譜では8代目と記されているという［伊藤 2022: 58］。

75) 阮朝期に軍事的功績が書吏や通吏の昇進にどの程度影響していたかは不明である。なお仏領期の事例だが、同慶3（1888）年2（正？）月権充正捌品書吏に任命された阮文智が、同年6月に「経逆」（黄廷経）の征討に従ったことで、諒山省が恩賞として正玖品充領正捌品書吏の授与を要請している事例がある（『北圻経略衙』巻692、第31葉表〜33葉表）。

263

第7章　19世紀後半の阮朝による地方支配の変遷と社会変容

備のために動員されている（【表 28】No. 2, 4, 5, 8, 13, 20, 22, 23）[76]。

　【表 28】には土司[77]も 2 名挙がるが（No. 9, 19）[78]、いずれも軍事的な功績を上げた後に恩賞として授与された玖品百戸が初任の官職である。そもそも1850 年代前半の土司復活が武装集団の到来への対応だったため、土司たちは武装集団の征討に動員されることが多く、軍功が昇進につながっていたのだろう。嗣徳 26 年にも土司の官職保持者の多くが帯びていたのが千戸・百戸だったことも、このことを裏付けよう。軍事的功績により嗣徳 23（1870）年に試差百戸に任命された黄瑞祥（【表 28】No. 16）の事例と合わせて、軍功による地位上昇は治安が不安定化した時代背景の反映といえる。

　【表 28】で挙がる現地出身者のうち、給憑土豪出身の童舍（No. 12）が嗣徳 17 年以降文淵汛の守備を担当することになったと記されているが、これはもともと土司が帯びていた守文淵汛隊長という官職に当たる。本書で論じてきたように、黎鄭政権期から阮朝初期には守隘の肩書を帯びた首長が清朝とのあいだの文書の遞送などを担っており（第 1 章第 3 節）、明命年間の行政改革以降は「守文淵汛隊長」という類の肩書を帯びた（旧）土司が同様の役割を担うようになった。この官職は、明命年間の行政改革以降も旧土司である阮廷西（文淵州阮廷氏）が帯びていたが（第 5 章第 3 節（1））、嗣徳 17 年以降は、土司ではない童舍がこの官職を帯びると同時に阮朝・清朝間の文書の遞送も担うようになっている。たとえば護理諒平巡撫鄧算の嗣徳 22 年 7月 22 日付奏では、清朝広西省太平府が遞送してきた広西巡撫の咨文を童舍

76）省城の防備に動員されたことが記載されているのは、その時に功績を上げて恩賞として銭文を授与された者のみなので、実際はより多くの現地出身者が動員されたと思われる。

77）丁簿上の土司カテゴリーについて、成泰元年 7 月 10 日付で土司たちが稟を発出し（『北圻経略衙』巻 718、第 12 葉表〜 21 葉裏）、従来通り徭役免除（「免徭」）や徴発免除（「免差」）とするよう要請している。仏領期の土司については今後の課題としたい。

78）阮廷球（【表 28】No. 19）は【表 27】の阮廷駿（No. 33）と年齢や官職が対応するため、同一人物であると思われる。なお文淵州淵汨社阮廷氏家譜（【表 2】No.10）では、阮廷駿は明命 18 年に生まれ癸巳年（1893）に死去したと記されている。

第3節　19世紀後半の諒山省における現地住民の動向

が受領し、鄧算や按察司が内容を確認したうえで上奏している[79]。また鄧算の同年8月21日付においても、童舎は広西巡撫の咨文を逓送している[80]。また、嗣徳21～22年にかけて清朝に派遣された黎峻ら如清使節が著した『如清日記』によれば、黎峻らが嗣徳21年7月29日に文淵州同登庯に到着した際に、「守隘隊長童舎」や通事を清朝へ派遣し、清朝側で同行する官員の職銜・姓名を記させ、阮朝皇帝に上奏している[81]。19世紀後半の諒山省では阮朝から官職を授与される土司以外の現地住民が出現したことで、もともと旧首長層が担っていた清朝との通交を支える役割も土司以外の現地住民が担うようになったといえよう。

　以上、19世紀後半における諒山省の現地住民の動向を考察してきた。現地住民にとって千戸や百戸、書吏、里長などへの任命が社会的地位上昇のための重要な経路であった[82]。詳細の解明は今後の課題としたいが、千戸や百戸といった武職に任命された者はもちろん、書吏もしばしば軍事的功績によっ

---

79)　『阮朝硃本』嗣徳第193集、第58葉表～60葉裏に「布政使護理諒平巡撫関防臣鄧算謹奏。為奏聞事。承照去日拠臣轄臣屯駐守文淵汛守隊長童舎接認清国太平府派遣交該国広西巡撫蘇公文壱角抵臣稟納。臣会同臬司臣黄相協循例開展、照見内叙「…（中略）…」等情。臣即飭将該国広西公文詳検、奉有尊官謹奉黄粘事清。竊以事関外国軍務、輒敢恭疏以聞伏候洞悉。其該国公文、臣奉循例抄留壱本正本、謹奉粘誌慎密、迤由兵部臣投閣進呈、合奉併叙。謹奏。嗣徳弐拾弐年柒月拾弐日題。臣鄧算記。」とある。

80)　『阮朝硃本』嗣徳第193集、第156葉表～157葉裏に「布政使護理諒平巡撫関防臣鄧算謹奏。為奏聞事。奉照去日申刻拠臣轄文淵汛守隊長童舎遣到清国広西巡撫公文壱角内貯弍件及本国使臣夾板壱函〈内貯疏文正副弍本〉抵省。臣会同臬司臣黄相協循例開展照見広西巡撫公文弍件。壱叙経已咨会馮提憲督将全師追剿事、壱叙使臣行抵楚北事。竊以事関外国、其該巡撫公文弍件、臣循例奉抄各壱本、留照正本、謹奉粘誌謹密恭逓、輒敢恭疏馬発以聞候洞悉。其使臣疏文弍本、貯筒発回、由礼部臣収閣進呈。合奉併叙。謹奏。嗣徳弐拾弐年捌月弐拾壱日題。臣鄧算記。」とある。

81)　『如清日記』第7葉裏（漢喃研究院所蔵 A. 102）に「弐拾玖日早、臣等率行随人等、詣該省土山城隍廟拝謁。該省商派按察使阮恕候命。辰刻進行、未刻至文淵州〈同登庯〉停住〈先遣守隘隊長童舎・通詞、内地護送・長送等員職銜・姓名編抄填入奏摺〉。」とある。

82)　なお1860年代後半から捐納が本格的に導入されたことによって、銀や銭を納入することで官職が授与されることになったが［多賀 2020: 130-132］、【表28】には捐納により昇進した事例は見られない。捐納の本格的な導入が地域社会に与えた影響の解明は今後の課題としたい。

第7章　19世紀後半の阮朝による地方支配の変遷と社会変容

て恩賞をうけており、武装集団の到来とそれにともなう治安の不安定化を背景として、あらゆる現地住民の地位上昇において軍事的功績が重要だったことが推察される。

おわりに

　1850年代初頭の諒山省では清朝の領域から到来した武装集団の擾乱などの理由で治安が悪化すると共に丁数が減少し、徴税や兵丁の補充が困難になっていた。かかる状況下で1850年代前半の諒山・高平2省では土司が復活することになった。現地住民の中から旧土司が「ベトナム王朝に忠誠を尽くしてきた」存在として注目され，諒山省の土司の総称として「七族土司」という呼称が創作されたのではないだろうか。また嗣徳7年には在地有力者に試差千戸・権充千戸・権充百戸などの武職を授与して現地住民を統率させる傾向は強まっていく。ただし阮朝の立場に立てば土司は丁簿上のカテゴリーであり、土知州や土知県などの土官が復活したわけではない。すなわち明命年間の改革以前に戻ったわけではなく、形式上は平野部同様の官僚制を維持しつつ、その中の主に軍事面で在地有力者を取り込んでいったといえる。明命帝が構築した全国的に画一的な統治体制を，大きな変更なく維持せんとする阮朝の努力が看取できよう。一方の土官の復設は容易には認可されておらず、土官の復設は明命年間の行政改革の方向性を改変すると認識されているといえよう。

　1850年代半ばにおける土官復設の議論を見ると、①宣光省では府県官が府城・県城にいる日数は少なく、省城にいる日数が多いため、瘴癘が比較的軽い省はもっぱら流官を設置すると同時に、瘴癘が重く流官の滞在に不都合な省は土県丞一員を増設することを宣光省官が要請、②諒山省官は、諒山省では州県官が州県衙門に滞在しているため、土官復活の利点は薄く、土県丞を増設する必要ないと上奏、③興化省官は、瘴癘が最も深重で流官が居住に堪

えられない一部の州でのみ土官復設を要請、というように省によって状況が異なり省官の要請も異なっていた。ただし州県官が任地に滞在しない（できない）ことが問題化していたほかの北部山地諸省に比べて、流官統治が比較的順調に機能していたといえる諒山省においても、瘴癘が若干重い脱朗州と安博県の衙門を長定府と長慶府の衙門に兼ねさせることで脱朗州官と安博県官が当地に滞在しなくても良いようにしたり、また文関県の知県に現地出身者（韋世鉤）を任命したりするなど、流官統治が完全に平野部諸省のそれと同一だったわけではない。流官統治という明命帝が構築した全国的に画一的な統治体制を、大きな逸脱なく維持せんとする諒山省官の努力が看取できよう。

　社会面では、明命年間の行政改革以降土司以外の現地出身者が該総や里長に任命された。武装集団が到来した 1850 年代以降は土司であるか否かにかかわらず試差千戸・権充千戸・権充百戸などの武職を授与されたため、該総や里長をはじめとする現地住民で功績を上げた者が阮朝から官職を授与されて社会的地位を上昇させた。実際の現地出身者の経歴からは、千戸や百戸、書吏、里長への任命が彼らの地位上昇の経路だったことが窺える。土司の中にも功績を上げて地位が上昇した韋文李のような者もいたが、嗣徳 26 年の土司 68 名のうち官職保持者 8 名であり、官職を持つ土司の大半は千戸・百戸であったことに鑑みると、禄平州屈舎社韋氏は諒山省の土司集団の中でも例外的に突出して地位上昇に成功した事例といえる[83]。ポワソンは仏領期にも勢力を維持した首長集団の一例として韋氏を挙げるが［Poisson 2004: 120-126］、他の土司は多くが非官職保持者であり一般化できないだろう。

---

83) 禄平州韋氏で社会的地位を上昇させた代表例は韋文李の息子で仏領期にタイビンやハドンの総督を務めたヴィ・ヴァン・ディン Vy Văn Định（韋文琔）である。

補論　18 〜 19 世紀の諒山鎮／省における首長集団の宗族形成
―禄平州屈舎社韋氏を中心に―

はじめに

　第 1 章では、諒山鎮では遅くとも 18 世紀半ばから在地首長を組み込む形で文書行政がおこなわれていたことを論じ、第 4 章では阮朝初期の諒山鎮では嘉隆元年に首長たちが他人に代筆を依頼して誤記が生じる事例が少ないことから、漢文文書作成能力を獲得した首長が多い可能性を指摘した。19 世紀に入ると、一部の首長集団において宗族形成の傾向が見られた。すなわち、王朝権力に対して自身の功績を申告するだけでなく、家譜を編纂し祖先祭祀をおこなう首長集団が諒山鎮／省で出現したのである。

　これまでベトナムの家譜や宗族（ゾンホ）については平野部を中心に研究が蓄積されてきたが[1]、山岳地帯における宗族の形成過程については先行研究で議論されたことがない。そこで本章では、諒山鎮／省の中でも比較的史料が豊富に残っている禄平州屈舎社韋氏に焦点を当て、18 〜 19 世紀の諒山鎮／省における首長集団の宗族の形成過程を解明する。

---

1)　関連する研究は枚挙に暇がないが、ここでは代表的な研究および近年の最新の成果として、家譜については［末成 1995］［趙 2022］、宗族の形成については［嶋尾 2000］［桃木 2022］を挙げておく。

268

第1節　家譜の編纂時期

　禄平州屈舎社韋氏については、ランソン省博物館に家譜が5種類保管されている（【表2】No. 1-5）。これらとは別に、末裔ヴィ・ヴァン・ダイ Vy Văn Đài 氏（現在はハノイ市カウザイ Cầu Giấy 郡に居住）も家譜（ヴィ・ヴァン・ディン Vy Văn Định（韋文琔）作成、【表2】No. 6）を所蔵する。これらの家譜の内容を対照したのが【表29】である。【表29】から判断して、【表2】No. 1-4 は同系統であり、No. 1 ないし No. 4 → No. 3 → No. 2 の順に作成されたこと、No. 5, 6 と比べても No. 1 ないし No. 4 の編纂年代のほうがが早い可能性が高いことが窺える。そこで、屈舎社韋氏の宗族の形成過程を解明するため、まず全体的な内容が類似している No. 1-4 を取り上げる。

　【表2】No. 1-4 には「承抄歴代先祖官丞（銜）姓字」と題する項目があり、家譜編纂者を起点として各先祖の代数・姓名・肩書・忌日などが記されている。これらが祖先祭祀をおこなうための情報だったことは間違いない。そして各先祖の代数から、各家譜のおおよその作成時期を推測することが可能である。そこで各家譜に記される各先祖の代数をまとめたのが【表30】である。

　【表2】No. 1 では韋福貴（1762 〜 1800 年）が「顕考」として記されるが、その一代前の韋福琴は「顕考」として記された後にその横に「祖」という字が書き込まれている。また韋福琴より上の代の祖先についても、それぞれ「高」や「曽」が書き込まれており、代数が一代増加されている。これは、もともとは韋福貴から見た代数が記載されていたが、韋福貴が死去して一代経過し、韋福貴の子から見た代数に修正されたことを意味する。すなわち、本家譜は韋福貴の代すなわち18世紀末に作成されたが、韋福貴自身が死亡したため韋福貴の子が各祖先の代数を一代増加させると同時に、韋福貴を「顕考」として書き加えたのである。すなわち【表2】No. 1 はもともと韋福貴の

補論　18〜19世紀の諒山鎮／省における首長集団の宗族形成

代、すなわち18世紀末に作成されたが、韋福貴が死亡したために韋福貴の子が各祖先の代数を一代増加させたと考えられる。

なお【表2】No. 3が記載する先祖の情報は、代数が増加した後のNo. 1の情報と同様であり、「顕考」の韋福貴で終わっている。おそらくこの家譜はNo. 1をもとに書き写されたのだろう。No. 1で「時」と記されている箇所がNo. 3では嗣徳帝の諱を避けて「辰」と改められているため[2]、嗣徳年間以降に書写されたと考えられる。なお【表2】No. 3にはより後代の黎朝末期以降の情報も含まれているが、その内容はやや混乱している。冒頭では西山朝の北部掌握および西山朝に対する清朝の進攻が記されているが、途中から農文雲勢力の反乱時における韋世鉤（「吾先公」）の功績へと話が変わり、韋世鉤が授与された官職を記して終わっている[3]。この部分だけ後に書き加えられたと考えられるが、それが前述の先祖の情報を書写した際におこなわれたのか、あるいはそれよりも後の時期であるのかは不明である。

一方【表2】No. 4でもNo. 1と同様に韋福貴が「顕考」として記されているが、韋世鉤も「顕考」として記されている。おそらくは韋世鉤がこの家譜を編纂し、韋世鉤が死去した後に韋世鉤の子（韋文李か）が韋世鉤を「顕考」として書き加えたのだろう（韋福貴より上の代の祖先の代数が修正されていない理由は不明）。

---

2) たとえば韋徳勝の没年について、【表2】No. 1では「寿五十五歳、卒于戊辰年十二月二十七日午時寿終」（第6葉裏）と記されているが、No. 3では「卒于戊辰年十二月二十七日午辰」（第7葉裏）と記されている。

3) 【表2】No. 3第20葉裏〜21葉裏に「照自上段已経被失。茲撮自下段黎昭統為西山光中占国、攻破昇龍、失守京城。此次天朝兵将来援。但光中兵強将勇天兵亦皆敗衂、退回諒山、昭統王亦随出天朝。西山兵分兵追至諒山、按諸沿辺派兵鎮守。間公襟兄弟謂宜率手下前来保護、不然失守。吾先公率手下五百、与温州知州何文棟手下弐百名、保守省城。賊徒援取巴安賊党五百丁、均以虎豹皮為号衣、十分雄勇、日夜□攻省城不下。彼賊断木為衝、車以禾根綿□厚結。雖大博過山大砲不能穿十分□。吾先公親手修砲攔、専射車輪、感蒙神明護祐、射破車輪一足三丙、横截不行、又射中正将世忠、賊皆少退瓦懈、省城幸護寛免。続接朝廷派大将謝光巨提兵已抵和楽。賊徒四散。吾先公蒙賞土知府衛領禄平州務。嗣徳七年致仕回郷。捌年帰仙。至同慶三年弐月日、蒙贈封侍講学士。同慶五年三月日、又蒙加贈太僕寺卿。顕妣何貴氏、又蒙加贈従三品淑人」とある。

第 1 節　家譜の編纂時期

【表 2】No. 2 では書き加えられた代数が異なるため難解である。【表 2】No. 1 と同様に韋福慶がもともと「顕高高祖考」と記されており、そこに「高」が 3 つ書き加えられていることからは、3 世代にわたって代数が追記されたと考えられる。しかし韋福安や韋福永は「高」が 2 つしか書き加えられておらず、また韋福慶がもともと「顕高高祖考」と記されていたとすると【表 2】No. 1 と同様に韋福貴の視点の代数であるが、韋福琴がもともと「顕祖考」と記されていたのは代数が合致しない。家譜の記載に混乱があり、どこかで修正が加えられたのかもしれない。もともと韋世鈞が「顕考」、韋福貴が「顕祖考」として記されていたが、それぞれ韋世鈞が「顕祖考」、韋福貴が「顕曽祖考」に修正されている。本家譜は韋世鈞の息子である韋文（世）李の代に作成されたが、韋文李が死亡したため韋文李の息子が各祖先の代数を一代増加させたのだろう。ただし韋文李の情報は書き加えられておらず、その理由は不明である。韋文琁が自身で新しい家譜（【表 2】No. 6）を編纂したためなのかもしれない。

　以上の考察から、以下の事実が指摘できる。第一に、現存する韋氏の家譜の中で最も早くに編纂されたのは【表 2】No. 1 であり、その作成時期は 18 世紀末と考えられる。そのため、18 世紀末の時点で屈舎社韋氏は祖先祭祀をおこなうための情報を記録していた。第二に、【表 2】No. 1-4 で記載される各先祖の代数はいずれも家譜編纂者すなわち子孫から数えられている。この類の「子孫中心型」の家譜はベトナムでは一般的であり、末成道男はこの類の家譜を「父系キンドレッド」という概念で理解すべきことを指摘した［末成 1995: 22-23］。また末成が指摘するように、この類の家譜では世代が経過すると代数に変化が生じるため、そのたびに代数が修正されたり新しい家譜が編纂されたりするという特徴がある［末成 1995: 12-15］。屈舎社韋氏の家譜も同様であり、上述のように家譜編纂者の死去によって家譜が修正されたり新しい家譜が作成されたりしていた。

　ただし、【表 2】No. 1-4 には序文も書かれておらず、家譜としての体裁は

271

補論　18〜19世紀の諒山鎮／省における首長集団の宗族形成

整っているとは言い難い。そこで、次に家譜冒頭の韋氏の来歴に関する記述を考察する。

第2節　韋氏の来歴

【表2】No. 1-4の冒頭では共に申式文書の形式を採る形で系譜が記載されている。序文はなく、本家譜を編纂した目的も記載されていない。上申文書が収録されている点も含めて、家譜というよりは、文書の寄せ集めに近く、家譜としての体裁は整っているとは言い難い。

【表2】No. 1-4で記される韋氏の系譜で「始祖」とされ冒頭で挙げられているのは韋福欣である。韋福欣の事績について、【表2】No. 1-4はいずれも以下のような記述を載せる[4]。

諒山処長慶府禄平州屈舎社の藩臣・輔導某侯が申します。来歴と一族の宗派、および自身の功績と過失、ならびに所管の兵や民について陳情致します。韋某の前始祖祖父は続けて功績があったため、奉じて名門の家柄を賜与され、管轄の兵や民を受け継ぎ、韋福某の代に至って辺境が騒擾を受けたので、ささやかながら尽力致しました。挙げた功績および管轄している兵と民を以下に記載致します。

前始祖都督同知・桓郡公韋福欣、貫は父安処濱州府東城県溝汾社にあり、先朝の平呉（明朝軍の駆逐）の創業を奉り、恭しく（黎太祖の）許可を頂き印信を与えられ、諒山処に行き巡撫（官名ではなく民を安撫する者の意

---

4)　類似の記述は【表2】No. 1-4に見られるが、さしあたりNo. 1の該当箇所を引用する。「諒山処長慶府禄平州屈舎社藩臣・輔導某侯申。為陳由来歴宗派及己身功過并所管兵民事。由韋某前始祖祖父累有功績、奉敘賜閥閲、継襲該管兵民。至韋福某襄値辺方有警、粗效微労。所有功績及承管兵民、開烈于后。計。一、前始祖都督同知桓郡公韋福欣、貫在父安処濱州府東城県溝汾社、奉先〇朝平呉創業、恭奉准敘印信、往諒山処為巡撫、禦北戎為国藩屏、該管禄平・温州・安博参州各総社民、永為世業〈由其憑跡被賊失落〉。」【表2】No. 1「韋家譜記」第1葉表〜裏）。

272

か）となり、北戎を防いで国の藩屏となり、禄平・温州・安博3州の各
総・社の民を管轄し、永遠に代々の生業としました〈その証拠文書は賊に
より失われました〉。

ここでは韋福欣は貫を「乂安処演州府東城県溝汾社」5) とすること、「先朝
の平呉」すなわち15世紀初頭の黎利による明朝軍の駆逐によって諒山鎮に
移住し禄平・温州・安博3州の各総・社の民を管轄するようになったことが
記されている。第3章第2・3節でも述べたように、「自らの始祖は乂安出身
で、15世紀初頭の明朝軍駆逐と黎朝の創建に貢献し、黎朝皇帝の命をうけて
移住し諒山鎮を守備するようになった」とする祖先移住伝承は現存する諒山
鎮の首長集団の家譜の多くに見られる［Poisson 2004: 124-125; 2009: 17］
［Nguyễn Quang Huynh（chủ biên）2011］［伊藤 2022: 49-51］。上述の【表
2】No. 1 の記述もその一つであるが、韋福欣が黎朝の創建に貢献したとは記
されていない。

　同様の来歴は、「諒山省禄平州屈舎総禄馬村韋家墓誌」と題された韋世鉤の
墓誌（【表1】No. 32）にも見られる。本墓誌の紀年の箇所が磨滅しており判
読不可能だが、本文中に同慶年間（1886～1888年）の出来事に言及した箇
所があり、かつ紀年の箇所が「…十二年」と記されているため、成泰12
（1900）年に立碑されたと考えられる（【表1】No. 32 参照）。本墓誌によれば、
韋世鉤は「嘉隆乙卯」（1795）年9月23日に生まれ嗣徳8年7月12日に61
歳で死去したとされる6)。このことは、本墓誌が韋世鉤の死後ただちに建て
られたわけではないことを意味する。韋氏の来歴については、本墓誌では

---

5) 『同慶御覧地輿誌』によれば、乂安省演州府に東城県はあるが同名の社はない。安城県にある
　万分総万分社のことだと思われる。安城県は明命18年に新設されたが、その際に万分総など5
　総が東城県から安城県の所属となった（『大南一統志』巻14、乂安省上、第7葉裏～8葉表（印
　度支那研究会影印本、pp. 1512-1513））。

6) 原文は第5章注34参照。

補論　18 ～ 19世紀の諒山鎮／省における首長集団の宗族形成

「始祖都督桓郡公が先朝の平呉（明朝軍の駆逐）の創業を奉り、諒山処に行き
…本州で禄を食むことを認めて頂き…」⁷⁾と記されており、上述の【表2】No.
1-4の記述とほぼ同様といえる。

　一方、より後代の20世紀前半頃に編纂された【表2】No. 6は、後漢の韓
信の後裔が趙陀のもとに身を寄せ、趙陀はその息子を義子として仁と名づ
け、のちに仁が「韓の半字」である韋に改姓したという逸話から書き起こし
ている。さらにその子孫は「嶺南の酋長」となり、陳朝（1226 ～ 1400年）に
至って韋金昇が乂安処東城県潢汾総潢汾社を籍としたという。その後韋金昇
は陳朝に仕え、胡朝（1400 ～ 1407年）の創建および明朝による占領の際に、
韋金昇の子福欣が「明寇を討ち」明朝の将軍である「柳昇を斬」るという功
績を上げ、子孫が諒山鎮各地を統治することになったと記されている⁸⁾。【表
2】No. 6は【表2】No. 1-4の系譜を踏まえたうえでより自身の起源を太古に
遡らせたといえよう。これは宗族を形成した韋氏が自身の一族の権威を高め
るために一族としての起源を太古の逸話に求めたことを意味する。

　また【表2】No. 6は祖先の代数について、斯堂侯韋福唐⁹⁾を「肇祖」とし
て韋徳（福）慶を「第五伝祖」、韋徳（福）勝を「第六伝祖」、韋世鉤を「第
十一伝祖」などと表記している。また編纂者の韋文琔も序文の末尾で自身を
「十三世孫」と記している。【表2】No. 1-4が子孫を起点に先祖の世代を表示

---

7)　「（2）…（前略）…我家奉驪州自始祖都督桓郡公奉（3）先匝平呉創業、奉匯往諒山処為国□
　　食禄于本州。…（後略）…」。

8)　「家之有譜、所以溯本源紀功徳、使子孫世守於無窮也。我韋姓相伝是中国漢淮陰侯韓信之後。当
　　信遭呂后毒手、小妾有娠、蕭何恐其無後、密寄之於龍川令趙陀、且嘱善視焉後生一男、陀養為義
　　子、命名仁、改姓韋。蓋用韓之半字也。其後子孫世為嶺南酋長。但世遠言湮没有譜記、遂無伝。
　　焉馴至陳朝韋公金昇、字廷密、籍乂安処東成県潢汾総潢汾社、移寓於懸釘山〈山属乂安陸岸〉之
　　西、筮仕于陳、値胡季犛簒位、公乃去官。及明人使李彬・馬騏郡県、我国黎太祖起義藍山、公与
　　子福欣挙兵従之、討明寇斬柳昇。天下定後、公以功封討虜将軍・左都督・密郡公。公子封都督同
　　知・桓郡公、与諡郡公阮徳明及其部属黄徳・阮公・阮克・何文・農玉諸族分札高平・諒山・広
　　安等処、俾以土司世襲侯爵。」（【表2】No. 6「韋家世譜」第1葉表～ 2葉表）。

9)　【表2】No. 1-4では韋福慶の祖父韋福寿が斯堂侯と記されている。【表2】No. 1-4とNo. 6で
　　は記される系譜に相違があるが、韋徳慶以降の系譜はおおむね一致している。

274

する「子孫中心型」であるのに対し、【表2】No. 6は祖先を中心に表記する「祖先中心型」を採用していることがわかる。

　以上のように【表2】No. 6は韋氏の起源や祖先の世代表示において【表2】No. 1-4と異なっており、詳細な背景の解明は今後の課題だが、韋文琔の代になって系譜認識が変化している。

おわりに

　本章では、諒山鎮／省の禄平州屈舍社韋氏に焦点を当て、19世紀における諒山鎮／省における首長集団の宗族の形成過程を考察した。屈舍社韋氏は18世紀末から先祖の姓名・官職・忌日などの情報を記録するようになっていた。遅くともこの時期には、屈舍社韋氏は朱子学の思想に基づいて祖先祭祀や家譜編纂をおこなうようになったといえよう。家譜の中には祠堂や族産についての記述はない。前述のように序文も書かれておらず、家譜としての体裁は整っていない。しかし韋氏が19世紀までに祖先祭祀や家譜編纂の文化を受容した証拠といえる。諒山省のほかの首長集団が家譜を作成するようになったのは主として19世紀末から20世紀前半であり（【表2】No. 7-11, 13）、屈舍社韋氏は諒山鎮／省で最も早く宗族を形成した集団だと思われる。ただし本章では屈舍社韋氏以外の集団の事例を取り上げることができなかったため、今後の課題としたい。

終　章

　本書では諒山鎮／省を中心に 18 ～ 19 世紀のベトナム北部山地におけるベトナム王朝の地方支配がいかなる変遷を遂げ、また地域社会がいかに変容し、在地住民がいかなる対応を採ったのかを考察してきた。まず諒山鎮／省を中心に本書の内容を要約すると、以下のようになる。

　第 1 章および第 2 章では 18 世紀の諒山鎮における黎鄭政権の支配およびそこにおける首長の役割を考察した。諒山鎮では遅くとも 1740 年までには在地首長を組み込む形で文書行政が確立すると同時に、末端の行政単位である社ごとに税額と兵数が設定され、在地首長が各社の税課と兵役を管轄するようになっていた。各社の徴税を管轄することは、寓禄の獲得や各種経費の徴収など首長にとってもメリットがあった（第 1 章）。また軍事面でも、遅くとも 1740 年までには、鎮官は現地民部隊を号なる単位で編成し、首長に号を冠する官職を授与してそれらの部隊を統率させていた。18 世紀後半には、諒山鎮官による在地首長の作為的な配置や鎮官直属部隊の編成がおこなわれていたが、流民の発生により編籍民の十分な徴発は困難であり、諒山鎮の軍政は実質的に首長たちの私兵に依存していた可能性が高い（第 2 章）。阮朝の1820 ～ 1830 年代には明命帝による全国的な行政改革の一環で、北部山地で首長の世襲廃止や流官の派遣など首長に対する一連の権限削減政策が実施されるが、18 世紀はその先駆的段階といえる。

　続いて、諒山鎮の首長 3 集団を取り上げ、18 世紀における動向を分析した。18 世紀半ばの諒山鎮では、移民の流入や動乱の多発によって黎鄭政権の支配が不安定化すると同時に、首長の権益も動揺していたと思われる。また

1760 年代末～ 1770 年代には諒山督鎮の施策によって首長が徴税・徴兵を担当する社数が減少する事例も存在した。そのような状況下で、首長たちは鎮官宛ての文書の中で自身の功績や黎朝に対する先祖代々の功績を主張することで、各社における徴税・徴兵の管轄の承認や維持を企図していた。このように 18 世紀に諒山鎮において黎鄭政権の統治体制が構築されていく中で、黎鄭政権との関係構築を通して権益保持を企図する在地首長が出現した（第 3 章）。諒山鎮／省における首長集団の宗族の形成過程を考察すると、首長集団の多くが家譜を作成するのは 19 世紀末～ 20 世紀前半だが、禄平州屈舍社韋氏のように、18 世紀末には先祖の姓名・官職・忌日などの情報を記録し、祖先祭祀や家譜編纂をおこなう首長集団も現れた（補論）。

　続いて第 4 ～ 7 章は阮朝期に焦点を当てた。阮朝は、史上初めて現代のベトナムの領土にほぼ相当する領域を支配下に置いたが、国家統合は必ずしも容易ではなかった。北部掌握直後の阮朝は北部山地に関する黎鄭政権期の情報を継承できておらず、加えて阮朝初期には阮朝朝廷と鎮官とのあいだに北城総鎮が介在していたため、阮朝朝廷にとってはなおさら北部山地における首長の任命権の掌握は困難だった。阮朝初期の朝廷は嘉隆 9 年に各首長の貫・官職・管轄対象のリストを作成することで情報の把握を目指したが、これ以降も北城総鎮が存在しており、阮朝朝廷が首長の任命権を掌握できない状況は継続した（第 4 章）。明命年間の行政改革は、北城を廃止して全土で画一的な行政単位を設置することで、阮朝の領域の統合を進めようとするものだった。これらの行政改革の一環で、北部山地では流官統治が目指されたが、諒山省でも一部の旧首長層が継続して登用されるなど、各地で地方の実情に合わせた地方支配のあり方が模索された。また明命年間の改革後も人丁の把握が進んだとはいえず、丁簿上の情報が実態を反映していない事例が問題化していた。地域社会に目を向けると、明命年間の行政改革や農文雲勢力の活動を機に在地首長の権力構造が変化し、これ以降は禄平州屈舍社韋氏のように、阮朝から官職を授与された首長が維持・勢力を拡大していくこととなっ

終　章

た（第5章）。また、管見の限り阮朝期の諒山省では、鉱山開発や鉱山税の納入を（旧）土司が請け負う事例は見られず、関税の請負を希望する事例も見られなかった。18世紀以降首長集団の権力基盤が動揺しており鉱山税や関税の納入を請け負うにはリスクが高いと判断されたためと考えられる（第6章）。

　1850年代になると、諒山省では清朝の領域から到来した武装集団の擾乱などの理由で治安が悪化すると共に丁数が減少し、徴税や兵丁の補充が困難になっていた。かかる状況下で1850年代前半の諒山・高平2省では土司が復活することになった。ただし阮朝の立場に立てば土司は丁簿上のカテゴリーであり、形式上は平野部同様の官僚制を維持しつつ、その中の主に軍事面で在地有力者を取り込んでいったといえる。一方の土官の復設は容易には認可されておらず、明命年間の行政改革の方向性を改変すると認識されていた。1850年代半ばに土官復設が議論された際には、諒山省官は、諒山省では州県官が州県衙門に滞在しているため、土官復活の利点は薄いと上奏していた。ただし諒山省における流官統治が完全に平野部諸省のそれと同一だったわけではなく、瘴癘が若干重い脱朗州と安博県の衙門を長定府と長慶府の衙門に兼ねさせることで任地に赴任する流官の数を減少させたり、また文関県の知県に現地出身者を任命したりするなど、流官統治という全国的に画一的な統治体制を大きな逸脱なく維持しようと模索していた。社会面では、明命年間の行政改革以降土司以外の現地出身者が該総や里長に任命され、また武装集団が到来した1850年代以降は土司か否かを問わず試差千戸・権充千戸・権充百戸などの武職を授与された。これにより土司であるか否かにかかわらず、軍事的功績を上げた者が社会的地位を上昇させた。土司の中にも功績を上げ地位を上昇させる者もいたが、大半は非官職保持者だった（第7章）。

　以上のような諒山鎮／省の事例と大きく類似しているのは高平鎮／省である。18世紀後半には号を冠する部隊や官職が存在するなど諒山鎮と同様の軍政がおこなわれており（第2章第4節）、また遅くとも阮朝初期までには高平

鎮においても諒山鎮と同様に首長が社ごとの徴税・徴兵を担当していた（第4章第4節（3））。阮朝初期の諒山鎮では漢文文書作成能力を獲得している首長が出現していたが、高平鎮においても19世紀初頭に『高平実録』を著した阮祐俦のような漢文読み書き能力を持つ在地首長も出現していた（第4章第3節）。武装集団による騒擾が頻発した1850年代前半には諒山・高平2省で土司が復活し、また嗣徳7年から在地有力者に試差千戸・権充千戸・権充百戸などの武職を授与して現地住民を統率させるようになったことも共通している（第7章第1節）。これ以降諒山省と同様に高平省においても、阮朝から武職を授与されて功績を上げた者が社会的地位を上昇させた［Nguyễn Thị Hải 2018: 219-227］。19世紀末〜20世紀前半には諒山省の首長集団の多くで家譜が編纂され、そこに始祖が黎利の明朝軍駆逐と黎朝の創建に貢献し、黎朝皇帝の命令によって辺境防備を命じられたため現住地に移住してきたとする伝承が記録されていたが、高平省の首長集団の家譜でも、平野部出身の始祖が17世紀後半における黎朝の莫朝残党に対する遠征の際に功績を立てて高平鎮／省に移住したと記載されており［Nguyễn Thị Hải 2018: 103-134］、平野部起源やベトナム王朝への貢献を主張している（序章第2節）。ベトナム王朝との関係構築により18〜19世紀の社会変動・政治変動を乗り越え、平野部起源を自身の権威の源泉とみなしている点で諒山・高平両鎮／省の首長集団は共通している。

　一方、現在一般的に東北地域に分類される太原・宣光2鎮／省では、阮朝初期の首長層は他人に代筆を依頼する事例が多く、諒山鎮に比べて漢文文書作成能力を有した首長は僅少だったようである（第4章）。また19世紀半ばにおける阮朝の地方支配においても、諒山省では州県官が州県衙門に滞在しており、省官も土官復活の利点は薄いと判断していたが、宣光省では府県官が府城・県城にいる日数は少なく、省城にいる日数が多いため、土官の増設を省官が要請していた（第7章第2節）。また祖先移住伝承についても、もともと宣光鎮／省に属していた現カオバン省西部の首長層（保楽農氏・麻仕

終　章

氏[1]・楊氏）には、平野部起源の祖先移住伝承は見られないようである
［Nguyễn Thị Hải 2018: 122-134］。北部山地の地域性については一般的に、
西北地域では在地首長の自律性は高くベトナム王朝との結びつきは緩やかで
ある一方、東北地域では在地首長とベトナム王朝との結びつきが比較的強い
とされるが［古田 1984; 1991: 57-60］［桜井 1987: 162-163］、現実には西北
／東北という二分法的に明確に区別できるわけではなく、諒山・高平両鎮／
省は東北地域の中でも在地首長とベトナム王朝のあいだの政治的距離が近い
地域なのかもしれない。

　それでは現時点で得られた以上の知見は、先行研究に対していかに貢献し
うるであろうか。まずベトナム王朝の国家統合や地方支配について、本書で
明らかにした諒山・高平両鎮／省における支配の変遷は、リーバーマンが論
じた 18 世紀後半〜 19 世紀前半の東南アジア大陸部における近世国家（シャ
ム・ビルマ・ベトナム）の急速な領域統合［Lieberman 2003］の文脈に位置
付けることができよう。ただしリーバーマンをはじめベトナム王朝の国家統
合に関する従前の研究では、主に阮朝の明命帝による行政改革が注目されて
きた。これに対して本書は、諒山鎮では黎鄭政権期の 18 世紀半ば〜後半にす
でに在地首長を組み込む形の文書行政や社ごとの徴税・徴兵がおこなわれて
いたこと、現地民部隊の編成が諒山・高平両鎮でおこなわれていたことなど
を指摘した（第 1・2 章）。少なくとも諒山鎮については、黎鄭政権期が明命
帝による行政改革の先駆的段階といえよう。また明命年間に導入された流官
統治が、諒山省ではさほど大きな問題なく遂行できていたのも（第 5 章第 3
節および第 7 章第 2 節）、それ以前の黎鄭政権期に上述の統治がおこなわれ
ていたことが一因だろう。このような統治体制は、18 世紀の北部山地では諒
山鎮など限られた地域でのみ確立したのかもしれないが、18 世紀における鄭

---

1)　保楽州の農氏や麻仕氏については第 4 章 129 ページも参照。

280

氏による統治機構の拡充［上田 2019］の文脈に位置付けられよう。

　ただし単に国家権力の支配が拡張したというわけではなく、現地住民の中からベトナム王朝の支配に協力する者が現れた側面を軽視すべきではないだろう。動乱が多発した 18 世紀には黎鄭政権との関係構築を通して権益保持を企図する在地首長が出現し（第 3 章）、農文雲が阮朝に反旗を翻した 1830 年代にも、農文雲集団についた首長もいたが、阮朝側に与した首長もいた（第 5 章）。第 1・2 章で復元した 18 世紀の諒山鎮における黎鄭政権の統治体制も、在地首長側の協力なくしては機能し得なかったはずである。また明命年間の行政改革後の諒山省で流官統治が比較的順調に機能していたのも、瘴癘が若干重い文関県の知県に現地出身者を任命したりするなど、必要に応じて一部の旧土司が登用されていたためである（第 5 章第 3 節および第 7 章第 2 節）。

　また明命年間の行政改革以降の阮朝の北部山地統治については、多くの先行研究がその限界を指摘してきた。とりわけ流官の派遣後も流官が現地に赴任していないことや、19 世紀後半の武装集団の流入によって北部山地諸省は秩序の混乱に直面したことが強調されてきた。むろん諒山省においても丁簿上の情報が実態を反映していないなどの限界はあったが、一部の旧首長層の継続登用や現地有力者への武職授与など、地方の実情に合わせて流官統治という全国的に画一的な統治体制を維持しようと模索していた。本書の分析対象は主に諒山省であったが、かかる阮朝の地方支配の実態の解明は、近年の研究で進められている 19 世紀後半のベトナム史の再評価にも裨益するだろう。

　また近年の研究では、19 世紀後半のベトナム史の再評価の一環で仏領期との連続性が着目されているが、ベトナム王朝の地方支配に関して、ポワソンは明命年間の行政改革以後も北部山地の首長たちが勢力を保持し、阮朝やフランス植民地政府の地方統治を担ったことを論じ、阮朝期〜仏領期の連続性に注目した［Poisson 2004; 2009］。実際は、特定の首長集団が一貫して強力だったわけではない。たとえば明命年間の行政改革が実施され農文雲勢力の活動が鎮圧された後に禄平州屈舎社韋氏が他の土司と比べて突出して阮朝官

終　章

制の階梯を上昇していくなど（第5・7章）、ベトナム王朝の支配強化が地域社会における権力構造の変化につながることもあった。また、19世紀後半の諒山省では土司であるか否かにかかわらず功績を上げた者が阮朝から官職を授与されて社会的地位を上昇させる一方、大半の土司は官職を保持しておらず（第7章）、ポワソンが取り上げた首長集団の事例を一般化できるわけではない。

　ただし、山地統治が不安定な状況下で現地住民の一部が中央政府から官職を授与され地方支配の一翼を担ったという点に限れば、阮朝の明命年間から仏領期にかけて緩やかな連続性が見出せよう。そもそも仏領期のトンキンにおいてフランス人官僚が派遣されるのは省までで、省以下の従前の統治機構は温存された。またデーヴィスは19世紀～20世紀前半の政治権力は中越境界地帯の支配においてフランスの植民地支配も阮朝と同様に武装集団を活用するなど、暴力に依存していたと論じた［Davis 2017: 12-17］。仏領期の地方支配の実態のより詳細な解明は今後の課題だが、不安定な北部山地統治、およびそこにおける現地住民の部分的活用については、阮朝の明命年間から仏領期にかけて緩やかな連続性が看取できるのではないだろうか。

　次に社会面に関して本書は、18世紀半ばから19世紀後半にかけて明命年間の行政改革や農文雲勢力の活動といった政治変動、動乱の多発や移民の流入、武装集団の活動といった社会変動の中で、在地首長の権力基盤が打撃を受けると同時に、現地住民の中からベトナム王朝の支配に協力し、ベトナム王朝の統治機構の中で地位を上昇させることを選択した者が現れたことを論じた（第3章、第7章第3節など。第4章第3節、第5章第2節も参照）。諒山鎮／省の脱朗州を中心に社会構造の変容課程を考察した伊藤正子は、明命年間の行政改革以前は土司が王朝の権威を背景にした有力勢力であり、明命年間の行政改革や仏領期の新興地主層の勃興を背景に土司の勢力が弱体化し、社会的地位の面で土司と土着住民との差異が消えていったとする［伊藤

2022: 49-60]。本書の知見を踏まえれば、かかる社会変容はベトナム王朝の政策だけでなくより広域に及ぶ社会変動を背景として、18世紀半ばから進行していたといえよう。また清朝から武装集団が到来する19世紀後半の諒山・高平両省では、土司か否かを問わず功績を上げた現地住民が地位を上昇させるようになる（第7章第3節）。このような時代状況も、首長層・土着住民間の社会的地位の差異が縮小していった一因だったと思われる。序章で述べたように、近年の山地研究では18～19世紀における内陸交易の活発化や移住の波にともなうインドシナ半島北部山地における社会変容が指摘されているが、諒山鎮／省についても共時性が指摘できよう。また1930～1940年代の東北地域では、指導者層の不在により、個々の地域ごとにベトミンとフランスが現地住民の支持を争い、結果としてインドシナ共産党が拠点を築くことになるが［古田 1991: 265-266］、このような突出した有力者が存在しない東北地域の社会状況は、上述した18～19世紀の社会変容の結果として生じたといえよう。

　首長集団に目を移すと、始祖が黎朝創建に貢献したとする伝承を記した家譜を作成した諒山鎮／省の首長集団が「七族土司」としてベトナム民主共和国期の民族学者に注目されることになるが、18～19世紀の社会変動・政治変動の中で、すべての首長集団が一貫してベトナム王朝との政治的距離が近かったわけではない。たとえば動乱が多発した18世紀半ばや農文雲勢力が阮朝に対して反旗を翻した1830年代には、諒山鎮／省においてもベトナム王朝権力と対立した勢力に接近する首長も存在した（第2章第1節で言及した藩臣鑽基など。第5章第2節も参照）。ベトナム民主共和国期に注目されたのは、ベトナム王朝の支配への協力を選択したことで如上の政治変動・社会変動を乗り越えることができた一部の首長集団であるといえよう。平野部起源を主張する首長集団の祖先移住伝承は、18世紀以前の史料には確認できず（第3章第2節 (2)）、また「始祖が黎朝の創建に貢献し、西山朝に追随せず阮朝に従った」という「七族土司」の言説も、19世紀半ばの地方官の上奏が

終　章

初出である（第7章第1節）。18〜19世紀の政治変動・社会変動の中で、ベトナム王朝との結びつきを自身の権威の源泉とみなすようになった首長集団と、地方支配のために首長集団を利用しようとしたベトナム王朝（地方官）との利害が一致したことで、上述の祖先移住伝承や「七族土司」の言説が定着した可能性はおおいにあるだろう[2]。

　諒山鎮／省の比較対象として興味深いのは、中国広西省である。広西省では、清朝雍正年間に土官を廃止して流官を任命する改土帰流が広範に実施されたが、その後もチワン人土官の支配組織は残存し、最終的に彼らの基盤が動揺し始めるのは漢人移民の大規模な流入が直接の原因であった。菊池秀明の研究では、耕作地の売買をめぐるチワン人土官と漢人移民との訴訟の事例が紹介される［菊池 1998: 154; 2008: 47］ほか、19世紀前半における在地住民の科挙受験も旧土官の権力基盤を脅かすものだったという［菊池 2008: 47-52］。そのうえで、チワン人土官は自身の権力基盤が動揺する中で、儒教文化を受容し、科挙試験に応じていくことで権力基盤を確立し、自身の利益を最大限に引き出そうとした［菊池 1998: 149-160］。このように自らの基盤が切り崩されつつある中で、王朝権力の統治体制を利用しようとする生存戦略は、諒山鎮／省の在地首長、広西のチワン人土官の双方に共通しているといえよう[3]。

――――――――――
2)　前述のように、ベトナム北部山地の中でも諒山・高平両省では、1940年代に独立運動を展開するインドシナ共産党の党組織が形成され、「民族の結集」にある程度成功した。この時期の現地住民の動向が本書で考察した18〜19世紀の社会変容および現地住民の動向といかに連関しているかを論証するためには、その間の仏領期の状況をより詳細に解明する必要があると思われる。そのため現時点ではこの点は保留とし、今後の課題としたい。

3)　なお伊藤正子も、広西省のチワン人土官が中国王朝との結びつきや儒教など漢人の文化を統治の正統性の根拠としていたことに、諒山鎮／省の首長集団との類似性を見出しているが［伊藤 2022: 85-86（注18）］、ベトナム東北地域では広西省西部における「漢化の強力さに比べてキン化圧力の弱さが目立つ」と述べている［伊藤 2022: 27］。確かに伊藤が述べるように諒山鎮／省の首長集団が科挙に合格した事例は皆無であるが、本書で論じたように18世紀後半〜19世紀初頭の諒山鎮では漢文文書作成能力を有する首長（第4章）や家譜編纂や祖先祭祀をおこなう首長（補論）が現れており、キン人文化の影響を看取できる。またそもそも黎鄭政権期〜阮朝期の↗

284

序章で整理したように、18 ～ 19 世紀がインドシナ半島北部の山地社会に
とって重大な画期だったことが先学により明らかにされつつある。平野部国
家の影響力増大、内陸交易の活発化や移住の波が地域社会に与えた影響は多
様であり、ベトナムの諒山・高平 2 鎮／省の首長層や中国広西省のチワン人
土官が 18 ～ 19 世紀の政治変動・社会変動の中で王朝権力の支配体制を利用
する戦略を選択したのも、インドシナ半島北部山地の歴史的文脈に位置付け
られるのではないだろうか。

　ベトナムでは、社会的上昇を達成する手段として科挙以外の選択肢も存在した。黎鄭政権期には
鄭氏の統治機構において多くの宦官が登用されていたし［上田 2019: 93-106］、阮朝期にも科挙
以外に高官に至る道が存在した［嶋尾 2001: 40, 45（注 14）］。本書で論じたように、18 ～ 19 世
紀の諒山鎮／省では動乱の多発や武装集団の到来により治安が不安定化していたため、諒山鎮
／省の現地住民にとっても、ベトナム王朝の支配体制の中で地位を上昇させるためには科挙受
験より軍事的功績のほうが容易かつ効果的に見えただろう（第 3 章や第 7 章参照）。諒山鎮／省
の在地首長と広西省のチワン人土官とで文化変容の程度が異なっているとすれば、それはそも
そも近世のベトナム社会と中国社会において有効な上昇戦略が異なっていたことに由来するも
のであり、王朝権力の統治体制を利用しようとする戦略自体は双方に共通しているといえよう。

285

写真・図・地図・表

【写真1】禄平州屈舎社韋氏家譜(【表2】No. 1)

写真・図・地図・表

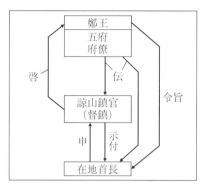

【図1】18世紀の諒山鎮における文書体系

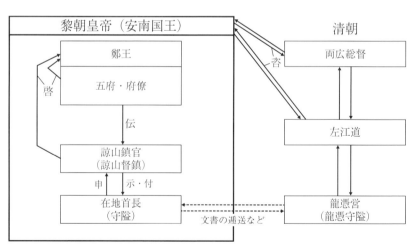

【図2】黎鄭政権期の文書運用と対清朝関係

写真・図・地図・表

【地図1】インドシナ半島北部

写真・図・地図・表

【地図2】18世紀の諒山鎮周辺図
〈注〉山本達郎編『ベトナム中国関係史—曲氏の抬頭から清仏戦争へ—』山川出版社、1975年の附図をもとに作成

写真・図・地図・表

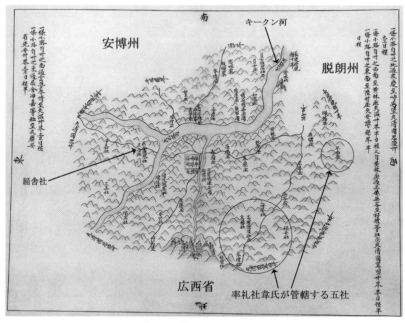

【地図3】 禄平州周辺図

〈注〉Ngô Đức Thọ, Nguyễn Văn Nguyên & Philippe Papin, ed., *Đồng Khánh Địa dư chí*, tập 3, Hà Nội, Nhà xuất bản Thế giới, 2003, tr. 122 をもとに加筆

写真・図・地図・表

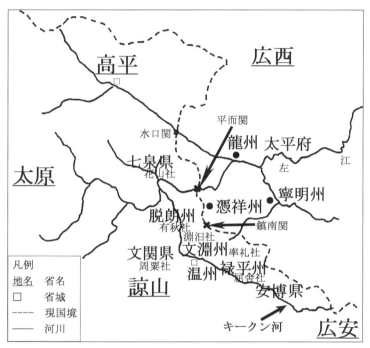

【地図4】1835年頃の諒山省周辺図
〈注〉山本達郎編『ベトナム中国関係史―曲氏の抬頭から清仏戦争まで―』山川出版社、1975年の附図をもとに作成

写真・図・地図・表

【表1】ランソン省に現存する金石史料一覧（17 〜 19 世紀）

No.	碑題	紀年	所在地（現在の地名）	拓本	先行研究	備考
1	顕慶寺洪鐘	盛徳5（1657）年	顕応寺（ロクビン Lộc Bình 県トゥドアン Tú Đoạn 社）	（未確認）		2017 年 12 月 27 日実見。2017 年 11 月にランソン省公安からランソン省博物館に引き渡され、現在はランソン省博物館が保管
2	体存碑記	景治8（1670）年	水門亭（カオロク Cao Lộc 県ドンダン Đồng Đăng 町）	ランソン省博物館／漢喃研究院 No. 44673-44676	VHLS: 357-363	現在はランソン省博物館が保管
3	（不明）	永治2（1677）年	三青洞 Động Tam Thanh（ランソン市タムタイン Tam Thanh 坊）	ランソン省博物館 No. 174/TL		
4	重修清禅	永治2年／永治5（1680）年	三青洞	漢喃研究院 No. 15885-15886		原碑未見。表裏で紀年が異なる
5	母山禅寺	正和元（1680）年	忠天寺 chùa Trung Thiên（ロクビン県トゥドアン社）	ランソン省博物館 No. 195/TL	VHLS: 335-336	2015 年 10 月 13 日に実見。高さ 99 cm、横 64 cm、厚さ 13 cm
6	宗師父碑	正和4（1683）年	左府祠堂 Đền Tả Phủ（ランソン市ホアンヴァントゥ Hoàng Văn Thụ 坊）	ランソン省博物館 No. 189/TL／漢喃研究院 No. 44649-44652	VHLS: 195-198；吉川 2017: 48-49	2013 年 3 月 14 〜 15 日、2014 年 8 月 30 日に実見。四面あり、規格は高さ 208 cm、横・幅共に 75 cm
7	（無題）	康熙36（1697）年	タイン寺 chùa Thành（ランソン市チーラン Chi Lăng 坊）	ランソン省博物館 No. 177/TL／漢喃研究院 No. 16172/44635	VHLS: 302-307；吉川 2017: 49-52	2013 年 3 月 14 日、2014 年 12 月 28 日に実見
8	石橋梁台碑記	保泰5（1724）年？	ジェンブオン市場 chợ Giếng Vuông（ランソン市ホアンヴァントゥ坊）	ランソン省博物館 No. 191/TL	VHLS: 325	2015 年 10 月 12 日実見。横・幅共に 50 cm、高さ 140 cm。磨滅が激しく大半が判読不能
9	後神碑記	景興15（1754）年	ヒゥルン Hữu Lũng 県？	ランソン省博物館 No. 196/TL	VHLS: 353-356	原碑未見
10	博徳石橋碑記	景興30（1769）年	博徳石橋（ヴァンラン Văn Lãng 県ホアンベト Hoàng Việt 社）	ランソン省博物館 No. 194/TL		原碑未見
11	野岩石橋碑記	景興32（1771）年	野岩石橋（ヴァンクァン Văn Quan 県スァンマイ Xuân Mai 社）	漢喃研究院 No. 44683-44686	VHLS: 368-369	2016 年 9 月 22 日実見。四面あり、規格は 47 × 48 × 141 cm
12	忠天寺寄進碑	景興33（1772）年	忠天寺	ランソン省博物館 No. 188/TL	VHLS: 337-339	2015 年 10 月 13 日に実見。高さ 116 cm、横 57 cm、厚さ 14 cm
13	三青峒碑	景興38（1777）年	三青洞	漢喃研究院 No. 15887-15888		原碑未見
14	二青峒賦	景興40（1779）年	三青洞	漢喃研究院 No. 44655	VHLS: 199-210	原碑未見
15	三教祠功徳碑	景興40年	三青洞	漢喃研究院 No. 44658	Nguyễn Thị Thảo 2002	2016 年 1 月 16 日および 2017 年 12 月 27 日実見

292

写真・図・地図・表

No.	碑題	紀年	所在地（現在の地名）	拓本	先行研究	備考
16	（無題）	景興40年	三青洞	（未確認）	VHLS: 270	原碑未見
17	（無題）	景興40年	三青洞	（未確認）	VHLS: 237-240	原碑未見
18	（無題）	景興40年	ティエン寺 chùa Tiên（ランソン市チーラン坊）	（未確認）	VHLS: 273-277	原碑未見
19	（無題）	景興40年	慶渓社（ヴァンクァン県）	（未確認）	VHLS: 370-371	原碑未見
20	演陣山碑	景興40年	ヴァンラン県ナーサム Na Sầm 町	（未確認）	VHLS: 326-327	
21	本峒奉事條例碑	景興41（1780）	二青洞 Động Nhị Thanh（ランソン市タムタイン坊）	漢喃研究院 No. 15884/44654	VHLS: 241-252	
22	二青峒三教祠碑記	景興41年	二青洞	（未確認）	VHLS: 229-232	原碑未見
23	三教碑	景興41年	二青洞	（未確認）	VHLS: 233-234	原碑未見
24	延慶寺碑記	景盛4（1796）年	タイン寺	漢喃研究院 No. 44634	VHLS: 297-301	2013年3月14日、2014年12月28日に実見。規格は高さ104 cm、横64.5 cm、厚さ16 cm
25	重修碑記	嘉隆8（1809）年	聖母祠 Đền Mẫu（カオロク県ドンダン町）	（未確認）	VHLS: 364-367	2016年9月21日実見。磨崖碑で、規格は縦55 cm、横81 cm
26	大像寺碑記	嘉隆9（1810）年	ティエン寺	ランソン省博物館 No. 162/TL	VHLS: 283-284	原碑未見
27	（無題）	嘉隆13（1814）年	二青洞	（未確認）	VHLS: 211-225	原碑未見
28	（無題）	明命元（1820）年	二青洞	ランソン省博物館 No. 166/TL	VHLS: 226-228	原碑未見
29	（無題）	明命元年	二青洞	ランソン省博物館 No. 169/TL	VHLS: 235-236	原碑未見
30	（無題）	明命6（1825）年	二青洞	ランソン省博物館 No. 165/TL	VHLS: 255-257	原碑未見
31	重修北鎮寺碑	成泰7（1895）年	北鎮寺 chùa Bắc Trấn（ヴァンラン県タンラン Tân Lang 社）	ランソン省博物館 No. 187/TL	VHLS: 328-332; 伊藤2022: 57-58	原碑失
32	諒山省禄平州屇舎総禄馬村葦家墓誌	成泰12（1900）年	ロクビン県クァットサー Khuất Xá 社	なし	Bùi Quốc Hùng & Nguyễn Xuân Diện 2008	2017年12月28日実見。規格は47 × 77 × 24 cm。同慶年間（1886～1888年）の記述があり、紀年には「□□十二年」とあるため、成泰12年立碑と推定される
33	重修文聖廟碑	成泰12年	文聖廟（ランソン市ドンキン Đông Kinh 通り）	漢喃研究院 No. 15999	VHLS: 316-318	原碑未見

〈注〉

VHLS = Sở Văn hóa Thông tin Lạng Sơn, *Văn hóa Lạng Sơn: Địa dư chí - văn bia - câu đối*（ランソンの文化―地輿誌・碑文・対聯―）. Hà Nội: Nhà xuất bản Văn hóa Thông tin, 2012.

写真・図・地図・表

【表2】諒山鎮／省の首長集団の漢文家譜

No.	首長集団	タイトル	編纂時期	所蔵機関／所蔵者	備考
1	禄平州屈舎社韋氏	韋家譜記	18世紀末	ランソン省博物館	筆者は2015年10月12日撮影【写真1】
2	禄平州屈舎社韋氏	（無題）	19世紀末～20世紀初頭	ランソン省博物館	筆者は2015年10月12日撮影
3	禄平州屈舎社韋氏	（無題）	嗣徳年間以降に書写	ランソン省博物館	筆者は2015年10月12日撮影
4	禄平州屈舎社韋氏	韋家譜記	19世紀半ば？	ランソン省博物館	筆者は2015年10月12日撮影
5	禄平州屈舎社韋氏	韋家長庚	20世紀前半	ランソン省博物館	筆者は2015年10月12日撮影
6	禄平州屈舎社韋氏	韋家世譜	20世紀前半	ヴィ・ヴァン・ダイ Vy Văn Đài 氏（ハノイ市カウザイ Cầu Giấy 郡居住）	作成者ヴィ・ヴァン・ディン Vy Văn Định（韋文琔）の孫グエン・ヴァン・フイ Nguyễn Văn Huy 氏（元ベトナム民族学博物館館長）から提供。筆者は2018年1月3日撮影
7	脱朗州有秋社阮廷氏	禄命之書	成泰9（1897）年7月17日書写	グエン・ディン・トム Nguyễn Đình Thơm 氏（ランソン省ヴァンラン Văn Lãng 県ホアンベト Hoàng Việt 社ナーアン Nà Áng 村居住）	筆者は2015年10月14日撮影
8	脱朗州阮廷氏	阮廷族家譜	1895年作成、1940年書写	グエン・ディン・バオ Nguyễn Đình Bao 氏（現ランソン省ヴァンラン県ナーサム Na Sầm 町居住）	2014年12月29日にグエン・ディン・バオ氏からコピーを頂いた
9	七泉州花山社阮克氏	阮族家譜	1911年	グエン・カック・ヒエン Nguyễn Khắc Hiển 氏（現在はランソン市居住、もともとランソン省チャンディン Tràng Định 県フンソン Hùng Sơn 社居住）	筆者は2017年12月29日にコピーを撮影、2023年8月22日に原本を撮影
10	文淵州淵泪社阮廷氏	阮族家譜	1919年	グエン・ディン・ハン Nguyễn Đình Han 氏（ランソン省ヴァンラン県タンミ Tân Mỹ 社タライ Tà Lài 村居住）	筆者は2015年10月14日にコピーを撮影
11	禄平州率礼社韋氏	（無題）	19世紀末？	ヴィ・ヴァン・トン Vy Văn Thôn 氏（現ランソン省カオロク Cao Lộc 県スアトレ Xuất Lễ 社居住）	筆者は2016年9月21日に撮影
12	文蘭州周粟社何氏	何族家（譜）	壬寅年（1782？）	ハ・ホン Hà Hồng 氏（ヴァンクアン Văn Quan 県ビンフック Bình Phúc 社居住）	筆者は2023年8月22日にコピーを撮影
13	文蘭州平嘉社農氏	（無題）	壬寅年（1902）	（原本散佚）	後裔のノン・ゴック・タン Nông Ngọc Tăng 氏（ランソン市居住）から家譜の原本が散佚したとの情報を提供して頂いたため、グエン・クアン・フイン Nguyễn Quang Huynh 氏から写真のデータを頂いた（2023年8月22日）

294

【表3】申公才顕彰碑（【表1】No. 6）に記載される諒山鎮の在地首長

肩書	姓名
奉領官諒山処都総兵使司都総兵使・北軍都督府都督僉事・雨郡公	韋徳勝
奉守開門神武四衛軍務事総督・振郡公	韋福安
□督・弘郡公	阮廷継
楊郡公	閉国済
参督・豪俊侯	阮克遵
参督・寧舎侯	阮廷宝
参督・□禄侯	阮克寧
参督・□□侯	黄公明
宣慰同知・朝東侯	黄□□
□□□・□□侯	阮廷法
右校点・□福侯	閉国当
宣慰同知・萬華侯	農□□
宣慰使・□□侯	何□□
宣慰□・□□侯	何□□
輔導・□□侯	何公正
輔導・□□侯	□□□
輔導・朝思侯	農歓忠
輔導・□□□	□□□
輔導・碧麟侯	韋富□
輔導・□隆侯	梁□□
輔導・□□□	□□□
輔導・□□□	□□□
輔導・□□侯	何伯年
輔導・福禄侯	□□□
輔導・□□□	□□□
輔導・□□侯	農玉安
輔導・□□□	□□□
輔導・□□□	□□□
輔導・□厳侯	丁廷□
輔導・□□□	□□□
輔導・藤禄侯	黄□□
輔導・廓義侯	何徳馴
輔導・□□□	□□□

写真・図・地図・表

【表4】18世紀の諒山鎮で黎鄭政権から官職を授与された在地出身者一覧

No	年	月日	人名	貫	藩臣／輔導	号	他の肩書	爵号	典拠
1		2月12日	阮廷玩	（脱州州有秋社）	藩臣支派				有秋社古紙4a
2		3月3日	阮廷璿	（脱朗州有秋社）		→本号正号	守隘	提忠侯	有秋社古紙5a
3		3月20日	阮廷田	（脱朗州有秋社）	藩臣支派				有秋社古紙6a
4	景興元 (1740)年	3月21日	阮廷琦	（脱朗州有秋社）	藩臣支派			誉慶伯	有秋社古紙7a
5		3月21日	阮廷梁	（脱朗州有秋社）	藩臣支派				有秋社古紙8a
6		3月21日	阮	（脱朗州有秋社）				璟武侯→武潤侯	有秋社古紙9a
7		2月1日	阮廷玧	（脱朗州有秋社）			付守隘・防禦僉事	璟武侯	有秋社古紙11a
8		2月1日	黄廷這	安博州	輔導				有秋社古紙11a
9		2月1日	阮廷璃	（脱朗州有秋社）		→本号正号	僉事	琳武伯	有秋社古紙12a
10	景興2 (1741)年	2月2日	阮廷琰	（脱朗州有秋社）		→本号首号	守隘・都指揮使	義忠侯	有秋社古紙13a
11		2月26日	阮廷森	（脱朗州有秋社）	輔導			榜忠	有秋社古紙14a
12		2月26日	阮廷壬	（脱朗州有秋社）				振禄	有秋社古紙14a
13		3月2日	阮廷銘	（脱朗州有秋社）	藩臣同管				有秋社古紙15a
14		8月2日	阮廷瑗	（脱朗州有秋社）		→正後号正号	都総兵	瑗武侯	有秋社古紙16a
15		9月	韋世琴	禄平州屈舎社		→防禦僉事			韋氏家譜13b
16	景興3 (1742)年	8月12日	阮廷謝	（脱朗州有秋社）	藩臣支派				有秋社古紙17a
17		2月	阮廷聘		藩臣				『続編』巻4
18		4月	韋世琴	禄平州屈舎社		→招討僉事			韋氏家譜14b
19		4月某日	黄登楊	禄平州屈舎社		防禦僉事		鋭基	韋氏家譜26b
20	景興4 (1743)年	9月	韋世琴	禄平州屈舎社		→正左号首号			韋氏家譜15a
21		12月2日	韋廷韶	禄平州率礼社				條忠伯	高楼総古紙2a
22		12月2日	韋廷貞	禄平州率礼社				珣武伯	高楼総古紙2a
23		12月28日	阮廷璿	脱朗州有秋社	輔導官員子		→果敢将軍・防禦使司防禦僉事・下班		有秋社神勅1a
24	景興6 (1745)年	6月3日	（阮）廷瑋	（脱朗州有秋社）		正後号属号→正後号正号	指揮使	理忠伯	有秋社古紙18a
25		6月6日	阮廷賀	（脱朗州有秋社）		正後号属号→正後号正号	招討使	琨忠侯	有秋社古紙19a

296

No	年	月日	人名	貫	藩臣／輔導	号	他の肩書	爵号	典拠
26	景興6年	8月10日	阮廷璿	脱朗州有秋社	藩臣		果敢将軍・軍民防禦使司防禦僉事・下班→果敢将軍・軍民防禦使司防禦同知・下聯		グエン・ディン・トム Nguyễn Đình Thơm 氏所蔵の勅
27		10月3日	阮廷珌	(脱朗州有秋社)	藩臣		招討使	璟武侯	有秋社古紙20a
28		10月3日	韋世珍				招討僉事	栄寿伯	有秋社古紙20a
29		10月3日	黄廷這	(安博州)				環忠侯	有秋社古紙20a
30		10月3日	阮廷楼	(脱朗州有秋社)		→属号		楼武伯	有秋社古紙21a
31	景興7(1746)年	5月3日	阮廷珍	(脱朗州有秋社)			宣慰大使	班朝侯	有秋社古紙25a
32		5月3日	阮廷堂	(脱朗州有秋社)	藩臣			増郡公	有秋社古紙26a
33		5月3日	阮廷璿	(脱朗州有秋社)		→正首校	招討同知	提忠侯	有秋社古紙27a
34		5月3日	(阮克台)			長号		鵬武伯	有秋社古紙27a
35		5月3日	阮勢任			属号		淳基	有秋社古紙27a
36		5月3日	阮克継			属号		幹武	有秋社古紙27a
37		5月3日	阮克終			属号		瑞武	有秋社古紙27a
38		5月3日	阮勢廉			属号		宣寿	有秋社古紙27a
39		5月3日	阮勢恵			属号		海廷	有秋社古紙27a
40		5月3日	阮勢訓			属号		携武	有秋社古紙27a
41		5月3日	阮勢増			属号		長武	有秋社古紙27a
42		5月3日	阮勢兼			属号		密燕	有秋社古紙27a
43		5月	(阮廷禄)			正後号		姜宝侯	高楼総古紙15a
44		5月	(黄廷逞)			正右侯[号？]		環寿侯	高楼総古紙15a
45		7月22日	韋仲容	(禄平州率礼社)			防禦僉事	條忠伯	高楼総古紙1a
46		7月22日	韋廷貞	(禄平州率礼社)				珣武伯	高楼総古紙1a
47	景興8(1747)年	3月6日	阮廷順		藩臣	→正率隊			有秋社古紙28a
48	景興10(1749)年	11月17日	韋仲容	(禄平州率礼社)		中左号副号	防禦使	條忠伯	高楼総古紙3a
49		11月17日	韋廷慎	(禄平州率礼社)				珣武伯	高楼総古紙3a
50	景興11(1750)年	6月某日	黄登楊	禄平州屇舎社				鋭基	韋氏家譜24b
51		7月2日	韋仲容	禄平州率礼社	藩臣		防禦使	條忠伯	高楼総古紙5a
52		7月2日	韋廷慎	禄平州率礼社	輔導			珣武	高楼総古紙5a
53	景興13(1752)年	12月18日	(韋廷慎)	(禄平州率礼社)		→正左号属号		珣武伯	高楼総古紙7a
54		12月18日	韋福綿			正左号長号		昱春伯	高楼総古紙7a

写真・図・地図・表

No	年	月日	人名	貫	藩臣／輔導	号	他の肩書	爵号	典拠
55		正月24日	阮廷森	(脱朗州有秋社)	藩臣		防禦僉事	榜中伯	有秋社古紙 31a
56	景興17	正月24日	阮廷壬	(脱朗州有秋社)				振武伯	有秋社古紙 31a
57	(1756)年	2月12日	阮廷理	脱朗州有秋社			防禦僉事	理武侯	有秋社古紙 29a
58		2月13日	阮廷貢	脱朗州有秋社			防禦僉事	威嶺伯	有秋社古紙 30a
59	景興18 (1757)年	2月13日	阮廷横	脱朗州有秋社			防禦僉事	横武伯	有秋社古紙 32a
60		3月15日	韋廷禎			(正)左号属号			珣武伯	有秋社古紙 33a
61		9月3日	韋福洪				守隘	快岩伯	『北使』巻1, 43a
62		9月3日	阮廷璔					堤忠侯	『北使』巻1, 43a
63	景興20	10月12日	韋廷禎			正左号属(号)		珣武伯	高楼総古紙 8a
64	(1759)年	12月某日	韋世藩			中一号首号	宣慰使	幹寿侯	『北使』巻1, 89b
65		12月某日	阮克台			正前号首号	宣慰大使	鵬武侯	『北使』巻1, 89b
66		12月某日	黄廷逞	(安博州)		正左号首号	宣慰大使	環寿侯	『北使』巻1, 89b
67		12月某日	阮廷禄			正右号首号	宣慰使	姜宝侯	『北使』巻1, 89b
68		12月某日	何国讚	(文蘭州)		正後号首号	防禦使	伝基伯	『北使』巻1, 89b
69		12月某日	阮廷璔	(脱朗州有秋社)		守隘号副号	招討同知	堤忠侯	『北使』巻1, 89b
70	景興25 (1764)年	3月27日	阮廷瑛	(脱朗州有秋社)			管領	環武侯	有秋社古紙 34a
71		4月18日	阮廷璔	(脱朗州有秋社)			付守隘・招討同知	提忠侯	有秋社古紙 35a
72	景興27 (1766)年	2月16日	阮廷継	(脱朗州有秋社)	藩臣		大都督	彊郡公	有秋社古紙 36a
73	景興28 (1767)年	3月3日	阮廷譚	(脱朗州有秋社)	藩臣支派				有秋社古紙 37a
74	景興29 (1768)年	9月10日	阮廷彬	(脱朗州有秋社)		中一号同管→中一号属号		□武伯	有秋社古紙 39a
75		10月21日	韋廷偵	禄平州率礼社		正後号属号		珣武伯	高楼総古紙 9a
76	景興30 (1769)年	11月24日	阮廷張	(脱朗州有秋社)	藩臣支派				有秋社古紙 40a
77		11月24日	阮廷定	(脱朗州有秋社)	藩臣支派				有秋社古紙 41a
78	景興32 (1771)年	3月10日	韋廷偵	禄平州率礼社		正後号属号→正後号副号		珣武伯	高楼総古紙 10a
79		仲秋	何国賛	文蘭州		右衛号首号	長州・宣慰大使	伝基侯	野岩石橋碑記
80		仲秋	何国□	文蘭州				烜基伯	野岩石橋碑記
81	景興33 (1772)年	3月6日	阮廷彬	脱朗州有秋社	藩臣		防禦僉事	榜武伯	有秋社古紙 42a

写真・図・地図・表

No	年	月日	人名	貫	藩臣／輔導	号	他の肩書	爵号	典拠
82	景興34 (1773)年	10月24日	韋廷偵	禄平州率礼社		堅右号副号		珣武伯	高楼総古紙 11a
83	景興36 (1775)年	11月28日	阮廷彬	脱朗州有秋社		→正後号付 首号	防禦同知	榜忠伯	有秋社古紙 43a
84	景興37 (1776)年	10月4日	阮廷彬	脱朗州有秋社		正後号付首 号	防禦同知	榜忠伯	有秋社古紙 44a
85	景興38	仲春	（阮廷璿）	脱朗州有秋社			守陵官	提忠侯	三青峒碑
86	(1777)年	仲春	（黄廷逞）	安博州			一衛号官	環寿侯	三青峒碑
87	景興39 (1778)年	6月某日	韋廷偵	禄平州率礼社		中左号副号	防禦僉事	珣武伯	高楼総古紙 12a
88		3月2日	阮廷牟	（脱朗州有秋社）	藩臣支派				有秋社古紙 45a
89		3月2日	阮廷何	（脱朗州有秋社）	藩臣				有秋社古紙 46a
90		7月5日	阮廷琅	（脱朗州有秋社）		前勝号□号		翊忠伯	本峒奉事條例碑
91		季秋	黄廷逞	禄平州陸村庄			前審正・□□ 僉事	環寿侯	三教祠功徳碑
92		季秋	黄廷球	（禄平州陸村庄）				□□伯	三教祠功徳碑
93		季秋	韋福琴	禄平州屈舎社		鎮前号仍首 号	左審正・宣慰 大使	栄寿侯	三教祠功徳碑
94		季秋	□□□ （韋福綿？）	禄平州屈舎社		鎮左号仍首 号	右審正・宣尉 大使	昱春侯	三教祠功徳碑
95		季秋	何国驤	文蘭州周粟社		鎮一号首号		祀基伯	三教祠功徳碑
96		季秋	阮克陳	七泉州花山社		鎮前号首号		□武伯	三教祠功徳碑
97		季秋	阮廷陳	脱朗州有秋社		鎮左号首号	防禦同知	紹武伯	三教祠功徳碑
98	景興40 (1779)年	季秋	何国驪	文蘭州周粟社		鎮右号首号	防禦僉事	□禄伯	三教祠功徳碑
99		季秋	阮廷□	脱朗州有秋社		鎮後号首号	防禦僉事	□□伯	三教祠功徳碑
100		季秋	阮廷琅	脱朗州有秋社		前勝号首号	防禦僉事	□□伯	三教祠功徳碑
101		季秋	黄何軸	文蘭州周粟社		勝前号旧首 号	防禦同知	莖荘伯	三教祠功徳碑
102		季秋	黄何輔	文蘭州周粟社		勝後号首号		秦□伯	三教祠功徳碑
103		季秋	何国騐	（文蘭州周粟社）		前鎮右号首 号	招討僉事	□□□	三教祠功徳碑
104		季秋	阮廷璿	脱朗州有秋社		奉守陵		珵忠侯	三教祠功徳碑
105		季秋	阮廷瑚	（脱朗州有秋社）		副号		珊武伯	三教祠功徳碑
106		季秋	阮廷沛	文淵州保林社		旧守陵	防禦僉事	□□伯	三教祠功徳碑
107		季秋	黄廷和	禄平州陸村庄		勝右号□首 号		謹武伯	三教祠功徳碑
108		季秋	阮廷璉	（禄平州陸村庄）		旧守陵	防禦使	璘忠侯	三教祠功徳碑
109		季秋	阮廷創	脱朗州有秋社		鎮一号副号	防禦□□	□□伯	三教祠功徳碑

299

写真・図・地図・表

No	年	月日	人名	貫	藩臣／輔導	号	他の肩書	爵号	典拠
110	景興40年	季秋	阮克□	七泉州花山社		鎮前号副号		彬□伯	三教祠功徳碑
111		季秋	阮克□	(七泉州花山社)				敦武伯	三教祠功徳碑
112		季秋	阮克琦	(七泉州花山社)		(鎮前号)属号		善武伯	三教祠功徳碑
113		季秋	阮廷□	脱朗州有秋社		鎮前号副号		美忠伯	三教祠功徳碑
114		季秋	黄廷派	禄平州陸村庄		前勝号副号	防禦僉事	□忠伯	三教祠功徳碑
115		季秋	何国□	文蘭州周粟社		鎮右号副号	防禦使	銓武伯	三教祠功徳碑
116		季秋	阮克暹	七泉州花山社		鎮左号副号		瑤武	三教祠功徳碑
117		季秋	阮廷丙	脱朗州有秋社		前勝号副号	防禦僉事	□廷伯	三教祠功徳碑
118		季秋	黄文徳	文淵州水湾社		勝前号副号	防禦僉事	□□伯	三教祠功徳碑
119		季秋	韋廷慎	禄平州率礼社		勝前号副号		珣武	三教祠功徳碑
120		季秋	阮廷椿	文淵州淵汨社		鎮左号副号	防禦僉事	椿武伯	三教祠功徳碑
121		季秋	阮克蘇	七泉州花山社		鎮□号副号		璡武伯	三教祠功徳碑
122		季秋	黄廷曠	禄平州陸村庄		勝右号副号		添忠伯	三教祠功徳碑
123		季秋	阮廷璠	脱朗州有秋社		勝後号副号		嘉忠伯	三教祠功徳碑
124		季秋	韋□観	禄平州屈舎社		鎮左号副号		□寿伯	三教祠功徳碑
125		季秋	何国□	文蘭州周粟社		鎮一号属号			三教祠功徳碑
126		季秋	何国陳	文蘭州周粟社		鎮右号属号	防禦僉事	優武	三教祠功徳碑
127		季秋	阮廷鍬	文淵州永逸社		前勝号属号		□武	三教祠功徳碑
128		季秋	阮廷彬	脱朗州有秋社		鎮左号属号	防禦同知	榜武伯	三教祠功徳碑
129		季秋	阮廷呂	(脱朗州有秋社)		(鎮左号)属号	防禦僉事	望朝	三教祠功徳碑
130		季秋	丁国珍	温州枚坂社		内鎮随号		欣忠	三教祠功徳碑
131		季秋	黄□箏	温州江漢社		(内鎮)随号			三教祠功徳碑
132	昭統元(1787)年	3月1日	阮廷理	(脱朗州有秋社)	藩臣支派	→雄捷奇雄校一隊正副号			有秋社古紙47a
133		3月1日	韋世珠	(禄平州率礼社)	藩臣	→雄捷奇右雄校二隊便宜正属号			有秋社古紙48a
134		3月1日	阮廷瑗	(脱朗州有秋社)	藩臣	→雄捷奇右雄校二隊便宜正属号			有秋社古紙48a
135		3月1日	韋世珠	(禄平州率礼社)	藩臣支派	雄捷奇右雄校二校[隊]便宜正属(校)			有秋社古紙49a
136		3月1日	阮廷彬	(脱朗州有秋社)	藩臣	属号			有秋社古紙50a
137		3月1日	韋廷隆	禄平州率礼社				艶武伯	有秋社古紙50a

写真・図・地図・表

No	年	月日	人名	貫	藩臣／輔導	号	他の肩書	爵号	典拠
138	昭統元年	3月1日				正後号	防禦同知	榜増春侯	有秋社古紙 51a
139		3月1日	阮廷璹				防禦僉事	嘉仲伯	有秋社古紙 53a
140		3月6日	(阮) 廷瑪			→属号	防禦僉事	嶺寿伯	有秋社古紙 54a
141		9月27日	韋廷珠	禄平州率礼社		後捷号属号		珀楊伯	高楼総古紙 20a
142	昭統2(1788)年	正月16日	阮廷彬	脱朗州有秋社	輔導藩臣		→勇断将軍・防禦使司防禦僉事・下班		有秋社神勅 2a
143		正月16日	阮廷彬	(脱朗州有秋社)	藩臣	→首号			有秋社古紙 55a
144		3～5月	何国驥	(文蘭州)	藩臣				『続編』巻5
145		3～5月	阮克陳	(七泉州)	藩臣				『続編』巻5

〈注〉

有秋社古紙 =「諒山省脱朗州有秋総有秋社古紙」(漢喃研究院所蔵 AH. a4/6)
高楼総古紙 =「諒山省文淵州高峙衙高楼総各社古紙」(漢喃研究院所蔵 AH. a4/7)
有秋社神勅 =「諒山省脱朗州有秋総有秋社神勅」(漢喃研究院所蔵 AD. a17/2)
グエン・ディン・トム氏所蔵の勅 = グエン・ディン・トム氏 (ランソン省ヴァンラン Văn Lãng 県ホアンベト Hoàng Việt 社ナーアン Nà Áng 村居住) 所蔵
『続編』=『大越史記全書続編』(陳荊和編校『大越史記全書 (下)』東京大学東洋文化研究所附属東洋文献センター、1986年)
『北使』=『北使通録』(漢喃研究院所蔵 A. 179)
韋氏家譜 =【表2】No. 1「韋家譜記」
野岩石橋碑記 =【表1】No. 11。2016年9月22日、現地 (ランソン省ヴァンクアン Văn Quan 県スァンマイ Xuân Mai 社) にて実見
三青祠碑 =【表1】No. 13。漢喃研究院所蔵拓本 15887～15888。
本祠奉事條例碑 =【表1】No. 21。ランソン省ランソン市タムタイン Tam Thanh 坊の二青洞 (động Nhị Thanh) 現存。漢喃研究院所蔵拓本 15884/44654。
三祠頌功碑 =【表1】No. 15。ランソン省ランソン市タムタイン坊の二青洞現存。漢喃研究院所蔵拓本 44658。
→はその時新たに任命された官職を、□は一字不読を、( ) は筆者による補足を、[ ] は直前の一字の正字を、それぞれ表す

【表5】「諒山省文淵州高峙衙高楼総各社古紙」中の文書一覧

No.	葉数	発給時期	発信者	受信者	形式	内容
1	1a	景興4 [7] (1746) 年7月22日	奉差諒山道督領・珍寇将軍・正首号・前翊奇該奇官・都指揮使・潘派侯	本処藩臣・防禦僉事・條忠伯韋容	示	動乱の鎮圧に際して功績があったため、韋氏の「該管」の承認
2	2a	景興4 (1743) 年12月2日	奉差諒山安広等処兼督鎮官・副首守号・右捷奇兵該管 [奇官?]・添 (差) 府潦 [僚]・東閣各大学士林侯	轄内藩臣・輔導條忠伯韋廷藹、男子珂武韋廷偵	示	動乱の鎮圧に際して功績があったため、韋氏の「該管」の承認
3	3a	景興10 (1749) 年11月17日	奉差諒山処督領・山西道兼管督領・平定将軍・正首号・前翊中勝中奮等奇該奇官・大保・藩派使 [侯]	轄内藩臣・中左号副号・防禦使・條忠伯韋仲容	付	動乱の鎮圧に際して功績があったため、韋氏の「該管」の承認

301

写真・図・地図・表

No.	葉数	発給時期	発信者	受信者	形式	内容
4	5a	景興11（1750）年7月2日	大元帥総国政尚師明王	諒山処禄平州率礼社藩臣・防禦使・條忠伯韋仲容、親男輔導・珣武韋廷偵	令旨	動乱の鎮圧に際して功績があったため、韋氏の「該管」の承認
5	7a	景興13（1752）年12月18日	諒山処督鎮・正首号・前翊奇該奇官・少傅潘派侯	轄内藩臣・珣武伯	付	韋廷禎を正左号属号に
6	8a	景興20（1759）年10月12日	奉差諒山処督鎮衙門官	正左号属（号）・珣武伯韋廷禎	付	韋廷禎の管轄の社で耕作者不在の田が多いため農人の召募を命令
7	9a	景興29（1768）年10月21日	奉差諒山処督鎮衙門官	禄平州率礼社員子韋廷龍・韋廷殊	示	韋廷禎の息子韋廷龍・韋廷殊に共同管轄を許可
8	10a	景興32（1771）年3月10日	奉差諒山処督鎮衙門官	正後号属号・珣武伯韋廷禎	示	韋廷禎を正後号副号に
9	11a	景興34［37］（1776）年10月24日	奉差諒山処督鎮衙門官	禄平州率礼社藩臣・堅右号副号・珣武伯韋廷偵、男子韋廷龍等	示	海晏社・平西（西平）社が再び率礼社韋氏の「該管」に
10	12a	景興39（1778）年6月二十某日	長慶府禄平州率礼社中左号副号・防禦僉事・珣武伯韋廷偵、男子韋廷鑑、韋廷殊、韋廷隆等	（諒山鎮官か）	申	管轄の減少をうけて先祖代々の功績を上申
11	20a	昭統元（1787）年9月27日	欽差諒山処督鎮衙門官	属鎮藩目後捷号属号・珀楊伯韋廷珠	示	率礼社の嘉・累2甲の土兵8率を韋廷珠に支給
12	21a	昭統元年9月27日	欽差諒山処督鎮衙門官	属鎮藩目後捷号属号・珀楊伯韋廷珠	示	率礼社の嘉・累2甲の土兵8率を韋廷珠に支給
13	22a	昭統2（1788）年3月13日	（五府・府僚官）	諒山処長慶府禄平州率礼社社長禄儒恵、色目禄阮清、陳碧儒等	旨伝	硝石の採掘場がないにもかかわらず課されていた税の免除要求を許可
14	23a	光中5（1792）年継3月1日	長慶府禄諰州高楼総率礼社旧藩臣韋廷珠、親弟艶武伯韋廷艶等	（諒山鎮官か）	申	本田一区号同保処の合計10畝の再耕作を要請
15	24a	光中［嘉隆？］6（1807）年11月25日	欽差諒山鎮鎮官	属鎮雄捷奇右雄校属株	差	犯罪者の拘禁と拘束を命令
16	25a	光中［嘉隆？］16（1817?）年11月20日	欽差諒山鎮鎮官	属鎮右雄校属株才伯	差	協鎮官の京師帰還に際し護衛を命令
17	26a	光中［嘉隆？］16（1817?）年11月21日	欽差諒山鎮鎮官	属鎮藩臣韋世珠	差	高楼・率礼2社を管轄する韋世珠に、徴税の便のため管率の支給を許可
18	27a	光中［嘉隆？］17（1818?）年正月14日	諒山	属鎮藩臣韋世珠	伝	未納の税額の督促を命令
19	28a	嘉隆2（1803）年閏正月二十某日	諒山処長慶府禄平州率礼社旧藩臣□楊即韋廷珠等		申	阮朝に対し先祖および自身の経歴を申告

写真・図・地図・表

No.	葉数	発給時期	発信者	受信者	形式	内容
20	30a	嘉隆13（1814）年 8月22日	欽差諒山鎮鎮官	属鎮藩臣支派韋世珠	差	韋世珠を右雄校の正属校に
21	31a	嘉隆14（1815）年 9月26日	欽差諒山鎮鎮官	属鎮雄捷奇右雄校正属投株伯	差	諒山鎮左堂官が城（昇龍城？）から諒山鎮に帰還するため護衛を命令
22	32a	（景興24（1763）年）	大元帥総国政尚父上師［尚師上父］英断文治武功明王	諒山処藩臣・輔導・珣武伯韋廷禎、親男仲寿韋廷鏗等	令旨	韋氏の「該管」の承認
23	34a	（景興14（1753）年）	五府・府僚等官	諒山処藩臣・輔導・珣武伯韋廷禎	奉封子伝	韋氏の「該管」の承認

典拠：「諒山省文淵州高峙衛高楼総各社古紙」（漢喃研究院所蔵 AH. a4/7）

【表6】黎鄭政権期における脱朗州有秋社阮廷氏関連の行政文書

No	年	月日	発出者	形式	受信者	概要	典拠
1		2月12日	欽差諒山鎮官	差	属鎮藩臣支派阮廷玩	「勲臣の苗裔」であるため再［右］雄校副首校文献侯に従い駅を「董幹」するよう命令	有秋社古紙 4a
2		3月3日	奉差諒山処督鎮諸衛門官	示	守隘・提忠侯阮廷璿	賊徒の撃破で功績があったため内属正号に	有秋社古紙 5a
3		3月20日	欽差諒山鎮鎮官	差	属鎮藩臣支派阮廷田	右雄校副首校文献侯に従い守里駅を「董幹」するよう命令	有秋社古紙 6a
4	景興元（1740）年	3月21日	欽差諒山鎮鎮官	付	藩臣支派・誉慶伯阮廷琦	「戎役」に従い功績があったため旧兵民慶門・光貴などの社の管轄を許可	有秋社古紙 7a
5		3月21日	欽差諒山鎮鎮官	差	属鎮藩臣支派阮廷梁	右雄校副首校文献侯に従い守里駅を「董幹」するよう命令	有秋社古紙 8a
6		3月21日	奉差諒山鎮武侯官	付	諒山鎮阮璟武侯	兵を率いて寇を駆逐したため、旨により璟武侯から武潤侯へ	有秋社古紙 9a
7		4月28日	（鎮官）	付	諒山鎮増泰侯	「戎務」に従い功績があったため、一州の「該牧管理」を許可	有秋社古紙 10a
8		2月1日	五府・府僚等官	奉伝	諒山処付守隘防禦僉事璟武侯阮廷琦	諒朗・文淵・七泉・文蘭・温州五州の32社・庄・谷での徴兵と賊徒の征討を命令	有秋社古紙 11a
9	景興2（1741）年	2月1日	奉差諒山処督鎮衙門官	示	僉事・琳武伯阮廷璿	上上年の賊徒討伐で微労があったため正号に	有秋社古紙 12a
10		2月2日	奉差諒山処督鎮衙門官	示	守隘・都指揮使・義忠侯（阮）廷琰	上上年の賊徒討伐で功労があったため正号に	有秋社古紙 13a
11		2月26日	奉差諒山処督同官	付	輔導榜忠阮廷森・振禄阮廷壬等	威猛地方に集結した黄継［歯］賊を殲滅したため、褒賞	有秋社古紙 14a

303

写真・図・地図・表

No	年	月日	発出者	形式	受信者	概要	典拠
12		3月2日	奉差諒山鎮官	差	藩臣同管阮廷銘	先祖が兵・民を「該管」してきたため、稍武伯に従って派遣	有秋社古紙 15a
13	景興2年	8月2日	奉差諒山処督鎮衙門官	示	正後号・都総兵瑗武侯（阮）廷瑗	上上年の賊徒討伐ですゝ労があったため正号に	有秋社古紙 16a
14	景興3(1742)年	8月12日	欽差諒山鎮鎮官	差	属鎮藩臣支派阮廷謝	右雄校副首校琢玉侯に従い徳里駅を「董幹」するよう命令	有秋社古紙 17a
15	景興4(1743)年	12月28日	（黎朝皇帝）	勅	脱朗州有秋社輔導官子息阮廷璿	遠征に随行して功があったため、果敢将軍・防禦使司防禦僉事・下班に	有秋社神勅 1a
16		6月3日	奉差諒山処督鎮衙門官	示	正後号属号・指揮使・理忠伯阮廷瑋	上上年の賊徒討伐ですゝ労があったため正号に	有秋社古紙 18a
17		6月6日	奉差諒山処督鎮衙門官	示	正後号属号・招討使・琨忠侯阮廷質	上上年の賊徒討伐ですゝ労があったため正号に	有秋社古紙 19a
18	景興6(1745)年	8月10日	（黎朝皇帝）	勅	果敢将軍・軍民防禦使司防禦僉事・下班阮廷璿	端賊を征討して諒山鎮所を奪還し、大きな功績があったため果敢将軍・軍民防禦使司防禦同知・下聯に任命	グエン・ディン・トム Nguyễn Đình Thơm 氏所蔵の勅
19		10月3日	五府・府僚官	奉伝	諒山処藩臣招討使璟武侯阮廷珤・環忠侯黄廷這・招討僉事栄寿伯韋世珍等	水口関山に行き、内地（清朝）の官僚と共同調査	有秋社古紙 20a
20		10月3日	奉差諒山処原督鎮衙門官	示	楼武伯阮廷楼	先祖が兵・民を「該管」し、阮廷楼も長く勤務してきたため、属号に	有秋社古紙 21a
21		3月11日	奉差諒山鎮鎮官	差	属道阮廷象	先祖が藩臣として兵・民を「該管」してきたため、榜武伯の要請で属道に	有秋社古紙 22a
22		3月20日	奉差諒山鎮鎮官	差	属道阮廷豊	先祖が代々兵・民を「該管」してきたため、榜武伯の要請で属道に	有秋社古紙 23a
23		3月25日	奉差諒山鎮鎮官	差	属道藩臣阮廷典	先祖が兵・民を「該管」し、「戎務」で功績があったため、榜武伯の要請で属道に	有秋社古紙 24a
24	景興7(1746)年	5月3日	欽差諒山鎮鎮官	付	属鎮（藩）臣宣慰大使・班朝侯阮廷珍	「戎務」に従い功績があったため、兵の「該管」を許可	有秋社古紙 25a
25		5月3日	欽差諒山鎮鎮官	付	属鎮藩臣増郡公阮廷堂	「戎務」に従い功績があったため、兵・民の「該管」を許可	有秋社古紙 26a
26		5月3日	奉差諒山道督領珍寇将軍垂督鎮正首号前翊岳（奇）該奇指揮使潘派侯	示	藩臣招討同知提忠侯阮廷璿	黄歯賊の討伐の際に非常に功績があったため、正首校への任命と属号8員の統率を許可される	有秋社古紙 27a
27	景興8(1747)年	3月6日	奉差諒山鎮鎮官	差	属道藩臣阮廷順	「戎務」に従い功績があったため、榜武伯の要請で正率隊に	有秋社古紙 28a

写真・図・地図・表

No	年	月日	発出者	形式	受信者	概要	典拠
28		正月24日	奉差諒山処督鎮正首号中捷奇該奇官参督香領侯	付	本轄藩臣防禦僉事榜中伯阮廷森	弟の振武伯阮廷壬と共に慶門・光貢・杜平などの社を「該管」	有秋社古紙31a
29	景興17(1756)年	2月12日	奉差諒山処督鎮衙門官等	示	脱朗州有秋社防禦僉事押武侯阮廷理	「該管」の兵・民を慰撫して流亡させないよう通達	有秋社古紙29a
30		2月13日	奉差諒山処督鎮衙門官	示	脱朗州有秋社防禦僉事・威嶺伯阮廷貢	「該管」の兵・民を慰撫して流亡させないよう通達	有秋社古紙30a
31	景興18(1757)年	2月13日	奉差諒山処督鎮衙門官	示	脱朗州有秋社防禦僉事・横武伯阮廷横	「該管」の兵・民を慰撫して流亡させないよう通達	有秋社古紙32a
32	景興20(1759)年	3月15日	欽差諒山鎮鎮官	付	左号属号珣武伯韋廷禎・内属阮廷由	率礼・高楼などの社・庄で土人・農人を招集し徭役を負担させるのを許可	有秋社古紙33a
33	景興25(1764)年	3月27日	欽差諒山鎮鎮官	付	属鎮藩管璟武侯阮廷珵	「戎務」に従い微労があったため、兵・民の「該管」を許可	有秋社古紙34a
34		4月18日	五府・府僚等官	奉伝	諒山処藩臣付守隘招討司知提忠侯阮廷璿	僉都御史垣嶺伯陶春蘭・入侍添差知礼番武錦に従って水口関山に行き、内地（清朝）の官僚と共同調査	有秋社古紙35a
35	景興27(1766)年	2月16日	欽差諒山鎮鎮官	付	属鎮藩臣大都督強郡公阮廷継	「戎務」に従い功績があったため、兵・民の「該管」を許可	有秋社古紙36a
36	景興28(1767)年	3月3日	欽差諒山鎮鎮官	差	属鎮藩臣支派阮廷譚	右雄校正首号文仁伯の要請で清平駅を「董幹」するよう命令	有秋社古紙37a
37		8月3日	欽差諒山鎮鎮官	差	属鎮藩臣阮廷超	右雄校正首号文仁伯の要請で清平駅を「董幹」するよう命令	有秋社古紙38a
38	景興29(1768)年	9月10日	奉差諒山原督鎮衙門官	示	中一号同管武伯阮廷彬	先祖が代々兵・民を「該管」してきたため、首号官に従って派遣	有秋社古紙39a
39	景興30(1769)年	11月24日	欽差諒山鎮鎮官	差	属鎮藩臣支派阮廷張	右雄校副首号珣武伯（韋廷偵）に従い徳里駅を「董幹」するよう命令	有秋社古紙40a
40		11月24日	欽差諒山鎮鎮官	差	属鎮藩臣支派阮廷定	右雄校副首号珣武伯（韋廷偵）に従い徳里駅を「董幹」するよう命令	有秋社古紙41a
41	景興33(1772)年	3月6日	奉差諒山処督鎮衙門等官	示	脱朗州有秋藩臣防禦僉事榜武伯阮廷彬	慶門社の「該管」を許可し、民を流亡させないよう通達	有秋社古紙42a
42	景興36(1775)年	11月28日	奉差諒山処督鎮衙門官	示	正後号防禦同知榜伯阮廷彬	藩臣を継承し兵・民を20年「該管」してきたため、副首号として本号の官兵を統率するのを許可	有秋社古紙43a
43	景興37(1776)年	10月4日	奉差諒山処督鎮官	付	藩臣正後号付首号防禦同知榜忠伯阮廷彬	祖業田がある檳榔社・歴山社で土戸・農人を招集するのを許可	有秋社古紙44a
44	景興41(1780)年	3月2日	欽差諒山鎮鎮官	差	属轄藩臣支派阮廷牟	右雄校副首校行成伯に従い平大駅を「董幹」するよう命令	有秋社古紙45a

写真・図・地図・表

No	年	月日	発出者	形式	受信者	概要	典拠
45	景興41年	3月2日	欽差諒山鎮鎮官	差	属鎮藩臣阮廷何	右雄校副首校行成伯に従い平大駅を「董幹」するよう命令	有秋社古紙46a
46		3月1日	欽差諒山鎮鎮官	差	属鎮藩臣支派阮廷理	雄捷奇属校が欠員となったため、正隊長の要請で暫定的に雄捷奇雄校一隊便宜正副属号に	有秋社古紙47a
47		3月1日	欽差諒山鎮鎮官	差	属鎮藩臣韋世珠・阮廷瑗	雄捷奇属校が欠員となったため、副管の要請で暫定的に右雄校二校便宜正属号に	有秋社古紙48a
48		3月1日	欽差諒山鎮鎮官	差	属鎮藩臣支派韋世珠	雄捷奇右雄校正属校が欠員となったため、副管奇琢玉侯・提忠侯の要請で暫定的に右雄校二校便宜正属号に	有秋社古紙49a
49	昭統元(1787)年	3月1日	欽差諒山処督鎮(衙)門官等	示	藩臣属号阮廷琳[彬？]	「勲臣の苗裔」であるため、禄平州率礼社艶武伯韋廷隆に代わって率礼社嘉累三甲の土兵10率の統率が許可される	有秋社古紙50a
50		3月1日	奉差諒山処督鎮衙門官	示	正後号防禦同知榜増春侯	藩臣を継承し兵・民を何年も「該管」したため、副首号として本号の官兵を統率するのを許可	有秋社古紙51a
51		3月1日	奉差諒山処督鎮衙門官	示	誉辛山侯	藩臣を継承し兵・民を20年にわたって「該管」してきたため、副首号官として本号の官兵を統率するのを許可	有秋社古紙52a
52		3月5日	奉差諒山処督鎮衙門官	示	防禦僉事嘉仲伯阮廷璠	旧督鎮官に従い賊徒を撃破し、非常に功績があったため、属号に	有秋社古紙53a
53		3月6日	奉差諒山処督鎮衙門官	示	防禦僉事嶺寿伯(阮)廷瑾	旧督鎮官に従い賊徒を撃破し、微労があったため、正号に	有秋社古紙54a
54	昭統2(1788)年	正月16日	(黎朝皇帝)	勅	脱朗州有秋社輔導藩臣阮廷彬	遠征に随行して功があったため、勇断将軍・防禦使司防禦僉事・下班に	有秋社神勅2a
55		正月16日	奉差諒山処督鎮官	付	本轄藩臣阮廷彬	藩臣を何年も世襲し過失がなく、首号として本号の官兵を統率するのを許可	有秋社古紙55a

〈注〉
有秋社古紙＝「諒山省脱朗州有秋総有秋社古紙」（漢喃研究院所蔵　AH. a4/6）
有秋社神勅＝「諒山省脱朗州有秋総有秋社神勅」（漢喃研究院所蔵　AD. a17/2）
グエン・ディン・トムNguyễn Đình Thơm氏所蔵の勅＝グエン・ディン・トム氏（ランソン省ヴァンランVăn Lăng県ホアンベトHoàng Việt社ナーアン Nà Áng 村居住）所蔵

写真・図・地図・表

【表7】 黎鄭政権期〜阮朝初期の諒山鎮で守隘を帯びている首長一覧

No	年	月日	人名	拠点	肩書	典拠	備考
1	景興元 (1740) 年	3月3日	阮廷璿	脱朗州有秋社	守隘・提忠侯	有秋社古紙 5a	【表4】No. 2
2	景興2 (1741) 年	2月1日	阮廷珹	脱朗州有秋社	付守隘・防禦僉事・璟武侯	有秋社古紙 11a	【表4】No. 7
3		2月2日	阮廷琰	脱朗州有秋社	守隘・都指揮使・義忠侯	有秋社古紙 13a	【表4】No. 10
4	景興20 (1759) 年	9月3日	韋福洪		守隘・快岩伯	『北使』巻1, 43a	【表4】No. 61
5		12月某日	阮廷璿	脱朗州有秋社	守隘号副号・招討同知・理仲侯	『北使』巻1, 89b	【表4】No. 69
6	景興25 (1764) 年	4月18日	阮廷璿	脱朗州有秋社	付守隘・招討同知・提忠侯	有秋社古紙 35a	【表4】No. 71
7	景興38 (1777) 年	仲春	(阮廷璿)	脱朗州有秋社	守隘官提忠侯	三青峒碑	【表4】No. 85
8	景興40 (1779) 年	季秋	阮廷璿	脱朗州有秋社	奉守隘・理忠侯	三教祠功德碑	【表4】No. 104
9		季秋	阮廷琱	(脱朗州有秋社)	(奉守隘) 副号・珊武伯	三教祠功德碑	【表4】No. 105
10		季秋	阮廷沛	文淵州保林社	旧守隘・防禦僉事・□□伯	三教祠功德碑	【表4】No. 106
11		季秋	阮廷璉	(禄平州陸利庄)	旧守隘・防禦僉事・璘忠侯	三教祠功德碑	【表4】No. 108
12	嘉隆元 (1802) 年	8月	阮廷銘	(文淵州保林社)	(守隘号) 正首号	『寔録』巻18, 15b	【表13】No. 12
13		8月	阮廷珂		(守隘号) 副首号	『寔録』巻18, 15b	
14	嘉隆8 (1809) 年		(不明)	文淵州	守隘一校正首校・銘勳侯	聖母祠重修碑記	
15			(不明)	文淵州	守隘二校正首校・雲嶺侯	聖母祠重修碑記	
16			(不明)	文淵州	鎮南関隘属隘・珥王侯	聖母祠重修碑記	
17			(不明)	文淵州	守隘二校副首校・瀬川侯	聖母祠重修碑記	
18			(不明)	文淵州	守隘二校正属校・仲德侯	聖母祠重修碑記	
19	明命元 (1820) 年		阮廷銘	(文淵州保林社)	守隘	硃本明命1, 82a-b	【表13】No. 12
20			阮廷銘	(文淵州保林社)	守隘	硃本明命1, 103a-b	【表13】No. 12

〈注〉

有秋社古紙＝「諒山省脱朗州有秋総有秋社古紙」（漢喃研究院所蔵 AH. a4/6）

『北使』＝『北使通録』（漢喃研究院蔵 A. 179）

三青峒碑＝【表1】No. 13。漢喃研究院所蔵拓本 15887〜15888。

三教祠功德碑＝【表1】No. 15。ランソン省ランソン市タムタイン Tam Thanh 坊の三青洞現存。漢喃研究院所蔵拓本 44658。

『寔録』＝『大南寔録』正編（慶應義塾大学言語文化研究所影印本、1961〜1981年）

硃本明命1＝『阮朝硃本』明命第1集（国家第一公文書館所蔵）

聖母祠重修碑記＝【表1】No. 25。ランソン省カオロク Cao Lộc 県ドンダン Đồng Đăng 町の聖母祠の洞窟に刻まれた磨崖碑。2016年9月21日実見

□は一字不読を、（）は筆者による補足を、それぞれ表す

307

写真・図・地図・表

【表8】「三教祠功徳碑」中の部隊と構成員

部隊	首号	副号	属号・随号	【表4】
鎮前号	韋福琴（仍首号） 阮克陳	阮克□ 阮廷□	阮克琦	No. 93, 96, 110, 112, 113
鎮後号	阮廷□			No. 99
鎮右号	何国驢 何国驂（前首号）	何国□	何国棟	No. 98, 103, 115, 126
鎮左号	韋福綿（仍首号） 阮廷陳	阮克暹 阮廷椿 韋□観 阮廷彬	阮廷呂	No. 94, 97, 116, 120, 124, 128, 129
鎮一号	何國驥	阮廷創	何国□	No. 95, 109, 125
前勝号	阮廷琅	黄廷派 阮廷丙	阮廷鍬	No. 100, 114, 117, 127
勝前号	黄何軸（旧首号）	黄文徳 韋廷偵		No. 101, 118, 119
勝後号	黄何輔	阮廷璿		No. 102, 123
勝右号	黄廷和（□首号）	黄廷曠		No. 107, 122
守隘	阮廷□ 阮廷沛（旧守隘） 阮廷璉（旧守隘）	阮廷琱		No. 104-106, 108
内鎮			丁国珍 黄□筭	No. 130, 131

【表9】「韋家譜記」（【表2】No. 1）収録の公文の写し一覧

	年月日（旧暦）	発給主体	形式	内容	葉数
1		諒山処慶府禄平州屈舎社藩臣・輔導某侯	申	始祖から韋福（世）琴に至るまでの系譜と功績	1a-5b
		（「承抄歴代先祖官丞姓字」と題して韋氏の系譜を記述）			6a-12a
2	景興6（1745）年4月十某日	諒山処禄平州屈舎社藩臣・防禦僉事・栄寿侯	申	1739～1745年の功績を申告	12b-17a
3	景興4（1743）年4月十某日	諒山処禄平州屈舎社堅義藩臣韋世琴・韋世綿・黄廷逞・黄廷洺・黄鋭基・阮倫琭	啓	景興4年の動乱にともなう功績を申告	17b-20a
4	景興11（1750）年5月二十某日	諒山処禄平州屈舎社藩臣韋世琴	申	1741～1746年の功績を申告	20b-24a
5	景興11年6月十某日	諒山処禄平州屈舎社鋭基黄登楊	申	1740～1746年の功績を申告	24b-26a
6	景興4年4月二十某日	諒山処禄平州屈舎社防禦僉事・鋭基黄登楊	申	景興4年の動乱にともなう功績を申告	26b-28a

【表10】韋廷偵の景興39年6月二十某日付申（【表5】No. 10）に記載される禄平州率礼社韋氏の功績

年	月日（旧暦）	地域	内容
景興元（1740）年			瓚基が諒山鎮城に迫った際、総府官（呉廷碩）と共に兵丁を統率し、城を守備して敵に抵抗したが敗北。やむを得ず本貫に帰還し、民丁を統率し地方を守備する一方、人をつかわして京師に赴かせ、速やかに報告
			題領官前林峯伯に従い、総府官の息子前林武伯らと共に進軍して賊軍の攻撃に抵抗し、度重なる戦闘で全勝し、無数の（賊の）首を斬り生け捕りにして官府に納入
景興4（1744）年		高楼総（禄平州）	派遣されて高楼総の民丁を統率し、屯を立てて防禦し、その総を防備
	11月某日	平嘉・純如・威猛（文蘭州）	中一号の官や兵と協力して黄歯賊を大破し、無数の人を生け捕りにして官府に納入
景興6（1745）年	8月某日	禄安社（禄平州）	1か月端賊を防禦し、賊兵5人を捕縛して武器を獲得
	11月某日	高楼屯（禄平州）	鎮官潘派侯により派遣されて高楼屯で累冊を築き、協力して防禦
	閏12月某日	諒山鎮城	賊党を破り鎮城を奪還。馬匹・銃口・器械を無数に獲得して官府に納入
景興7（1746）年	正月某日	禄楊社（脱朗州？）	賊徒が七泉州□屯を撃破。派遣されて先鋒として同陣庯（同登庯？）で防禦し、また禄楊社で賊を阻止
	正月22日	北椒社（禄平州）	後号の官や兵と協同し、北椒社で屯を設置して阻止
		濕海社	屯を設置して日夜巡回・滞在し、賊を攻撃
	3月某日	答紂山	京兵と協力して賊の拠点10屯あまりを大破
	3月29日	長桂社〜昌銘社（温州）	環寿侯・堤忠侯らと協同し、長桂社から昌銘社にかけての地を日夜巡察し、賊軍に遭遇した際には攻撃して防衛
	4月15日	清朝	内地（清朝）に赴いて食糧を購入し、帰還して兵糧として支給
	5月某日	治璘	派遣されて治璘の地で駐屯して防禦し、日夜要衝を巡回し、陪臣・内差などの官が貢使として（清朝へ）赴くのを護衛。匪徒およそ十数人を捕縛、器械を獲得して官府に納入
		駈駅・諒山鎮城	四寨の賊徒が駈駅（駈驢庯？）・団城（諒山鎮城）の地を攻撃。姜宝侯・環寿侯らと協同し、3度交戦。賊徒は四散し団城を奪還。無数の人を斬り生け捕りにして官府に納入
		高楼総（禄平州）	高楼総に駐屯して防禦し、盗賊を阻止し、匪徒20人あまりを捕縛し、尖った槍・器械を獲得して逓送して官府に納入
景興12（1751）年		文農社岩孛処	賊徒15人ならびに尖った槍・器械を拿捕・獲得して官府に納入
景興25（1764）年	11月某日	三弄・浮嘉・守快・率礼・高楼・儲峙・保林各社（禄平州・脱朗州・文淵州）	本鎮（諒山鎮）の兵を率い、各社を巡視。内地（中国）に接近して匪徒の様子を探り、匪徒計18人ならびに尖鎗を拿捕・獲得し、官府に納入
	12月某日	桄榔・山荘各社（温州）	暴徒10人を拿捕して尖鎗・銃を獲得し、官府に納入
景興36（1775）年		太原鎮送星銀山	鎮官に従って太原鎮の送星銀山の客人を掃討
景興37（1776）年		桄榔屯（温州）	桄榔屯に駐屯して守備
		高楼堡（禄平州）	高楼堡を巡視し、居宅を建造して駐屯

典拠：「諒山省文淵州高峙衙高楼総各社古紙」第12葉表〜19葉裏（漢喃研究院所蔵AH. a4/7）

写真・図・地図・表

【表 11】 文蘭州周粟社何氏の功績

No.	年	月日 (旧暦)	内容
1	景興 2 (1741) 年	3 月某日	前督領官姜柱侯の命をうけ、勝武伯と協力して嗣 [鑽] 基賊を攻撃、武崖県瓊瑯社で守備して勝利
2		9 月某日	奉伝を奉じ、先頭部隊として前督領官姜柱侯を先導、鑽基賊を攻め破り、一斉に平定。賊の副将左匡□替秀・屯長□慶廷を生け捕りにし、督領官に納入
3		11 月某日	鎮官泰嶺侯が示を発給し、何国駟にオイ伝基何国驥・体武何国彭と共に文淵州の野岩・金菊・直尋・博円・河広・広莫 [膑]・全友・春院・安越・平 [憑] 蕩・帰厚 10 社、文蘭州の富安・純如・宸 [良?] 能・菊円・義烈・永頼・雲夢 7 社、温州の茄 [嘉] 禄・仁里 2 社、安博州の春陽社などの兵を管轄することを許可
4	景興 3 (1742) 年	6 月某日	前督鎮官碩嶺侯・督同官らの付をうけ、清朝への使節の行路を確保、付により平莫 [膑]・時強 2 社の兵・民の糾合を許可される
5		8 月某日	前督鎮官碩嶺侯らの付をうけ、本駅の各総社の民を監督して橋梁と交通路を修理し、丁夫を手配して奉差の候命官を迎接
6		10 月某日	前鎮官碩嶺侯の付票をうけ、暴徒を追撃
7		11 月某日	前鎮官碩嶺侯に派遣され、北国 (清朝) の犯人姚姓・芳姓を解送して鎮南関上に至り、守隘に引き渡す。しばらくして前鎮官の付によって副首号となる
8	景興 4 (1743) 年	2 月某日	前鎮官碩嶺侯らに派遣され、温州枕榔社で防禦
9		4 月某日	奉差統領官太傅綿郡公・参謀官翰林院承旨華崙岳伯の付をうけ、昧市で防禦
10		7 月某日	按鎮官の票をうけ、八位・岩婆などの地に集結していた棍徒を殲滅
11		10 月某日	鎮官林岸侯の付をうけ、本兵を率いて岩﨑処を守備し、強盗を防いで制御。しばらくして示によって文蘭・文淵 2 州義烈・雲夢・博浪 [朗]・永頼・鬼藻・安越・繁花 [華] 計 7 社の兵・民を管轄するのを許される
12	景興 5 (1744) 年	2 月 8 日	鎮官林岸侯に派遣され、本兵を率い枕榔社で駐屯。しばらくして棍徒が岩﨑で集結して略奪をおこなったため、付をうけ、その地で守備
13	景興 6 (1745) 年	3 月某日	黄歯賊が威猛の地を侵略したので、旧督同官枚名琮の付をうけ、管轄下の兵丁を糾合して攻撃。親男輔導垣基何国駟・檔武何国驥は家丁・手下を率いて征討に随行
14		7 月某日	督同官から恩賞をうけ、3 父子が文蘭州周粟・富潤 2 社を共同管轄することを許される
15		8 月某日	鮞賊が武崖・右隴などの地域に逃れ、本処 (諒山処) に接近。督鎮官覧山伯の付をうけ、管轄下の兵丁を率い、温州枝枝社で防禦
16		9 月某日	旧鎮官覧山伯の付をうけ、鵬武侯と協力して進軍し黄歯賊裏と闘う。諒山処に帰還し、禄平州溢□処で防禦
17		12 月 1 日	督領官潘派侯の票をうけ木條 200 束、刺 2 担、蒌蒌 4 担を納入、塁を作る
18		12 月 22 日	督領官潘派侯の票をうけ、姜宝伯と協力して長桂地方で賊徒を征討
19		12 月21~29 日	枕榔屯や団城で 10 度あまり戦い勝利。督領官潘派侯により恩賞をうけ安博州延楽・苗裔 2 社 (から徴発した兵を) 統率することを許される
20		12 月 29 日	木條 80 束、刺 3 担、蒌蒌 4 担を納入
21	景興 7 (1746) 年	正月	督領官潘派侯の分付をうけ、親男何国駟・何国驥と共に城中兒門を防禦
22		正月 2 日	木條 60 束、刺 1 担、蒌蒌 2 担を取り、塁を立てて納入
23		正月 5 日	木條 90 束、刺 3 担、蒌蒌 5 担を取り、塁を立てて納入
24		正月 9 日	木條 120 束、刺 5 担、蒌蒌 6 担を取り、塁を立てて納入
25		4 月某日	督領官潘派侯により、何国駟・親男何国驥・何国驥が文蘭・文淵 2 州合計 8 社、義烈・安越・雲夢・博浪 [朗]・鬼藻・繁花・富潤などの社を共同管轄することを許される
26		5 月某日	督領兼督鎮官潘派侯が示により何国駟を正右号首号とし、本号の官・兵の統率を許される。また奉伝を奉じ、文蘭州長州に任命される
27		5 月某日	督領官潘派侯が京北処に戻った際に付をうけ、本号の官・兵を統率し、巡守官姜宝伯と共に団城に駐屯
28		12 月某日	督領官潘派侯・督同翰林院侍書官から示を発給され、文蘭州陸奇社・文淵州春院社を管轄して流民の招集を許される
29	景興 8 (1747) 年	8 月某日	督鎮衙門官らの票をうけてつかわされ、本号の官兵および山子各族を統率し、黄歯の余党を攻撃し、背和・従合などの社で塁を立てる。恩賞により文蘭州芝関社の管轄を許される

典拠:ハ・ホン Hà Hồng 氏所蔵の申式文書 (2016 年 9 月 22 日にハ・ヴァン・ザン Hà Văn Giang 氏宅 (ヴァンクアン Văn Quan 県スァンマイ Xuân Mai 社コンケ Khòn Khé 村) で撮影)

【表12】黎鄭政権から承認された何氏の管轄対象

備覧		同慶		申式文書						
社名	所属	社名	所属	1739年	1741年	1742年	1743年	1745年	1746年	1747年
憑廙社	温州憑廙総	憑廙社	温州憑廙総			何国駖				
時強社	温州憑廙総	常強社	温州憑廙総			何国駖				
嘉禄社	温州憑廙総	嘉禄社	温州憑廙総		何国駖・何国驤・何国彭					
良能社	文関州地霊総	良能社	文関県秀川総		何国駖・何国驤・何国彭					
陸奇社	文関州地霊総	陸奇社	文関県秀川総	何国駖・何国騆・何国䮫					何国駖	
周粟社	文関州周粟総	周粟社	文関県周粟総	何国駖・何国騆・何国䮫				何国駖・何国騆・何国䮫		
芝関社	文関州周粟総	芝関社	文関県周粟総	何国駖・何国騆・何国䮫						何国駖
富潤社	文関州周粟総	富潤社	文関県周粟総	何国駖・何国騆・何国䮫				何国駖・何国騆・何国䮫	何国駖・何国騆・何国䮫	
永頼社	文関州周粟総	永頼社	文関県周粟総	何国駖・何国騆・何国䮫	何国駖・何国驤・何国彭		何国駖		何国駖・何国騆・何国䮫	
繁華社	文関州周粟総	繁茂社	文関県周粟総	何国駖・何国騆・何国䮫			何国駖		何国駖・何国騆・何国䮫	
義烈社	文関州義烈総	美烈社	文関県美烈総	何国駖・何国騆・何国䮫	何国駖・何国驤・何国彭		何国駖		何国駖・何国騆・何国䮫	
富安社	文関州義烈総	富美社	文関県美烈総		何国駖・何国驤・何国彭					
雲夢社	文関州義烈総	雲夢社	文関県美烈総	何国駖・何国騆・何国䮫	何国駖・何国驤・何国彭		何国駖		何国駖・何国騆・何国䮫	
兎藻社	文関州義烈総	兎鷺社	文関県美烈総	何国駖・何国騆・何国䮫			何国駖		何国駖・何国騆・何国䮫	
博朗社	文関州義烈総	博朗社	文関県美烈総	何国駖・何国騆・何国䮫			何国駖		何国駖・何国騆・何国䮫	

写真・図・地図・表

備覧		同慶		申式文書						
社名	所属	社名	所属	1739年	1741年	1742年	1743年	1745年	1746年	1747年
純如社	文関州泉年総	純如社	文関県甘水総		何国駄・何国驥・何国彭					
菊員社	文関州泉年総				何国駄・何国驥・何国彭					
野岩社	文淵州野岩総	野岩社	文淵州野岩総		何国駄・何国驥・何国彭					
金菊社	文淵州野岩総	秋菊社	文淵州野岩総		何国駄・何国驥・何国彭					
直尋社	文淵州野岩総	直尋社	文淵州野岩総		何国駄・何国驥・何国彭					
泉友社	文淵州光貴総	益友社	文淵州光貴総		何国駄・何国驥・何国彭					
憑蕩社	文淵州光貴総	平蕩社	文淵州光貴総		何国駄・何国驥・何国彭					
広㵮社	文淵州光貴総	広㵮社	文淵州光貴総		何国駄・何国驥・何国彭					
河広社	文淵州光貴総	河広社	文淵州光貴総		何国駄・何国驥・何国彭					
安越社	文淵州光貴総	越安社	文淵州光貴総	何国駄・何国駉・何国馭	何国駄・何国驥・何国彭		何国駄		何国駄・何国駧・何国馭	
春院社	文淵州安雄総	春院社	文淵州安雄総	何国駄・何国駉・何国馭	何国駄・何国驥・何国彭				何国駄	
博員社	文淵州安雄総	博円社	文淵州安雄総		何国駄・何国驥・何国彭					
帰厚社	文淵州安雄総	帰厚社	文淵州化仁総		何国駄・何国驥・何国彭					

〈注〉
備覧：『各鎮総社名備覧』（漢喃研究院所蔵 A. 570）／同慶：『同慶御覧地輿誌』（Ngô Đức Thọ, Nguyễn Văn Nguyên & Philippe Papin, ed., *Đồng Khánh Địa dư chí*, 2 tập, Hà Nội: Nhà xuất bản Thế giới, 2003）
申式文書：ハ・ホン Hà Hồng 氏所蔵の申式文書（2016 年 9 月 22 日にヴァンクアン Văn Quan 県スァンマイ Xuân Mai 社コンケ Khòn Khê 村のハ・ヴァン・ザン Hà Văn Giang 氏宅で撮影）

写真・図・地図・表

【表13】北城臣阮黄徳・黎宗質の嘉隆10（1811）年10月十某日付奏に挙がる北部山地の首長

	鎮	肩書	姓名	貫	概要
1	宣光	雄一校正属校	麻福坪	安平府渭川州平衡社	嘉隆元（1802）年に軍に至り、渭川州6社の麻福坪の「分管」、1社の麻福坪・麻福青の「同管」を申告。その際に他人に代筆を依頼し、各社の名を誤る（楽絆社→楽洋社、扶鸞社→扶輪社、平衡社→憑衡社）。また嘉隆3（1804）年、鎮守が簿を修正した際に各社の名を誤り、7社を麻福坪・麻福青の「同管」と記載し、詔・公同付を発給。ここに至って「改写」を要請。
2		藩臣	麻福青		
3		隊長	梁廷輝	安平府福安県同安社	嘉隆元年、梁廷輝は福安15社の「分管」、梁廷樸は福安県8社1坊2筈の「分管」をそれぞれ申告。その際に他人に代筆を依頼し、各社の名を誤る（梁廷輝：秀嶺社→繍嶺社、登稔社→姜稔社、雄異社→碩異社／梁廷樸：綺羅社→琦羅社、広市坊→広市社）。嘉隆3年、鎮守・協鎮が梁廷輝・梁廷樸の申告に基づき簿を修正、公同付が発給され、各社の名称は誤ったまま。ここに至って「改写」を要請。
4		藩臣	梁廷樸		
5		藩臣	阮允伍	安平府保楽州安銘社	嘉隆元年、原貫を申告した際に他人に代筆を依頼し保楽州安銘社を百的社と誤る。嘉隆3年、鎮守・協鎮が阮允伍の申告に基づき簿を修正、公同付が発給され、百的・安銘2社の「管知」が認められるが、貫を百的社と記載。ここに至って「改写」を要請。
6		藩臣	何徳瑠	大蛮州松軒社	嘉隆元年、何徳瑠・何徳碩・親弟何徳泰・堂兄何徳壬が北城に至り、何徳瑠・何徳碩・何徳泰が金馬・苫舎・金吾・苦満・花都5社、何徳壬は松軒・安琅2社を「開認」。総鎮官の付をうけて旧来通り「管牧」。嘉隆2（1803）年、何徳壬が逃亡し鎮官は松軒・安琅2社を何徳瑠・何徳碩に「暫管」させる。同年、何徳壬が病死。何徳壬の子何徳安は幼いため、何徳瑠・何徳碩が継続して「暫管」。嘉隆4年（1805）、金馬・苫舎2社を内族何維儒に「認管」させる。嘉隆7（1808）・8（1809）年、何徳瑠・何徳碩・何徳泰は負債を抱えて逃亡。何徳泰は帰還せず。何徳瑠・何徳碩は北城に自首し、「分民」を「認」すること、金吾・苦満・花都3社の「分管」、および松軒・安琅2社を堂侄何徳安に「認管」させることを要請。公同付を返納し「改写」を待っている。
		藩臣	何徳碩		
7	太原	雄堅支右雄校一隊正隊長	丁珖瑋	通化府感化県蔬沲社	嘉隆元年、原貫を申告した際に他人に代筆を依頼し感化県蔬沲社を感化県淳従社と誤る。鎮守・協鎮が丁珖瑋の申告に基づき簿を修正。嘉隆3年、公同付が発給され、貫を淳従社と記載。ここに至って「改写」を要請。
8		雄堅支右雄校二隊正隊長	岑廷会	通化府白通州高上社	嘉隆元年、原貫を申告した際に他人に代筆を依頼し白通州高上社を高丘社と誤る。鎮守・協鎮が岑廷会の申告に基づき簿を修正、右雄校一隊正隊長と登録。嘉隆3年、公同付が発給され、一隊正隊長、貫を高丘社と記載。ここに至って官職と貫の「改写」を要請。
9	諒山	正首校	阮廷彪	長慶府脱朗州黄同社	嘉隆元年、「旧分民」である脱朗州2社、文淵州4社、温州3社、計9社を「開認」、阮廷銘の「分民」文淵州珠巻社、何国栄の「分民」温州帰厚・雲岩2社も「冒りに開認」。嘉隆3年、中雄校正首校とすると共に当該12社を「管知」する詔を発給される。嘉隆8年、阮廷銘が文淵州珠巻社、何国栄が温州帰厚・雲岩2社を「開認」、阮廷彪は返還を認め、詔を返納して「改写」を待っている。
10		正属校	阮廷瑗	長慶府脱朗州有秋社	嘉隆元年、親弟阮廷琨・堂弟阮廷樸と共に軍に至り、「旧分民」の脱朗州4社、文淵同登社計5社の管轄を「開認」、土民陳文忠と共に、阮廷珥の養父の「分民」茶岩社、阮廷錦の親父の「分民」檳榔・安化2社を「開認」。嘉隆3年、中雄校正属校とされ、阮廷樸・阮廷琨と共に6社、陳文忠と共に2社、合計8社を「管知」することを認める詔を発給される。嘉隆8年、阮廷珥が茶岩社、阮廷錦が檳榔・安化2社をそれぞれ「開認」し、阮廷瑗は返還を認め、認め、詔を返納して「改写」を待っている。

313

	鎮	肩書	姓名	貫	概要
11	諒山	便宜副首校	阮廷瀨	長慶府文淵州淵汨社	嘉隆元年、阮廷瀨が軍に至り、「旧分民」の淵汨社を「開認」、阮廷玾の「分民」先会社も「開認」、嘉隆2年、鎮官が暫定的に守隘二校便宜副首校に任命。嘉隆3年、公同付により淵汨・先会2社の「管知」を許可される。嘉隆8年、阮廷玾が先会社を「開認」、阮廷瀨は返還を認め、公同付を返納して「改写」を待っている。
12			阮廷銘	長慶府文淵州保林社	嘉隆元年、藩臣ではない童香雲が北城に至り、阮廷銘と貫が同じで保林社であると報告、旧北城総鎮官は付により童香雲と阮廷銘が保林社を「同管」するのを許可。嘉隆8年、阮廷銘が保林社は前祖の「旧管」であることを申告、「独管」が認められる。童香雲は藩臣ではないため、守隘職を停止。阮廷銘は公同付の「改写」を要請。
13		正首校	何国駜	長慶府文淵州野岩社	嘉隆元年、何国駜が兄何国賭と共に北城に至り前祖父の「分民」である文淵州9社、温州2社、文関州4社、計15社を「開認」。他人に代筆を依頼し、各社の名を誤る（時強社→恃強社、泉友社→全友社、憑戎社→平戎社、繁花社→煩花社、莒舎社→呂舎社、広廙社→広瘨社）。また何国賭の「分民」文淵州春光社、阮廷銘の「本分民」永逸社・上下隴社、何国憑の「分民」安越社、計4社の「暫管」を要請。北城総鎮官は許可。嘉隆3年、諒山鎮官が簿を修正、何国駜と何国賭が19社を「分管」と登録し、何国駜には詔、何国賭には公同付がそれぞれ発給され、19社を「管知」していると記載していた。嘉隆8年、阮廷銘は永逸・上下隴2社、何国憑は安越社をそれぞれ「開認」、何国賭はすでに病死していたため、何国駜は何国賭の子何国恩と当該3社（永逸社・上下隴社・安越社）を返還。何国駜は詔を返納して「改写」を待ち、何国恩は公同付を返納。
14		藩臣	韋世堂	長慶府禄平州屈舎社	嘉隆元年、韋世堂の父韋阮順が北城に至り「旧分民」である禄平州錦段・三弄・安快3社を「開認」、屈舎・浄嘉・錦花3社を韋世淳の「分民」として「開認」。北城総鎮が付を発給し、韋阮順に錦段・三弄・安快3社の「管」を許可、韋世淳の子が成人するまで韋世淳の「分民」である屈舎・浄嘉・錦花3社の「暫管」を許可。嘉隆3年、諒山鎮官が簿を修正し、韋阮順が6社を「分管」していると記載し、「暫管」と記さず。同年、韋阮順を雄捷奇副管奇とし、簿に基づき韋阮順が当該6社を「管知」することを許すことを「照写」する詔が発給される。嘉隆4年、韋阮順が病死、子の韋世堂と韋世淳の子韋世杜が各「分民」を継承。韋世堂は残った3社の「襲管」を要請し、韋阮順が受け取った詔を返納。

典拠：『阮朝硃本』嘉隆第3集、第2葉裏～10葉裏

【表14】禄平州錦段・屈舎2総における屈舎社韋氏の「該管」「分管」の変遷

備覧（19世紀初頭）		同慶（19世紀末）		「該管」者／「分管」者		
社名	所属	社名	所属	17世紀後半	景興2（1741）年	嘉隆年間
錦段社	禄平州錦段総	繍段社	禄平州繍段総	韋徳慶	韋福琴	韋阮順→韋世堂
浄嘉社	禄平州錦段総	浄嘉社	禄平州繍段総	韋徳慶（静嘉社）	韋福琴（靖茄社）	韋世淳→韋阮順の「暫管」→韋世杜
三弄社	禄平州錦段総	参弄社	禄平州繍段総	韋徳慶	韋福琴	韋阮順→韋世堂
屈舎社	禄平州屈舎総	屈舎社	禄平州屈舎総	韋徳慶		韋世淳→韋阮順の「暫管」→韋世杜
安快社	禄平州屈舎総	安快社	禄平州屈舎総	韋徳慶	韋福琴	韋阮順→韋世堂
錦花社	禄平州屈舎総	繍英社	禄平州屈舎総	韋徳慶		韋世淳→韋阮順の「暫管」→韋世杜→韋世来

〈注〉
備覧：『各鎮総社名備覧』（漢喃研究院所蔵 A. 570）／同慶：『同慶御覧地輿誌』（Ngô Đức Thọ, Nguyễn Văn Nguyên & Philippe Papin, eds., *Đồng Khánh Địa dư chí*, 3 tập, Hanoi, Nhà xuất bản Thế giới, 2003）
17世紀後半：【表2】No. 1「韋家譜記」第2葉表～裏（【表9】No. 1）／景興2（1741）年：【表2】No. 1「韋家譜記」第12葉裏～13葉表（【表9】No. 2）／嘉隆年間：『阮朝硃本』嘉隆第3集、第2葉裏～10葉裏（国家第一公文書館所蔵）

【表15】阮朝初期における北部山地の在地首長宛て任命文書一覧

No.	年	月日（旧暦）	発信者	受信者	形式	概要	上達関連の文言	典拠
1	嘉隆元(1802)年	8月5日	欽差諒山鎮鎮官	属鎮藩臣支（派）阮廷質	差	雄捷奇一隊便宜副属号に「権差」	「待後転申」	「有秋社」57a
2	嘉隆2(1803)年	3月6日	奉差諒山処督鎮衙門官	防禦僉事琿宗伯（阮）廷高	示	属号から正号への昇進		「有秋社」59a
3		4月29日	欽差北城総鎮平西大将軍郡公	高平処上琅州綺貢総綺貢社藩臣農益造	差	雄鎮支中校長校造徳侯に「権差」	「須殫馬力待換龍章」	カオバン省博物館
4	嘉隆3(1804)年	4月26日	欽差北城総鎮平西大将軍郡公	農益講貫高平処上琅州倚貢総倚貢社	差	雄勇奇後校副長校・講明侯への任命	「待後転奏」	カオバン省博物館
5		4月26日	欽差北城総鎮平西大将軍郡公	農益造貫高平処上琅州倚貢総倚貢社	差	雄勇奇後校正長校・造就侯に「権差」	「待後転奏」	カオバン省博物館
6	嘉隆4(1805)年	3月6日	奉差諒山鎮督属[鎮]衙門官	防禦僉事程忠伯阮廷娘	示	属号への任命		「有秋社」60a
7	嘉隆5(1806)年	正月24日	欽差北城総鎮平西大将軍郡公	属高平鎮雄勇奇後校副長校講農益講	差	後校正長校に「権差」	「待後転奏」	カオバン省博物館
8	嘉隆8(1809)年	7月28日		農益講貫上琅州綺貢総綺貢社	詔	雄勇奇後校正長校・講論侯に任命		カオバン省博物館
9	嘉隆12(1813)年	6月5日	奉差諒山鎮鎮官	該道属号阮廷長	差	属号への任命		「有秋社」61a
10		8月20日	奉差諒山鎮鎮官	同管属号阮廷鑽	差	属号への任命		「有秋社」62a
11	嘉隆13(1814)年	8月22日	欽差諒山鎮鎮官	属鎮捷奇右雄校正属校登才侯阮廷登	差	右雄校便宜副首号に「権差」	「待後転申」	「有秋社」63a
12		8月22日	欽差諒山鎮鎮官	属鎮藩臣支派韋世珠	差	右雄校二隊便宜正属校に「権差」	「待後転申」	「高楼総」30a
13	明命2(1821)年	3月20日	奉差諒山処督鎮衙門官	中一号同管阮廷瓊	示	属号への任命		「有秋社」64a
14		3月20日	奉差諒山鎮督(鎮)衙門官	中一号同管阮廷潤	示	属号への任命		「有秋社」65a
15		3月25日	奉差諒山鎮督鎮衙門官	中一号同管阮廷瑗	示	属号への任命		「有秋社」66a
16		3月20日	奉差諒山処督鎮衙門官	中一号同管阮廷琨	示	属号への任命		「有秋社」67a
17		3月20日	奉差諒山鎮鎮官	同管属号阮廷成	差	属号への任命		「有秋社」68a
18		3月20日	奉差諒山処督鎮衙門官	中一号同管阮廷樸	示	属号への任命		「有秋社」69a

写真・図・地図・表

No.	年	月日（旧暦）	発信者	受信者	形式	概要	上達関連の文言	典拠
19	明命2年	3月20日	奉差諒山鎮鎮官	中一号正率隊阮廷留	示	属号への任命		「有秋社」70a
20		3月20日	奉差諒山鎮鎮官衙門	中一号同管阮廷右	示	属号への任命		「有秋社」71a
21		3月25日	欽差諒山鎮鎮官	属鎮藩臣支派阮廷隴	差	雄捷奇右雄校一隊便宜正属校に「権差」	「待後転（申）」	「有秋社」72a
22		6月11日	欽差諒山鎮鎮官	属鎮藩臣支派阮廷貞	差	雄捷奇右雄校一隊便宜正属（校）に「権差」	「待後転申」	「有秋社」74a
23	明命3（1822）年	2月10日	欽差北城総鎮官	諒山鎮原授雄捷奇右雄校正属校登才侯阮廷登	奉差	諒山奇中校長に「試差」	「待満年例覆題、欽侯実授」	「有秋社」77a
24		3月22日	奉差諒山処督鎮衙門官	守隘璘忠伯阮廷璭	示	本号副号への任命		「有秋社」78a
25	明命5（1824）年	2月17日	奉差諒山処督鎮衙門官	守隘荘禄侯阮廷璠	示	本号属随［号？］への任命		「有秋社」81a
26		閏7月19日	欽差北城総鎮官	雄勇奇後校正長校講論侯農益講	文憑	雄勇奇後校正長校講論侯農益講に雄勇奇後校壱隊を統率させ、弐・参二隊の統率も兼任させる	「候待転奏」	カオバン省博物館

〈注〉
「有秋社古紙」＝「諒山省脱朗州有秋総有秋社古紙」（漢喃研究院所蔵 AH. a4/6）
「高楼総古紙」＝「諒山省文淵州高峙衙高楼総各社古紙」（漢喃研究院所蔵 AH. a4/7）
Nguyen Thi Hai 2018 ＝ Nguyễn Thị Hải, *La marche de Cao Bằng: la cour et les gardiens de frontière, des origins aux consequences de la réforme de Minh Mạng*, Paris: Presses de l'Inalco, 2018
カオバン省博物館＝カオバン省博物館に所蔵される高平鎮上琅州綺貢社農益氏関連文書（筆者は2024年8月12日に撮影）

写真・図・地図・表

【表16】『諒山団城図』に記載される「雄捷奇土兵及守隘各校」

種別	官職	数
員職（実授）	正首校	1
	副首校	2
	正属校	11
	副属校	6
員職（便宜）	正首校	1
	正属校	8
	副属校	11
土兵		426
合計		466

典拠:『諒山団城図』第6葉表（漢喃研究院所蔵 A. 1220）

【表17】明命14（1833）年の諒山省の土知州・土吏目・管奇・率隊・隊長・該隊

人名	阮朝での肩書	典拠	人名	阮朝での肩書	典拠
阮廷廉	脱朗州土知州	『欽定』巻23、明命14年9月9日条	阮廷球	諒雄奇三隊該隊	『欽定』巻32、明命14年12月5日条
何廷驍	文淵州土知州	『欽定』巻22、明命14年9月1日条	阮廷朝	諒雄奇一隊正隊長率隊	『欽定』巻32、明命14年12月5日条
韋世鉤	禄平州土知州	『欽定』巻30、明命14年11月13日条	黄徳志	諒雄奇五隊権差率隊	『欽定』巻22、明命14年9月4日条
何文棟	温州土知州	『欽定』巻30、明命14年11月13日条	阮公渠	諒雄奇七隊正隊長率隊	『欽定』巻24、明命14年9月29日条
阮克和	七泉州土知州	『欽定』巻24、明命14年9月29日条	阮克鑠	諒雄奇該隊	『寔録』巻111、明命14年11月条、第26葉裏
何公睦	文関州土知州	『欽定』巻22、明命14年9月1日条	韋文舒	諒雄奇六隊該隊	『欽定』巻22、明命14年9月1日条；『欽定』巻38、明命15年2月19日条
韋世忠	安博州土知州	『欽定』巻32、明命14年12月5日条	阮廷西	守文淵汛隊長	『欽定』巻25、明命14年10月1日条
阮廷直	脱朗州土吏目	『欽定』巻30、明命14年11月13日条	阮廷瓊	諒枚站試差隊長	『欽定』巻30、明命14年11月13日条
黄廷端	禄平州土吏目	『欽定』巻30、明命14年11月13日条	韋儒琔	東関屯隊長	『欽定』巻45、明命15年4月28日条
阮廷渓	文淵州土吏目	『欽定』巻30、明命14年11月13日条	農光鏗	安州屯隊長	『欽定』巻45、明命15年4月28日条
何文湯	文関州土吏目	『欽定』巻30、明命14年11月13日条			
阮廷晃	諒雄奇管奇	『欽定』巻31、明命14年11月12日条			
阮有春	諒雄奇副管奇	『欽定』巻30、明命14年11月15日条			

〈注〉
『寔録』=『大南寔録』正編、第二紀（慶應義塾大学言語文化研究所、1961〜1981年）
『欽定』=『欽定剿平北圻逆匪方略正編』（漢喃研究院所蔵 VHv2701）
※本史料の複写が完了していない箇所についてはフランス極東学院所蔵本（FR EFEO VIET/A/Hist. 20）で補った。

写真・図・地図・表

【表18】農文雲勢力と諒山省の土司

〈農文雲勢力に加わった諒山省の土司〉

人名	阮朝の肩書	典拠	備考
阮克鍱	諒雄奇該隊	『寔録』巻111、26b;『欽定』巻30、明命14年11月13日条	
阮克和	七泉州土知州	『寔録』巻111、26b;『欽定』巻30、明命14年11月13日条	兄弟7名も農文雲から官職を与えられて農文雲勢力に参加
阮克張	旧宣慰	『寔録』巻111、26b;『欽定』巻30、明命14年11月13日条	高平省石林州で捕縛(『欽定』巻33、明命14年12月18日条)
阮公渠	諒雄奇七隊正隊長率隊	『寔録』巻111、26b;『欽定』巻24、明命14年9月29日条;同巻30、明命14年11月13日条	明命14年11月2日に捕縛(『欽定』巻30、同年11月15日条)
阮廷直	脱朗州土吏目	『寔録』巻111、26b;『欽定』巻30、明命14年11月13日条	明命14年11月2日に捕縛(『欽定』巻30、同年11月15日条)
何公睦	文関州土知州	『欽定』巻33、明命14年12月18日条	黄文権に同行して農文雲軍に敗北し、農文雲軍に投じる
阮廷珊		『欽定』巻34、明命14年12月21日条	沖銘社の土司。阮克和に従う。明命14年12月9日に捕縛
何文鷟		『欽定』巻34、明命14年12月21日条	文淵州野岩総野岩社の人。土司の名簿にも記載。明命14年12月6日に捕縛

〈農文雲勢力に敗北、捕縛された後に阮朝軍に復帰した土司〉

阮廷晃	諒雄奇管奇	『寔録』巻113、7a;『欽定』巻31、明命14年11月22日条	黄文権に同行して農文雲軍に敗北したが、後に阮朝軍に合流
阮廷球	諒雄奇三隊該隊	『寔録』巻113、7a;『欽定』巻32、明命14年12月5日条	黄文権に同行して農文雲軍に敗北したが、後に阮朝軍に合流
阮廷朝	諒雄奇一隊正隊長率隊	『寔録』巻113、7a;『欽定』巻32、明命14年12月5日条	黄文権に同行して農文雲軍に敗北したが、後に阮朝軍に合流
阮廷廉	脱朗州土知州	『寔録』巻113、7a;『欽定』巻32、明命14年12月5日条	黄文権に同行して農文雲軍に敗北したが、後に阮朝軍に合流
阮廷西	守文淵汛隊長	『欽定』巻31、明命14年11月22日条	賊に捕縛されたが脱出し、後に阮朝軍に合流
阮廷宣		『欽定』巻34、明命14年12月26日条	土司。阮廷朝の指示のもと活動
阮廷忠		『欽定』巻34、明命14年12月26日条	土司。阮廷朝の指示のもと活動
韋世耀		『欽定』巻34、明命14年12月26日条	土司。阮廷朝の指示のもと活動

〈一貫して阮朝側に与した土司〉

韋世鉤	禄平州土知州	『欽定』巻30、明命14年11月13日条	諒山省城の防衛のため動員され、禄平州土吏目黄廷端、文淵州土吏目阮廷渓、文関州土吏目何文湯、旧安博州東関総該総韋儒琔、土司・土勇・手下計81名を統率
何文棟	温州土知州	『欽定』巻30、明命14年11月13日条	諒山省城の防衛のため動員され、2名の土司・39名の土勇・手下を統率
阮廷瓊	諒枚站試差隊長	『欽定』巻30、明命14年11月13日条	諒山省城の防衛のため動員され、20名の土司・手下を統率

〈注〉

『寔録』=『大南寔録』正編、第二紀(慶應義塾大学言語文化研究所、1961〜1981年)

『欽定』=『欽定剿平北圻逆匪方略正編』(漢喃研究院所蔵VHv2701)。本史料の複写が完了していない箇所についてはフランス極東学院所蔵本(FR EFEO VIET/A/Hist. 20)で補った。

【表19】19世紀半ばの諒山省における流民の発生状況

<table>
<tr><th>No.</th><th>典拠</th><th>州・県</th><th>社級行政単位</th><th>状況</th></tr>
<tr><td rowspan="5">1</td><td rowspan="5">紹治元（1841）年閏3月29日の戸部の奏に引用される明命21（1840）年12月付諒山省臣の冊（『阮朝硃本』紹治第13集、第311葉表～312葉裏）</td><td>禄平州</td><td>黄林・雲夢・金屡・如遨・広儲・禄楊6庄</td><td rowspan="3">丁数が1ないし0</td></tr>
<tr><td>脱朗州</td><td>弘烈社</td></tr>
<tr><td>文関州</td><td>浄朔・晃藻・富美・菊員4社</td></tr>
<tr><td>安博県</td><td>達信社</td><td>丁数2率のみ、田土なし</td></tr>
<tr><td>禄平州</td><td>高楼・海晏2社</td><td>以前流浪し、以前の丁数に回復せず</td></tr>
<tr><td>2</td><td>紹治5（1845）年4月9日の戸部の覆に引用される諒山省臣の摺（『阮朝硃本』紹治第30集、第234葉表～235葉裏）</td><td>禄平州</td><td>巴山庯</td><td>もともと清人が寓居して商売していたが、田土がなく長らく逃散。紹治2～4年の銀税の未納額が180両にのぼる。招集によって5名が帰還したが、未納額の納入が困難なため、紹治5年から前例に基づいて1名当たり毎年銀税2両を徴収</td></tr>
<tr><td rowspan="3">3</td><td rowspan="3">紹治6（1846）年閏5月20日の戸部の覆に引用される諒平署撫陳玉琳の摺（『阮朝硃本』紹治第34集、第300葉表～302葉裏）</td><td>温州</td><td rowspan="3">温州諒嘉・半隴・拱把・仁里・半高、文淵州安福・和美・隴貢・中甲、文関県校謐10社館庯</td><td rowspan="3">もともと清人・儂人・蛮人が寓居していたが、逃散したため招集がおこなわれ、紹治4年に招集の期限が終了したが民が帰還せず。紹治5年に招撫して44名が帰還したが、依然として税銭235貫、銀855両が不足</td></tr>
<tr><td>文淵州</td></tr>
<tr><td>文関県</td></tr>
<tr><td>4</td><td>紹治6年8月28日の戸部の奏およびそこに引用される諒平署撫臣陳玉琳の摺（『阮朝硃本』紹治第35集、第390葉表～391葉裏）</td><td>禄平州</td><td>巴山庯</td><td>もともと清人が30率いたが逃散。紹治5年に流民招集の期限を1年延長したが、帰還したのは1名のみ。再度期限を1年延長して招集を継続</td></tr>
<tr><td rowspan="2">5</td><td rowspan="2">嗣徳4（1851）年2月21日の戸部の覆（『阮朝硃本』嗣徳第22集、第160葉表～161葉裏）</td><td>脱朗州</td><td>駈驢・南街・龍街・二青・有秋・同仁6社庯</td><td rowspan="2">実在の人丁が稀少、丁簿に虚数多い。嗣徳2（1849）年の時点で合計383人のうち191人不足</td></tr>
<tr><td>七渓県</td><td>盤甘・盛多2社</td></tr>
<tr><td>6</td><td>嗣徳4年5月9日の兵部の覆に引用される諒平巡撫張好合の摺（『阮朝硃本』嗣徳第25集、第202葉表～裏）</td><td>文淵州</td><td>報善社</td><td>もともと丁数30、兵3名。紹治4年に逃散。招撫するがもとの数に回復せず。嗣徳2年、恩詔を奉じ招撫の期限延長。嗣徳3（1850）年4月期限が終わるが、瘴気や大雨、清匪によりさらに流亡。本年2月、流民13率が帰還、前回帰還した16率と合わせ、合計29率、税例を賦課。ただし現在依然として兵2名が不足し、去年の税銭も未納。兵2名の充当は2年延期</td></tr>
<tr><td>7</td><td>嗣徳4年8月7日の戸部の覆およびそこに引用される諒平巡撫臣張好合の摺（『阮朝硃本』嗣徳第30集、第201葉表～203葉表）</td><td>温州</td><td>金関・上楽2社</td><td>2社（の民）はもともと流儂であり寓居して山を耕して生業としていた。嗣徳元（1848）年の帳簿では金関社人丁59人、上楽社人丁87人だったが、土匪の擾乱で流亡。嗣徳2年12月某日、諒山省臣が初めて逃散を報告。その時点で金関社人丁23人、上楽社人丁37人のため徴税を延期</td></tr>
<tr><td rowspan="5">8</td><td rowspan="5">嗣徳4年10月6日の戸部の覆に引用される経略河寧寧太諒平等省・領河寧総督臣阮登楷の摺（『阮朝硃本』嗣徳第32集、第198葉表～199葉裏）</td><td>七渓県
文淵州
禄平州
温州</td><td>11社村</td><td>里役が単で丁簿上の虚数を申告し、税の減免を要求</td></tr>
<tr><td>禄平州</td><td>石鉄・同僕など5社庄</td><td rowspan="4">丁簿上に虚数多し。原因は疫病や清匪の擾乱。嗣徳5（1852）年に予定されていた諒山省の閲選は一時停止</td></tr>
<tr><td>安博県</td><td>禄楊・安業など5庯峝</td></tr>
<tr><td>文関県</td><td>半□・恬熙など13社庄</td></tr>
<tr><td>温州</td><td>順昌・瓜田など6社庯</td></tr>
</table>

〈注〉
『阮朝硃本』＝『阮朝硃本』（国家第一公文書館所蔵）

写真・図・地図・表

【表 20】『諒山団城図』に記載される阮朝初期の税額

	粟米	銭	銀	硝石	鉄子税	金税
土地税	粟 2,344 斛 27 鉢 9 合	520 貫 1 陌 59 文				
人頭税	脚米 252 方 17 鉢	4,684 貫 4 陌 30 文				
儂人白布税		836 貫 4 陌				
儂人銀税			64 笏 5 両 5 銭			
北客		505 貫	39 笏 7 両 2 銭			
蛮人			20 笏 4 両			
鉱山税				13 租 7 晏 4 斤	200 斤	2 笏 1 両
巡司税		10,000 貫				

典拠：『諒山団城図』第 7 葉裏〜10 葉表（漢喃研究院所蔵 A.1220）

【表 21】『欽定大南会典事例』に記載される諒山鎮／省の鉱山

種別	名称	所在地	黎鄭政権期〜嘉隆年間	明命年間	紹治年間以降
金	右隣礦	温州山荘総右鄰社		明命 3（1822）年採掘、毎年金税 3 両。明命 7（1826）年荒廃のため免税。明命 10（1829）年採掘を裁可、毎年十歳金税 3 両。明命 12（1831）年閉鎖（会典事例巻 42）	嗣徳元（1848）年採掘、毎年十歳金税 2 両（会典事例巻 42）
	同僕礦	禄平州安快・友慶・同僕・憑慶・好礼各社	金税 9 両、採掘したばかりでまだ税額に含まれず（諒山団城図、9b）	明命 4（1823）年 10 月、礦長・貨夫逃散のため毎年 9 両の金税を免除（『寔録』第二紀、巻 23、13a-b）／明命 6（1825）年採掘、十歳金税 3 両。明命 12 年閉鎖。明命 13（1832）年採掘、毎年金税 5 両、輸売金砂 4 両。明命 15 年荒廃で閉鎖（会典事例巻 42）／従来清人が納税請負、金税 3 両を納入。明命 13 年州人馬徳貴が納税請負、金税 5 両。明命 14（1833）年閉鎖（硃本嗣徳 13、219a-222b）	紹治 5（1845）年採掘、毎年十歳金税 5 両。嗣徳 2（1849）年枯渇化のため閉鎖（会典事例巻 42）／紹治 4（1844）年 6 月好礼社人黄文義が納税請負を要請、毎年金税 3 両。紹治 6（1846）年 9 月、州臣が黄文義の逃走を報告（硃本嗣徳 13、219a-222b）
	農屯礦	柴渓県厳栗総農屯社		明命 13 年採掘、金税 5 両、輸売金砂 5 両。15（1834）年閉鎖。明命 17（1836）年採掘、十歳金税 5 両、輸売金砂 5 両。明命 20（1839）年段張徳が納税請負、十歳金税 6 両（会典事例巻 42；同巻 43、27b-28b）	紹治 2（1842）年、枯渇化のため閉鎖。嗣徳元年採掘、十歳金税 3 両（会典事例巻 42）
	那巴（𡶀）礦	禄平州高楼総率礼社？	金税 9 両、戊寅（1758／1818）から漂散し未納（諒山団城図、9b）	明命 2（1821）年納税請負者おらず免税。明命 18（1827）年採掘、毎年金砂税 4 両。明命 20 年金税 6 両（会典事例巻 42）／明命 2 年 4 月礦長・貨夫が逃散し免税（『寔録』第二紀、巻 8、20a）	紹治元（1841）年貨夫を雇い採掘、金税 6 両。紹治 3（1843）年閉鎖。紹治 7（1847）年採掘。嗣徳元年閉鎖（会典事例巻 42）
	福旺礦	文関県福旺・雲幕・従令・文定・貴和各社			紹治 3 年採掘、金砂税 4 両。紹治 4 年金税 6 両。嗣徳 3（1850）年納税請負継続（会典事例巻 42）

320

写真・図・地図・表

種別	名称	所在地	黎鄭政権期～嘉隆年間	明命年間	紹治年間以降
金	会歓礦	文関県博羅・朗陽・会歓各社			紹治6年採掘、金砂税3両。嗣徳元年金税4両。嗣徳3年閉鎖。(会典事例巻42)
	羅山礦	柒渓県憑均総羅山社		明命13年採掘、毎年金税5両。明命15年閉鎖。明命21(1840)年採掘、金税5両(会典事例巻42)	紹治元年十歳金税5両。紹治4年閉鎖。紹治7年採掘、税額は旧来通り。嗣徳元年閉鎖(会典事例巻42)
	春陽礦	安博県東関総春陽社	金税3両(諒山団城図、9b)／嘉隆15(1816)年毎年金税3両(会典事例巻42)	明命12年閉鎖。明命17年採掘、金税4両。明命21年閉鎖(会典事例巻42)	紹治元年貨夫を雇い採掘、税額は旧来通り。紹治3年閉鎖。紹治7年採掘、4両。嗣徳元年閉鎖(会典事例巻42)
	率礼礦	禄平州高楼総率礼社	北客が採掘し長堪・長場が別納。藩臣は関知せず(「高楼総」28a-29b)	明命2年採掘、十歳金税3両。明命12年閉鎖。明命13年採掘、金税5両。明命16(1835)年閉鎖。明命18年採掘、金砂税4両(会典事例巻42)	
鉄	猛(富)舎礦	文関県富(猛)舎総富(猛)舎社		明命7年採掘、生鉄税150斤、明命12年熟鉄120斤、明命13年熟鉄100斤を精銀5両で代納、明命16年枯渇化により近隣の文淵沔先会・淵泪・田豊などの社で採掘、熟鉄200斤を精銀10両で代納(会典事例巻42)／明命21年、鉄戸梁協勝が毎年税銀10両で請負(硃本明命82、126a-b)	紹治6年旧来通り精銀10両で代納。嗣徳元年旧額通り納税(会典事例巻42)
	陀㵢(陀溢)礦	脱朗州沖貫総歴山社？	鉄子税200斤(諒山団城図、9b)	もともと毎年生鉄税200斤、明命12年熟鉄160斤、明命13年熟鉄100斤を精銀5両で代納(会典事例巻42)	紹治6年熟鉄160斤を精銀8両で代納。嗣徳元年閉鎖(会典事例巻42)
	憑㵢礦	温州憑㵢総憑㵢社		明命18年採掘、毎年熟鉄税200斤を精銀10両で代納(会典事例巻42)	紹治3年閉鎖。紹治6年採掘、税額は旧来通り。嗣徳2年閉鎖(会典事例巻42)
	檳榔礦	脱朗州有秋総檳榔社		明命17年採掘、毎年熟鉄税160斤を精銀8両で代納。明命20年熟鉄税200斤を精銀10両で代納(会典事例巻42)	紹治3年閉鎖。紹治6年採掘、毎年熟鉄税250斤を精銀12両5銭で代納。嗣徳元年旧額通り納税(会典事例巻42)
	保林礦	文淵州淵泪総保林社		明命17年採掘、毎年熟鉄税200斤を精銀10両で代納(会典事例巻42)	紹治元年閉鎖。嗣徳2(1849)年なおも封鎖(会典事例巻42)
硝石	枝棱礦	温州憑㵢総枝棱社	硝煤税100斤(諒山団城図、9b)	もともと毎年焔硝税100斤。明命13年荒廃したため免税(会典事例巻42)	
	枚稍礦	温州長桂総枚稍社	もともと毎年焔硝税100斤。嘉隆15年荒廃したため免税(会典事例巻42)		

〈注〉
諒山団城図＝『諒山団城図』(漢喃研究院所蔵 A.1220)
『寔録』第二紀＝『大南寔録』正編、第二紀(慶應義塾大学言語文化研究所影印本)
会典事例＝『欽定大南会典事例』巻42、戸部七、雑賦一(西南師範大学出版社、2015年)
「高楼総」＝「諒山省文淵州高峙衝高楼総各社古紙」(漢喃研究院所蔵 AH.a4/7)
硃本嗣徳13、219a-222b＝『阮朝硃本』嗣徳第13集、第219葉表～222葉裏(国家第一公文書館所蔵)

321

写真・図・地図・表

【表22】清朝の領域から諒山省に到来した武装集団 (1850 〜 1870 年代)

年	月日 (旧暦)	内容	典拠
嗣徳3 (1850) 年	7〜8月	「清地の股匪」(大勝堂黄二晩、広義堂李大昌、徳勝堂劉仕英ら) が広西省龍州・憑祥から到来、諒山省城を攻撃	『寔録』巻5、33a；硃本嗣徳34、157a-b
嗣徳4 (1851) 年	1月末頃	清匪が禄平州の安快社庸や屈舎社禄馬村・龍頭村などを騒擾。阮朝軍は敗北し、北寧と河内に援軍を要請	硃本嗣徳21、120a-b
	3月初4日	清匪約 600 名が禄平州の各村を騒擾	硃本嗣徳21、242a
	3月初5日	清匪が禄平州の浄嘉・三弄・錦花・鑪江各社および安博州の潻淺・板江・板勝・姑蒌各社、広安省先安州后基総を掠奪	硃本嗣徳21、242a-b
	3月16日	清匪は同僕庸で捕弁にて敗北、退散して出境	硃本嗣徳25、75a
	3月21日	清匪が広西省の上下石州と禄平州の高楼・率礼・巴山・海晏などの社を攻撃 (を画策？)	硃本嗣徳25、75a-b
	3月24日	清匪が脱朗州石弾社の区域に入る	硃本嗣徳25、75b
	3月25日	清匪 1,000 人あまりが禄平州錦段社を攻撃	硃本嗣徳25、75b
	3月26日	文淵汎阮廷西が、3月25日に広西省上下石州の匪約 2,000 が憑祥に滞在、文淵汎まで 20 里に接近していることを報告	硃本嗣徳25、75b-76a
	3月28日	清匪約 800 人が那麻溢口から禄平州浄嘉・三弄などの社に到来。また一団が安博県潻淺などの村社に入って掠奪	硃本嗣徳25、76a-b
	3月29日	油村阮廷賦が、3月26日に清匪 2,000 あまりが憑祥から上下石州に至り、油村汎に接近していると報告	硃本嗣徳25、76b
	4月初8日	清匪黄晩の集団が騒擾。副管奇林光横が率隊 13 員、弁兵 650 名、副管奇裴公建・試差副管奇阮有増が率隊 8 員、兵 300 名、長定府員范惟燃が土勇 300 名をそれぞれ統率して討伐に向かうが、文淵州保林社軒策処で匪 5,000 名に襲撃され敗北、死傷、失落、逃散が 1,187 員名	『寔録』巻6、17b；硃本嗣徳25、242a-b；硃本嗣徳31、122a-b
	4月	清匪黄晩の集団数千人が脱朗州黄同社などに進入	『寔録』巻6、19a-b
	5月	黄晩の集団約 7,000 人が再び廉州から到来し、広西省思明州・寧明州を騒擾しているため、諒平撫臣張好合が河内・北寧の弁兵 4,000 名、戦象 4 匹の増援を要請	『寔録』巻6、20a
	8月初7日	思州土馬亜撻五らが隘に入って掠奪、官軍を殺傷	硃本嗣徳34、157a-b
	8月	清匪三堂 2,000 人あまりが安博県有産社などを騒擾	『寔録』巻7、10b-12a
	閏8月	三堂 (大勝堂黄二晩、広義堂李大昌、徳勝堂劉仕英) が投降。阮登楷は彼らの帰順を認め、頭目ら数十名に銀餉を支給し、「向義幇」を組織して匪賊征討に協力させると共に、金礦・銀礦の採掘や商業活動を許可	硃本嗣徳34、157a-b
嗣徳5 (1852) 年	7月	諒山の捕弁と三堂が禄平州屈金 [舎]・錦段などの処で清地の逸匪を捕縛	『寔録』巻8、24b
嗣徳6 (1853) 年	9月	寧明小西街の人陸亙弐 (32 歳) が匪目李宣頭に従い、9月19日脱朗州同仁庸で略奪をおこない、男女老幼 60 人あまりを捕縛。21日にアヘンや金銀の購入を目目に命令され、鍾山社人黄廷高と共に文関県会歓庸に行ったところ、22日に会歓総総目黄錦達に捕縛される	硃本嗣徳44、47a-49a

322

写真・図・地図・表

年	月日（旧暦）	内容	典拠
嗣徳6年		清匪が9月18～20日に脱朗州同仁庸で略奪をおこなった際に連れ去られた欧士林（34歳、貫は長定府脱朗州同仁庸）や楊松恩（27歳、貫は長定府脱朗州有秋総鍾山社）は、23日に官兵が清匪を駆逐した後に逃亡し、脱朗州有秋総試差該総閉耀堂・有秋社役目黄元仲らに檳榔社で捕縛される	硃本嗣徳44、50a-53b
嗣徳7（1854）年	3月17日	暴徒が禄平州錦英社北馬村で財物を略奪。捕縛された2名は李広興（37歳）・凌超允（53歳）、共に貫は清国広東省廉州府隆堂村	硃本嗣徳44、25a-26a
	3月	清地匪目李正清および従党20丁が投降。頭目6名を向義鮺の傘下に置く	『寔録』巻10、7b
		向義鮺劉仕英・土豪百戸丁功虎が辺界で逸匪を破り、匪党黄国張ら5名を捕縛	『寔録』巻10、8a
	5月15日	清の暴徒180丁あまりが脱朗州の有秋総や安化総を襲撃。有秋総から文淵州衡蘆総に逃亡して撃退され、3名が捕縛される。3名は周亜正（36歳）、周亜虎（27歳）、李亜錦（27歳）、貫はいずれも清朝憑祥州。3人はそれぞれ同登県で茴香の売却、黄豆の栽培、雇われ労働に従事していたが、主犯憑祥州板布村方乗元に捉えられて従う	硃本嗣徳44、201a-206b
	7月	7月24日に清匪300人あまりが脱朗州楽壊社を、100人あまりが脱朗州慶門社那坡村を、それぞれ襲撃。26日に300人あまりが文淵州衡蘆総衡蘆社を襲撃	『寔録』巻11、14a；硃本嗣徳47、90a-92b
		清匪50～60名が7月27日に淵泪総保林社にやってきたため文淵州淵泪総保林社権充百戸段輝才が撃退。匪丁1名を捕縛、匪丁の貫は清朝寧明州	硃本嗣徳47、165a-168b
	閏7月	閏7月6日に清匪300人あまりが脱朗州慶門社に到来。この集団の頭目は李という姓、次頭目は禄という姓の人物	硃本嗣徳47、165a-168b
		15日に清匪800人あまりが脱朗州の楽壊・琦躍・沖銘・歴山などの社に侵入、財物を略奪。また清匪の一団200～300人が16日に文淵州保林社下目笞を襲撃	硃本嗣徳47、193a-195b
嗣徳10（1857）年	正月	清国の逸匪周亜啓を捕縛	『寔録』巻16、2b
		嗣徳9（1856）年12月に清朝に偵察に行かせていた黄廷述らが戻り、広匪一支趙秀記が300人あまりを引き連れ、寧明州城から思州沛釘村に移動したことを報告。また諒山省諒隊奇率隊農日尊の家人沈士懐が、広匪頭目林九の集団2,000人あまりが新寧州にいることを報告	硃本嗣徳55、58a-b
嗣徳11（1858）年	11月	清地股匪黄二晩が七渓を擾乱	『寔録』巻19、24b
嗣徳13（1860）年		諒山で活動していた清地の匪党李大益・寧国金・呉凌雲が北寧省陸岸県を擾乱	『寔録』巻22、3a
	11月28日	清匪約200丁あまりが脱朗州儲嶹総石碑社を襲撃	硃本嗣徳121、286a-290b
	12月8日	清匪約300丁が広安省渭頼社からやって来て安博州安州社を包囲	硃本嗣徳121、286a-290b
	12月22日	清匪約150丁あまりが憑祥州からやって来て文淵州清琴社扶釘笞を包囲	硃本嗣徳121、286a-290b
嗣徳15（1862）年	正月	清匪が七渓県の模蓬笞、義田・慶巌2総をそれぞれ擾乱	硃本嗣徳133、177a-b
	3月	清地股匪が七渓を擾乱	『寔録』巻26、15a-b

写真・図・地図・表

年	月日（旧暦）	内容	典拠
嗣徳16（1863）年	9月頃？	清匪1,000あまりが到来、城守尉黎綱・脱朗州員范枝芳・摂辦温州阮輝珪・千戸韋文李らがもともと兵勇700名あまりを統率して迎え撃つが敗北。援軍が到着すると清匪は撤退	硃本嗣徳154、154a-156b
嗣徳17（1864）年	2月	匪徒が同来・同文などの鋪で官兵に抵抗。以前には約2,000人あまりが文関県を擾乱。さらに2,000人あまりが広西省寧明州にいることが報告される	『寔録』巻29、11a-12b
	3月	清地股匪が諸鋪を擾乱、桫槨屯が陥落	『寔録』巻29、17b
	5月	諒山省の官兵が永逸社・渭鋪で股匪を撃破。経略使武仲平が桫槨屯を奪還	『寔録』巻29、39a-b
	12月	清国の昇平団長黄兆栄・湯互可が七渓県で良民を擾乱したことを諒山省按察使が報告	『寔録』巻30、47b-48b
嗣徳18（1865）年	7月	清地股匪が桫槨屯の暫倉を襲撃	『寔録』巻32、32a-b
	8～9月	清国昇平団黄兆栄が匪と通じ、高平省城が陥落、七渓鋪をうかがう	『寔録』巻32、42a; 巻33、1b-2b
	11月	武仲平率いる阮莳軍が芇莳鋪に進軍するが、昇平団の襲撃に遭い、桫槨鋪に後退	『寔録』巻33、24b-25a
	12月	諒平署撫鄭履亨らが1,500あまりの兵を率い、同僕鋪で匪を攻撃	『寔録』巻33、37a
嗣徳19（1866）年	正月	官兵が芇莳鋪を奪還	『寔録』巻34、1a
		匪徒500あまりが温州を擾乱	『寔録』巻34、4a
	12（11？）月	匪目黄全宝が投降	『寔録』巻35、56a; 硃本嗣徳158、232a-237b
嗣徳20（1867）年	2月頃？	蘇四の一団1,000丁あまりが投降	硃本嗣徳158、273a-277b
嗣徳21（1868）年	3月	匪目呉鯤（呉亜終）が党2,000あまりを率い、諒山を騒擾	『寔録』巻38、15b
	4月	匪目呉鯤が洛陽を包囲	『寔録』巻38、21a-b
	6月	股匪が諒山を擾乱。清朝広西省太平府に協同で征討するよう要請する咨文を兵部に作成させ、諒山省臣に命じて送付させる	『寔録』巻38、38a; 硃本嗣徳176、309a-312b
	7月	官軍が諒山省繡山屯で敗北	『寔録』巻39、1a-b
		呉鯤が投降を要請	『寔録』巻39、5b-6a
嗣徳22（1869）年	3月	武装集団の掃討のため、清朝の提督馮子材が到着	『寔録』巻40、12a-b
		清朝の提督馮子材が諒山省の駈驢・朱巻・同登匪屯を制圧	『寔録』巻40、25b-26a
		呉匪が莳封・洛陽を放棄して高平省へ撤退	『寔録』巻40、31b-32a
		清国営弁が高平省城を奪還	『寔録』巻40、35a-b
嗣徳23（1870）年	7月	諒山の降匪蘇四復と曽亜治が騒擾を起こす	『寔録』巻43、2a
	9月	蘇四復（蘇国漢）と曽亜治が諒山省七渓県を騒擾。長定領府鄧惟貞らが攻撃	『寔録』巻43、8a-9a

写真・図・地図・表

年	月日（旧暦）	内容	典拠
嗣徳23年	10月～閏10月	蘇四復が諒山省城を襲撃・占拠	『寔録』巻43、21b-22b、25b-26b
	12月	蘇国漢が帰順。諒山省城は阮朝の手に	『寔録』巻43、40b-41a
嗣徳24（1871）年	3月	領高平按察使鄧惟貞と馮子材の差員韋三が高平省城を奪還	『寔録』巻44、13b
	9月	太原省武崖県瓊山・北山2総に集結していた何三・陳四の集団600あまり、馬20匹が、文関県勲風総友良社に来到。友良社の民勇2名が射殺される	硃本嗣徳247、165a-167b
	12月	安博県先安州板服処の林に蘇匪の残党の頭目10名、党丁200あまりが集結	硃本嗣徳246、374a-375b
嗣徳25（1872）年	4月	匪が諒山諸轄を擾乱。総里・頭目・手勇が守備し匪は撃破できず	『寔録』巻46、28b
	9月	太原省銀渓の余匪が高平・諒山を騒擾	『寔録』巻47、20b-21a
嗣徳27（1874）年	5月	匪徒約800あまりが先安州から安博県麗遠・安州2総にやって来て、該総・副総らが勇を率いて襲撃	硃本嗣徳260、177a-184b
嗣徳29（1876）年	5月	清地の逸匪がひそかに諒山省脱朗州を過ぎ、同文鋪を襲撃	『寔録』巻55、21b
嗣徳31（1878）年	正月	清地股匪翁七の集団が高平省原平県を拠点として高平省を騒擾	『寔録』巻59、6a
	9月	広東霊山県人李揚才が諒山省城を襲撃	『寔録』巻60、24b-26a
	11月	清朝の管帯陳徳朝・周炳林らが朱晞の匪屯を攻撃。李広隆ら200人あまりを捕縛	『寔録』巻60、40a
嗣徳32（1879）年	6月	李揚才が太原省柔遠総に逃亡	『寔録』巻61、46b-47a
嗣徳33（1880）年	5月	逸匪李亜生・黄大・杜二らが諒山省を擾乱	『寔録』巻63、40b-41a
	7月	諒山按察使黎如漢・領兵官丁冠禎らが清地の逸匪を長慶府で破る	『寔録』巻64、4a
	8月	逸匪が諒山省恬煕屯を包囲	『寔録』巻64、7a-b
	10月	清地の逸匪李亜生・李六らが高平省原平県を擾乱	『寔録』巻64、25a-b
嗣徳34（1881）年	3月	清地の逸匪が諒山省文関県・長慶府などを擾乱	『寔録』巻65、14a
		諒山省の官兵が邱鄧匪屯を撃破。副領兵楊徳通・丁冠禎らに恩賞	『寔録』巻65、14b
	9月	清地逸匪陸䁀・蘇李らが再び䗶市・朱晞・霊潭などで集結	『寔録』巻66、16a

〈注〉
『寔録』＝『大南寔録』正編、第四紀（慶應義塾大学言語文化研究所、1961～1981年）
硃本嗣徳34、157a-b＝『阮朝硃本』嗣徳第34集、第157葉表～裏（国家第一公文書館所蔵）

写真・図・地図・表

【表23】諒山省の土司の子孫の一覧（嗣徳5年）

阮廷氏				韋氏		農氏		黃氏		何氏		阮功・阮克氏	
2	阮廷賦	56	阮廷温	1	韋世鉤	18	農廷瑞	21	黃廷知	76	何文慶	99	阮功斗
3	阮廷西	57	阮廷鉄	5	韋世李	19	農廷珍	22	黃廷俊	77	何文師	100	阮功順
4	阮廷俊	58	阮廷功	6	韋世立	20	農廷忠	23	黃廷礼	78	何文盛	101	阮功和
36	阮廷瑞	59	阮廷林	7	韋世槇	94	農玉衍	24	黃廷紹	79	何文杜	102	阮功錦
37	阮廷彭	60	阮廷忠	8	韋世略	95	農玉果	25	黃廷鑑	80	何文如	103	阮功燦
38	阮廷遵	61	阮廷橘	9	韋世盛	96	農玉長	26	黃廷桂	81	何文沢	104	阮功積
39	阮廷内	62	阮廷霤	10	韋世山	97	農玉和	27	黃廷士	82	何文儀	105	阮功謂
40	阮廷譚	63	阮廷振	11	韋世思	98	農玉琁	28	黃廷緒	83	何文驢	106	阮功識
41	阮廷超	64	阮廷達	12	韋世祥			29	黃廷輝	84	何文超	107	阮功陛
42	阮廷愘	65	阮廷秋	13	韋世和			30	黃廷順	85	何文識	108	阮功鋒
43	阮廷張	66	阮廷苟	14	韋世恵			31	黃廷楊			109	阮克璋
44	阮廷専	67	阮廷曹	15	韋世進			32	黃廷識			110	阮克檜
45	阮廷慎	68	阮廷磢	16	韋世卿			33	黃廷量			112	阮克登
46	阮廷馭	69	阮廷旬	17	韋世杜			34	黃廷潤			113	阮克安
47	阮廷芮	70	阮廷涌					35	黃廷思			114	阮克玻
48	阮廷節	71	阮廷門					86	黃何将			115	阮克満
49	阮廷忠	72	阮廷鑑					87	黃何德			116	阮克祥
50	阮廷□	73	阮廷璿					88	黃德江			117	阮克聡
51	阮廷勃	74	阮廷棟					89	黃德玄			118	阮克遠
52	阮廷奬	75	阮廷穏					90	黃德桂			119	阮克当
53	阮廷曠	111	阮廷懋					91	黃德棕			120	阮克跪
54	阮廷臚	122	阮廷義					92	黃德節			121	阮克将
55	阮廷叱							93	黃德喬				

〈注〉
文淵州阮廷氏家譜（1919年、【表2】No. 10）をもとに作成。
数字は上奏中に列挙される順番を表す。

写真・図・地図・表

【表24】19世紀後半の諒山省で武装集団の鎮圧に当たった現地有力者

年	月	州県	姓名	肩書	行動内容	典拠	備考
嗣徳4 (1851) 年	2月		韋世鉤	文関県知県	民夫100名を徴発して統率	嗣徳21、120a-121b	【表23】No. 1
	3月		阮廷西	文淵汛	清匪の接近を報告	嗣徳25、75a-77b	【表23】No. 3
			阮廷賦	油村汛	清匪の接近を報告	嗣徳25、75a-77b	【表23】No. 2
	5月		阮廷西	→隊長	元諒雄奇十隊正隊長率隊。清匪が擾乱した際に迎撃して匪丁を生け捕りにしたため、諒平巡撫張好合が隊長に戻すよう要請	嗣徳25、236a-b	【表23】No. 3
嗣徳6 (1853) 年	9月	文関県	黄錦達	会歓総総目	会歓庸に到来した清匪を捕縛	嗣徳44、47a-49a	
		脱朗州	閉耀堂	有秋総試差該総	民夫を率いて檳榔社で匪徒を捕縛	嗣徳44、50a-53b	
			黄元仲	有秋社役目			明命21 (1840) 年の有秋社地簿で役目
嗣徳7 (1854) 年	3月	禄平州	韋管書	屈舎総試差該総	清国広東省廉州府隆堂村を貫とする暴徒が安快社那発村から錦英社北馬村に入り財物を略奪。黄量識が韋管書らに報告し、民夫を動員して防備	嗣徳44、25a-27a	
			梁徳艶	安快社土目			
			程忠祥	(安快社) 里長			
			劉美忠	錦英社里長			
			黄量識	(錦英社) 役目			
	5月	脱朗州	閉耀堂	有秋総試差該総	有秋総や安化総を襲撃した清の暴徒を撃退。暴徒は文淵州衡蘆総に逃走	嗣徳44、201a-206a	明命21年の有秋社地簿で役目
			黄元仲	原暫給副総			
			梁錦寧	柔岩社里長			
			農事興	安化総安化社里長			
			蘆玉興	安化総試差該総			
		文淵州	黄徳雄	衡蘆総権充百戸	脱朗州有秋総から逃亡してきた清の暴徒を撃退、3名を捕縛		
			黄徳江	衡蘆総権充百戸			【表23】No. 88
			周佳堂	(衡蘆総) 試差該総			
			黄日南	(衡蘆総) 原暫給副総			
			黄徳打	土司			

327

写真・図・地図・表

年	月	州県	姓名	肩書	行動内容	典拠	備考
嗣徳7年	7月	文淵州	阮廷西	守文淵汛隊長	清国龍州に集結していた清匪が憑祥・上石・下石・馗矍などに分散したことを報告	嗣徳47, 90a-92b	【表23】No. 3
			阮廷俊	従玖品百戸権充千戸	清匪300人あまりが脱朗州楽墟社、100人あまりが慶門社那坡村に到来。民勇を率いて撃退		【表23】No. 4
			丁仕霄	賞授該総仍充副総権充千戸			
			黎日鎮	衡蘆総衡蘆社陳具笪権充百戸	黎日鎮は民夫20名あまり、黄徳江・黄徳雄・羅錦先は総内の民勇100名あまりを率い、共に衡蘆総衡蘆社陳具笪を襲撃した清匪300名あまりを撃退。黎日鎮は1名を殺害、従玖品百戸を任命される。水湾社民勇黄徳西、陳具笪民夫黎日名、清密社民勇農勝堂がそれぞれ清匪1名を殺害		
			黄徳江	水湾社権充百戸			【表23】No. 88
			黄徳雄	水湾社権充百戸			
			羅錦先	清密社権充百戸			
	閏7月	文淵州	段輝才	淵洎総保林社権充百戸	民勇100名あまりを率い清匪50〜60名を撃退。匪丁1名を捕縛		
		脱朗州	阮廷俊	権充千戸	脱朗州慶門社里長黎昌忠が清匪300人あまりの到来を報告。農事興や阮廷忠らを派遣		【表23】No. 4
			丁仕霄	権充千戸			
			農事興	安化総権充百戸	清匪撃退のため、農事興・蘆玉興・馬斌達・周佳調・農日柒・黎昌忠は民勇70名あまり、阮廷忠・阮廷義・丁錦祥・周和俊は民勇60名あまり、梁廷璋・段広雅は民勇70名あまりをそれぞれ統率。黎昌忠が匪党1名を殺害、短劔2杆を獲得。周和俊が匪党1名を殺害、短劔1把、鉄釘釟1杆を獲得	嗣徳47, 165a-168b	
			蘆玉興	(安化総)試差該総			
			馬斌達	(安化総)副総			
			周佳調	土豪			
			農日柒	琦羅社里長			
			黎昌忠	慶門社里長			
			阮廷忠	沖銘総権充百戸			【表23】No. 60
			阮廷義	沖銘総権充百戸			【表23】No. 122
			丁錦祥	(沖銘総)試差該総			
			周和俊	土豪			
			梁廷璋	沖銘総副総			
			段広雅	土豪			

年	月	州県	姓名	肩書	行動内容	典拠	備考
嗣徳7年	閏7月		農日尊	諒雄奇柒隊試差正隊長率隊	広西省の上石・下石・憑祥・埴釐などに清匪5,000〜6,000人が集結しているとの情報をうけて、諒平巡撫潘克慎が防備を命令		
			丁文厳	諒勇奇弐隊試差正隊長率隊			
			張日調	諒雄奇肆隊給憑隊長			
			李日呂	諒雄奇参隊未入流書吏			
		温州	韋世李	土司試差千戸	清匪の一団200〜300人が文淵州保林社下目笘を襲撃。韋世李が手下10名、温州団練の劉青容・黄金栄・阮貞張が民勇50名、禄平州団練の帰料雲・帰忠定が民勇30名をそれぞれ統率し、巡城隊給憑隊長梁豊、文淵州団練の阮廷功・阮廷素・阮廷鉄と共に防備	嗣徳47、193a-195b	【表23】No.5
			劉青容	雲梯総該総・権充千戸			
			黄金栄	（雲梯総）権充百戸			
			阮貞張	（雲梯総）権充百戸			
		禄平州	帰料雲	貞女総試差該総・権充百戸			
			帰忠定	土豪			
		文淵州	阮廷功	儲峙総該総			
			阮廷素	（儲峙総）権充百戸			【表27】No.16
			阮廷鉄	（儲峙総）権充百戸			【表23】No.57
			阮廷俊	従玖品百戸権充千戸	清匪800人あまりが脱朗州楽墟・琦璭・沖銘・歴山各社に到来。諒勇奇弐隊試差正隊長率隊丁文厳と共に報告		【表23】No.4
		文関県	黄忠勤	権充千戸	文関県団練。清匪に対する防備のため文関県知県陳鑑に統率されて行動。民勇150名を統率		
			黄和書	権充千戸			
			林文貴	権充千戸			
			阮世達	百戸			
			梁慶余	百戸			
		温州	黄文憑	充辦隷目権給百戸	温州団練。清匪に対する防備のため省官により派遣される。民勇50名を統率		
			黄雲慶	土豪			
		文淵州	阮廷蘊	淵汩総権充百戸	清匪に対する文淵汛の防備のため試差正隊長率隊農日尊に統率される		

写真・図・地図・表

年	月	州県	姓名	肩書	行動内容	典拠	備考
嗣徳7年	閏7月	脱朗州	閉耀堂	(有秋総)該総権充百戸	衡蘆・安化・沖銘・有秋各総の総里・豪目・民勇合計450名を統率	嗣徳47、193a-195b	【表27】No. 26
			阮廷索	権充百戸			
			農事興	権充百戸			
			周和俊	権充百戸			
			周佳調	琦瓃社土豪			
		文淵州	黄美進	永逸総該総権充千戸	民勇130名あまりを統率		
			黄□鑑	(永逸総)百戸			
			黄文峘	(永逸総)百戸			
嗣徳9(1856)年	3月	七渓県	陳堂株	義田総試差千戸	団練・民勇・手下を率い、義田社を略奪した清匪を攻撃	寔録巻14、20a-b	
嗣徳13(1860)年	12月	脱朗州	丁仕霄	儲峙総千戸領該総	石碑社を襲撃した清匪を撃退	嗣徳121、286a-290b	
		安博県	黄文正	安州総試差該総	安州社を襲撃した清匪を撃退		
		文淵州	魏広義	清琴社里長	清琴社を襲撃した清匪を撃退		
嗣徳16(1863)年	12月		韋文李	千戸		嗣徳154、154a-156b	
嗣徳25(1872)年	3月		農禎	百戸		嗣徳247、317a-319b	

〈注〉
嗣徳47、120a-121b =『阮朝硃本』嗣徳第47集、第120葉表〜121葉裏（国家第一公文書館所蔵）
寔録巻14、20a-b =『大南寔録』正編・第四紀、巻14、第20葉表〜裏
明命21年の有秋社地簿＝諒山省脱朗州有秋社地簿（国家第一公文書館所蔵3494）

写真・図・地図・表

【表25】高平省の権充千戸・権充百戸（嗣徳7年）

県	総	権充千戸	権充百戸
石林県	河譚総	原該総裴惟瑩	麻有図
	譲畔総	原該総何武報	閉日次
	菊嶺総	黄堅忠	何益廉
	扶棟総	農文達	譚文泰
	化鋪・中安2総	黄文良	陸廷輝
	広疇・河広2総	原該総黎禎襟	阮士香
	通農・良能2総	農金石	梁国賦
	靖窩総	原該総楊寿	阮文順
石安県	上坡総	農錦繍	農添忠
	金坡総	黄慶玉	丁潘勇
	江呉総	麻珍量	譚文琅
	復和総	農文端	李祥春
	懶山総	糠徳美	農文□
	匠安総	梁誠芳	□□□
	率性総	陳玉好	陳文廉
広淵県	力農総	黄廷曹	阮克芳
	仰同総	丁金進	阮廷欽
	格霊総	阮文壱	譚秀欣
	楽郊総	麻堅洗	潘慶良
	武陵総	岑進忠	馬廷勝
上琅県	𡑃塢総	農貴豪	農瓊活
	凌煙総	李文旁	黄潤徳
	綺貢総	羅徳明	土司農益語
	登州総	黄貴課	陸士烔
下琅県	令禁総	原該総農永吉	農益屯
	永寿総	黄廷岸	農顕翼
	調琅総	沈輝陳	農益□
	白藤総	黄文問	農□□

典拠：『阮朝硃本』嗣徳第47集、第242葉表〜246葉裏

【表26】韋世（文）李の経歴

時期	官職
嗣徳6（1853）年	試差千戸
嗣徳10（1857）年	千戸（実職）
嗣徳16（1863）年	土兵正隊長率隊（従六品）
嗣徳18（1865）年	安博県知県（従六品）
嗣徳21（1868）年	正六品
嗣徳23（1870）年	摂理長慶府務
	安博県知県
嗣徳24（1871）年	摂脱朗州務を追加
嗣徳27（1874）年	員外郎・安博県知県
	摂文関県務
嗣徳28（1875）年	長慶府知府（従五品）
嗣徳32（1879）年	帮佐省務
嗣徳36（1883）年	侍講学士・帮佐省務
同慶元（1886）年	侍講学士・権諒山省布政使
	権護理諒平巡撫関防
同慶2（1887）年	鴻臚寺卿・権護理諒平巡撫関防
同慶3（1888）年	侍郎・諒平巡撫

典拠：禄平州屈舎社韋氏末裔のヴィ・ヴァン・ダイ Vy Văn Đài 氏（現在はハノイ市居住）所蔵の「諒平総督履歴」による（筆者は 2018 年 1 月 3 日にデータを頂いた）。本史料は成泰 15（1903）年 4 月 18 日にフランス植民地政府に宛てた申告文書だと思われる。また同様の記述がランソン省博物館に所蔵される韋氏の家譜（【表2】No. 2）にも収録されている。

写真・図・地図・表

【表27】韋文李の嗣徳26（1873）年7月20日付稟に記載される諒山七族土司リスト

No.	貫		姓名	肩書	年齢
1	禄平州	屈舎総屈舎社	韋文李	安博県知県	44
2			韋文高		22
3		繍段総繍段社	韋文略		49
4			韋文審		(43)
5			韋文禎		45
6	安博県	東関総東関社	韋文郷		42
7			韋文紹		36
8			韋文訓		
9			黄廷霄		
10			黄廷勇		
11			黄廷進		
12			黄廷舒		
13		同林総陸林社	黄廷俊		
14	(禄平州)	屈舎総屈舎社	黄廷瑤		31
15			黄廷慶		
16	脱朗州	儲峙総黄門社	阮廷素	百戸権千戸	52
17			阮廷門	族目	50
18			阮廷書		47
19			阮廷典		37
20			阮廷海		44
21			阮廷粟		47
22			阮廷仁		42
23			阮廷行		22
24			阮廷五		24
25		沖貫総沖貫社	阮廷豊	梟司九品書吏	31
26		沖貫総暦山社	阮廷索	百戸	43
27			阮廷狄	族目	41
28			阮廷酸		30
29			阮廷競		33
30		有秋総有秋社	阮廷野		31
31			阮廷柔		28
32		安化総安化社	阮廷允		22
33	文淵州	淵汨総淵汨社	阮廷駬	権百戸	37
34		淵汨総保林社	阮廷美		22

No.	貫		姓名	肩書	年齢
35	温州	憑厥総安排社	何文言	族目	20
36			何文治		21
37			何文縁		25
38	文関州	周粟総周粟社	何文平	(百戸)	66
39			何文紹		66
40		衡蘆総水湾社	黄徳奉	族目	57
41			□徳車		53
42			何文鳳		38
43			黄徳三		49
44			何文林		34
45	(文淵州)	野岩総野岩社	何文勤		45
46			黄徳寅		25
47			何文照		49
48			黄徳鳳		33
49			何文趙		30
50			黄徳大		43
51			何文意		22
52	七渓県	繍山総永奨社	阮克駝	百戸	60
53			阮克巨	族目	30
54			阮克湯		31
55			□克霑		40
56	文関県	平嘉総平嘉社	農文長	百戸	71
57			農文碧		29
58		平嘉総友良社	農文振		24
59			農文真		32
60			阮克次		28
61			阮克顕		33
62			阮克広		25
63			阮功弁		25
64			阮功潢		35
65			阮功芳		32
66			阮功督		41
67			阮功鷙		40
68			農文道		30

典拠：「諒山七族土司家譜」（1970年、ハノイ国家大学歴史学科所蔵）

写真・図・地図・表

【表 28】『北圻経略衙』に見える 19 世紀末の諒山省における現地出身者の経歴

No.	姓名	生年	貫	経歴	典拠
1	阮梅	庚戌 (1850)	安博県東関総東関社	嗣徳 32 (1879) 年 4 月藩司未入流書吏→同慶元 (1886) 年 5 月藩司正玖品権充正捌品書吏→同慶 3 (1888) 年正月諒山省臬司権充経歴	経略巻 39、22a-26b; 同巻 348、9a-11b; 同巻 692、27a-30b
2	阮如栢	甲寅 (1854)	安博県東関総潺湲社	嗣徳 31 (1878) 年 7 月藩司書吏→同年 9 月李匪 (李揚才) が省城を騒擾し…（以下欠）…→「同慶乙酉」(1885) 11 月諒山按察使が藩司試差正玖品権充正捌品書吏に推薦	経略巻 39、22a-26b
3	阮徳秀	丁酉 (1837)	禄平州貞女総禄楊社	嗣徳 16 (1863) 年文関県衙通吏→嗣徳 17 (1864) 年民勇を率いて官兵に従い同仁庸で匪賊に勝利、恩賞として銀銭を授与される→嗣徳 25 (1872) 年試差吏目→嗣徳 29 (1876) 年 11 月民勇を率いて従周社で匪賊に勝利、恩賞として銀銭を授与される→嗣徳 32 年 2 月病気を患い帰郷→「同慶乙酉」5 月長慶府で派遣	経略巻 39、22a-26b
4	阮嘉謀	丙辰 (1856)	文関県薫風総茂農社	嗣徳 28 (1875) 年正月 (2？) 月臬司未入流書吏→嗣徳 29 年 11 月藩司書吏→嗣徳 31 年 8 月聖寿五旬大慶節により恩賞として一月の餉銭を支給→同年 9 月李匪 (李揚才) が省城を騒擾した際に省城の防備で功績を上げ恩賞として銭文を授与される→嗣徳 32 年正月省倉房簿→嗣徳 33 (1880) 年 3 月省から給憑権充協管に任命、勇 150 名を募り、官兵に従い文淵・文関で匪を征討、恩賞として銀銭を授与される。同年 5 月帰還、旧来通り房簿→同年 12 月匪目李亜生・陳大諸党匪が官路に接近したことで勇 200 名を募り、再び権充協管に任命され省に従い派遣される→嗣徳 34 (1881) 年 2 月勇を率い営弁と共に邱鄖・巴 (㞎) 社などの場所で匪を征討、恩賞として銀両を授与される→同年 3 月勇を率い官兵に随行、太原で捕務に従事→同年 4 月太原省興武社で匪を征討、恩賞として銀両を授与される→同年 8 月平嘉に派遣される。雲幕・化仁などで橋路を建造→同年 10 月司に帰還→嗣徳 35 (1882) 年 5 月臬司試差正玖品書吏→建福元 (1884) 年正月給憑が発給され権充捌品、辦営弁酬応可→同年 10 月権充臬司正捌品書吏を兼任→「同慶乙酉」正月文淵州帮佐→同年 11 月従捌品、権領経歴→同慶元年 5 月正玖品試差正捌品書吏権充経歴→同慶 3 年正月正捌品・諒山省藩司権充通判	経略巻 39、22a-26b; 同巻 348、9a-11b; 同巻 692、27a-30b
5	黄伯義	乙卯 (1855)	文淵州淵汨総田豊社	嗣徳 28 年 2 月臬司書吏→嗣徳 29 年 2 月藩司書吏→嗣徳 31 年 9 月李匪 (李揚才) が省城を騒擾した際に省城の防備で功績を上げ恩賞として銭文を授与される→建福元年 10 月臬司試差正玖品書吏→「同慶乙酉」11 月諒山按察使が正玖品権充臬司正捌品書吏に推薦	経略巻 39、22a-26b
6	阮秀淵	戊午 (1858)	脱朗州沖貫総軸轄社	嗣徳 32 年 5 月臬司未入流書吏→「同慶乙酉」11 月諒山按察使が臬司試差正玖品書吏に推薦	経略巻 39、22a-26b
7	黄廷堅	癸丑 (1853)	脱朗州儲峙総儲峙社	嗣徳 29 年長慶府衙通吏→建福元年 2 月権充府衙吏目→同年 10 月通吏に復帰→「同慶乙酉」11 月諒山按察使が臬司試差正玖品書吏に推薦	経略巻 39、22a-26b
8	黄徳秀	辛亥 (1851)	文淵州仁里総雄勝社	嗣徳 24 (1871) 年 7 月臬司書吏→嗣徳 29 年 11 月藩司書吏→嗣徳 31 年 9 月李匪 (李揚才) が省城を騒擾した際に省城の防備で功績を上げ恩賞として銭文を授与される→嗣徳 32 年 10 月試差正玖品書吏→嗣徳 33 年 3 月正玖品書吏→建福元年 11 月正捌品書吏→「同慶乙酉」11 月摂理禄平州印務	経略巻 218、47a-49b

333

写真・図・地図・表

No.	姓名	生年	貫	経歴	典拠
9	何文寧	辛亥 (1851)	禄平州屈舎総 屈舎社	土司。嗣徳33年9月民勇を率いて官兵に従い長慶・文淵で匪を征討して勝利、恩賞として玖品百戸を授与される→同慶元年3月省で憑を発給され帮佐禄平州擒防事務	経略巻218、47a-49b
10	黄日典	戊戌 (1838)	禄平州繍段総 靖嘉社	嗣徳21 (1868) 年4月試差正総→同慶元年3月省で憑を発給され禄平州権充州尉	経略巻218、47a-49b
11	許日増	辛丑 (1841)	禄平州永逸総 下隴社	嗣徳15 (1862) 年隷兵→嗣徳22 (1869) 年2月権充隷目→同年11月民勇を率いて官兵に従い、長定府厳粟総で匪を征討して勝利、恩賞として銭文を授与される→嗣徳25年2月試差隷目→嗣徳26 (1873) 年民勇を率いて徳香庸で匪を征討して勝利、恩賞として銀両を授与される→嗣徳31年6月権目→建福元年4月省の摺により正玖品百戸に昇進し依然として文淵州権充州尉	経略巻218、47a-49b
12	童舎	丁亥 (1827)	文淵州淵泪総 保林社	嗣徳12 (1859) 年7月日給憑土豪→同月保林社で匪を征討して勝利、恩賞として銭文を授与される→嗣徳16年7月試差正総→嗣徳17年7月給憑隊長、充同進堡管堡承守文淵汛口	経略巻218、47a-49b
13	呉有誼	癸丑 (1853)	禄平州貞女総 禄楊社	嗣徳25年10月桌司未入流書吏→嗣徳31年2月権充玖品→同年9月李匪（李揚才）が省城を騒援した際に省城の防備で功績を上げ恩賞として銭文を授与される→嗣徳33年4月試差正玖品書吏→同年5月管轄下の戌兵阮文理が匪に殺害され、杖80→「同慶乙酉」11月省から派遣→同慶元年3月派遣され文関県文定・従令で匪を征討して勝利→同年7月試差正玖品書吏、省から派遣	経略巻218、47a-49b; 同巻221、2a-3a
14	黄枚貞	乙卯 (1855)	文淵州淵泪総 淵泪社	嗣徳26年里長→嗣徳35年権充正総→建福元年正月試差正総→同慶元年7月民夫を動員して地域を防備したことで一秩昇進、淵泪総正総に任命、恩賞として飛龍中項銀銭1枚が授与される	経略巻220、22a-23b; 同巻692、13a-14a
15	閉艶良	己丑 (1829)	脱朗州有秋総 有秋社	嗣徳24年里長→嗣徳35年権充正総→同慶元年7月一秩昇進、有秋総正総	経略巻220、22a-23b
16	黄瑞祥	甲辰 (1844)	禄平州東関総 那楊庸	嗣徳31年11月李揚才が太原省買市を騒援、手勇100名を募り征討に行き、省の要請で試差百戸→咸宜元 (1885) 年7月匪徒が東関総利博社を擾乱、迎撃し1丁を捉え納入→同慶2年4月匪徒が利博社叫鳥処を擾乱して牛牢・婦女を略取、勇を率いて追跡し救出	経略巻310、10a-11b
17	韋永寧	辛丑 (1841)	禄平州東関総 東関社	嗣徳30 (1877) 年3月里長→嗣徳31年4月副総→建福元年8月副総団	経略巻310、10a-11b
18	阮文智	己酉 (1849)	温州枚坡総広 仁社	嗣徳21年8月藩司書吏→嗣徳24年10月憑を発給され郷勇奇典司を兼任→嗣徳29年10月高太北次詞札→嗣徳31年12月諒山省に帰還し派遣→嗣徳33年10月文淵州衙通史→建福元年10月権充文淵州衙目→同慶元年5月藩司試差正玖品書吏→同慶2 (1887) 年2月権充正捌品書吏	経略巻348、9a-11b
19	阮廷球	丁酉 (1837)	文淵州淵泪総 淵泪社	土司。嗣徳17年正月手下20名を募り要衝で防備に当たり、匪1丁を捉え、恩賞として銀銭を授与される→嗣徳23 (1870) 年9月官兵に従い薄源処で匪を征討、恩賞として玖品百戸に任命→同年10月省城有事により派遣され淇瀾江で防備に当たり、匪船を奪い恩賞として銀両を授与される→嗣徳31年五旬大慶節により恩賞として銀両を授与される→嗣徳32年7月権充土司隊率隊→同慶元年11月帮佐文淵州務→同慶2年4月帰還し省に従い派遣される	経略巻348、18a-19b

334

写真・図・地図・表

No.	姓名	生年	貫	経歴	典拠
20	阮廷達	戊戌 (1838)	長慶府長桂総 桃榔社	嗣徳11 (1858) 年3月藩司書吏→嗣徳26年7月試差正玖品書吏→嗣徳29年正玖品、長定府衙吏目→嗣徳31年9月揚才匪 (李揚才) が省城を騒擾した際に省城の防備で功績を上げ恩賞として銭文を授与される→同慶元年11月帮佐長定府務→同慶2年正月権摂長定府務→同年9月長定府商佐拎防	経略巻348、18a-19b
21	韋文卿	壬辰 (1832)	禄平州東関総 東関社	嗣徳8 (1855) 年9月志願して藩司書吏に→嗣徳10 (1857) 年11月病により貫に帰還	経略巻348、40a-41a
22	農和	甲辰 (1844)	脱朗州安化総 安化社	嗣徳17年3月藩司未入流書吏→嗣徳31年9月李揚才匪が省城を騒擾した際に省城の防備で功績を上げ恩賞として銭文を授与される→建福元年正月権充玖品	経略巻349、11a-12a
23	黄義	乙卯 (1855)	文淵州淵泪総 田豊社	嗣徳28年2月臬司書吏→嗣徳29年2月藩司書吏→嗣徳31年9月揚才匪 (李揚才) が省城を騒擾した際に省城の防備で功績を上げ恩賞として銭文を授与される→建福元年10月臬司試差正玖品書吏→同慶元年3月正玖品権充正捌品書吏	経略巻692、31a-33a
24	裴徳光	辛亥 (1851)	文淵州光賁総 平蕩社	嗣徳24年10月臬司書吏→「同慶乙酉」5月巡撫に従い桃榔屯に派遣→同年11月復額→同慶2年5月試差正玖品書吏	経略巻692、31a-33a

〈注〉
経略47、193a＝『北圻経略衙』巻47、第193葉表（国家第一公文書館所蔵）

335

写真・図・地図・表

【表29】禄平州屈舎社韋氏の各種家譜

No.	【表2】No. 1	【表2】No. 2	【表2】No. 3	【表2】No. 4	【表2】No. 5	【表2】No. 6
題	韋家譜記	（無題）	（無題）	韋家譜記	韋家長庚	韋家世譜
内容	「諒山処長慶府禄平州屈舎社藩臣・輔導某侯」の申の写し（始祖韋福欣から韋福（世）琴までの系譜の記述）	「諒山処長慶府禄平州屈舎藩臣・輔導某韋侯」の申の写し（ほぼ【表2】No. 1に同じ）	「諒山処長慶府禄平州屈舎藩臣・輔導某韋侯」の申の写し（ほぼ【表2】No. 1に同じ）	「諒山処長慶府禄平州屈舎藩臣・輔導某韋侯」の申の写し（ほぼ【表2】No. 1に同じ）	韋文李（1830～1905年）以降の系譜	始祖韋金昇以来の一族の系譜。作成者は韋文琁（1880～1975年）
	「承抄歴代先祖官丞姓字」と題して祖先の姓名・肩書・忌日などを記載	「茲承抄歴代先祖官衙姓字」（ほぼ【表2】No. 1に同じ）	「承抄歴代先祖官衙姓字」（ほぼ【表2】No. 1に同じ）	「承抄歴代先祖官丞姓字」（ほぼ【表2】No. 1に同じ）		
	栄寿侯（韋世琴）の申の写し（景興6年4月十某日）			栄寿侯の申の写し（ほぼ【表2】No. 1に同じ）		
	韋世琴・韋世綿・黄廷逞・黄廷滔・黄鋭基・阮倫琢の啓の写し（景興4年4月十某日）	失われてしまったため一部のみ、順序も混乱	失われてしまったため一部のみ、順序も混乱			
	韋世琴の申の写し（景興11年5月二十某日）					
	黄登楊の申の写し（景興11年6月十某日）					
	黄登楊の申の写し（景興4年4月二十某日）					
		西山朝に対する清朝の進攻、農文雲勢力の反乱時における韋世鉤の功績など	西山朝に対する清朝の進攻、農文雲勢力の反乱時における韋世鉤の功績など			
		「奉計」（嗣徳6～成泰10（1898）年の韋文李の功績）				
避諱		「時」→「辰」	「時」→「辰」			
所蔵	ランソン省博物館					ヴィ・ヴァン・ダイ Vy Văn Đài 氏

336

写真・図・地図・表

【表30】禄平州屈舎社韋氏家譜に記される先祖の代数

姓名	代数			
	【表2】No. 1	【表2】No. 2	【表2】No. 3	【表2】No. 4
韋福（徳）慶	顕高高（高）祖考	顕高高（高高高）祖考	顕高高祖考	顕高高高高祖考
韋福（徳）勝	顕高（高）祖考	顕高（高高高）祖考	顕高祖考	顕高高祖考
韋福安	顕（高）曽祖考	顕曽（高高高）祖考	顕高曽祖考	顕高曽祖考
韋福永	顕（曽）祖考	顕曽（高高）祖考	顕曽祖考	顕曽祖考
韋福琴	顕（祖）考	顕（高曽）祖考	顕祖考	顕祖考
韋福貴	顕考	顕（曽）祖考	顕考	顕考
韋世鉤		顕（祖）考		顕考

〈注〉
括弧は後に書き込まれた文字を指し、空欄は記載がないことを示す。

337

参考文献目録

Bùi Quốc Hùng & Nguyễn Xuân Diện. 2008. "Xung quanh tấm bia trong khu mộ dòng họ Vi Văn Định ở Lạng Sơn（ランソンのヴィ・ヴァン・ディン一族墓地碑文の周辺）." trong *Thông báo Hán Nôm học năm 2007*（http://www.hannom.org.vn/detail.asp?param=1479&Catid=699、最終閲覧日 2024 年 4 月 30 日）.

Davis, Bradley. 2017. *Imperial Bandits: Outlaws and Rebels in the China-Vietnam Borderlands*. Seattle: University of Washington Press.

Dương Duy Bằng & Vũ Đức Liêm. 2018. "Phe phái, lợi ích nhóm và quyền lực ở Việt Nam đầu thế kỷ XIX（19 世紀初頭のベトナムにおける派閥、集団の利益と権力）." *Tạp chí Nghiên cứu Lịch sử* 509: 26-36, 47.

藤田励夫. 2016.「安南日越外交文書の古文書学的研究」『古文書研究』81、pp. 24-55.

―――. 2021.「安南文書の令旨について」『東京大学史料編纂所研究紀要』31、pp. 42-58.

藤原利一郎. 1986a.「明郷の意義及び明郷社の起源」同『東南アジア史の研究』法蔵館、pp. 257-273（初出：『文化史学』5、1952 年）

―――. 1986b.「阮朝治下における金銀価の問題」同『東南アジア史の研究』法蔵館、pp. 325-353（初出：『史窓』17・18、1960 年）

―――. 1986c.「黎末史の一考察―鄭氏治下の政情について―」同『東南アジア史の研究』法蔵館、pp. 541-569（初出：『東洋史研究』26-1、1967 年）

―――. 1986d.「ヴェトナムにおける丁賦制の成立」同『東南アジア史の研究』法蔵館、pp. 387-405（初出：『田村博士頌寿東洋史論叢』田村博士退官記念事業会、1968 年）

古田元夫. 1984.「ベトナム人の「西方関与」の史的考察―インドシナの中のベトナム―」土屋健治・白石隆編『国際関係論のフロンティア 3 東南ア

ジアの政治と文化』東京大学出版会、pp. 1-32.

―――. 1991.『ベトナム人共産主義者の民族政策史―革命の中のエスニシティ―』大月書店.

蓮田隆志. 2005.「「華人の世紀」と近世北部ベトナム―1778年の越境事件を素材として―」『アジア民衆史研究』10、pp. 76-94.

―――. 2008.「阮朝期の該総の任命過程に関する覚書」『文献・碑文資料による近世紅河下部デルタ開拓史研究』（八尾隆生研究代表、2005〜2007年度科学研究費補助金（基盤研究（B））「文献・碑文資料による近世紅河下部デルタ開拓史研究」研究成果報告書）広島大学大学院文学研究科東洋史学研究室、pp. 135-137.

―――. 2012.「旧例と憑―近世中部ベトナム村落の生存戦略―」『環東アジア研究叢書1 環東アジア地域における社会的結合と災害』新潟大学人文社会・教育科学系附置環東アジア研究センター、pp. 161-188.

―――. 2015.「ベント・ティエンの伝える近世ベトナムの地方行政単位」『環東アジア研究』9、pp. 35-50.

―――. 2017.「近世ベトナムの地方社会における治安活動と下級武人」『環東アジア研究』10、pp. 34-49.

―――. 2022.『後期黎朝勅式人事文書集』RCAPS Working Paper Series RWP-21001、立命館アジア太平洋大学立命館アジア太平洋研究センター.

蓮田隆志・嶋尾稔・松尾信之. 2008.「村方に残る阮朝期公文」『文献・碑文資料による近世紅河下部デルタ開拓史研究』（八尾隆生研究代表、2005〜2007年度科学研究費補助金（基盤研究（B））「文献・碑文資料による近世紅河下部デルタ開拓史研究」研究成果報告書）広島大学大学院文学研究科東洋史学研究室、pp. 129-134.

伊藤正子. 2022.『エスニシティ〈創生〉と国民国家ベトナム―中越国境地域タイー族・ヌン族の近代―』（増補改訂版）三元社.

趙浩衍. 2022.「十九世紀ベトナム家譜に見る風水思想―ハノイ近郊青威県周

舎村段族の『段族譜』を中心に—」『東洋学報』103-4、pp. 63-94.

片岡樹. 2007.「山地からみた中緬辺疆政治史—18-19 世紀雲南西南部における山地民ラフの事例から—」『アジア・アフリカ言語文化研究』73、pp. 73-99.

菊池秀明. 1998.『広西移民社会と太平天国』(本文編) 風響社.

————. 2008.『清代中国南部の社会変容と太平天国』汲古書院.

Lã Văn Lô. 1964a. "Thử bàn về ba bộ tộc Tày, Nùng, Thái ở Việt Nam đã hình thành như thế nào? (ベトナムのタイー・ヌン・ターイ3部族形成に関する試論)." *Nghiên cứu Lịch sử* 60: 46-56, 64.

————. 1964b. "Bước đầu nghiên cứu về chế độ xã hội ở vùng Tày, Nùng, Thái dưới thời Pháp thuộc (仏属期タイー、ヌン、ターイ地域の社会制度に関する初歩的考察)," *Nghiên cứu Lịch sử* 68: 38-46.

Lã Văn Lô & Đặng Nghiêm Vạn. 1968. *Sơ lược giới thiệu các nhóm dân tộc Tày, Nùng, Thái ở Việt Nam* (ベトナムのタイー、ヌン、ターイ各民族グループの紹介). Hà Nội: Nhà xuất bản Khoa học xã hội.

Lê Kim Ngân. 1974. *Chế độ chính trị Việt Nam thế kỷ XVII và XVIII* (17〜18 世紀ベトナムの政治制度). Sài Gòn: Phân khoa Khoa học xã hội, Viện Đại học Vạn hạnh.

Lê Nguyễn Lưu & Huỳnh Đình Kết. 2011. *Ấn chương Việt Nam từ thế kỷ XVI đến cuối thế kỷ XIX trong dân gian vùng Huế* (フエ地域民間における 16 世紀〜 19 世紀末のベトナム印章). Huế: Nhà xuất bản Thuận Hóa.

Li Tana. 2012. "Between Mountains and the Sea: Trades in Early Nineteenth-Century Northern Vietnam." *Journal of Vietnamese Studies* 7(2): 67-86.

Lieberman, Victor. 2003. *Strange Parallels: Southeast Asia in Global Context, c. 800-1830, vol. 1: Integration on the Mainland.* Cambridge: Cambridge University Press.

————. 2009. *Strange Parallels: Southeast Asia in Global Context, c. 800-1830, vol. 2: Mainland Mirrors: Europe, Japan, China, South Asia, and the Islands.* Cambridge: Cambridge University Press.

McKinnon, John and Michaud, Jean. 2000. "Introduction: Montagnard Domain in the South-East Asian Massif." In *Turbulent Times and Enduring Peoples: Mountain Minorities in the South-East Asian Massif,* edited by Jean Michaud. Richmond: Curzon: 1-25.

Michaud, Jean. 2010. "Editorial: Zomia and beyond." *Journal of Global History* 5(2): 187-214.

望月直人. 2018.「境界と匪賊—一九世紀中国・ベトナム間における「越境」と清朝—阮朝関係—」『東洋史研究』77-2、pp. 27-61.

————. 2022.「「劉団の越塩」—19世紀雲南・ベトナム間における海塩密貿易と黒旗軍—」『地理歴史人類学論集』11、pp. 1-16.

————. 2023.「「中国武員無端生事」—李揚才事件（1878-79年）に関する一考察—」『地理歴史人類学論集』12、pp. 76-92.

桃木至朗. 2011.『中世大越国家の成立と変容』大阪大学出版会.

————. 2022.「「儒教」の重層、「近世」の重層—近世北部ベトナムにおける親族集団と村落社会—」小浜正子・落合恵美子編『東アジアは「儒教社会」か?—アジア家族の変容—』京都大学学術出版会、pp. 169-194.

Nguyễn Hữu Mùi. 2015. "Nghiên cứu về thần sắc qua cụm thần sắc ở đình làng Văn Nội (Phú Lương - Hà Đông - Hà Nội)（ヴァンノイ村（ハノイ市ハドン地区フルオン社）のディンの神勅群を通した神勅研究）." *Tạp chí Hán Nôm* 131: 31-41.

Nguyễn Minh Tường. 1996. *Cải cách hành chính dưới triều Minh Mệnh*（明命朝下の行政改革）. Hà Nội: Nhà xuất bản Khoa học xã hội.

Nguyễn Phan Quang. 1986. *Phong trào nông dân Việt Nam nửa đầu thế kỷ XIX*（19世紀前半のベトナム農民運動）. Hà Nội: Nhà xuất bản Khoa học xã hội.

Nguyễn Quang Huynh（chủ biên）. 2011. *Thổ ty Lạng Sơn trong Lịch sử*（歴史の中の諒山土司）. Hà Nội: Nhà xuất bản Văn hóa Dân tộc.

Nguyễn Thị Hải. 2018. *La marche de Cao Bằng: la cour et les gardiens de frontière, des origins aux conséquences de la réforme de Minh Mạng.* Paris: Press de l'Inalco.

Nguyễn Thị Thảo. 2002. "Một tấm bia của Ngô Thì Sĩ mới được phát hiện（発見されたばかりの呉時仕の碑文一基）." trong *Thông báo Hán Nôm học năm 2001.* Hà Nội: Nhà xuất bản Văn hóa Dân tộc: 570-578.

Nguyễn Thu Hoài. 2014. "Giai đoạn hoạt động cuối cùng của phong trào khởi nghĩa do Hoàng Đình Kinh lãnh đạo qua tài liệu "Nha Kinh lược Bắc Kỳ"（『北圻経略衙』を通じた黄廷経が主導した起義運動の最終段階）." *Văn thư Lưu trữ Việt Nam* 11: 54-58.

―――. 2016. "Quá trình hình thành và quản lý châu bản trong hệ thống lưu trữ triều Nguyễn（1802-1945）（阮朝（1802〜1945）の保管体制の形成過程と硃本管理）." *Tạp chí Nghiên cứu và Phát triển* 128: 3-13.

Nguyễn Thừa Hỷ. 2010. *Kinh tế - xã hội đô thị Thăng Long - Hà Nội thế kỷ XVII, XVIII, XIX*（17〜19世紀における都市昇龍 - 河内の社会経済）, Hà Nội: Nhà xuất bản Hà Nội.

牛軍凱. 2012.『王室後裔与叛乱者―越南莫氏家族与中国関係研究―』広州: 世界図書出版.

岡田雅志. 2012.「タイ族ムオン構造再考―18-19世紀前半のベトナム、ムオン・ロー盆地社会の視点から―」『東南アジア研究』50-1、pp. 3-38.

―――. 2016a.「山に生える銃―ベトナム北部山地から見る火器の世界史―」秋田茂・桃木至朗編『グローバルヒストリーと戦争』大阪大学出版会、pp. 165-190.

―――. 2016b.「近世ベトナム国家の異民族観の変容と越境者―内なる化

外たる傭人をめぐって―」『待兼山論叢』（史学篇）50、pp. 1-42.

―. 2018.「世紀転換期のインドシナ北部山地経済と内陸開港地―「華人の世紀」との連続性に注目して―」秋田茂編著『「大分岐」を超えて―アジアからみた 19 世紀論再考―』ミネルヴァ書房、pp. 247-272.

―. 2022.「近世後期の大陸部東南アジア」弘末雅士・吉澤誠一郎責任編集『岩波講座世界歴史 12 東アジアと東南アジアの近世 15 ～ 18 世紀』岩波書店、pp. 225-243.

岡崎彰. 2010.「ベトナムで使用されていた太陰太陽暦について」『群馬大学教育学部紀要 自然科学編』58、pp. 35-43.

大澤一雄. 1961.「阮朝嗣徳帝の土匪対策と黒旗軍」『史学』33-2、pp. 73-92.

Phạm Văn Tuấn. 2017. "Ấn "Sắc mệnh chi bảo" ở Hoàng thành Thăng Long và trào lưu phát ấn đương đại（昇龍皇城の「勅命之宝」印と同時代の印鑑発行の潮流）." *Tạp chí Nghiên cứu và Phát triển* 135: 74-89.

Phan Huy Lê（biên soạn）. 1960. *Lịch sử chế độ phong kiến Việt Nam*（ベトナム封建制度史）tập II, Hà Nội: Nhà xuất bản Giáo dục.

Phan Huy Lê. 1963a. "Tình hình khai mỏ dưới Triều Nguyễn（阮朝期の鉱山開発状況）." *Nghiên cứu Lịch sử* 51: 40-48.

―. 1963b. "Tình hình khai mỏ dưới Triều Nguyễn（阮朝期の鉱山開発状況）." *Nghiên cứu Lịch sử* 52: 47-59.

―. 1963c. "Tình hình khai mỏ dưới Triều Nguyễn（阮朝期の鉱山開発状況）." *Nghiên cứu Lịch sử* 53: 53-64.

Poisson, Emmanuel. 2004. *Mandarins et subalternes au nord du Viêt Nam : Une bureaucratie à l'épreuve (1820-1918)*. Paris: Maisonneuve & Larose.

―. 2009. "Unhealthy Air of the Mountains: Kinh and Ethnic Minority Rule on the Sino-Vietnamese Frontier from the Fifteenth to the Twentieth Century." in *On the Borders of State Power: Frontiers in the Greater Mekong Sub-region*, edited by Martin Gainsborough. New York:

Routledge: 12-24.

任建敏. 2020.「咸同年間広西潯州的"堂匪"・団練与地方権力結構的変動」『近代史研究』2020-1、pp. 34-47.

桜井由躬雄. 1987.『ベトナム村落の形成─村落共有田＝コンディエン制の史的展開─』創文社.

────. 1994.「ベトナムにおいて新たに公開された漢籍史料について」『東方学』88、pp. 158-166.

Scott, James, C. 2009. *The Art of Not Being Governed: An Anarchist History of Upland Southeast Asia.* New Haven: Yale University Press.

嶋尾稔. 2000.「一九世紀─二〇世紀初頭北部ベトナム村落における族結合再編」吉原和男など編 『〈血縁〉の再構築─東アジアにおける父系出自と同姓結合─』風響社、pp. 213-254.

────. 2001.「阮朝─「南北一家」の形成と相克─」池端雪浦など編『岩波講座東南アジア史第5巻 東南アジア世界の再編』岩波書店、pp. 25-48.

────. 2010.「ベトナム阮朝の辺陲統治─ベトナム・中国国境沿海部の一知州による稟の検討─」小島毅監修『東アジア海域叢書1 近世の海域世界と地方統治』汲古書院、pp. 273-330.

────. 2012.「ベトナム阮朝期の徴税・徴兵に関する新史料の紹介」『慶應義塾大学言語文化研究所紀要』43、pp. 249-261.

Sở Văn hóa Thông tin Lạng Sơn. 2012. *Văn hóa Lạng Sơn: Địa dư chí - văn bia - câu đối* (ランソンの文化─地輿誌・碑文・対聯─). Hà Nội: Nhà xuất bản Văn hóa Thông tin.

孫宏年. 2006.『清代中越宗藩関係研究』哈爾濱：黒竜江教育出版社.

末成道男. 1995.「ベトナムの「家譜」」『東洋文化研究所紀要』127、pp. 1-42.

鈴木中正. 1975.「黎朝後期の清との関係（一六八二─一八〇四年）」山本達郎編『ベトナム中国関係史─曲氏の抬頭から清仏戦争まで─』山川出版社、pp. 405-483.

鈴木中正・荻原弘明. 1977.「貴家宮裡雁と清緬戦争」『鹿児島大学史録』10、pp. 1-40.

多賀良寛. 2014.「阮朝治下ベトナムにおける銀流通の構造」『史学雑誌』123-2、pp. 1-34.

―――. 2017.「19世紀ベトナムにおける租税銀納化の問題」『社会経済史学』83-1、pp. 91-114.

―――. 2018.「ベトナム阮朝の漕運制度に関する基礎的考察」『史学雑誌』127-8、pp. 1-34.

―――. 2019.「近世ベトナムの経済と銀」豊岡康史・大橋厚子編『銀の流通と中国・東南アジア』山川出版社、pp. 205-236.

―――. 2020.「財政史よりみた一九世紀後半における阮朝統治の再検討」『東洋史研究』79-1、pp. 108-143.

―――. 2021.「『北使通録』からみる朝貢使節派遣の準備過程について」『東アジアの思想と文化』12、pp. 18-32.

Taga Yoshihiro. 2022. "Vietnam's Economic Transformation during the "Long Eighteenth Century" as Seen from Revenue Farming: With a Focus on the Nguyễn Dynasty's *Lĩnh Trưng* System." *Acta Asiatica* 122: 33-54.

竹田龍児. 1969.「ヴェトナムに於ける国家権力の構造―社を中心としてみたる―」山本達郎編『東南アジアにおける権力構造の史的考察』竹内書店、pp. 119-139.

―――. 1975.「阮朝初期の清との関係（一八〇二―一八七〇年）」山本達郎編『ベトナム中国関係史―曲氏の抬頭から清仏戦争まで―』山川出版社、pp. 493-550.

武内房司. 1997.「西南少数民族―土司制度とその崩壊過程をめぐって―」森正夫など編『明清時代史の基本問題』汲古書院、pp. 581-606.

―――. 2003.「デオヴァンチとその周辺―シプソンチャウタイ・タイ族領

主層と清仏戦争―」塚田誠之編『民族の移動と文化の動態―中国周縁地域の歴史と現在―』風響社、pp. 645-708.

―――. 2010a.「一九世紀前半、雲南南部地域における漢族移住の展開と山地民社会の変容」塚田誠之編『中国国境地域の移動と交流―近現代中国の南と北―』有志舎、pp. 117-143.

―――. 2010b.「地方統治官と辺疆行政―十九世紀前半期、中国雲南・ベトナム西北辺疆社会を中心に―」小島毅監修『東アジア海域叢書1 近世の海域世界と地方統治』汲古書院、pp. 171-201.

―――. 2019.「ギメ美術館図書館所蔵阮朝地方行政文書解説」武内房司編『阮朝アーカイブズの世界―ギメ美術館図書館所蔵阮朝地方行政文書を中心に―』学習院大学東洋文化研究所、pp. 25-42.

Trần Kinh Hòa. 2010. "Giới thiệu về Châu bản triều Nguyễn (阮朝硃本の紹介)." trong *Mực lục châu bản triều Nguyễn - tập thứ 1: triều Gia Long.* Hà Nội: Nhà xuất bản Văn hóa thông tin: 12-35 (初出：*Mực lục châu bản triều Nguyễn - tập thứ 1.* Huế: Viện đại học Huế, 1960).

Trịnh Khắc Mạnh. 2000. "Viện Nghiên cứu Hán Nôm: 30 năm xây dựng và phát triển (漢喃研究院―解説と発展の30年―)" *Tạp chí Hán Nôm* 42. (http://www.hannom.org.vn/web/tchn/data/0001.htm、最終閲覧日 2024年4月27日).

―――. 2008. *Một số vấn đề về văn bia Việt Nam* (ベトナム碑文に関するいくつかの問題). Hà Nội: Nhà xuất bản Khoa học Xã hội.

上田新也. 2019.『近世ベトナムの政治と社会』大阪大学出版会.

宇野公一郎. 1999.「ムオン・ドンの系譜―ベトナム北部のムオン族の領主家の家譜の分析―」『東京女子大学紀要論集』49-2、pp. 137-198.

Ủy ban Nhân dân thị xã Lạng Sơn & Sở Văn hóa Thông tin Thể thao tỉnh Lạng Sơn. 1993. *Văn bia Xứ Lạng* (ランソンの碑文). 出版社不明.

Ủy ban Nhân dân tỉnh Lạng Sơn. 1999. *Địa chí Lạng Sơn* (ランソン地誌). Hà

Nội: Nhà xuất bản Chính trị Quốc gia.

Vũ Đức Liêm. 2016. "Biểu tượng hóa ngôn ngữ quyền lực: Cấu trúc và tổ chức văn bản học của văn bản hành chính hoàng cung triều Nguyễn, 1802-1841（権力の言語の表象化—1802 ～ 1841 年の阮朝王宮行政文書の文献学の構築・組織—）" *Văn thư - Lưu trữ Việt Nam* 12/2016: 59-68.

Vũ Đường Luân. 2014. "The Politics of Frontier Mining: Local Chieftains, Chinese Miners, and Upland Society in the Nông Văn Vân Uprising in the Sino-Vietnamese Border Area（1833-1835）." *Cross-Currents: East Asian History and Culture Review* 11: 31-58.

―――. 2016. "Contested Sovereignty: Local Politics and State Power in Territorial Conflicts on the Vietnam-China Border, 1650s-1880s." *Cross-Currents: East Asian History and Culture Review* 20: 40-74.

Vũ Thị Lan Anh. 2018. "Tổng quan nguồn tư liệu cổ chỉ ghi việc ban cấp Tạo lệ tại Viện Nghiên cứu Hán Nôm（漢喃研究院所蔵の皂隷支給関連古紙史料の概観）" *Tạp chí Hán Nôm* 147: 54-69.

王柏中. 2016.「越南阮朝土司制度探析」『広西師範学院学報』（哲学社会科学版）37-1、pp. 50-65.

和田博徳. 1961.「清代のヴェトナム・ビルマ銀」『史学』33(3/4)、pp. 119-138.

Woodside, Alexander. 1971. *Vietnam and the Chinese Model: A Comparative Study of Nguyễn and Ch'ing Civil Government in the First Half of the Nineteenth Century.* Cambridge: Harvard University Press.

閻彩琴. 2007.「17 世紀中期至 19 世紀初越南華商研究（1640-1802）」厦門大学博士学位論文.

八尾隆生. 2009.『黎初ヴェトナムの政治と社会』広島大学出版会.

―――. 2012.「前近代ベトナム碑文研究緒論」小島毅監修『東アジア海域叢書 6 碑と地方志のアーカイブズを探る』汲古書院、pp. 381-412.

―――. 2021.「ヴェトナム黎朝期貶資制度の変遷」『慶應義塾大学言語文化

研究所紀要』52、pp. 227-242.

吉川和希. 2017.「十七世紀後半における北部ベトナムの内陸交易―諒山地域を中心に―」『東方学』134、pp. 45-60.

―――. 2021a.「18世紀北部ベトナムにおける政治的主体としての村落―皂隷・守隷を中心に―」『史学雑誌』130-6、pp. 63-86.

―――. 2021b.「十八世紀におけるベトナム黎鄭政権の文書行政と対清関係―中越境界地帯の在地首長の役割を中心に―」『東アジアの思想と文化』12、pp. 4-17.

―――. 2024.「17～18世紀におけるベトナム黎鄭政権の税役制度の変遷と村落」『関西大学東西学術研究所紀要』57、pp. 71-99.

―――. (近刊).「18世紀後半～19世紀初頭に成立したベトナム北部山地関連史料について―『諒山団城図』・『高平実録』を中心に―」小二田章編『地方史誌から世界を読む』勉誠出版.

吉沢南. 1982.『ベトナム現代史のなかの諸民族』朝日新聞社.

初出一覧

序章、第6章、第7章第2・3節、終章

書き下ろし

第1章第1・2節、第3章

吉川和希「十八世紀のベトナム黎鄭政権と北部山地―諒山地域の在地首長の動向を中心に―」『東南アジア研究』57-1、2019年、pp. 3-30 および吉川和希「18世紀のベトナム諒山鎮における在地首長の動向―脱朗州有秋社阮廷氏・文蘭州周粟社何氏を中心に―」『関西大学文学論集』72-3、2022年、pp. 95-115 を加筆・修正

第1章第3節

吉川和希「十八世紀におけるベトナム黎鄭政権の文書行政と対清関係―中越境界地帯の在地首長の役割を中心に―」『東アジアの思想と文化』12、2021年、pp. 5-9（「一　黎朝後期の諒山鎮における文書行政と在地首長の役割」）を加筆・修正

第2章

吉川和希「18世紀のベトナム北部山地における軍政と在地首長―諒山地域を中心に―」『東南アジア―歴史と文化―』49、2020年、pp. 85-105 を加筆・修正

第4章第1節

YOSHIKAWA Kazuki, "Giới thiệu công văn liên quan đến Phiên thần họ Vi ở xã Xuất Lễ, châu Lộc Bình, tỉnh Lạng Sơn" *Nghiên cứu Hán Nôm năm 2017*, Hà Nội: Nxb. Thế giới, 2017, tr. 657-667 を修正

第4章第2～4節

吉川和希「19世紀初頭のベトナム北部山地における阮朝の支配の変遷」『東南アジア研究』60-2、2023年、pp. 117-145 を加筆・修正

初出一覧

第 5 章、第 7 章第 1 節

　吉川和希「19 世紀前半〜半ばにおけるベトナム阮朝の地方支配の変遷と土司
―諒山省を中心に―」『歴史学研究』1022、2022 年、pp. 16-32 を加筆・修正

補論

　YOSHIKAWA Kazuki, "Sự hình thành dòng họ của thổ ty ở tỉnh Lạng
Sơn vào thế kỷ XVIII-XIX" *Nghiên cứu Hán Nôm năm 2023*, Hà Nội:
Nxb. Thế giới, 2023, tr. 321-336 を修正

あとがき

筆者がいままで研究を続ける過程では、多くの方々にお世話になった。2010年度に大阪大学東洋史学研究室の博士前期課程に進学してから本格的にベトナム史研究を志すようになったが、指導教員の桃木至朗先生には、ベトナム史について文字通り基礎から教えて頂いた。またこの頃の研究室には、ベトナム史研究の先輩の蓮田隆志さん、岡田雅志さん、学振PDの上田新也さん、岡田友和さんがいて、研究に関する事柄を遠慮なく相談することができたし、同世代には多賀良寛さんや元広ちひろさんがいて、全国的には僅少なベトナム史研究者が一研究室に集まるという、いまでは考えられない贅沢な環境であった。また中国史の片山剛先生、田口宏二朗先生のゼミにも出させて頂いて、中国史の研究状況だけでなく史料の読解・分析、論理の構築などの面でも多くのことを学ばせて頂いた。筆者が現在にいたるまで、曲がりなりにも研究を続けてこられたのは、間違いなくこの頃の下積みがあったおかげである。

自身の研究人生において大きな転機となったのは、桃木先生にお声がけ頂いて2010年夏の科研の調査（基盤研究（B）「中・近世ベトナムにおける権力拠点の空間的構成」）に参加させて頂いたことだろう。筆者にとって初めての現地調査であり、フィールドノートの作り方や写真の撮り方といった基礎的な事柄から、ベトナムで外国人研究者が現地調査をおこなうために必要な手続きまで、非常に多くのことを学ぶことができた。また、この調査で八尾隆生先生、嶋尾稔先生、松尾信之先生といった他大学のベトナム史研究の先生方や、ベトナム学開発科学院のド・キエンさんと知り合うことができたのは、筆者の研究人生において大きな財産となった。先生方にはその後何度も調査に同行させて頂き、八尾先生には筆者の博士論文の審査で副査に入って頂いた。またキエンさんには、2012年度と2015年度に筆者がベトナム学開発科学院を受け入れとしてハノイに滞在した際にはビザ発行などの手続きを

あとがき

して頂いたし、筆者が現地調査をおこなう際に何度も手続きをして頂いた。

　ランソン省における現地調査の際には、ランソン省博物館の資料管理室の方々にはランソン省博物館所蔵史料の閲覧・撮影を快く許可して頂くと同時に調査に同行して頂き、また郷土史家のグエン・クアン・フインさんには調査に当たって事前に史料所持者に連絡をとって頂くなど、様々な方にお世話になった。とりわけ資料管理室職員のチュ・クエ・ガンさんには、毎回史料や研究に関する詳細かつ膨大な情報を提供して頂いた。現地史料に関する情報の把握が属人的なベトナムで調査を進めるためには、当該地方で史料状況に精通している人との関係構築が重要だが、筆者がランソン省で早くにそのような方と知り合えたのは幸運であった。筆者が現地調査を通じて円滑に史料を収集できたのは、このような現地の方々のご協力があったおかげである。

　なお2010年代後半あたりから、ハノイの文書館では外国人の史料調査に対する制限が厳しくなり、史料によっては閲覧や複写を申請しても許可されないようになった。筆者の研究対象が中国との境界に近い少数民族地域であるため、領土問題や民族問題など政治的な問題が関わっていることは容易に想像がついたが、「史料は収集できる時に収集しておく」ことの重要性を痛感した。本書で使用している史料の中にも、現在では閲覧すらできないものも多く存在する。幸い、文書館の制限が厳しくなる前に自身の研究で中核となる史料は収集済みだったが、思い通りの史料調査ができなくなったことはきわめて残念である。

　またベトナムの漢喃史料は、用語辞典・語彙集といった読解・分析のための工具書がほぼ皆無であり、とりわけ本書の主要な使用史料の一つである行政文書は近年ようやく利用可能になった史料群であるため、読解に際しての方法論が確立していない。そのような類の史料群を扱うにあたって、以下の2つの史料講読会の存在が大きかった。

　一つは、城地孝さん、辻高広さん、山本一さん、藤澤聖哉さん、多賀さんをメンバーとするベトナム如清使節の史料を読む勉強会である。この勉強会

で最初に講読したのが黎貴惇『北使通録』であり、黎鄭政権期の複雑な政治
制度や文書行政を真正面から考える良い機会となった。中国史研究者の方々
に気兼ねなく中国史の研究状況を色々とお聞きできたことも、ベトナムの文
書史料を読むうえでおおいに参考になった。

　もう一つは、武内房司先生が主催するギメ美術館図書館所蔵阮朝地方行政
文書を読む研究会である。武内先生には 2019 年度に学振 PD の受け入れと
なって頂き、その時から本研究会に参加させて頂いた。もともと黎鄭政権期
を研究していた筆者にとって、当初阮朝期の史料はわからないことばかり
だったが、本研究会で武内先生、嶋尾先生、多賀さんの議論を聞いているう
ちに、なんとか自身の研究でも阮朝期の行政文書を活用できるまでになった。

　このように本書の内容に直接関わる範囲に限定しても、本当に多くの方々
にお世話になった。心から感謝申し上げたい。

　筆者が本書のもととなる研究成果を刊行できたのは、松下幸之助記念志財
団「松下幸之助国際スカラシップ」日本人留学助成（11-002）、日本学術振興
会特別研究員奨励費（14J01496、19J00218）、三島海雲記念財団学術研究奨励
金（平成 30 年度）、文部科学省科学研究費研究スタート支援（20K22031）、
若手研究（23K12294）を得られたことによる。これらの助成機関には厚く御
礼申し上げたい。

　また本書の刊行に当たっては、関西大学出版部の 2024 年度関西大学研究
成果出版補助金の交付を頂いた。本補助金の申請に際して推薦者となって頂
いた関西大学文学部の吾妻重二先生と池尻陽子先生、また編集の過程で多岐
にわたるご助言を頂いた関西大学出版部の柳澤佳子さん、桃夭舎の高瀬桃子
さんに、厚く御礼申し上げる。もちろん、誤りの責任はすべて筆者にある。

索　引

【凡　例】

・原則として日本語音による五十音順とし、漢字の姓名や地名は日本語の音読みにより配列した。

・見出し語に添えた（）はその文字の有無にかかわらず同一項目として扱っている場合を示し、[ ]は直前の文字・語と置換可能であることを示す。また【】は見出し語への修飾語句や筆者による説明を示す。

・北部山地の現地住民の人名は膨大に及ぶため、本書の論旨において重要な人物のみ採録した。個別に採録されていない人名については●●氏の項目を参照されたい。

・地名については鎮／省および州・県レベルのものは採録し、それより下級の地名は本書の論旨において重要なもののみ採録した。

・現代ベトナムの人名・地名はカタカナで表記し、原語表記を付記した。

・図表にのみ含まれる人名や地名、官職名は採録していない。

あ行

秋稲　81

アヘン　7, 262

　　――税　5, 220

アユタヤ朝　4

安快（社）【禄平州】　15, 16, 82, 94, 97, 120-124, 192-194

安広（鎮／省）　30, 113

按察司　216, 265

　　――経歴　215, 217

　　――（正）九品書吏　256, 257

　　――未入流書吏　256, 263

安盛（社）【太原鎮白通州】　89, 126

安南国王　55, 59, 63

安博（州／県）　11, 37, 51, 52, 97, 100, 161, 188, 189, 221, 222, 225, 228, 230,

安博（州／県）（つづき）　232, 233, 241-244, 253, 254, 267, 273, 278

　　――知県　253, 259, 260

安銘（社）【宣光鎮保楽州】　129

イエンバイ（省）　2

イエンミン Yên Minh（県）【ハザン省】　129

硫黄場　144, 145

韋家世譜【禄平州屈舎社韋氏家譜】　274

韋家譜記【禄平州屈舎社韋氏家譜】　15, 16, 76, 82, 83, 92-97, 122, 272

韋金昇【禄平州屈舎社韋氏の始祖】　274

韋阮順【禄平州屈舎社韋氏】　120-124

韋氏【禄平州屈舎社】　9, 29, 32, 36, 59, 61, 67, 79, 82, 91, 92, 94-96, 98,

索　引

韋氏【禄平州屈舎社】（つづき）
108-111, 122, 158, 165, 166, 170, 182,
229, 267-269, 271-275, 277, 281
――（の）家譜　15, 41, 59, 67, 76, 82,
92, 109, 271
韋氏【禄平州率礼社】　36, 41, 43-45, 47-
50, 78, 79, 85, 92, 98-105, 108-111, 114,
116, 145, 148
――関連文書　37, 53, 85, 116, 142
韋世鉤【禄平州屈舎社韋氏】　165-170,
182, 227-229, 244, 245, 267, 270, 271,
273, 274
韋世淳【禄平州屈舎社韋氏】　121-123
韋世杜【禄平州屈舎社韋氏】　123, 124
韋世堂【禄平州屈舎社韋氏】　120, 121,
123, 124, 131
韋世徳【禄平州率礼社韋氏の始祖】　103,
143
韋世藩　40, 41
韋世来【禄平州屈舎社韋氏】　123, 124
韋世［文］李【禄平州屈舎社韋氏】　170,
227, 229, 253-261, 267, 270, 271
渭川（州）　127, 128
韋仲容【禄平州率礼社韋氏】　42-46, 53-
55, 75, 78, 99, 104, 144
韋廷［世］珠【禄平州率礼社韋氏】　99,
115-117, 123, 142-146, 148, 191
韋廷偵［貞］【禄平州率礼社韋氏】　42,
44, 46, 53-55, 75, 78, 84-86, 99, 100,
103, 104, 106, 107, 116, 144, 145
韋廷龥　→韋仲容【禄平州率礼社韋氏】
韋廷隆【禄平州率礼社韋氏】　99, 143, 144

伊藤正子　3, 6, 9, 12, 13, 38, 91, 112, 162,
258, 282, 284
韋徳勝【禄平州屈舎社韋氏】　32-34, 61,
270, 274
韋福安【禄平州屈舎社韋氏】　32, 271
韋福永【禄平州屈舎社韋氏】　271
韋福珀　→鑽基
韋福貴【禄平州屈舎社韋氏】　269-271
韋福欣【禄平州屈舎社韋氏の始祖】　272,
273
韋福［世］琴【禄平州屈舎社韋氏】　15,
52, 76, 79, 94-97, 108, 122, 269, 271
韋福慶【禄平州屈舎社韋氏】　271, 274
韋福洪　59
韋文琔　267, 269, 271, 274, 275
　　→ヴィ・ヴァン・ディンVy Văn Định
韋文李　→韋世李【禄平州屈舎社韋氏】
インドシナ共産党　12, 283, 284
インドシナ半島北部山地　2, 6, 283, 285
ヴァンクアン Văn Quan 県　36, 50, 105,
133, 170
ヴァンラン Văn Lãng 県　13, 36, 50, 132,
133, 178, 200, 256
ヴィ・ヴァン・ダイ Vy Văn Đài【禄平州
屈舎社韋氏の末裔】　269
ヴィ・ヴァン・ディン Vy Văn Định【禄
平州屈舎社韋氏】　267, 269
ヴィ・ヴァン・トン Vy Văn Thôn【禄平
州率礼社韋氏の末裔】　114
ヴィンフク（省）　26
（納税）請負　25, 184, 185, 191, 195, 205,
207, 208, 211-215, 217, 218

355

索　引

右捷（奇）　95

ヴ・ドゥオン・ルアン Vũ Đường Luân
　9, 14, 34, 146, 183

宇野公一郎　8, 49

右雄校　75, 125, 126, 151

禹余糧　81, 209

右鄰（金山）　198, 206

右隴（県）　97

雲貴総督　61

雲南　6, 7

雲幕（社）　199, 200

　──（支／関）　208-210

永逸（社）【文淵州】　36, 51, 132

永寨（社）【脱朗州】　162, 178

　──（の）地簿　134

永綏（県）　238

エーヤワディー河　3

駅伝　60

閲選　223

越北地域　2

延慶寺　→タイン寺 chùa Thành

　──碑記　213

淵汨（社）【文淵州】　36, 134-136, 153

演州（府）　272, 273

捐納　219, 261, 265

延陵国　262

王府　1, 14, 15, 60, 108

岡崎彰　60

岡田雅志　10, 49, 80, 87

温州　11, 69, 109, 188, 189, 230, 233,
　241-243, 254, 273

　──知州　195, 243, 270

搵食　221

か行

海晏（社）【禄平州】　44, 47, 53, 55, 79,
　85, 99-102, 172, 173

乂安（鎮／省）　95, 103, 106, 157, 225,
　237, 272-274

海関　219

会歓（金山／金礦／礦）　198-203, 205

該管　48, 120, 122, 146

該奇　42, 44, 45, 54, 74

開国功臣【黎朝】　→功臣【黎朝】

改土帰流【阮朝】　237, 238

改土帰流【清朝】　284

開認　119, 121, 123, 124, 130, 132-136,
　146, 147, 149

改補　168, 247, 250

海陽（鎮／省）　30, 97, 113, 184, 185

カウザイ Cầu Giấy 郡【ハノイ市】　269

カオタン Cao Thăng（社）【カオバン省】
　146

カオバン（省）　2, 9, 146, 158, 279

　──省博物館　146, 235

カオロク Cao Lộc 県　36, 114, 132, 133,
　198, 209

何鶴【文蘭州周粟社何氏の始祖】　105,
　106

嘉関（社）【京北鎮保禄県】　76, 96, 109

科挙　284, 285

較価　184

学際科学芸術学院　14

各鎮総社名備覧　50

356

何慶生　258

何功泰　140, 141

何国栄　133, 134, 138

何国韜【文淵州野岩社何氏】　131-133

何国韻［瓚／纘／賛］【文蘭州周粟社何氏】　39, 40, 106, 109

何国騆【文蘭州周粟社何氏】　107

何国馘【文蘭州周粟社何氏】　105, 107

何国駁【文淵州野岩社何氏】　109, 131-133

何国憑　132, 138

何国駢【文蘭州周粟社何氏】　105-110

花［繡］山（社）【七泉州】　36, 208-210

　　――（支）　208-210

花山寺鍾記【バッカン省の金石史料】　89, 126

嘉旨　15

何氏【文淵州野岩社】　169, 170

何氏【文蘭州周粟社】　36, 78, 92, 105, 106, 108-111, 170

何仕氏【太原鎮／省白通州楊光社】　89, 126

華人　6, 7, 10, 12, 68, 144, 183, 184, 186, 188, 190, 191

　　――ネットワーク　183

下水（支）　208-210

下石（州）【清朝広西省】　230

家丁　46, 51, 82-84, 107

何廷饒【文淵州野岩社何氏】　169, 170, 181, 216, 217, 227

嘉定城　113

夏田　150

科道　22

下凍州【清朝広西省】　209, 210

何徳氏【宣光鎮大蛮州松軒社】　130

何徳壬【宣光鎮大蛮州松軒社何徳氏】　130

何徳碩【宣光鎮大蛮州松軒社何徳氏】　130

何徳泰【宣光鎮大蛮州松軒社何徳氏】　130, 131

何徳瑠【宣光鎮大蛮州松軒社何徳氏】　130, 131

カトリック　11

河内（省）　184, 196, 224

下班　38, 72

貨夫　191-197, 202, 204, 206

夏務　150

嘉隆帝　139-141

下聯　38

咸安（県）　→福安（県）

官員子　72

感化（県）　125, 126

管奇　122, 160-162, 165

勘冊【阮朝期の行政文書】　24

韓信　274

漢人　7, 78, 221, 284

関（津）税　7, 25, 169, 183-185, 190, 195, 208, 211-218, 278

官制典例　11

管率【七族土司を統率】　226

管知　120-123, 128, 129, 131, 132, 134-136, 149

広東　7, 27, 61, 64, 67, 178, 213, 221

索　引

漢喃研究院　18, 19, 25, 26

丸薵（関）　210

管牧　130, 147

奇【阮朝期】　122, 152, 161

奇【黎鄭政権期】　42, 71, 93, 95, 122

キークン Kỳ Cùng 河　10, 27, 178, 198, 209

キールア Kỳ Lừa 市場　174

菊池秀明　221, 284

忌日　269, 275, 277

偽西　143, 226

馗曩（営）【清朝広西省】　230, 231

ギメ美術館　24

客商　185

牛軍凱　68

宮中档　59, 141, 142

旧藩臣　143, 145

給憑【黎鄭政権期の行政文書】　17

繳【黎鄭政権期の行政文書】　17

競合入札【関税の請負】　184, 185

曉示【黎鄭政権期の行政文書】　17

協鎮【阮朝初期の鎮官】　121, 125-130, 132, 136

極東学院　16, 18, 19, 25, 26, 37

虚数　172

虚著［着］　172-178

御批　20, 23

キン（人）　7, 12, 78, 158, 184, 188, 190, 191, 284

錦花（社）【禄平州】　96, 120-124, 208, 209

金価　187, 207

銀価　187, 190

金礦［山］　144, 145, 190, 198

金砂　192, 194, 199, 200, 203-205

　　——税　198, 199, 207

錦山（関）　210

近世　3, 13, 16, 21, 285

　　——国家　4, 280

金税　187, 192-194, 197-199, 201-207

銀税　80, 171-173, 178, 186-188, 190, 213

金石史料　13, 14, 25-27, 31-33, 35, 124

近代　3

錦段（社）【禄平州】　15, 16, 34, 82, 94, 96, 97, 121-124

　　——の地簿　145

欽定越史通鑑綱目　68

欽定剿平北圻逆匪方略正編　125

欽定大南会典事例　22

クァトサ Khuất Xá（社）【ランソン省ロクビン県】　32, 166

寅禄　46-49, 55, 98, 143, 276

グエン・クアン・フイン Nguyễn Quang Huynh　14

グエン・ティ・ハイ Nguyễn Thị Hải　9, 158, 165, 182

グエン・ディン・トム Nguyễn Đình Thơm【脱朗州有秋社阮廷氏の末裔】　38

グエン・ディン・バオ Nguyễn Đình Bao【脱朗州阮廷氏の末裔】　32, 256-258

屈舎（祠）（支／関）　208-210

クナオ củ nâu　→禹余糧

駈驢（庸）　32, 174-180, 196, 213, 262

358

索　引

啓　15, 16, 20, 39, 41, 52, 54, 92

計【阮朝初期の行政文書】　20

瓊崖（州）　247, 248

京派　215, 216

京北（鎮）　30, 69, 97, 113

慶門（社）【脱朗州】　49, 50, 231-233

（欽差）経略（使）　12, 171, 198, 201, 203, 204, 224, 237, 259

血縁集団　52, 78, 79, 135, 260

臬司　256, 263

阮允伍　129

阮允氏【宣光鎮保楽州安銘社】　129

阮恵　1, 63

顕慶寺洪鐘　33

阮功［公］氏【七渓県花山社】　228

阮黄徳　86, 87, 117, 118, 149, 150, 153

阮克氏【七泉州花山社】　36, 37, 78, 79, 228

――（の）家譜　225, 228

阮克台　40, 74

阮克和【七泉州花山社阮克氏】　164

阮氏【文淵州永逸社】　36

阮氏政権　1, 16, 17, 20, 21

権充　230

――千戸　230, 232-236, 250, 255, 259, 266, 267, 278, 279

――百戸　229, 230, 232-236, 250, 255, 266, 267, 278, 279

阮族家譜【文淵州淵汨社阮廷氏家譜】　166, 225, 228

阮族家譜【七泉州花山社阮克氏家譜】　225, 228

現地民部隊　33, 35, 54, 57, 66, 76, 86, 89, 154, 276, 280

阮朝

――皇帝　24, 151, 265

――初期　1

阮朝硃本　13, 19, 20, 23, 24, 219, 261-263

阮廷瑗【脱朗州有秋社阮廷氏】　134, 135

阮廷珵　57, 134-136, 138, 141, 142

阮廷琦【脱朗州有秋社阮廷氏】　49, 50

阮廷球［騏］　264

阮廷錦　134, 135, 138, 160

阮廷継　32

阮廷晁　164, 165

阮廷琨【脱朗州有秋社阮廷氏】　134, 135

阮廷氏【脱朗州】　25, 32

――（の）家譜　228, 255, 256

阮廷氏【脱朗州有秋社】　36, 49, 50, 52, 58, 78, 79, 108, 111, 135, 162, 170, 178, 182

――（の）家譜　49, 50, 72, 134, 135

――関連文書　37, 52, 67, 68, 72, 73, 84, 85

阮廷氏【文淵州淵汨社】　36, 37, 58, 166, 264

――（の）家譜　166, 225, 228, 264

阮廷質【脱朗州有秋社阮廷氏】　76, 150-152

阮廷俊【脱朗州阮廷氏】　228, 229, 234, 251, 252, 254-256

阮廷璿【脱朗州有秋社阮廷氏】　38, 40, 58, 61, 63, 68, 72-76, 78, 102

阮廷西【文淵州阮廷氏】　58, 61, 166, 170, 228, 264

索　引

阮廷族家譜【脱朗州阮廷氏家譜】　32,
　228, 255, 256

阮廷答【脱朗州黄同社阮廷氏】　133, 134

阮廷彪【脱朗州黄同社阮廷氏】　133, 134

阮廷珱【脱朗州有秋社阮廷氏】　50-52

阮廷彬【脱朗州有秋社阮廷氏】　83, 84, 90

阮廷瀬【文淵州淵汩社阮廷氏】　134-136,
　153

阮廷賦　58, 228

阮廷豊【脱朗州沖貫社阮廷氏】　255-258,
　261, 263

阮廷樸【脱朗州有秋社阮廷氏】　134, 135

阮廷銘【文淵州保林社阮廷氏】　57, 62,
　132-134, 136-139, 141, 142

阮廷網【脱朗州黄同社阮廷氏】　134

阮廷廉【文淵州阮廷氏】　164, 165, 229,
　255

阮廷禄　40

阮登楷　12, 170, 171, 198, 201, 203-205,
　224, 226-228, 231, 232, 237, 253, 254,
　259, 260

阮潘　43, 45, 68

阮福暎　1, 113, 140-142

見聞小録　68, 87

阮有球　97

阮祐倛【高平鎮／省石林州博渓社阮祐
　氏】　86-88, 155, 279

阮祐氏【高平鎮／省石林州博渓社】　86,
　148

呉亜終　262

号【軍事単位】　57, 71, 73-76, 86, 89, 152,
　276

号【軍事単位】（つづき）
　――を冠する官［武］職　33, 35, 37,
　　52, 54, 89, 276, 278

校【阮朝期】　125, 152, 159, 160

校【黎鄭政権期】　75, 77

広安（省）　161, 162, 184, 185, 220

興安（省）　185, 204

皇越一統輿地志　209

興化（鎮／省）　2, 30, 34, 83, 87, 113,
　140, 141, 157, 161, 185, 236, 237, 240,
　245-249, 266

紅河デルタ　4, 30, 76

黄旗軍　262

広義堂　224

向義幇　224

鉱山
　――（の）開発　29, 141, 183, 184, 190,
　　191, 193, 198, 201, 207, 208, 218, 278
　――採掘　6, 7, 68, 180
　――税　25, 183-185, 187, 188, 190,
　　191, 195, 207, 208, 218, 278
　――労働者　7, 183, 191

黄氏【宣光鎮】　208

黄氏【文淵州水湾社】　36

黄氏【禄平州陸村庄】　36, 78

貢使　→如清使節

黄歯賊［寇］　42, 43, 45, 67-69, 74, 75,
　96-98, 109

黄二晩　224

公場【諒山鎮】　115, 116, 144

効贖　232

功臣【阮朝】　117

360

索　引

功臣【黎朝】　93, 103, 105, 106

膠水（県）【山南鎮／南定省】　105, 106

黄崇英　262

広西（省）　7, 10, 11, 27, 33, 34, 57, 61,
　　64, 65, 68, 69, 89, 110, 178, 209, 210,
　　213, 220, 221, 230, 264, 284, 285

広西巡撫　62, 63, 142, 264, 265

香茶（県）　20, 24

耕徴　172

礦長　193

皇朝一統地輿誌　186, 187

黄廷経　263

黄廷逞［逗］　40, 51

公同　20, 21, 119

　　──移　20

　　──差　20

　　──伝　20, 62, 145

　　──付　20, 118-121, 123, 125-133,
　　　　136, 137, 139, 141, 148-151, 153, 154

黄同（社）【脱朗州】　51, 133, 134

黄登楊　82

広徳営　20

黄徳江　233, 234, 251, 252, 254

洪徳版図　11

黄徳雄　233, 234

貢納　8, 31, 32, 87, 156

黄能書　169, 215-217

黄美進　230, 251, 252

向武（州）【清朝広東省】　68, 69

高平（鎮／省）　2, 9, 12, 13, 30, 31, 51,
　　52, 68, 77, 86-88, 93-95, 98, 113,
　　146-148, 155-158, 160, 161, 164-166,

高平（鎮／省）（つづき）
　　171, 174, 182, 209, 210, 217, 220, 223,
　　224, 229, 234-237, 250, 252, 262, 266,
　　278-280, 283-285

高平実録　77, 87, 88, 155, 279

候命官　40, 109

好礼（社）【禄平州】　193, 194, 207

桃榔（支／関）　208-210

高楼（社）【禄平州】　44, 47, 48, 53, 55,
　　85, 100, 102, 114-116, 122, 145, 146,
　　172, 173

五月稲　150

呉家文派　67

谷【社級行政単位】　51, 52

古紙　19

呉時仕　67, 69, 70, 79, 80-82

古銭　46-48, 53, 55, 186

胡朝　274

呉陳植　99-101

国家第一公文書館　19

黒旗軍　7, 219, 220, 262

呉廷碩　52

ゴ・ディン・ジエム政権　19

戸部　167-169, 172-175, 177-180,
　　189-191, 194, 198-201, 203, 205, 206,
　　210-215, 221, 227, 254

五府・府僚　15, 38, 40, 41, 43, 51, 53,
　　56-61

呉陵雲　262

根脚　175, 211-213

コンバウン朝　4

361

索　引

さ行

差【黎鄭政権期】　38, 50

サー xã　12

サイゴン　25

冊封　56, 139, 141

桜井由躬雄　69

左江　6, 10

　　——道【清朝広西省】　56, 57, 59-61, 63

坐徴　184, 211, 213-218

冊【阮朝期の行政文書】　172, 174, 177, 251

札【阮朝期の行政文書】　24

札【阮朝初期の行政文書】　20

雑賦　188

暫管　119, 121-123, 131, 132

鑽基　44, 52, 67, 69, 94, 98, 107, 108, 283

三教祠功徳碑　36, 77-79, 87, 101

山西（鎮）　30, 113, 185

山荘（支／関）　208-210

山南（鎮）　30, 106, 113

産物税　80, 171, 184, 188

山羅（州）　246, 248, 249

三弄（社）【禄平州】　15, 16, 82, 94, 96, 97, 121-124

旨【阮朝期の行政文書】　22, 168, 173, 176, 177, 179, 197, 205, 206, 213, 216, 225-227, 231, 241, 244-246, 248, 251-253, 255

示【黎鄭政権期の行政文書】　17, 37, 42-45, 47, 58, 73-76, 97-99, 111, 132

咨（文）【阮朝期の行政文書】　24, 167, 239, 257

咨（文）【黎鄭政権／阮朝・清朝間】　56-61, 64, 264, 265

自警部隊　219, 223, 230

試差　230, 251-253

　　——千戸　226, 227, 229, 230, 232, 233, 235, 236, 250-254, 261, 266, 267, 278, 279

子孫中心型【家譜の種類】　271, 275

七［棨］渓（県）　11, 37, 189, 209, 210, 225, 228, 230, 232, 233, 241-243, 254, 258

　　——知県　175

七泉（州／県）　11, 69, 161, 176, 209, 210, 243

　　——土知州　164

七族土司　36, 158, 225, 228, 229, 259, 260, 266, 283, 284

実授　153, 154, 230

実納民　87, 137, 188

執憑簿　20, 24, 116

咨呈【阮朝初期の行政文書】　20

嗣徳帝　175, 177, 206, 223, 227, 237, 239, 252, 253, 270

私兵　66, 71, 82, 84, 86, 90, 276

嶋尾稔　20

射影　174, 175

謝光巨　164, 270

シャム　3, 4, 280

守隘　56-58, 60-64, 109, 136, 166, 264

　　——号　40, 57, 58, 73, 74, 102, 135, 136, 141, 142

362

索　引

十月稲　150

従九［玖］品百戸　234, 251, 252, 255, 256, 264

重修清禅【金石史料】　32, 33

重修北鎮寺碑　26, 263

周粟（社）【文蘭州／文関州／県】　34, 36, 105, 107, 170

秋［冬］田　150, 185

従八［捌］品千戸　251, 252, 256

儒教　27, 28, 284

硃圏　23

珠江　10

首号　40, 57, 58, 73-79, 88, 89, 105, 106, 110, 126

朱子学　275

十［拾］歳金　193, 194, 198, 199, 203, 207

硃点　23, 59, 169, 173, 174, 179, 180, 205, 213, 223, 252, 253

硃批　23, 174, 175, 206, 212, 239, 245, 248

硃抹　23

聚龍銅山　208

遵教（州）　247, 248

巡司　187, 208-210

　――税　183, 187, 188, 209, 211, 218

巡司税例【史料名】　209

順州　246, 248, 249

春陽（金堁／礦／金礦）　187, 190, 198, 209

詔　24, 118, 119, 121-123, 127, 132-134, 139-141, 150-154, 173

摺（奏）【阮朝期の行政文書】　12, 22, 23, 167, 171, 175, 176, 179, 198-201, 203, 210-212, 215, 216, 241, 245, 247, 254, 259

庄【社級行政単位】　43

浄嘉（社）【禄平州】　121-124

鍾山（社）【脱朗州】　134, 135

　――（の）地簿　145

承示　46, 48

照写　120, 121, 132

城巡　208-210, 214

硇硝場　186, 187, 190

硇税　187

上石（州）【清朝広西省】　230

上奏　→奏

承天府　20, 24

招討使　110, 140

　――司　35, 72, 105, 110

招討僉事　96, 110

昭統帝　87

招討同知　40, 74, 110

承派銭　46, 48

昇龍　27, 31, 87, 209, 213, 270

　――城　139-142

瘴癘　239, 241, 242, 244-248, 253, 266, 267, 278, 281

上琅（州／県）【高平鎮／省】　174, 234

職色（項）　226, 254, 259

如清使節　71, 82, 109, 265

如清日記　265

書吏　169, 215-218, 256-258, 261, 263, 265, 267

索 引

思陵州【清朝広西省】 34

史料旬刊 63

申【阮朝初期の行政文書】 20, 21, 62,
　118, 121, 123, 125, 139, 142, 147,
　149-151

申【黎鄭政権期の行政文書】 17, 18, 39-
　41, 52, 54, 55, 73, 75, 76, 82, 92, 99,
　105-108, 111, 122

申公才 32

　——顕彰碑 32, 33

清高宗実録 64

清商 178, 180, 185, 212

清人 57, 175, 180, 185, 188, 192,
　194-197, 200, 207, 218

清仁宗実録 141

身税 →人頭税

清地（の）股匪 220, 221, 234

神勅 15, 19

岑廷氏【太原鎮白通州高上社】 126

人丁の把握 171, 180, 181, 229, 277

清匪 204, 219, 220, 222, 223, 232, 233,
　251, 255, 256, 259, 260

身緒銭 226

スァトレ Xuất Lễ 社【カオロク県】 36,
　114

スァンマイ Xuân Mai 社【ヴァンクアン
　県】 105, 170

水尾（州） 247, 248

随号 79, 95

水稲耕作 10, 180, 186, 188

水湾（社）【文淵州】 36, 234

崇善（県）【清朝広東省】 67

末成道男 271

スコット 6

清化（省） 157, 185, 237

清華（鎮） 17, 18, 95

清乂優兵 →優兵

（諒）成［城］関 210-216

正九［玖］品書吏 256, 257

西江 10

正号 73, 74, 76, 77, 87, 89

西山（朝／勢力） 1, 63, 64, 87, 113, 140,
　141, 143, 144, 148, 226, 228, 270, 283

正首校 74-78, 109, 131-134, 154

正首号 42, 45, 54, 57, 74, 75, 136, 141,
　142

正属校 127, 133-135, 154

正属号 152

青池（県） 97

正長校 147, 149, 151-153

清都王令旨 16

西南中国 6, 7, 183

正八［捌］品書吏 169, 215-217, 257,
　258, 263

正賦 188

正兵 70, 71, 79, 81, 82, 100

西北地域 2, 4, 6-8, 12, 31, 66, 91, 112,
　155-157, 161, 240, 280

税例【史料名】 186

正和詔書 16

石安（県） 174

節制 15

宣慰

　——使 33, 40, 140, 144

364

宣慰（つづき）

　——使司　33, 35, 72

　——大使　40, 94, 126, 140, 141

　——同知　33

千戸　229, 237, 253, 254, 257, 260, 261, 264, 265, 267

宣光（鎮／省）　2, 30, 31, 34, 86, 87, 113, 119, 120, 124, 127, 129, 137, 138, 140, 141, 148, 155, 157, 161, 185, 236–239, 266, 279

前翊（奇）　42, 45, 54, 74

租【黎鄭政権期の土地税】　35, 46, 47

奏【阮朝期】　20–25, 167

壮項　259, 260

宗師父碑【金石史料】　→申公才顕彰碑

送星銀山　7, 62, 184, 209

宗族　27–29, 221, 268, 269, 274, 275, 277

総鎮　1, 21, 113, 114, 121, 136, 140, 141, 149–156, 277

総里　192, 199, 237

祖業田　83, 84, 90

祖先中心型【家譜の種類】　275

粟　116, 123, 172, 173, 186, 189, 190, 222, 223

属号　54, 74–79, 84, 85, 88, 89, 110, 135, 152

祖先移住伝承　103, 104, 106, 273, 279, 280, 283, 284

祖先祭祀　28, 268, 269, 271, 275, 277, 284

属客　185

率隊　161, 162, 166, 232

率礼（社）　36, 44, 47, 48, 53, 55, 85, 100–103, 114, 144, 145, 190, 198, 200

　——（礦）　145, 191, 198

ゾミア　6

ゾンホ　→宗族

ソンラ（省）　2

た行

ターイ（人）　12, 159

ダー Đà 河　157, 248

タイー（人）　6, 9, 10, 12, 13, 61

大越史記全書　32

　——続編　32

タイグエン（省）　2

タイ系　7, 8, 10, 12, 49, 91, 156, 188

太原（鎮／省）　2, 7, 30, 34, 51, 68, 86, 89, 113, 118, 119, 124, 125, 137, 138, 140, 155, 157, 161, 209, 210, 237, 279

　——奇　125

替将　16, 40, 41

大勝堂　224

隊長　61, 64, 125–128, 150, 161, 166, 232, 240, 264, 265

大南一統志　11, 12

大南寔録　19, 57

大蛮（州）　130

タイビン（省）　26, 267

太平（府）【清朝広西省】　62, 142, 231, 264, 265

太平天国　5, 7, 29, 219, 221

太雄奇　125

タイン寺 chùa Thành　213

索　引

タインホア（省）　26

タウングー朝　4

多賀良寛　4, 5, 183, 184, 191, 214, 219, 220

托［沱］瀝［暦］（支／関）　208-210

武内房司　8, 24

達信（社）【安博州】　82, 99, 100, 122, 172, 173

脱朗（州）　3, 11, 37, 112, 162, 189, 225, 228, 230, 232, 233, 241-244, 254, 258, 267, 278, 282

　　——知州　243, 263

　　——土知州　165, 228, 255

陀北（州）　247, 248

陀瀝（鉄埲／鉄礦）　187, 190

単（詞）【阮朝期の行政文書】　24, 193, 195-198, 200-203, 212

　　——徴　198

団結　222, 223, 231, 235, 237

団城　→諒山鎮［省］城

単申　123, 130-132, 134-136, 147-150

端賊　38, 44, 67-69, 92, 96, 98

段張徳　198-207

タンミ Tân Mỹ（社）【ヴァンラン県】　36, 133, 136

タンラン Tân Lang（社）【ランソン省ヴァンラン県】　13, 134

団練　230, 232, 233, 240

タンロン　→昇龍

地誌　26

地簿　20, 123, 134, 135, 145, 195, 217, 243, 250

チャオプラヤー河　3

チャンディン Tràng Định（県）　36, 134, 209

中越境界地帯　5, 11, 33, 34, 61, 67, 220, 221, 282

沖貫（社）【脱朗州】　255

中国

　　——史　7, 158

　　——商人　11, 27, 31, 32, 136, 142, 178, 184, 191, 208, 212, 213, 218

中字　36, 78, 128, 228

チュ・クエ・ガン Chu Quế Ngân　14

チュトック Chu Túc 社　36, 170

チュノム　19

チュンカイン Trùng Khánh（県）　146

徴　184

調【黎鄭政権期の徭役系統の負担】　35, 47

蛤蚖［炻］（支）　208-210

長慶（府）　11, 162, 241-244, 267, 278

朝貢　40, 41, 56, 61, 64, 65, 81, 82

　　——使節　63

長校　152, 160

長号　54, 74-77, 87-89

逃散　69, 171, 174-181, 193, 204, 259, 260

徴収号　71

趙陀　274

長定（府）　11, 162, 216, 241-244, 267, 278

調補　167

肇豊（府）　20

366

索　引

勅　14-16, 24, 38, 39, 68, 72, 111, 239, 256

　　——式人事文書　15, 39

直省　174, 175

勅命之宝　39

儲峙（社）【脱朗州】　51, 208-210

チラン Chi Lăng 県　195, 222

チワン（人）　61, 78, 221

　　——人土官　284, 285

鎮安（県）　247, 248

陳荊和　20, 32

鎮守【阮朝初期の鎮官】　121, 125-130, 132, 136

陳朝　124, 274

鎮南関　27, 40, 41, 57, 58, 61, 63, 64, 105, 109, 110, 141, 142, 166, 196, 209, 210

通事　265

通政司　21, 22

通判　192, 194, 196, 247, 248, 257

通吏　217, 247, 263

呈【阮朝期の行政文書】　24, 192, 194

鄭楷　46

ティエン寺 chùa Tiên　67

ディエンビエン（省）　2

ディエンビエンフー　→ムオン・タイン

鄭王　15, 38-41, 43, 47, 51, 53, 54, 60, 67, 69, 73, 92, 96-98, 101, 102, 104, 105, 111, 121

　　——府　→王府

　　——府系統官職　14, 15

　　——府系統の徴税者　48

丁珖瑋【太原鎮感化県藴沌社丁珖氏】　125, 126

丁珖璟【太原鎮感化県藴沌社丁珖氏】　125

丁珖瓘【太原鎮感化県藴沌社丁珖氏】　125

丁珖氏【太原鎮感化県藴沌社】　125, 126

丁功氏【ムオン人首長】　8, 49, 157

鄭氏　1, 4, 14, 280, 285

刁氏【興化省莱州】
　　→デオ Đèo 氏【興化省莱州】

丁士［仕］霄　230, 234, 251, 252

丁数　11, 12, 80, 100, 171-174, 176, 180, 186, 188-190, 224, 243, 266, 278

丁文銘　189, 204, 223, 242, 243

丁簿　114, 160, 171-174, 176-181, 226, 227, 229, 260, 266, 277, 278, 281

　　——から（の）除外　174, 175, 177, 178

　　——の更新　114, 180

　　（山地諸省での）——（の）作成　171, 173, 179, 226

デーヴィス　5, 220, 282

デオ Đèo 氏【興化省莱州】　158, 220

手下　51, 82-84, 107, 270

鉄礦　190, 192, 195-197, 207

鉄子税　187

伝【阮朝初期の行政文書】　21, 114, 116, 122, 143, 145, 146

伝【黎鄭政権期の行政文書】　16, 17, 38, 95, 96

転啓　97, 104, 121

367

索　引

転申　150-152

転奏　120, 121, 125-129, 139, 151-153

天地会　220

転稟　192, 194

奠辺府　247, 248

田畝銭　219

ドイモイ　13, 26

同安（社）【宣光鎮福安県】　128

トゥエンクアン（省）　2, 158

同慶御覧地輿誌　44

迯欠　174, 175, 178, 180, 223

　　──未回項　174

童香雲　136, 137, 139

鄧算　264, 265

童舎　264, 265

東城（県）　272-274

当直　22

同登（社）【文淵州】　134, 135, 162

　　──（庸）【文淵州】　265

東南アジア　69

　　──山塊　6

　　──大陸部　3, 4, 6, 183, 280

同僕（金山／金堁／金礦）　187, 190,
　　192-198, 206, 207

　　──（社）【禄平州】　193, 194

　　──（庸）【禄平州】　262

東北地域　2-4, 6-9, 11, 12, 27, 31, 32, 61,
　　155, 158, 240, 279, 280, 283, 284

東洋文庫　11

土官【阮朝】　156, 158, 159, 162, 163,
　　167-170, 181, 220, 224, 227, 236-241,
　　245-249, 261, 266, 267, 278, 279

土官【清朝】　34, 131, 138, 160, 284

土官【チワン人】　→チワン人土官

ド・キエン Đỗ Kiên　14

土銀　167, 168

徳勝堂　224

督鎮　35, 39, 41-47, 52, 53, 56-60, 66, 69,
　　73-75, 79, 82, 83, 92, 93, 95, 97-101,
　　104, 107, 111, 277

土県尉　237

土県丞　161, 162, 237, 239, 242, 245, 249,
　　266

土豪　222-224, 230, 234, 235, 240, 247,
　　251-253, 264

土司　4, 10, 36, 37, 125, 126, 128-130,
　　135, 156-165, 170, 174, 181, 182, 217,
　　218, 220, 224-229, 234-237, 250-261,
　　263-267, 278, 279, 281-284

　　──以外（の現地住民）　164, 234, 235,
　　249, 250, 252, 260, 261, 265, 267, 278

土酋　3, 30, 113, 140, 159, 160

土人［民］　10, 11, 49, 70, 80-87, 90, 137,
　　171, 180, 186-190, 218, 254

都総兵使　32, 33

　　──司　32, 33

土知県　158, 160-163, 165, 236, 266

土知州　156, 158, 160-163, 165, 168, 181,
　　227, 236, 247, 266

土知府　158, 160, 167, 168

土通吏　246, 248

都督僉事　33

土兵　71, 159, 160

土勇　189, 222-224, 230, 232, 233, 235, 250

土吏目　126, 129, 131, 160-162, 246, 248

な行

ナーサム Na Sầm（町）　256

内閣　21-24, 163, 167-169

内鎮【諒山鎮官の直属部隊】　70, 71, 77, 79-81, 90, 99-104

　　──正兵　→正兵

内陸

　　──交易　6, 7, 9, 27, 183, 283, 285

　　──交通　10, 183

那岜［巴］（金埠／金礦）　187, 190, 198, 206, 207

ナムディン（省）　21, 26, 78, 106

南街（庸）　175, 178, 212, 213

南定（省）　225

日越外交文書　16, 17

認管　123, 124, 131-136, 147-149

認徴　184

ニンビン（省）　26

ヌン（人）　9, 10, 61

寧平（省）　157

寧辺（州）　247, 248

年代記　13

農益儼【高平鎮上琅州綺貢社農益氏】　147-149

農益語【高平省上琅州綺貢社農益氏】　234, 235

農益講【高平鎮上琅州綺貢社農益氏】　139, 147-153

農益氏【高平鎮上琅州綺貢社】　146, 148

農益氏【高平鎮上琅州綺貢社】（つづき）

　　──関連文書　25, 87, 146, 148, 149, 151, 235

農益造【高平鎮上琅州綺貢社農益氏】　147-149

農氏【宣光鎮／省保楽州】　9, 129, 158, 279, 280

儂人　10, 12, 67, 69, 70, 80-86, 90, 100, 171, 173, 175-178, 180, 186-188, 190, 193, 200

農耐　141, 142

農屯（社）　198, 203, 207, 208

　　──（金山／礦）　198-204, 207

農福廉　140, 141

農文雲　4, 5, 9, 10, 27, 28, 129, 157-159, 163-167, 169, 170, 178, 179, 182, 183, 226, 229, 238, 241, 242, 244, 270, 277, 281-283

ノン・ヴァン・ファン Nông Văn Phán【高平鎮上琅州綺貢社農益氏の末裔】　146

ノン・タイン・ヘ Nông Thanh Hè【高平鎮上琅州綺貢社農益氏の末裔】　146

は行

ハータイン（集落）　17

バーン bản　12

裴維琦　238, 239, 241, 245, 249

裴氏【青池県盛烈社】　97

ハイズオン（省）　26

ハイフォン（省）　26

索　引

ハ・ヴァン・ザン Hà Văn Giang【文蘭
　州周粟社何氏の末裔】 105
バクケ Bắc Khê 河 209
博渓（社）【石林州】 86, 148
バクザン（省） 26
バクザン Bắc Giang 河 209
莫氏［朝］ 1, 31, 69
　――（の）残党 13, 31, 68, 279
白通（州） 89, 126, 127
博徳江 209
バクニン（省） 26
白布（税） 175, 186-188
巴山（庸）【禄平州】 180
ハザン（省） 2, 129, 158
派沁（支） 208-210
蓮田隆志 17, 18
ハタイ（省） 26
バッカン（省） 2, 89, 126
　――省博物館 89, 126
ハドン 267
ハナム（省） 26
ハノイ 14, 18, 19, 25-27, 209
　――国家大学 14
　――国家大学歴史学科図書館 258
　――国家図書館 186
ハ・ホン Hà Hồng【文蘭州周粟社何氏の
　末裔】 105
半銀半銭 212
藩司 169, 194, 200, 215, 216, 257, 258,
　263
潘氏【清朝広西省龍州】 33, 61
藩将 32, 33

藩臣 3, 10, 30, 32, 35-38, 40-44, 46, 49,
　53, 65, 70, 71, 74, 78, 83, 88, 90, 100,
　101, 103-106, 113, 116-120, 127-131,
　135-137, 139, 145, 147, 159, 160, 225,
　241, 272
　――支派 49, 50, 150
蛮人 12, 80, 171, 186-188, 190
飯銭 46, 48
藩兵 70, 71, 79, 80, 82
匪賊 224, 261
筆墨 46, 48, 55
百戸 229, 237, 251, 253, 257, 259-261,
　264, 265, 267
百穀（社） 78
百的（社）【宣光鎮保楽州】 129
票【阮朝期の行政文書】 22, 167, 174,
　175, 178, 206, 244, 248, 255
憑【黎鄭政権期の行政文書】 17
憑（給）【阮朝期の行政文書】 24, 25,
　213, 226, 232, 233, 235, 256-258
票擬 22, 23, 167, 177, 243
憑祥（州）【清朝広西省】 57, 221, 230
憑厰（鉄礦） 192, 195-197, 207
　――（社） 195, 196
表文 142
ビルマ 3, 4, 8, 280
稟【阮朝期の行政文書】 20, 24, 170, 176,
　177, 194, 195, 225, 247, 254, 255,
　258-260, 264
稟【黎鄭政権期の行政文書】 15
檳榔（社）【脱朗州】 13, 83, 84, 90, 134, 135

付【阮朝初期の行政文書】 21, 121, 123, 124, 130, 136, 139, 140, 146-149

付【黎鄭政権期の行政文書】 17, 18, 37, 38, 45, 47, 49, 50, 54, 58, 83-86, 95, 97, 98, 104, 111

ファン・フイ・レ Phan Huy Lê 183, 184, 191

フィアタオ【ターイ人首長】 159

封子 53, 54

馮子材 223

フート（省） 2

フエ 13, 17, 20

武階 251

武崖（県） 97

武官 151, 153, 158, 161, 162, 253, 262

覆（奏） 23

福安（県） 128, 129

福旺（金山／礦／金礦） 198-207

副号 40, 73, 74, 77-79, 88, 89, 110

副首号 57, 77, 83, 135, 136, 141, 142, 152

副総 230, 232, 234, 251-253, 263

副属校 154

副属号 150-152

副長校 148, 151, 152

父系キンドレッド 271

武氏 31, 87

藤田励夫 16, 17

武職【阮朝】 125, 235, 236, 261, 265-267, 278, 279, 281

武職【黎鄭政権】 35, 37

布政司 216

布政司（つづき）

　――（署）経歴 200, 204, 205, 215

　――（試差）正八［捌］品書吏 216, 217, 257

　――（権署）通判 194

　――未入流書吏 217, 263

武装集団 5, 7-10, 27, 29, 181, 207, 211, 219-224, 229-231, 233-236, 250, 261-264, 266, 267, 278, 279, 281-283, 285

仏領期

　――との連続性 5, 29, 219, 220, 281, 282

　――における新興地主層の勃興 9, 91, 112, 282

附兵 71, 81

フランス 5, 24, 159, 220, 258, 263, 282, 283

　――極東学院 →極東学院

　――植民地政府 5, 9, 157, 182, 281

古田元夫 32, 159

フンイエン（省） 26

文淵（州） 11, 37, 57-59, 68, 97, 105, 109, 188, 189, 216, 225, 228, 230, 232, 233, 241-243, 254

　――（守関）夷目【清朝史料の表現】 59, 61

　――知州 243

　――土知州 169, 181, 216, 217, 227

文淵汛（口） 58, 166, 228, 264

（守）――隊長 61, 64, 166, 264, 265

文化局 14, 26

索　引

（本）分管　116, 118-124, 127-137,
　143-146
文官　126, 158, 161-163, 181, 236, 253,
　261
文関（州／県）　11, 37, 161, 169, 189,
　225, 228, 230, 233, 241-244, 254
　――（の）知県　167-169, 244, 245,
　　267, 278, 281
分耕　123
文振（県）　162, 247, 248
文盤（州）　247, 248
分民　118-121, 123, 124, 129, 131-136,
　147, 149
文蘭（州）　11, 68, 69, 97, 105, 106, 161
平安王令旨　16
閉艶良　263
平［坪］吟庸　209
平呉　225, 272-274
平衡（社）【宣光鎮渭川州】　127, 128
閉氏【高平鎮／省石林州博渓社】
　→阮祐氏
平西（社）【禄平州】　44, 47, 51, 79, 85,
　100-102
兵部　12, 171, 245, 250-253
平野部　15, 18, 27, 48, 49, 69, 80, 81, 161,
　244, 267, 268, 278
　――起源　13, 279, 280, 283
　――国家　6, 285
　――（と）同様の（制度／官僚制／統
　　治体制）　65, 162, 164, 181, 236, 266,
　　278
　――の王朝権力　8, 91

平野部（つづき）
　――（出身）の官僚　36, 65, 163, 244
　――（出身）の始祖　13, 279
別納民　188, 254
ベト（人）　→キン（人）
ベトナム学開発科学院　14
ベトナム民主共和国　12, 13, 158, 283
片（奏）　167, 168, 192
便宜　133, 134, 136, 150-154, 228
編籍　101, 102, 174
　――民　35, 70, 79, 80, 82, 86, 90, 174,
　　180, 276
ベント・ティエン　11
弁兵　214, 222, 230, 231
ホアビン（省）　2
ホアン・ティ・レ Hoàng Thị Lệ　146
ホアンベト Hoàng Việt 社【ヴァンラン
　県】　36, 134, 178, 209
俸給　48, 138, 167-169, 224, 245
防禦
　――使　35, 40, 45, 46, 106, 110, 126
　――使司　35, 36, 38, 72, 110, 163
　――僉事　35, 38, 42, 50, 51, 72, 73, 93,
　　94, 96, 97, 101, 107, 110, 126, 140, 144
　――同知　35, 38, 83, 110, 140
砲手（隊）【諒山省】　223, 230, 231
奉伝【黎鄭政権期の行政文書】　15, 16,
　40-43, 45, 50-52, 54, 56, 59, 60, 76,
　93-96, 98-100, 107, 111
奉（○）奉伝　15, 16, 39, 45, 54, 82, 93,
　107
北客　12, 144, 178, 186-188, 191

372

北合（支）208-210

北使通録　16, 56

北城　21, 61, 62, 86, 87, 113, 114,
　117-121, 124, 125, 127, 130-132,
　136-142, 146-156, 166, 277

北寧（省）224

北部山地　2

母山禅寺【金石史料】33

墓誌【韋世鉤の】166, 244, 273

保証人【納税請負の】184, 185, 191, 193,
　194, 196, 203-205, 207, 208, 212, 214,
　218

北圻経略衙【史料名】261-263

北圻経略使　262, 263

輔導　3, 10, 30, 32, 35-37, 44, 46, 49,
　51-53, 65, 72, 105, 107, 110, 113, 117,
　139, 159, 160, 272

蒲蜜［密］（支／関）208-210

保楽（州）4, 9, 129, 141, 157, 158, 164,
　279, 280

保領　192, 197, 203, 211-213

保林（社）【文淵州】132, 136, 137

ポワソン　5, 9, 220, 263, 267, 281, 282

盆地　7, 8, 10, 163

ま行

枚州　247, 248

枚世準　56, 59, 60

枚坡（社）【温州】51, 122, 162, 208, 209
　──地簿　243

麻允氏【宣光鎮／省の首長】208

麻仕氏【宣光省保楽州】129, 279, 280

麻世氏【太原鎮／省白通州安盛社】89,
　126

麻福青【宣光鎮渭川州平衡社麻福氏】
　127

麻福枰【宣光鎮渭川州平衡社麻福氏】
　127, 128

マラリア　5, 157

万寧（州）5, 157, 162, 165

ミショー　6

未入流書吏　217, 256, 258, 263

民間宗教結社　220

明郷　188, 200, 213

民族学者【ベトナム民主共和国の】13,
　158, 258, 283

明朝　1, 31, 274
　──軍　12, 103, 105, 106, 225, 272, 273,
　279

民丁（項）18, 177, 226, 240, 259, 260

ムオン（人／族）8, 31, 49, 91, 157, 159

ムオン【タイ系住民の政治組織】12

ムオン・タイン Mường Thanh　6

ムオン・ドン Mường Động　8, 49, 157

ムオン・ロー Mường Lò　7, 162

無客（庄）【禄平州】198, 200

明命帝　1, 28, 65, 113, 156, 160, 162, 184,
　212, 236, 244, 249, 266, 267, 276, 280

明命年間の（行政）改革　163, 210

メコンデルタ　1, 113

免徭（項）226, 254, 264

木州　247, 248

木條　108

木牌　46, 48, 55

索　引

文書房　21

や行

野岩［巖］（社）【文淵州】　109, 131, 132,
　169, 170, 216, 217, 242

野岩石橋碑記　106, 170

ヤムイモ　81

諭【阮朝期】　162, 261

雄一校【阮朝初期宣光鎮の軍事単位】
　127

有永（社）【宣光鎮保楽州】　129

雄堅（支）【太原鎮の軍事単位】　125,
　126

有秋（社）【脱朗州】　36, 51, 134, 135,
　174-178

　　──地簿　135, 217

雄捷奇【阮朝初期諒山鎮の軍事単位】
　71, 120-122, 150, 154, 159

優兵　95

雄勇奇【阮朝初期高平鎮の軍事単位】
　147-149, 151-153

油［由］村隘　57, 58, 62-64, 136, 137,
　141, 142

油村汛（口）　58, 228

庸【黎鄭政権期の人頭税】　35, 46-48, 53,
　55

洋式銀貨　5, 220

烊鑄洪鍾塗山寺記【バッカン省の金石史
　料】　126

ら行

頼氏【清華鎮宋山県光朗社】　17, 18

萊州　158, 220, 247, 248

ライチャウ（省）　2, 6

ラ・ヴァン・ロ Lã Văn Lô　158

ラオカイ（省）　2, 7, 262

洛陽（支）　208-210

　　──（社）　51, 134, 135, 208-210

羅山（金山）　198, 206, 207

ラタナコーシン朝　4

ラフ　8

ラン【ムオン人首長】　159

藍山　225

ランソン（省）　2, 10, 12, 14, 18, 25-27,
　32, 103, 106, 158

　　──市　27, 36, 67

　　──省博物館　14, 26, 269

莅　161, 162, 209, 210, 238, 239, 241, 247

リーバーマン　3, 280

陸村（庄）【禄平州】　36

六部【阮朝】　20, 22-24, 227

李大昌　224

リ・タナ　183

里長　129, 163, 164, 176, 193, 194, 198,
　200, 201, 207, 208, 237, 250, 263, 265,
　267, 278

吏部　188, 237, 242, 243, 245, 247, 248,
　257

吏目　247, 263

劉永福　262

流官　157, 159, 162, 163, 165, 167-169, 171,
　237-239, 241-249, 266, 278, 281, 284

　　──統治　5, 28, 157, 169-171, 181, 237,
　244, 249, 267, 277, 278, 280, 281

374

流官（つづき）
　——の派遣　4, 65, 113, 155, 156, 162, 163, 166, 181, 237, 248, 276, 281

劉仕英　224

龍州【清朝広西省】　33, 34, 57, 61, 63, 209, 221

柳昇　274

龍憑営【清朝広西省】　57, 63

両広総督　59, 61, 141, 142

李揚才　262, 263

諒山（鎮／省）
　——奇【阮朝期の軍事単位】　159, 160
　——鎮［省］城　42-44, 52, 67, 68, 70, 72, 83, 92, 94-97, 164, 166, 209, 210, 221, 233, 241, 242, 262, 263

諒山七族土司家譜　258

諒山省脱朗州有秋総有秋社古紙　18

諒山省文淵州高崎衙高楼総各社古紙　18, 19

諒山省禄平州屈舎総禄馬村韋家墓誌　273

諒山団城図　11

領徴　184, 192, 196-199, 201, 203, 204, 211-213, 215

梁廷輝【宣光鎮福安県同安社梁廷氏】　128

梁廷氏【宣光鎮福安県同安社】　129

梁廷樸【宣光鎮福安県同安社梁廷氏】　128

諒勇（奇）　222, 230, 232

諒雄（奇）【阮朝期の軍事単位】　160, 165, 222, 230, 232

倫州　247, 248

ルアンパバーン　156

流民　69, 71, 80, 82, 90, 172, 173, 181, 276
　——（の）招集　84, 85, 90, 108, 171, 173, 177, 179

黎維亶　121

黎貴惇　16, 40, 68, 87

令旨　15-17, 38, 43, 45-48, 53-55, 93, 96-98, 101-105, 111, 144

黎（宗）質　23, 86, 87, 117, 118, 149, 150, 153

黎族家譜　16

黎太祖　→黎利

黎仲信　102

黎朝
　——系統官職　14, 15, 38
　——皇帝　12, 14, 15, 17, 38, 55, 61, 93, 103, 106, 273, 279
　——朝廷　1, 14, 15
　——の創建　12, 103, 106, 228, 273, 279, 283

黎朝詔令善政壱本　130

礼部　59, 228

黎文閣　117

黎文豊　61, 62

隷兵　243, 247

令諭　15

黎利　12, 103, 106, 273, 279

歴山（社）【脱朗州】　83, 84, 90

歴朝憲章類誌　11

老項　259, 260

禄安（社）【禄平州】　34, 44, 47, 53, 55, 79, 85, 99-102, 104
　——地簿　217

375

索　引

禄社制　48

六年両貢　56, 81

ロクビン Lộc Bình（県）　32, 33, 36, 133,
　166, 193, 209, 222

禄平（州）　11, 37, 42, 95-97, 166, 169,
　188, 189, 194, 200, 221, 222, 225, 228,

禄平（州）（つづき）
　230, 232, 233, 241-243, 254, 273
　——土知州　166, 167, 169, 244

禄命之書【脱朗州有秋社阮廷氏家譜】
　49

著者紹介

吉川 和希（よしかわ かずき）

1988 年　兵庫県生まれ
2010 年　大阪大学文学部人文学科 卒業
2018 年　大阪大学大学院文学研究科文化形態論専攻にて博士（文学）取得
2019 年　日本学術振興会特別研究員（PD）
2020 年　関西大学文学部助教
2022 年　関西大学文学部准教授、現在に至る

近世ベトナムの地方支配と北部山地

2025年2月14日　発行

著　　者　吉川和希
発 行 所　関西大学出版部
　　　　　　〒564-8680 大阪府吹田市山手町3-3-35
　　　　　　TEL 06-6368-1121（代）/FAX 06-6389-5162
印 刷 所　尼崎印刷株式会社
　　　　　　〒661-0975 兵庫県尼崎市下坂部3-9-20

編 集 協 力　高瀬桃子（桃夭舎）

©Kazuki YOSHIKAWA 2025 Printed in Japan
ISBN978-4-87354-792-3 C3022　落丁・乱丁はお取替えいたします
JCOPY ＜出版者著作権管理機構委託出版物＞

本書の無断複製は著作権法上での例外を除き禁じられています。複製される
場合は、そのつど事前に、出版者著作権管理機構（電話 03-5244-5088、FAX
03-5244-5089、e-mail：info@jcopy.or.jp）の許諾を得てください。